GLANZ DER
SPÄTEN KAROLINGER

HATTO I.
ERZBISCHOF VON MAINZ (891–913)

VON DER REICHENAU
IN DEN MÄUSETURM

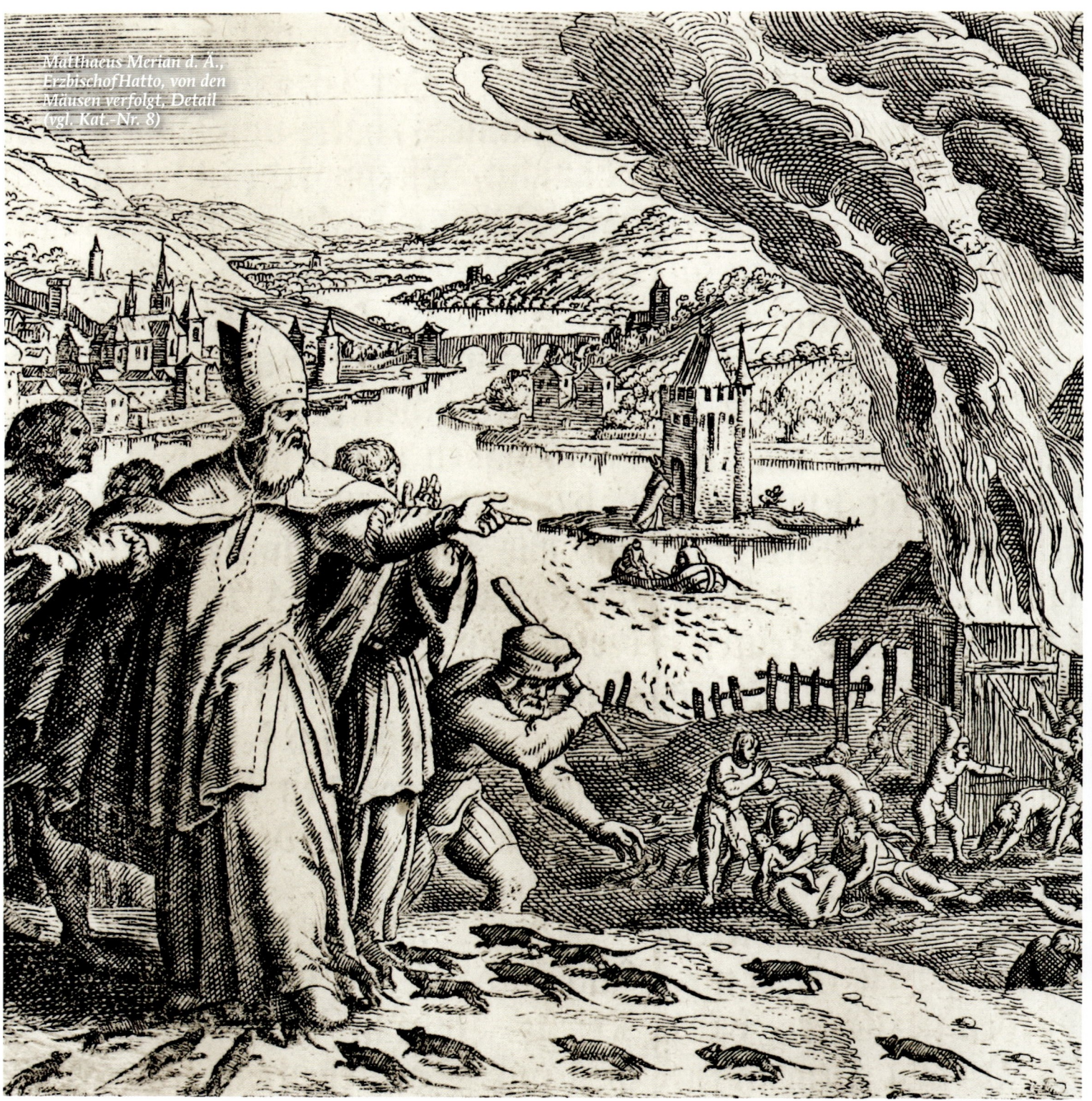

Winfried Wilhelmy (Hg.)

GLANZ DER SPÄTEN KAROLINGER

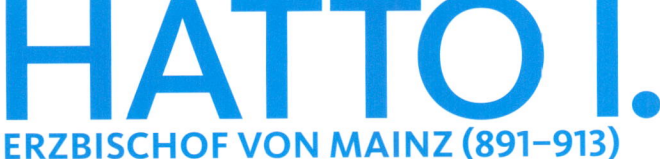

HATTO I.

ERZBISCHOF VON MAINZ (891–913)

VON DER REICHENAU IN DEN MÄUSETURM

Publikationen des Bischöflichen Dom-
und Diözesanmuseums Mainz, Bd. 3

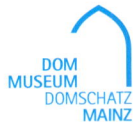

DOM
MUSEUM
DOMSCHATZ
MAINZ

IMPRESSUM

AUSSTELLUNG   Diese Publikation erscheint anlässlich der Ausstellung
„Glanz der späten Karolinger.
Hatto I. – Erzbischof von Mainz (891–913).
Von der Reichenau in den Mäuseturm"
im Bischöflichen Dom- und Diözesanmuseum Mainz
vom 17. Mai 2013 bis 11. August 2013

Konzeption: Dr. Christoph Winterer, Dr. Winfried Wilhelmy
Leihverkehr: Dr. Winfried Wilhelmy, Dr. des. Bettina Schmitt
Organisation: Dr. des. Anja Lempges, Dr. des. Bettina Schmitt, Dr. Winfried Wilhelmy
Ausstellungsaufbau: Paul Engelmann
Restauratorische Betreuung: Paul Engelmann
Modellbau: Sebastian Dries, FH Mainz
Museumspädagogik: Dr. des. Bettina Schmitt
Rahmenprogramm: Dipl.-Ök. Anja Coffeng M.A.
Kommunikation und Werbung: Esther Klippel M.A.
Sekretariat und Führungen: Mechthild Reinelt-Weber unter Mithilfe von Sylvia Merz
Grafische Gestaltung in der Ausstellung: Sounds of Silence GbR (*Frankfurt*),
gutegründe GbR (*Frankfurt*), Druckerei Ess (*Bad Kreuznach*)
Homepage: gutegründe GbR (*Frankfurt*)

KATALOG   Herausgeber: Dr. Winfried Wilhelmy
Katalogredaktion: Dr. des. Anja Lempges unter Mitwirkung von
Dipl.-Ök. Anja Coffeng M.A., Dr. des. Bettina Schmitt, Dr. Winfried Wilhelmy
Bildredaktion: Dipl.-Ök. Anja Coffeng M.A.
Fotoarbeiten: Ralph Rainer Steffens, Damian-Emanuel Moisa
Literaturverzeichnis: Dr. des. Anja Lempges
Verlagslektorat: Elisabet Petersen M.A.
Layout, Graphik und Satz: gutegründe GbR (*Frankfurt*)
Repro: OMK Kreativ Dienst, Olaf Müller-Knapp
Druck: Grafiche Flaminia, Trevi (PG), Italien

Der Katalog erscheint im Verlag Schnell und Steiner, Regensburg
© 2013 Bischöfliches Dom- und Diözesanmuseum, Mainz
Verlag Schnell und Steiner, Regensburg und die Autoren
ISBN 978-3-7954-2714-6

AUTOREN DER AUFSÄTZE   Aquilante De Filippo M.A., *Heidelberg, Ruprecht-Karls-Universität*
Dr. phil. habil. Stephanie Haarländer, *Erfurt, Universität*
Wilfried E. Keil M.A., *Heidelberg, Ruprecht-Karls-Universität*
Christian Klein, *Wiesbaden/Idstein*
Prof. Dr. Sebastian Scholz, *Zürich, Universität*
Dr. Mechthild Schulze-Dörrlamm, *Mainz, Römisch-Germanisches Zentralmuseum*
Christian Stoess M.A., *Frankfurt, Dr. Busso Peus Nachf.*
Dr. Christoph Winterer, *Mainz, Johannes Gutenberg-Universität*

AUTOREN DER   Prof. Dr. Dieter Blume, *Jena*   DB
KATALOGNUMMERN   Dr. Birgit Heide, *Mainz*   BH
Dr. phil. habil. Stephanie Haarländer, *Erfurt/München*   SH
Prof. Dr. Ernst-Dieter Hehl, *Mainz*   EDH
Michael Kautz M.A., *Heidelberg*   MK
Dr. Beatrice Kitzinger, *Stanford/Palo Alto CA/USA*   BK
Christian Klein, *Wiesbaden*   CK
Prof. Dr. Matthias Theodor Kloft, *Frankfurt*   MTK
Dr. Gerhard Kölsch, *Mainz*   GK
Dr. Reiner Nolden, *Trier*   RN
Dr. des. Bettina Schmitt, *Mainz*   BS
Dr. Mechthild Schulze-Dörrlamm, *Mainz*   MSD
Dr. Winfried Wilhelmy, *Mainz*   WW
Dr. Christoph Winterer, *Mainz*   CW

WIR DANKEN UNSEREN LEIHGEBERN

IN BESONDERER WEISE HABEN ZUM GELINGEN DER AUSSTELLUNG BEIGETRAGEN

Uwe Anker, *Reichenau*
Prof. Bernd Benninghoff, *Mainz*
Bingerbrück, *Heimatverein Bingen*
Tobias Blum, *Mainz*
Prof. Dr. Dieter Blume, *Jena*
Dipl.-Ök. Anja Coffeng M.A., *Bodenheim*
Aquilante De Filippo M.A., *Heidelberg*
Dombauhütte, *Mainz*
Dr. Jörg Drauschke, *Mainz*
Sebastian Dries, *Mainz*
Petra Eichler, *Frankfurt*
Prof. Dr. Michael Embach, *Trier*
Paul Engelmann, *Alzey*
Sandra Ess, *Bad Kreuznach*
Mathias Ewald, *Mainz*
David Glombik, *Mainz*
Dr. Joachim Glatz, *Mainz*
Dipl.-Geol. Michael Greller, *Mainz*
Dr. phil. habil. Stephanie Haarländer, *München*
Dr. Friedrich Häfner, *Mainz*
Dipl.-Rest. Brigitte Hartmann, *Köln*
Dr. Pia Heberer, *Mainz*
Domdekan Heinz Heckwolf, *Mainz*
Britta Hedtke M.A., *Mainz*
Prof. Dr. Ernst-Dieter Hehl, *Mainz*
Dr. Birgit Heide, *Mainz*
Rita Heyen, *Trier*
Dr. Helmut Hinkel, *Mainz*
Thomas Hutsch, *Frankfurt*
Michael Kautz M.A., *Heidelberg*
Wilfried E. Keil M.A., *Heidelberg*
Susanne Kessler, *Frankfurt*

Dr. Beatrice Kitzinger, *Palo Alto, CA/USA*
Christian Klein, *Wiesbaden*
Esther Klippel M.A., *Mainz*
Prof. Dr. Matthias Theodor Kloft, *Frankfurt*
Dr. Gerhard Kölsch, *Mainz*
Horst-Dieter Kossmann, *Bingen*
Dipl.-Ing. Johannes Krämer, *Mainz*
Dr. Michael Krimmel, *Mainz*
Dr. des. Anja Lempges, *Frankfurt*
Dipl.-Ing. Thomas Metz, *Mainz*
Olaf Müller-Knapp, *Frankfurt*
Marco Maletzki, *Mainz*
Daniel-Emanuel Moisa, *Mainz*
Dr. Reiner Nolden, *Trier*
Dejan Pantić, *Frankfurt*
Martina Pauly, *Mainz*
Elisabet Petersen M.A., *Regensburg*
Mechthild Reinelt-Weber, *Mainz*
Anja Runkel, *Trier*
Dr. des. Bettina Schmitt, *Frankfurt*
Prof. Dr. Sebastian Scholz, *Zürich*
Konrad Schué, *Mainz*
Dr. Mechthild Schulze-Dörrlamm, *Mainz*
Ralph Rainer Steffens, *Mainz*
Dipl.-Rest. Matthias Steyer, *Eppstein-Niederjosbach*
Dr. Andrea Stockhammer, *Mainz*
Christian Stoess M.A., *Frankfurt*
Sr. Johanna Stüer OSB, *Kloster Engelthal/Altenstadt*
Jörg Walter, *Mainz*
Dr. Albrecht Weiland, *Regensburg*
Dr. Christoph Winterer, *Frankfurt*
Bernhard Wirth, *Frankfurt*

Ihnen gilt mein großer Dank.
Dr. Winfried Wilhelmy

INHALTSVERZEICHNIS

AUFSÄTZE

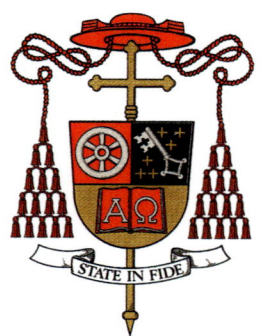

GELEITWORT FÜR DEN AUSSTELLUNGSKATALOG „GLANZ DER SPÄTEN KAROLINGER. HATTO I. – ERZBISCHOF VON MAINZ (891–913). VON DER REICHENAU IN DEN MÄUSETURM"

In den vergangenen Jahren hat das Bistum Mainz verschiedentlich seiner Erzbischöfe im frühen Mittelalter gedacht. Anlässlich des 1250. Todestages erinnerten wir uns 2004 des hl. Bonifatius; 2006 gedachten wir anlässlich seines 1150. Todestages des hl. Hrabanus Maurus. Diese beiden Bischöfe werden als Heilige verehrt und stehen mit ihrem Wirken vorbildhaft da. Anders Erzbischof Hatto, der erste Mainzer Oberhirte dieses Namens. Die Geschichtsschreibung stellt ihn als Lügner und Betrüger dar, der auch vor Mord nicht zurückgeschreckt sei. Der Binger Mäuseturm erinnert noch heute an Hattos in der Sage überlieferten, schmählichen Tod: Hier sei er, zur Strafe für seinen Geiz, von Mäusen aufgefressen worden. Gibt es Gründe, dieses verfemten Bischofs zu gedenken und an die von Hermann von Reichenau (1013–1054) beschworene *perfidia Hattonis* (Unredlichkeit Hattos) zu erinnern? Ich meine, ja.

Als führende politische Persönlichkeiten des Heiligen Römischen Reichs haben die mittelalterlichen Mainzer Erzbischöfe nicht nur ein anderes Amtsverständnis gehabt, ja haben müssen, als heutige Bischöfe. Sie waren mehr Politiker als Hirte, mehr Staatenlenker denn Seelsorger. Für Erzbischof Hatto I., der in der Endphase des Karolinger-Reiches lebte, gilt dies umso mehr. Er stemmte sich gegen den Machtwechsel, unterstützte massiv die letzten Könige des karolingischen Geschlechts und verhalf dem Konradiner Konrad I. (911–918) zur Königswürde.

Nach seinem Tod bestieg mit Heinrich I. (919–936) der erste Ottone den deutschen Königsthron. Die Geschichtsschreiber der ottonischen Epoche feierten nun, verständlicherweise, das neue Herrschergeschlecht und verdammten die Unterstützer der letzten Karolinger als korrupt, hinterlistig und wortbrüchig – Eigenschaften, die insbesondere Erzbischof Hatto zugeschrieben werden.

Anlässlich des 1100. Todestages Hattos I. ist es daher an der Zeit, diese „Geschichtsschreibung der Sieger", die über Jahrhunderte hinweg tradiert und vor allem im Spätmittelalter und der Frühen Neuzeit noch potenziert wurde, kritisch zu beleuchten. Ich danke daher vor allem den Autorinnen und Autoren dieses Begleitbuchs zur Ausstellung, sich dieser schwierigen Aufgabe gestellt und den „historischen" Hatto Schicht um Schicht „freigelegt" zu haben. Ihre Aufsätze und die vielen herausragenden Exponate der Ausstellung zeigen, dass Hatto – zugleich Abt berühmter Klöster – entscheidend zur kulturellen Blüte der Epoche beigetragen hat. Durch die Einberufung wichtiger Synoden hat er der Kirche des Frühmittelalters entscheidende Impulse gegeben. Auch sein Wirken für seine Bischofsstadt verdient hohes Lob: Durch die Reparatur und den teilweisen Neubau der Stadtmauer trug er entscheidend zum Schutz der hiesigen Bevölkerung vor Feinden bei und erneuerte, wie die Quellen belegen, den Alten Dom und viele Kirchen der Stadt grundlegend.

Die letzten Biographien Hattos sind im vorletzten Jahrhundert, vor beinahe 150 Jahren, erschienen. Ich danke daher dem Kurator der Ausstellung, Herrn Dr. Christoph Winterer, und den Mitarbeiterinnen und Mitarbeitern unseres Dom- und Diözesanmuseums, neben Herrn Direktor Dr. Winfired Wilhelmy vor allem Frau Dr. des. Anja Lempges und Herrn Paul Engelmann, aber auch Frau Dr. des. Bettina Schmitt sowie Frau Anja Coffeng M.A., Frau Esther Klippel M.A. und Frau Mechthild Reinelt-Weber, dass sie anlässlich des 1100. Todestages Hattos I. die Gelegenheit ergriffen haben, diesen für seine Epoche so wichtigen Erzbischof neu und jenseits von Dämonisierung und Mäuseschar zu betrachten, und wünsche der Ausstellung viele interessierte Besucherinnen und Besucher.

+ Karl Kard. Lehmann

Karl Kardinal Lehmann
Bischof von Mainz

VORWORT ZUR AUSSTELLUNG

Mit dem Hatto-Fenster (vgl. Kat.-Nr. 46 und Abb. 33) besitzt das Bischöfliche Dom- und Diözesanmuseum ein außergewöhnliches Kunstwerk aus der Zeit der späten Karolinger. Es handelt sich hierbei um eine der seltenen großformatigen Bildhauerarbeiten der Epoche, die, nahezu einzigartig, mit einer erhaben gearbeiteten Inschrift versehen ist. Außergewöhnlich ist das Werk aber auch deshalb, weil sich der Stifter hier persönlich „vorstellt": Hatt(h)o, seines Zeichen seit 891 der erste Bischof dieses Namens auf dem Mainzer Erzstuhl. Der Name selbst ist heutzutage weitgehend vergessen, aber die mit ihm verbundene Sage, die vor allem in der Zeit der Rheinromantik eine ungeheure Popularität erlebte, ist auch heute noch präsent: die schaurig-schöne Mär vom allzu gestrengen Erzbischof, der ob seiner Hartherzigkeit gegenüber den Armen im Binger Mäuseturm von den Nagern aufgefressen worden sein soll.

Am 15. Mai 2013 jährt sich Hattos Todestag zum 1100sten Mal. Das Dommuseum nutzt dieses Jubiläum, um die Sage über diesen – wirklich so? – „bösen Bischof" kritisch zu hinterfragen und die historische Persönlichkeit, die dahinter verborgen liegt, neu zu entdecken. Der Auftakt der Ausstellung ist daher der Entstehung und Verbreitung der Sage gewidmet. Von ihrer Trivialisierung im 20. Jahrhundert über ihre dichterische Adaption in der Zeit der Romantik bis hin zu ihrer Entwicklung in (spät-)mittelalterlicher Zeit werden, chronologisch zurückgehend, die verschiedenen Phasen der Überlieferung abgetragen, bevor im Hauptteil der Ausstellung anhand der Exponate aus der Zeit um 900 der Frage nachgegangen wird: Wer war Hatto wirklich?

Der modernen Geschichtswissenschaft sind heutzutage mit Quellenkritik, methodischer Bauforschung oder einer hochspezialisierten Frühmittelalterarchäologie wirksame Instrumente an die Hand gegeben, um wenigstens den Versuch einer Antwort auf diese Frage zu wagen. Naturgemäß ist das von den Autorinnen und Autoren dieses Ausstellungskatalogs entworfene Bild unserer Sichtweise des frühen 21. Jahrhunderts verhaftet und muss, quellenbedingt, lückenhaft bleiben. Da aber die letzte monographische Biographie zu Hatto 1865 vorgelegt wurde, ist es, so denke ich, legitim und vor allem an der Zeit, einen der entscheidenden Mitgestalter der politischen Verhältnisse der spätkarolingischen Epoche endlich wieder einmal wissenschaftlich zu würdigen.

Die Ehre, auf das hattonische Jubiläumsjahr hingewiesen zu haben, gebührt Herrn Dr. Christoph Winterer, einer der besten Kenner der frühmittelalterlichen Buchmalerei. Ihn für diese Ausstellung als Kurator gewinnen zu können, war ein besonderer Glücksfall, da er aus seiner reichen Objektkenntnis heraus nicht nur die hattonischen Spitzenstücke wie Kat.-Nr. 33, 35 oder 43, sondern auch weniger bekannte, aber überaus anschauliche und aussagekräftige Exponate zu benennen und auch zu vermitteln wusste. Mit unermüdlichem Eifer hat Herr Dr. Winterer Kontakte zu den verschiedenen Leihgebern geknüpft und sie unter dem Motto „Rehabilitiert Hatto!" vom Sinn und Zweck des Projekts zu überzeugen gewusst. Hierfür gebührt ihm mein ganz besonderer Dank, denn nun können in dieser Ausstellung tatsächlich alle mobilen Objekte, die mit Hatto unmittelbar in Verbindung zu bringen sind, erstmals an einem Ort – und noch dazu an der Stätte seines ehemaligen Wirkens – vereint und gezeigt werden. An erster Stelle sind dabei jene grandiosen, ihm einst von Bischof Salomo von Konstanz mit List entwendeten Elfenbeintafeln zu nennen, die heute in der Stiftsbibliothek von St. Gallen bewahrt werden (vgl. Kat.-Nr. 43). Noch nie nach Deutschland ausgeliehen, spiegeln sie wie kein anderes Exponat den Glanz der späten Karolinger wider. Den Schweizer Kollegen möchte ich für diese großzügige und vertrauensvolle Leihbereitschaft daher ganz besonders danken. Mein weiterer Dank gilt aber auch allen anderen Leihgebern, die sich großzügig für die Dauer der Ausstellung von ihren fragilen Pretiosen getrennt haben, allen voran den Kolleginnen und Kollegen der befreundeten Mainzer Museen, Bibliotheken und Archive, Herrn Dr. Hermann-Josef Braun, Herrn Prof. Dr. Falko Daim, Herrn Dr. Wolfgang Dobras, Herrn Dr. Helmut Hinkel, Herrn Thomas Metz, Frau Annelen Ottermann M.A. und Frau Dr. Andrea Stockhammer, die unser Projekt uneigennützig unterstützt haben. Ihre „Moguntinen" erlauben es erstmals, das spätkarolingische Mainz ins Zentrum einer Ausstellung zu rücken und als politische Schaltzentrale des Reiches auch einer überregionalen Öffentlichkeit zu präsentieren. Dafür wurde ein eigener Ausstellungsraum gestaltet, in dessen Mittelpunkt das nach jüngsten wissenschaftlichen Erkenntnissen eigens für die Ausstellung erarbeitete Modell der spätkarolingischen Johanneskirche steht, das dank der Forschungen von Herrn Aquilante De Filippo M.A. und Herrn Wilfried E. Keil M.A., beide Heidelberg, Ruprecht-Karls-Universität, durch die Modellbauwerkstatt der Fachhochschule Mainz realisiert werden konnte. Allen an diesem zentralen Projekt Beteiligten, nicht zuletzt Anschauungsmodellbaumeister Herrn Sebastian Dries, hierfür ein herzliches Dankeschön! Ohne die große Mithilfe von Frau Dr. Mechthild Schulze-Dörrlamm bei der Objektrecherche wäre dieser Raum zum karolingischen Mainz aber ebenso wenig zu realisieren gewesen wie manch anderer Teilabschnitt der Ausstellung. Es ist mir daher ein ganz besonderes Bedürfnis, Frau Dr. Schulze-Dörrlamm hierfür ebenso herzlich zu danken wie für ihre präzisen, gleichermaßen deutlichen wie lesenswerten Textbeiträge – auch wenn diese „öffentliche" Danksagung vermutlich nicht in ihrem Sinne sein wird. Potentiellen Unmut darüber nehme ich aber gerne in Kauf...

Für das neue, seit Januar 2012 aktive Museumsteam ist „Hatto" die fünfte Sonderausstellung und der dritte Ausstellungskatalog in 16 Monaten. Die Mammutarbeit der Katalogredaktion lag dieses Mal bei Frau Dr. des. Anja Lempges, die sich mit großem Einsatz und beeindruckendem Engagement dafür ebenso ins Zeug gelegt hat wie Frau Anja Coffeng M.A. für die Bildbestellung, die erst die opulente Ausstattung des Katalogs ermöglicht. Beiden sei für diese hervorragende – da pünktliche und reibungslose – Arbeit mehr als herzlich gedankt! Gleiches gilt für Herrn Thomas Hutsch und Herrn Dejan Pantić von „gutegründe", die in manchen sehr langen Sitzungen den Katalog gestaltet und jede Änderung der Änderung geduldig mitgetragen haben. Bei der Umsetzung hat sich erneut die Zusammenarbeit mit dem Verlag Schnell & Steiner bewährt – namentlich seien Herrn Dr. Albrecht Weiland und Frau Elisabet Petersen M.A. gedankt. Frau Dr. des. Bettina Schmitt verdanken wir die museumspädagogische Begleitung der Ausstellung. Herzlichen Dank auch an Frau Esther Klippel M.A., die die Ausstellung „unter die Leute" bringt und Frau Mechthild Reinelt-Weber, die das Ganze als bewährter Fels in der Brandung zusammenhielt. Doch was nützen die schönsten Ideen, wenn sie keiner umsetzt – ein Dankeschön an Frau Sandra Ess und den Damen von Sounds of Silence – und, vor allem, aufbaut? Ein schlichtes, aber umso herzlicheres Dankeschön an Herrn Paul Engelmann angesichts einer wahrhaft herkulischen Aufbauarbeit und restauratorischen Betreuung.

Für diesen Kraft(!)-Akt aller Beteiligten kann ich mich als direktoraler „Motor" nur in Demut – denn was nutzt der beste Motor, wenn man keine leistungsfähigen Räder hat? –, aber auch mit Stolz auf die Leistung aller Beteiligten von Herzen bedanken.

Dr. Winfried Wilhelmy
Direktor des Bischöflichen Dom- und Diözesanmuseums

HATTO I., ERZBISCHOF ZU MAINZ DATEN ZUR BIOGRAPHIE

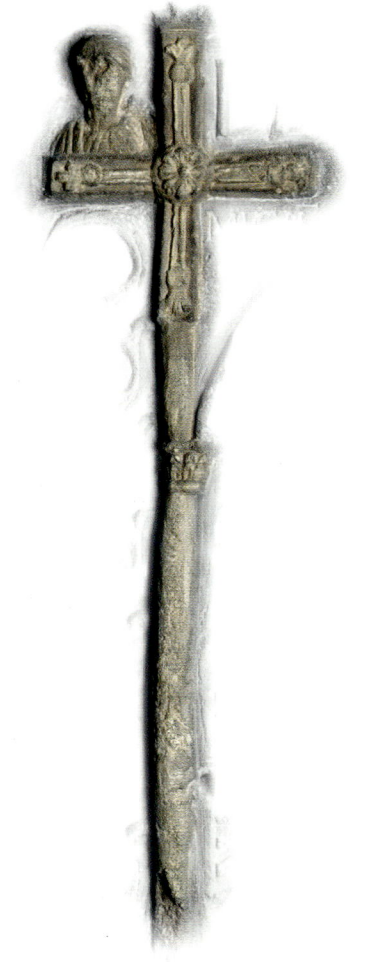

UM 850 Hatto wird als Sohn einer vornehmen alemannischen Familie geboren. Wahrscheinlich zählt Liutbert, Erzbischof von Mainz (863–889) und Abt von Ellwangen, zu seinen Verwandten. Hatto könnte im Kloster auf der Insel Reichenau erzogen worden sein; er bleibt der Abtei sein Leben lang verbunden.

880ER JAHRE Hatto ist Mitglied der Hofkapelle Karls III., des Dicken (reg. 876–887).

887 Hatto verfasst eine Lebensbeschreibung der hl. Verena (Vita Verenae) und widmet sie Kaiserin Richardis, der Gemahlin Karls III.

Karl III. wird unblutig gestürzt; neuer Herrscher im ostfränkischen Reich ist Arnulf von Kärnten. Zusammen mit Salomo III., Abt von St. Gallen und Bischof von Konstanz (890–913), wird Hatto in den Folgejahren zu einer wesentlichen Stütze von Arnulfs Herrschaft.

888 Hatto wird zum Abt des Klosters Reichenau gewählt.

889 Als Nachfolger Liutberts wird Hatto Abt von Ellwangen. Dieses Amt überträgt er 905 seinem Freund Adalbero, Bischof von Augsburg (887–909).

891 Erzbischof Sunderold von Mainz (889–891) fällt in einer Normannenschlacht bei Meersen. Arnulf ernennt Hatto zu dessen Nachfolger. Hatto gibt daraufhin die Abtei Reichenau an den König zurück; die Mönche wählen ihn jedoch – wohl aufgrund seiner Königsnähe – erneut zum Abt.

892 Auf Wunsch des Papstes Formosus beruft Hatto eine Synode in Frankfurt ein.

893 Hatto wird zusammen mit Bischof Adalbero von Augsburg Pate von Arnulfs Sohn Ludwig (IV., das Kind).

895 Synode von Tribur im Rahmen der von Arnulf in der dortigen Pfalz abgehaltenen Reichsversammlung unter der Leitung Hattos und der Erzbischöfe von Trier und Köln. Die Beschlüsse der Synode richten sich gegen weltliche Eingriffe in kirchliche Kompetenzen; zugleich soll das Bündnis zwischen König und Kirche gestärkt werden.

896 Papst Formosus krönt Arnulf in Rom zum Kaiser. Hatto, der Arnulf begleitet, erhält von Formosus kostbare Reliquien, darunter das Haupt des hl. Georg. Hatto stiftet diese Reliquie seinem Kloster Reichenau und lässt dafür in Reichenau-Oberzell die Kirche St. Georg erbauen.

899 Bei einem Treffen ost- und westfränkischer Großer in St. Goar wird die Position des unehelichen Sohnes Arnulfs, König Zwentibolds von Lotharingien, geschwächt und das Königtum Ludwigs des Kindes in Geheimverhandlungen u.a. durch Hatto angebahnt.

900 Nach Arnulfs Tod (899) wird sein sechsjähriger Sohn Ludwig König des ostfränkischen Reiches. Die Staatsgeschäfte liegen in der Hand der Bischöfe Hatto von Mainz, Adalbero von Augsburg und Salomo von Konstanz.

Hatto wird Abt des Klosters Lorsch, das vor ihm Adalbero von Augsburg geleitet hatte.

902 Hatto wird als Abt des Klosters Weißenburg (Elsass) erwähnt; wann er dieses Abbatiat übernommen hat, ist ebenso wenig bekannt wie sein Amtsantritt in Kloster Klingenmünster.

Ausbruch der sogenannten „Babenberger Fehde": Die hochadeligen Familien der Konradiner und Babenberger konkurrieren im ostfränkischen Gebiet. Zunächst unterliegen die Babenberger (903 Hinrichtung Adalhards), doch 906 besiegt Adalhards Bruder Adalbert die Konradiner. König Ludwig lädt den Friedensbrecher in die Pfalz Tribur vor, doch erst als Hatto ihm, so die spätere Geschichtsschreibung, freies Geleit in Aussicht stellt, macht sich Adalbert auf den Weg zum König. Dennoch wenden sich seine Parteigänger von ihm ab und er wird als Hochverräter enthauptet.

911 Ludwig das Kind stirbt im Alter von 18 Jahren in Frankfurt; wenige Wochen später wird der Konradiner Konrad I. zum König gewählt.

912 Der Liudolfinger Otto von Sachsen stirbt. Sein Sohn Heinrich überwirft sich mit König Konrad, der ihm Besitzungen in Thüringen vorenthält. Dies geschieht angeblich auf den Rat Hattos, da die wachsende Macht der Liudolfinger für die Konradiner, aber auch für ihn selbst gefährlich wird. Überfälle auf Mainzer Besitzungen in Sachsen und Thüringen werden Heinrich angelastet.

913 Hatto stirbt am 15. Mai und wird vermutlich, wie seine Amtsvorgänger, in der Mainzer Klosterkirche St. Alban beigesetzt.

919 Der Liudolfinger Heinrich, Herzog von Sachsen, wird der erste ottonische Herrscher im Frankenreich. Die Schilderungen seines Gegners Hatto als intriganter und harter Machtmensch, der auch Heinrich nach dem Leben trachtete, nehmen nach der Mitte des 10. Jahrhunderts bei Liudprand von Cremona und in der Sachsengeschichte des Widukind von Corvey ihren Anfang. Beide Autoren sind dem ottonischen Kaiserhof eng verbunden.

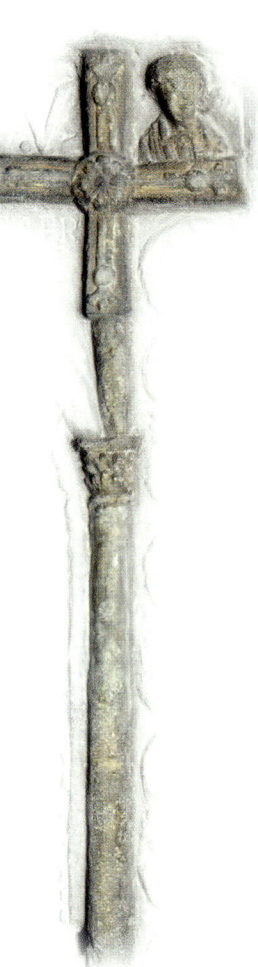

AUFSÄTZE

1

„RETTUNGSANKER DES REICHES" ODER „EIDBRECHER" UND „MEUCHELMÖRDER"

HATTO-BILDER DER NEUZEIT ZWISCHEN LEGENDE UND WISSENSCHAFT

CHRISTIAN KLEIN

Am Mäuseturm um Mitternacht
Des Bischofs Hatto Geist erwacht,
Er flieht um die Zinnen im Höllenschein
Und glühende Mäuslein hinter ihm drein.

Der Hungrigen hast du, Hatto, gelacht,
Die Scheuer Gottes zur Hölle gemacht;
Drum ward jedes Körnlein im Speicher dein
Verkehrt in ein nagendes Mäuselein.

Du flohst auf den Rhein in den Inselturm.
Doch hinter dir rauschte der Mäusesturm;
Du schlossest den Turm mit eherner Tür,
Sie nagten den Stein und drangen herfür.

Sie fraßen die Speise, die Lagerstatt,
Sie fraßen den Tisch dir und wurden nicht satt,
Sie fraßen dich selber zu aller Graus
Und nagten den Namen dein überall aus.

Fern rudern die Schiffer um Mitternacht,
Wenn schwirrend dein irrender Geist erwacht,
Er fließt um die Zinnen im Höllenschein
Und glühende Mäuslein hinter ihm drein.

August Kopisch, 1836

MIT ERZBISCHOF HATTO I. VON MAINZ (891–913) HAT ES DIE ÜBERLIEFERUNG NICHT GUT GEMEINT. „NICHT GUT" MEINT DABEI NICHT NUR DAS MORALISCHE URTEIL DER NACHWELT, DAS OFT GENUG ZU EXTREMEN GEGENSÄTZEN FÜHRTE, SONDERN VIELMEHR DIE QUALITÄT DER ÜBERLIEFERUNG SELBST, DIE KLARHEIT, MIT DER WIR DEN HISTORISCHEN HATTO ERKENNEN KÖNNEN.

Dazu gehört auch, dass es zwei Generationen später einen gleichnamigen Mainzer Oberhirten Hatto II. (968–970) gegeben hat, was Anlass zu häufigen Verwechslungen bot *(Abb. 1, Abb. 2)* ▶. Auf den folgenden Seiten geht es darum, wie Hatto I. in Legende und Wissenschaft der Neuzeit das Vorstellungsvermögen von Literaten und Künstlern, vor allem aber von Historikern angeregt hat. Auf diesem Weg kommt man der historischen Figur der späten Karolingerzeit nicht näher, gewinnt aber einen Einblick, welch unterschiedliche Perspektiven diese Figur zulässt. Vor allem aber erkennt man, wie an dieser karolingischen Zentralfigur die politischen, sozialen und ästhetischen Probleme ganz anderer Epochen verhandelt werden konnten.

Dass die Figur Hatto I. dies zulässt, liegt gewissermaßen an ihrem historiographischen „Gen-Pool", der bereits zu Hattos Lebzeiten bzw. sehr bald danach festgelegt wurde. Im Wesentlichen sind hier drei Aspekte wichtig: Erstens ist die späte Karolingerzeit eine Phase, in der lebenden oder frisch verstorbenen Bischöfen nur selten eigene Viten gewidmet wurden. Wo eine literarische Biographie fehlte, kamen spätere Autoren kaum umhin, weniger über die einzelne Person und dafür mehr über die Strukturen ihres Zeitalters nachzudenken.[1] Zweitens bedachte schon seine direkte Um- und Nachwelt Hatto I. mit solch widersprüchlichen Wertungen wie „mächtig an Verschlagenheit" und „von ungewisser Abkunft" oder „von würdigem Adel" und „hervorragend in

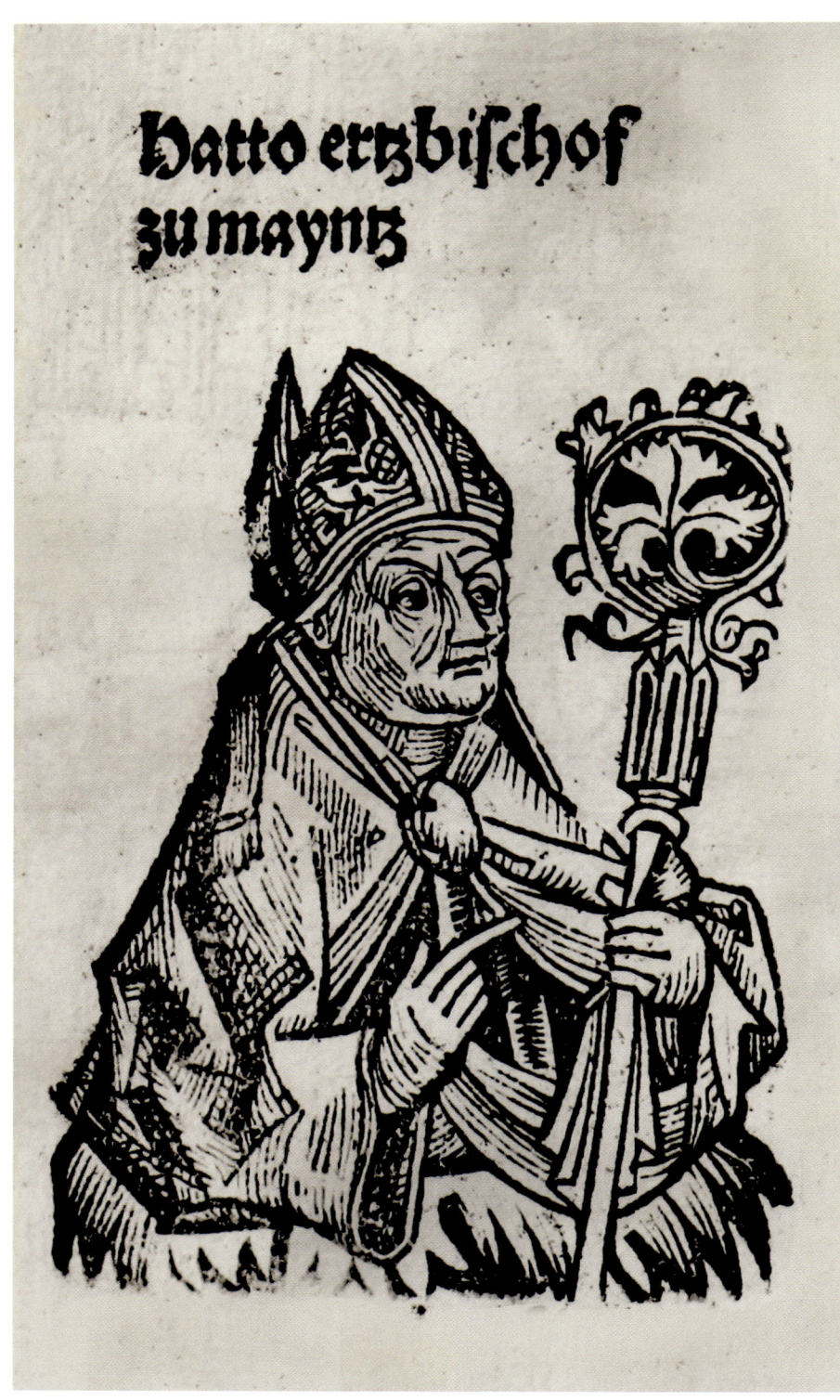

Hatto ertzbischof zu mayntz

Abb. 1 ◀
Hatto I., Schedelsche
Weltchronik, Nürnberg, 1493
(vgl. Kat.-Nr. 17)

jeder Art der Philosophie [...] beständig mit der Ordnung der Staatsangelegenheiten befasst".[2] Dies sind Charakterisierungen, die die Späteren immer wieder zum eigenen, auch moralischen Urteil herausfordern sollten. Und drittens findet sich schon etwa fünfzig Jahre nach Hattos Tod bei Widukind von Corvey († nach 973) die Einschätzung, dass man manche Episode aus seinem Leben, hier die vermeintlich arglistige Hinrichtung Adalberts von Babenberg, kaum glauben könne und besser für eine Erfindung des einfachen Volkes halten solle (vgl. S. Haarländer, Bischof, S. 54).[3] Bereits hier trennte sich der Hatto des Geschichtschreibers von dem der populären Erzählung, bereits hier machte Widukind aber vor, wie man als Autor mit seriösem Anspruch gerade mit der Geste des Zweifels auch die viel unterhaltsameren Skandalgeschichten unterbringen konnte.

HATTO-BILDER NACH DEM MITTELALTER

Zwei historische Entwicklungen sorgten ab etwa 1500 dafür, dass sich die aus dem Mittelalter tradierten Elemente der Hatto-Erzählungen neu formierten: Der Buchdruck veränderte die Produktion und Rezeption von Text und Bild deutlich, und der Ausbruch der konfessionellen Auseinandersetzungen stellte eine ohnehin skandalumwitterte Bischofsgestalt in ganz neue, heftige Diskussionsfelder.[4]

Zunächst jedoch war das Ziel der Autoren noch ganz mittelalterlich: In die traditionellen Konzepte von Welt- oder Institutionenchronistik wurden erbauliche Geschichten um arglistige (Hatto I.) oder geizig-grausame (Hatto II.) Bischöfe eingestreut, denen Gottes gerechte Strafe zuteil wird. Das neue Medium des Buchdrucks sorgte dabei erstens für einen immens verbreiterten Leserkreis und zweitens dafür, dass den Autoren eine größere Zahl von Quellen zur Verfügung stand als zuvor. Im Ergebnis wurde zumindest die Sage von Hatto (II.) und dem Mäuseturm ein Gemeinplatz der deutschsprachigen Intellektuellen in der ersten Hälfte des 16. Jahrhunderts: Schedels Weltchronik brachte sie 1493 (vgl. *Abb. 1* und *Abb. 2*),[5] Trithemius in seinen *Annales Hirsaugienses* (1509–1514) und Wimpfeling in seiner Geschichte der Mainzer Erzbischöfe (1515) ebenso.[6] Und selbst Luther bezog sich in einer Tischrede vom 10. April 1538 auf sie, als es um die Aufgaben der Bischöfe ging.[7] Doch auch die Arglist Hattos I. gegen Adalbert von Babenberg wurde getreulich überliefert. In aller Regel führte die kompilatorische Arbeitsweise der Autoren auch zu einer korrekten Zuordnung der Geschichten zu den beiden Mainzer Erzbischöfen gleichen Namens und zu einer – nach den Maßgaben der Zeit – präzisen chronologischen Einordnung der Babenberger Fehde zu 905–907 (vgl. S. Haarländer, Bischof, S. 54f.) und der Mäuse-Episode etwa zu 969/970. Wichtiger als die historische Korrektheit scheint den Autoren aber der erbauliche Gehalt der Geschichten gewesen zu sein: Während Hatto II. „auf das gerechte Urteil Gottes hin wegen der im Elend aufgenommenen und dann durch Feuer umgebrachten Armen" von den Mäusen gefressen wird,[8] schmückten manche Autoren die Auseinandersetzung zwischen Hatto I. und Graf Adalbert dramatisch mit Rede und Gegenrede aus[9] oder diskutierten die verschiedenen Überlieferungen zu Hattos Tod: tödlicher Kummer über seinen missglückten Nachfolgeanschlag auf Heinrich von Sachsen, Blitzschlag oder doch Teufel, die ihn in den Ätna geworfen hätten? Regelmäßig tönt dann aus dem Vulkan die Moral von der Geschicht': „Eins rumplens/rumpelst du daruon – Dein sünd fordern kein andern Lohn."[10] Auch in der Gegenbewegung zu den umfassenden gedruckten Kompilationen des Weltwissens, den kurzen *Epitome* oder *Catalogi,* wurden

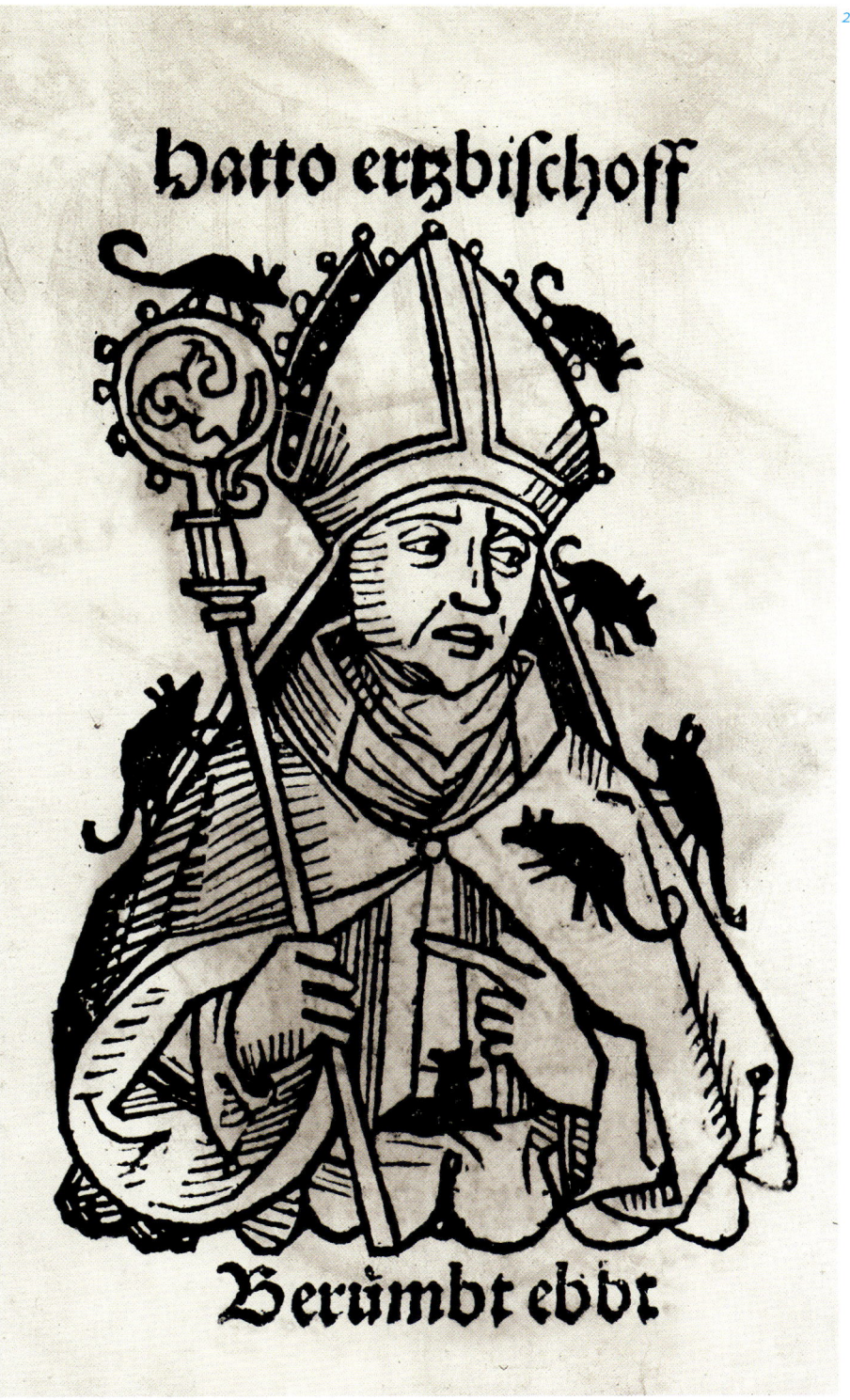

Abb. 2 ▶
*Hatto II., Schedelsche
Weltchronik, Nürnberg, 1493
(vgl. Kat.-Nr. 17)*

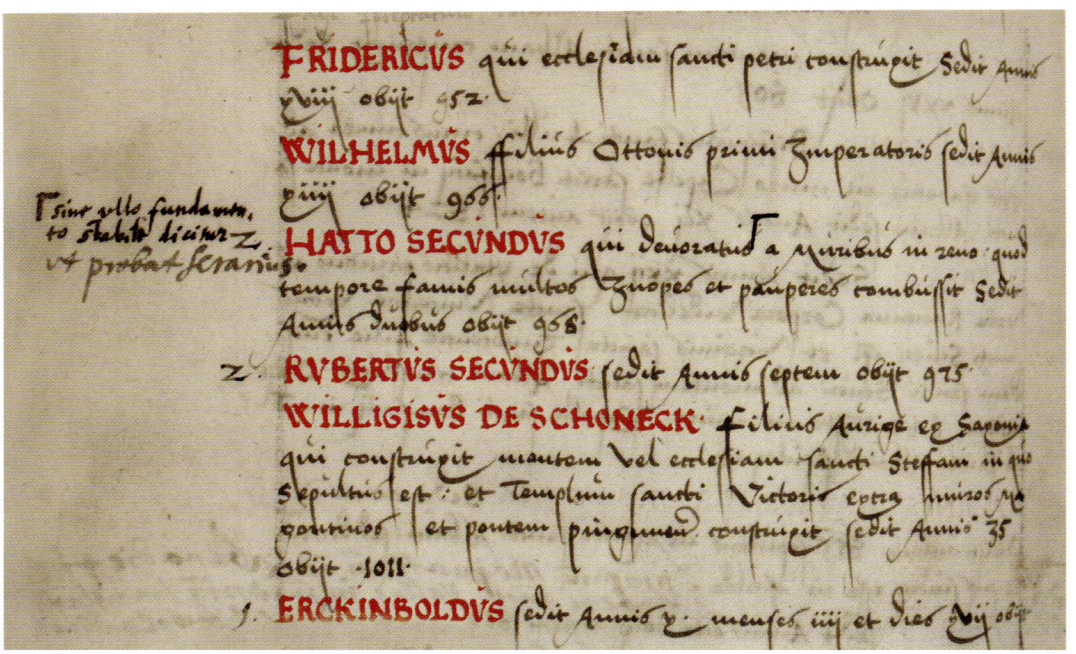

Abb. 3 ▲
*Liste der Mainzer Erzbischöfe
mit Eintrag zu Hatto II.,
Liber Ordinarius des Mainzer
Doms, Mainz, um 1547
(vgl. Kat.-Nr. 18)*

Mainz, sondern mit Bingen, dem Standort des Turmes, und belegt somit entgegen dem Holzschnitt konkretes geographisch-historisches Wissen. Darin gleicht er Trithemius, der als erster Bingen und den konkreten dortigen Turm ins Spiel gebracht hatte.[14] Eventuell mag die Herkunft der beiden Gelehrten aus dem Hunsrück bzw. aus dem nahen Ingelheim bei dieser Spezialkenntnis eine Rolle gespielt haben.

Münsters Nachsatz zur Mäuseturm-Sage „Wiltu es für ein fabel haben/will ich nit mit dir darumb zancken/ich hab diß geschicht mer dan in einem buch gefunden" deutet bereits darauf hin, dass diese in der Mitte des 16. Jahrhunderts nicht mehr unwidersprochen war und dass die kommenden Deutungskämpfe vor allem mit den Mitteln der Philologie („mer dan in einem buch") ausgefochten werden würden.[15] Münster hatte zum Widerspruch allerdings auch eingeladen, da er die Mäuseturm-Sage „zu den zeiten des grossen keyser Otten/nemlich anno Christi 914" datiert und damit Namen, Personen und Jahreszahlen in einen Zusammenhang gebracht hatte, dessen Unmöglichkeit jedem humanistischen Historiker klar war.

Folgerichtig begann auch kurz darauf die Kritik, etwa in der *Chronick oder kurz Geschichtbuch aller Erzbischouen zu Mayntz* von 1551, angeblich eine Übersetzung des Bruschius-Werkes durch Johann Herold, in Wirklichkeit aber mindestens eine kommentierte Neuausgabe der lateinischen Vorlage (vgl. Kat.-Nr. 15). Aus dem neutralen Nebeneinander der Berichte um Hattos I. Tod wird bei Herold der kritische Kommentar: „Etlichen aber ist nit zuviel gewesen zuschreiben/Die Teuffel haben ihne mit haut vnd haar/inn den fewr speyenden Berg Mongibello bey Catanen in Sicilien gelegen/also lebendig geworffen" und ebenso kritisch merkt er an: „vnnd wirdt gleich also der erste Hardo/vnnd dieser der ander/vonn ettlichen für eynen geschätzt."[16] Die Kritik an der Vertauschung der beiden Hattos reißt von nun an nicht mehr ab.

die beiden Hattos stets kurz mit Babenberger Fehde bzw. Mäuse-Sage erwähnt und dies noch ohne jede konfessionelle Polemik, dagegen häufig mit dem Unterton eines Fürsten- oder Klerikerspiegels, wie etwa der konfessionell indifferente Caspar Bruschius (1549) oder sogar der *Liber ordinarius* der Mainzer Domkirche (1547) belegen *(Abb. 3)*.[11]

Mit dem moralisierenden Text korrespondierten die historisch unkonkreten, symbolhaften Bilder: In Schedels Weltchronik stehen sich zwar Hatto I. und Graf Adalbert als Porträts gegenüber (vgl. Abb. 30), blicken aber beide nach rechts und sind durch die Kleidung nur in ihrem Stand als Bischof bzw. Adliger zu erkennen. Hatto II. immerhin ist zwar ein ebenso typologisch dargestellter Bischof, über den aber die für ihn so fatalen Mäuse in großer Zahl hinweghuschen (vgl. Abb. 2).[12] Ebenso allgemein bleibt in Sebastian Münsters *Cosmographia* von 1545 die Darstellung eines Turmes im Wasser, der gerade von den – reichlich großen – Mäusen gestürmt wird *(Abb. 4)*.[13] Allerdings verbindet Münster, vielleicht auch aufgrund der geographischen Ordnung seines Werkes, die Geschichte nicht mit der Kathedralstadt

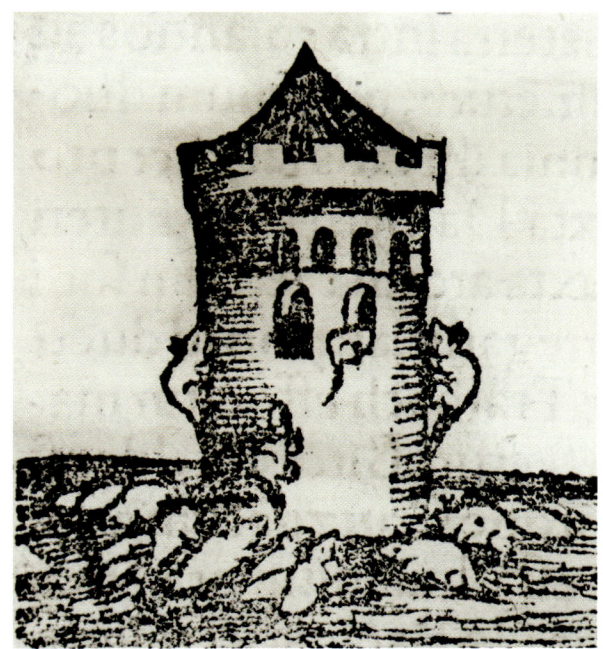

Abb. 4 ◄

Der Mäuseturm, Sebastian
Münster, Cosmographia,
wohl Basel, nach 1545
(vgl. Kat.-Nr. 16)

22 · 23

Wo Herold nur philologische Zweifel angemeldet hatte, gingen fünfzehn Jahre später die Magdeburger Zenturiatoren zum inhaltlichen Generalangriff über in ihrem Bestreben, die gesamte Kirchengeschichte bis zur Reformation als ein Abirren in Dogma und Kirchenaufbau von den Idealen der Urkirche darzustellen. Hatto I. sei ein typischer Vertreter jener Bischöfe gewesen, die aus Klöstern hervorgegangen seien, wo sie nicht so sehr die Praxis und die rechte Weise gelernt hätten, die Schafe Christi mit dem wahren Wort Gottes zu weiden, sondern nur müßiges Theoriewissen über zeremoniellen Pomp und theatralische Aufführungen.[17] Aber damit nicht genug: Die bekannten Episoden dienen nun dazu, den ersten Hatto als Meineidigen und Meuchelmörder zu brandmarken, den zweiten als geizig, grausam und unmenschlich.[18] Bewiesen wird alles mit einer umfangreichen Sammlung der mittelalterlichen und frühneuzeitlichen Belege und – logisch kaum zu widerlegen – mit der Tatsache, dass man ja bis auf den heutigen Tag den Mäuseturm im Rhein sehen könne.[19]

Soviel protestantische Eindeutigkeit im Urteil rief rasch die katholischen Verteidiger Hattos auf den Plan, zu-

nächst 1582 den Dekan des Frankfurter Bartholomäusstiftes Johannes Latomus. Auch er argumentierte in seiner Geschichte der Mainzer Erzbischöfe sowohl inhaltlich als auch philologisch:[20] Hatto habe sich gründlich um alle seine Abteien gekümmert, er habe, um die Gewalt der Laien gegen die Kirche einzudämmen, 895 die Synode von Tribur abgehalten, und nicht weniger als drei Kaiser seien von seinem Rat abhängig gewesen. Nur wegen zweier beschämender Taten würde er von einigen Geschichtsschreibern angeschwärzt: dem Verrat an Adalbert und dem Mordversuch an Heinrich von Sachsen. Wurde schon alles Positive umfangreich mit Quellen belegt, so argumentierte Latomus bei den heiklen Punkten ebenfalls mit der Überlieferung und führte gegen die böswilligen Autoren den neutralen „Zeitzeugen" Regino von Prüm an und verwies darauf, dass selbst der Chefankläger Widukind den Adalbert-Verrat nicht in allen Fassungen seiner Sachsengeschichte berichtet (vgl. S. Haarländer, Bischof, S. 54). Den vermeintlichen Teufelssturz in den Ätna umging Latomus elegant, indem er auf die Reste eines Grabsteines im Mainzer Dom verwies, den er auf Hatto I. anstatt wie üblich auf Hatto II. bezogen wissen wollte. Gerade die Grablosigkeit des ersten Hatto hatte ja die Legende vom Ätnasturz befeuert, und ein vorzeigbarer Grabstein hätte ihr sofort die Grundlage entzogen.[21]

Im Umfeld der Magdeburger Zenturiatoren ausgebildet, widmete der protestantische Theologe, Jurist und Diplomat Johannes Wolf den beiden jungen Herzögen von Pommern, Barnim X. und Philipp Julius, zwei Bände voller „erinnerungswürdiger und entlegener Lektionen" zur Feier des Jahres 1600, um die beiden Jungregenten zu wahrhaft christlicher, das heißt lutherischer Herrschaft zu ermuntern.[22] Dieses Ziel ging bei ihm allerdings mit allerhand obskuren Geschichten, Prophezeiungen und Wunderberichten einher, weniger dafür mit einer strengen Gliederung: Nur lose bettete er die einzelnen Episoden in den Gang der Kirchengeschichte seit Christi Geburt ein. So kommt es, dass Hattos I. Auseinandersetzung mit Adalbert von Babenberg einmal in Anlehnung an Widukind und Regino, ein zweites Mal,

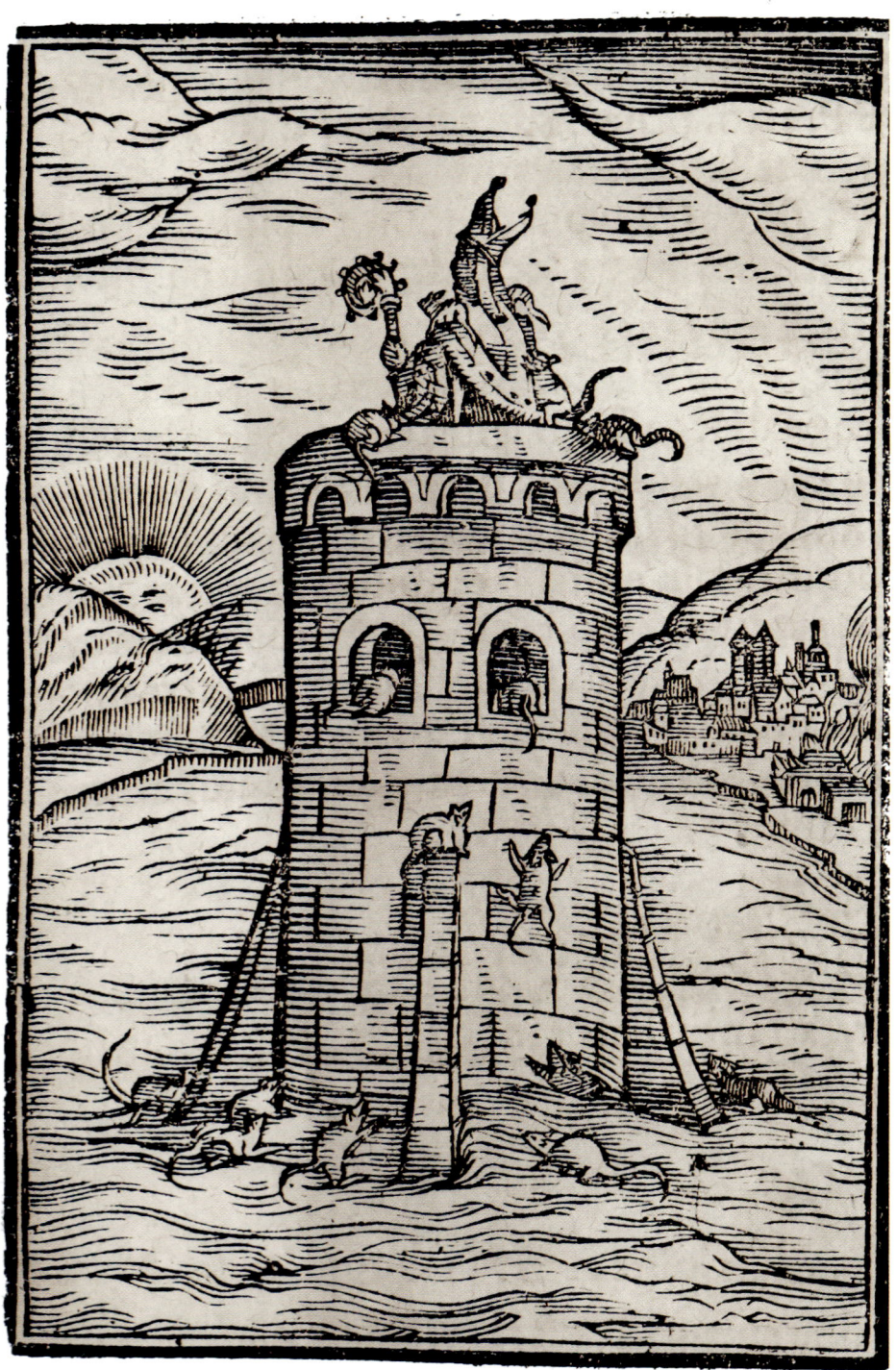

55 Seiten später, nach Otto von Freising erzählt wird. Hatto II. und seine Mäuse finden sich ebenfalls zweimal, aber sogar fast 600 Seiten auseinander.[23] Ebenso frei ging Wolff auch mit den Abbildungen um: Dreimal ließ er denselben Holzschnitt benutzen, der eine Bischofsgestalt auf einer Turmspitze zeigt, während der Turm – zu Land oder zu Wasser ist nicht deutlich auszumachen – gerade von Mäusen gestürmt wird *(Abb. 5)*. Wo das Bild zu Hatto II. gut passt, stimmt es mit der von Bischof Widerold von Straßburg berichteten Sage (vgl. Kat.-Nr. 9) nur schlecht überein (dieser wurde von den Mäusen durchs Wasser verfolgt, während er in einem Boot fuhr) und wird gänzlich unpassend in Kombination mit der Sage vom gleichfalls von Mäusen gefressenen polnischen König Popiel (ca. 810–840), der nun sicher weder Mitra noch Bischofsstab getragen hat.[24]

Gegen solche polemisch-unterhaltsamen Zusammenstellungen zog mit wissenschaftlichem Impetus der Mainzer Jesuit und Theologieprofessor Nicolaus Serarius zu Felde, der 1604 anlässlich des Regierungsantritts Johann Schweikards von Kronberg *Fünf Bücher zur Mainzer Geschichte* veröffentlichte (vgl. Kat.-Nr. 10). Auch wenn er in vielem auf den Arbeiten von Latomus aufbaute, sollte sein Werk doch für die kommenden 200 Jahre der Standard sein, an dem sich die seriöse Geschichtsschreibung orientierte. In der Tat kann er Hattos I. Abbatiat in Fulda, seine angeblich obskure Abstammung, aber auch eine solche aus dem französischen Königshaus *(Abb. 6)* als Fälschung bzw. Missverständnis früherer Autoren erklären, um dann zu folgern: „Aus solcher Unwissenheit haben die Magdeburger Zenturiatoren geschöpft".[25] Da ein solches Vorgehen bei der guten Quellenlage zur Adalbert-Episode dagegen kaum möglich war, versuchte Serarius, diese als Wanderlegende darzustellen, indem

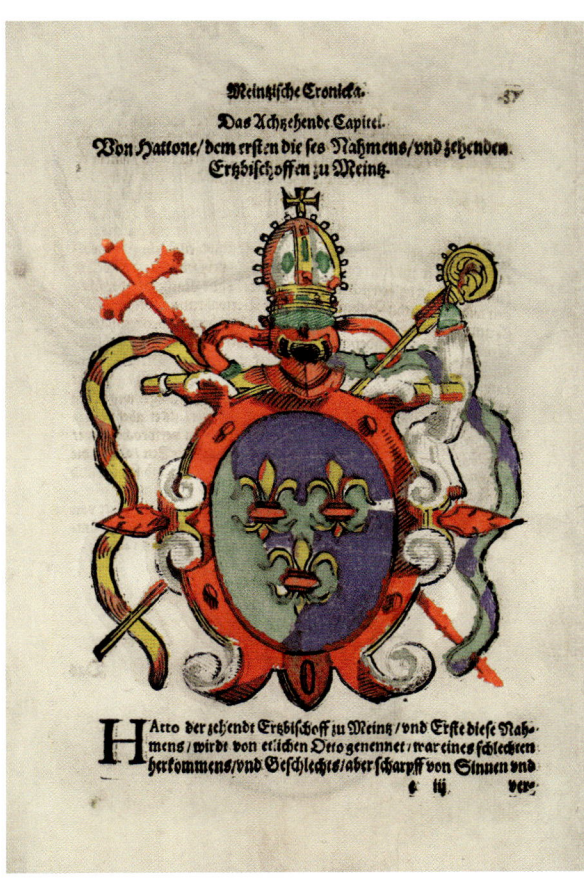

er nachwies, dass dieselbe Geschichte bereits von Cicero über eine Gesandtschaft an Hannibal erzählt worden war, um dann rasch den missglückten Anschlag auf Heinrich I. zu erwähnen und zu schlussfolgern: „Das scheint zu kindisch, als dass es mit seinem so erfahrenen und ausgekochten Scharfsinn zusammenpasst. Seitdem aber konnte kein Wasser von ihm den unbedeutenden Makel allzugroßer Schlauheit abwaschen, sondern er hängt an ihm so verderblich, dass man ihn den bösen Hatto nennt und sagt, dass er vom Blitz erschlagen und schließlich in den feuerspeienden Ätna geworfen worden sei".[26]

Während Serarius den gut zwanzigjährigen Episkopat Hattos I. auf fünf Seiten behandelte, war ihm die Widerlegung der „infamen Erzählung des Pöbels" über Hatto II. und die Mäuse fast zwanzig Seiten wert. Nach allen Regeln der scholastischen Kunst zergliederte er das

Problem in sechs Kapitel, in denen er einzeln nachzuweisen versuchte, dass diese Geschichte erstens nicht wahr und zweitens nur den protestantischen „Umstürzlern" von Nutzen sei. Interessant sind seine Vermutungen über den Ursprung der Fabel: Erstens habe der Name „Mäuseturm" das Volk erst darauf gebracht, sich die Fabel auszudenken. Zweitens mag die Kenntnis der Sage vom polnischen König Popiel die Phantasie des Volkes beflügelt haben. Drittens habe es nahegelegen, den Namen Hatto fälschlicherweise als „Harto, also ‚hart' und ‚unbarmherzig'" zu deuten und dies sei „wegen der berühmten Schlauheit des ersten Hatto sehr einfach zu glauben" gewesen (vgl. S. Haarländer, Bischof, S. 54f.).[27]

Mochte Serarius auch mit seriösen Waffen für Hattos Ehrenrettung streiten, so trug kurz zuvor ein weiterer Protestant, wenn auch nur beiläufig, viel effektiver zu Hattos dauerhafter Verunglimpfung bei. Die Rede ist von Georg Rollenhagen und seinem Versepos *Froschmeuseler (Abb. 7)*. Dieser Rektor des Magdeburger Gymnasiums hatte 1595 eine Literaturparodie des ersten nachchristlichen Jahrhunderts genommen, die in homerischem Ton einen Krieg zwischen Fröschen und Mäusen schilderte, und deren 300 Verse auf 19.000 Verse ausgedehnt. In den Überlegungen der Frösche, wie sie den Angriff der Mäuse abwehren könnten, rät der Frosch Quadart zum Frieden: „Zudem ist noch ein zweiffel dran / Ob die Mauß gar nicht schwimmen kann";[28] die Frösche seien in ihrem Tümpel also keineswegs sicher vor ihren Feinden. Als Beleg folgen dann die Sagen von Hatto bzw. dem polnischen König. Rollenhagens *Froschmeuseler* war vieles in einem: unterhaltsam und parodistisch, zugleich aber grundgelehrt und in seinem Sehnen nach Frieden eine gerade um 1600 hochaktuelle Utopie. Kein Wunder, dass das Werk zwischen 1595 und 1637 allein zehn Auflagen erfuhr und damit wesentlich zum schleichenden Rufmord an Hatto beitrug.[29]

Abb. 6 ◄
Fiktives Wappen Hattos I. mit den Lilien des französischen Königshauses,
Meyntzische Chronick,
Frankfurt am Main, 1613
(vgl. Kat.-Nr. 11)

Abb. 7 ▼
Titelblatt des sogenannten
Froschmeuseler, Magdeburg, 1608
(vgl. Kat.-Nr. 14)

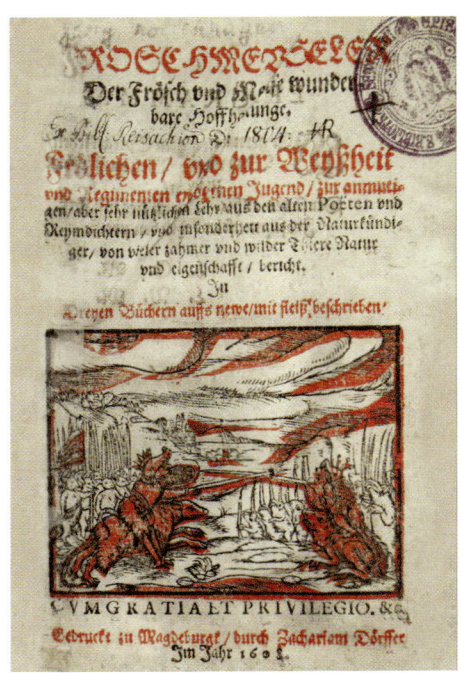

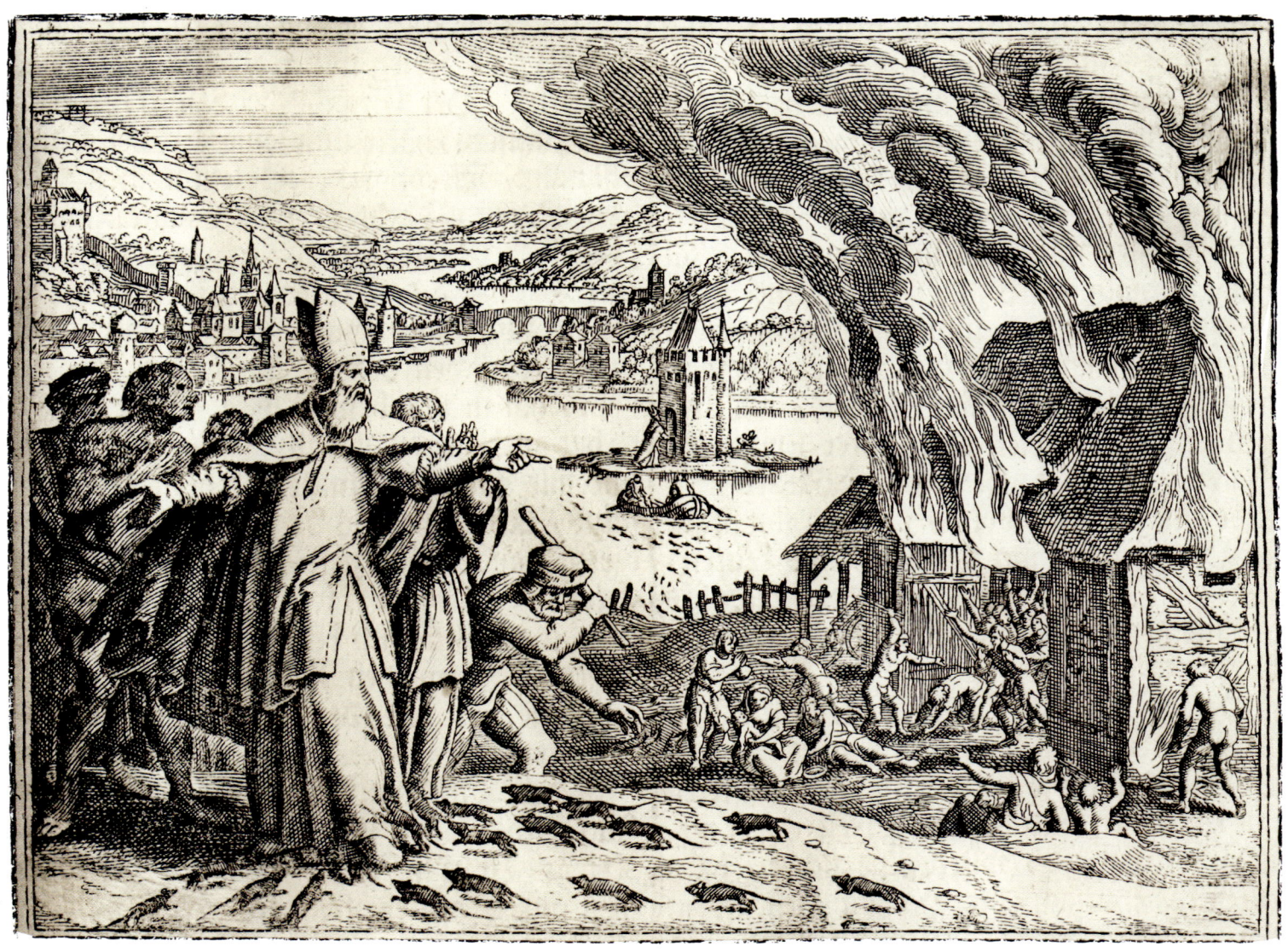

Mit dem Abklingen der konfessionellen Spannungen nach 1648 entkrampfte sich auch die Auseinandersetzung um die Hatto-Traditionen. Überliefert wurden sie freilich weiterhin und ausgiebig.[30] Hinzu kamen durch den vermehrten Einsatz des Kupferstichs im 17. und durch eine neue Art der Landschaftswahrnehmung im 18. Jahrhundert auch eine Vielzahl von bildlichen Darstellungen der Sage und des Mäuseturmes.[31] Dabei sticht der Beitrag von Matthaeus Merian d. Ä. für die *Historische Chronica* des Johann Ludwig Gottfried durch seine künstlerische Qualität und die dramatische Verdichtung hervor *(Abb. 8)*.[32] Während der Text kurz die Sage rekapituliert und gegen Serarius' Versuch der Ehrenrettung die Fülle der Überlieferung anführt, zeigt uns Merian die ganze Geschichte in einem Bild: im Vordergrund einen herrischen Hatto, der auf die brennende Scheune verweist und bereits von den Mäusen angefallen wird, im Hintergrund ein stilisiertes Bingen mit Nahemündung, genau in der Bildmitte den Mäuseturm, in den Hatto, von den Mäusen verfolgt, flieht.

Gewissermaßen das Gegenteil zu Merians theatralisch-bewegter Darstellung – bei nur kurzem Referat der Sage im Text – stellt die Behandlung des Mäuseturmes in Johann Hermann Dielhelms Werk *Denkwürdiger und nützlicher Rheinischer Antiquarius* von 1739 dar *(Abb. 9)*: Hier wird der Turm selbst zum beherrschenden Bildmotiv in einer realistisch gemeinten Kulisse ohne jedes Sagenmotiv. Noch aufgeklärter gibt sich der Text, der über fünf Seiten hinweg die verschiedenen Varianten der Mäuseturm-Forschung einschließlich einer eingehenden Architekturuntersuchung des Turmes bringt, nur um fast resigniert zu schließen: „Inzwischen lassen wir einen jeden davon glauben / was er nur selbst will."[33] Dielhelms Vorgehensweise war symptomatisch für den Stand, den die Geschichtsschreibung im Bezug auf die Hattos um die Mitte des 18. Jahrhunderts erreicht hatte: Die konfessionelle Propaganda hatte beide Seiten zu immer genauerem Quellenstudium getrieben und die Aufklärer mochten sich nun weder für eine der angebotenen Sichtweisen entscheiden, noch wollten sie – bei aller rationalen Betrachtung – die sagenhaften Elemente der Hatto-Überlieferung gänzlich ausschließen.[34] Erst die aufkommende Romantik einerseits und der Wandel von der Geschichtsschreibung zur Geschichtswissenschaft andererseits lösten dieses Dilemma auf, indem sie den sagenhaften Hatto vom historisch zu untersuchenden Hatto so deutlich trennten, dass sich zwei unabhängige Traditionsstränge entwickelten, die im Folgenden auch getrennt betrachtet werden sollen.

DER POPULÄRE HATTO AB 1800

„Die Gegend hat hier etwas schauerliches. […] Aus übereinandergeschichteten Felsen blicken die Ruinen von Ritterburgen, […] Gegen diese finstre Bergwand wendet sich der Strom in starker Bewegung, dann dreht er sich plötzlich gegen die nördliche Seite, wo schauerlich Hattos Thurm, oder der Mäusethurm, nahe dem Ufer steht."[35] Mit diesen Worten erklärt 1818 der Heidelberger Ästhetikprofessor und Verfasser eines der ersten Rhein-Reiseführer Aloys Schreiber, warum von jetzt an der zweite Hatto und der Mäuseturm die populäre Überlieferung dominieren sollten. Hintergrund ist die aufkommen-

de Rheinromantik, der beginnende Rheintourismus und die Aufladung des Mittelrheingebiets als kulturelle Keimzelle der deutschen Nation in Folge der antinapoleonischen Kriege. Sie brachten der markanten Übergangsstelle zwischen Rheingau und Rheinengtal eine völlig neue Berühmtheit. Vorangegangen war Clemens von Brentano, der in seinem *Rheinmärchen* Elemente aus dem *Froschmeuseler* und aus der Sage um den Rattenfänger von Hameln mit der Mäuseturm-Sage verband und dabei Hatto zu einem bösen König machte, den der Held Radlof auf dem Weg zu Liebe und Herrschaft überwinden muss.[36] Eher den touristischen Aspekt berücksichtigten der schon erwähnte Aloys Schreiber oder sein Mainzer Gegenpart Niklas Vogt, indem sie handliche Sammlungen rheinischer Sagen zusammen mit praktischen Reisetipps für „die nützlichste und genußvollste Art den Rhein […] zu bereisen" zusammenstellten.[37] Selbstverständlich waren Hatto und der Mäuseturm stets dabei. Und auch die Druckgraphik tat ein Übriges, Hattos Turm im Bewusstsein weiter Kreise nicht nur in Deutschland, sondern auch in England, Frankreich und Belgien zu verankern.[38]

In eine neue Phase trat der Rheintourismus, als es ab 1827 möglich wurde, regelmäßig mit dem Dampfschiff von Köln nach Mainz zu reisen.[39] Zugleich erschien eine neue Generation literarischer Reiseführer, die die Sehenswürdigkeiten entlang des Mittelrheins anhand überarbeiteter Gedichtfassungen vorstellten. Karl Simrocks vielfach aufgelegte Sammlung *Rheinsagen aus dem Munde des Volks und deutscher Dichter* brachte 1837 zum Mäuseturm eine modernisierte Fassung der Hatto-Passagen aus dem *Froschmeuseler* und ein fünfstrophiges Gedicht von August Kopisch, das es im 20. Jahrhundert bis in die gängigen Schul-Lesebücher schaffen sollte (vgl. S. 19).[40]

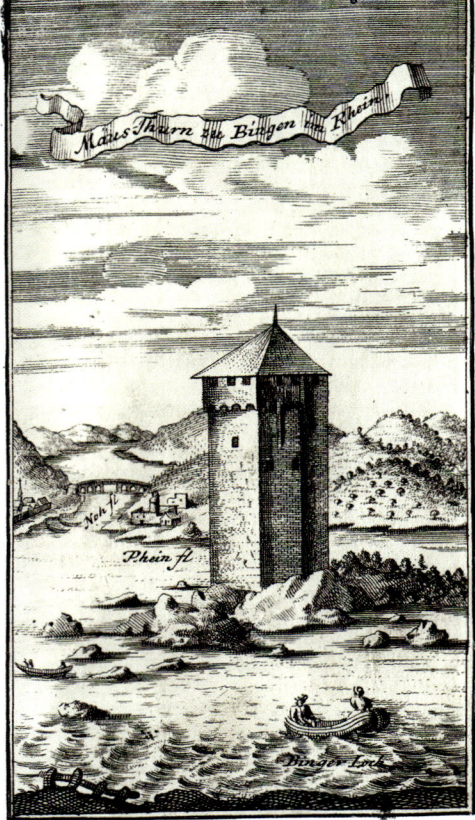

Abb. 9 ▼

Der Mäuseturm im Zustand um 1739, Johann Hermann Dielhelm, Denkwürdiger und nützlicher Rheinischer Antiquarius, Frankfurt am Main, 1739

Das „adlige Urgestein der Rheinlyrik", die ehemalige Stiftsdame Adelheid von Stolterfoth, hatte bereits 1835 einen *Rheinischen Sagen-Kreis* von 21 längeren Gedichten zu bekannten Rheinsagen zwischen Mainz und Köln herausgegeben und diese von dem jungen Alfred Rethel illustrieren lassen.[41] Rethel konzentrierte sich entgegen dem auf Landschaft ausgerichteten Zeitgeist ganz auf die Psychologie des sterbenden Hatto: Auf der Spitze seines Turmes umringen ihn die fliegenden Geister der von ihm Ermordeten inmitten eines Schwarmes von Fledermäusen anstelle der üblichen Nagetiere. Dieser Hatto wird nicht leiblich gefressen, sondern von der Macht seiner Visionen bis an die Kante der Turmruine – und wohl auch darüber hinaus – gedrängt *(Abb. 10)*.

Wie sehr die Hatto-Geschichte als bekannt vorausgesetzt werden konnte, zeigt das Gedicht *Der Adler auf dem Mäuseturm*, das Ferdinand Freiligrath 1844 veröffentlichte und darin die antiliberale Haltung der preußischen Monarchie angriff. Seit 1815 war der Mäuseturm Grenzposten der preußischen Rheinprovinz gegenüber Nassau und Hessen-Darmstadt und als solcher versehen mit dem preußischen Adlerwappen. Die Markierung der alten Landmarke mit dem traditionsfremden Preußenwappen interpretiert Freiligrath als Angriff des Adlers auf den Turm als einem Symbol der fehlenden nationalen Einheit Deutschlands. Vor allem aber enthalte, so Freiligrath, der preußische Staat seinen Bürgern die Freiheit vor wie

Abb. 10 ▶
Erzbischof Hatto auf dem Mäuseturm,
Adelheid von Stolterfoth,
Ciclus von Romanzen, Balladen
und Legenden des Rheins:
Rheinischer Sagen-Kreis,
Frankfurt am Main, 1835
(vgl. Kat.-Nr. 4)

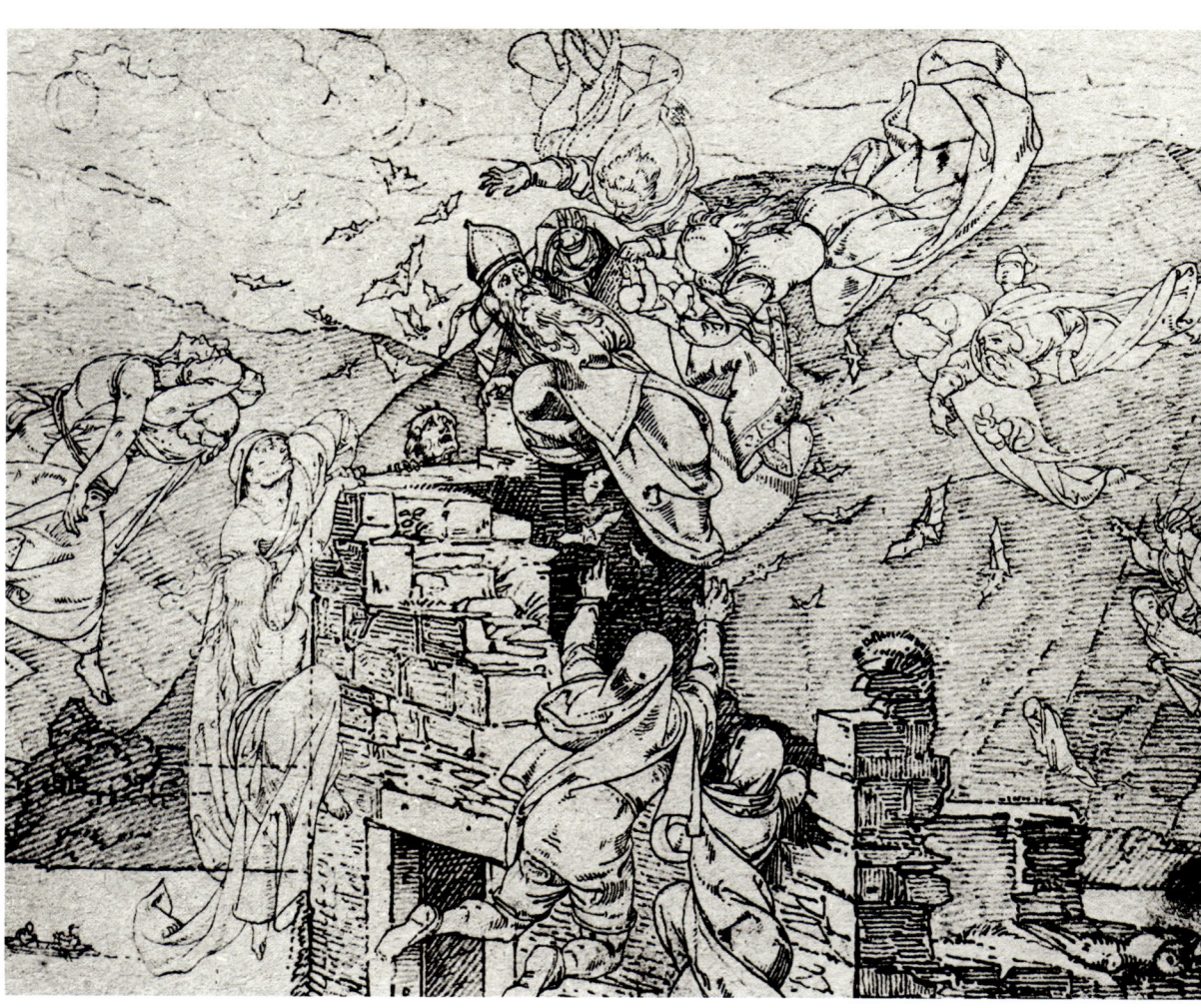

„Hatto, jener Alte" seinen armen Untertanen seinerzeit angeblich das Brot.[42]

Auf der Grenze von Schauerromantik und ihrer ironischen Brechung steht Victor Hugo, der 1842 einen Bericht von einer zwei Jahre zurückliegenden Rheinreise veröffentlichte, auf der er auch den Mäuseturm aufgesucht hatte. Seit seiner Kindheit kannte er von einer Mainzer Dienerin seiner Familie die Sage, nun sieht er den schrecklichen Turm in der Abenddämmerung inmitten rötlicher Nebelschwaden. Dennoch lässt er sich in der heraufziehenden Dunkelheit zur Insel übersetzen, wo sich Hattos Gespenst als zwei Schmiede entpuppen, die in dem verlassenen Turm eine kostenfreie Werkstatt unterhalten. Wegen der zeitlichen Nähe, der Ausrichtung auf ein französischsprachiges Publikum und wegen der gleichen Melange aus Gruselstimmung und realistischen Details hat man mehrfach Paul Lauters' Mäuseturm-Lithographie aus der Sammlung *Le Rhin monumental et pittoresque* von 1854 auf genau jene Szene bezogen, in der Hugo den Turm erkundet, während sein Fährmann im Boot wartet.[43]

Ab der Mitte des 19. Jahrhunderts kommt es zu einer deutlichen Verflachung und Kommerzialisierung der Rheinromantik, teils verbunden mit einem Übermaß an nationalem Pathos. Grundlagen hierfür waren der Bau durchgehender Eisenbahnstrecken beidseits des Rheins, die das Reisen für weitere Bevölkerungsgruppen ermöglichten,[44] und der Bau der Germania auf dem Niederwald bis 1883, die fortan auch die Wahrnehmung des Mäuseturmes in ihren Bann zog.[45] Das Ergebnis war eine Flut von Postkarten, Leporellos, illustrierten Reiseführern und Reklamebildchen, die dem Hatto-Bild zwar keine neue Nuance hinzufügten, es aber in bis dahin ungekanntem Maß popularisierten und teilweise mit völlig anderen Inhalten verbanden. Am weitesten ging dabei eine Schokoladenwerbung der Firma Robert Berger aus der Zeit vor 1910, die nicht nur aus Rethels Zeichnung ein farbiges Reklamebildchen machte, sondern mit der Abbildung der Torpedoflotte auf dem Rhein im Hintergrund nebenbei für die kaiserliche Flottenpolitik warb *(Abb. 11, vgl. Kat.-Nr. 1)*.

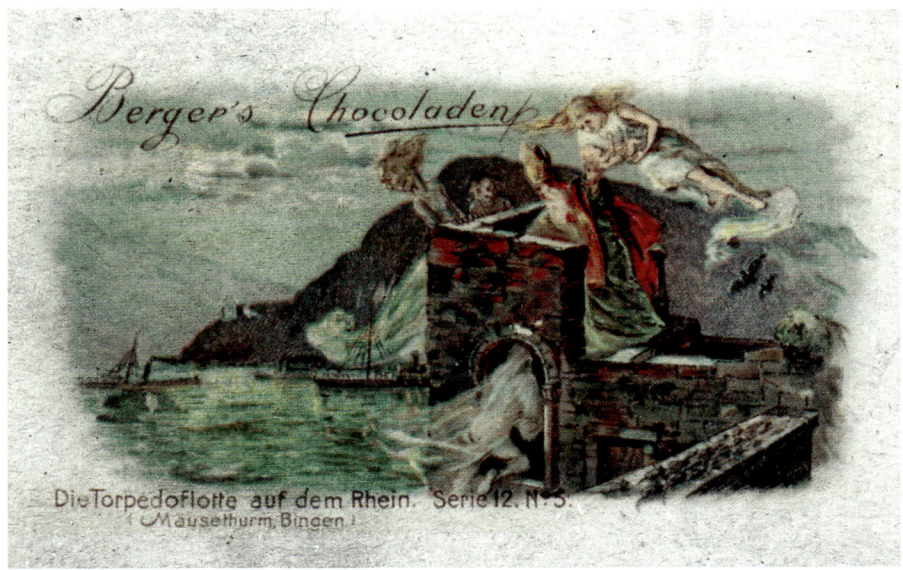

Die nationale Aufladung des Mäuseturmes war freilich kein deutsches Alleinstellungsmerkmal: Als nach dem Ersten Weltkrieg die Franzosen das westliche Rheinland und auch den Rheingau bis Lorch besetzten, wurde die „Wacht am Rhein" kurzerhand umgedreht und diente nun zusammen mit der im Französischen sogenannten Tour des Souris als französisches Postkartenmotiv *(Abb. 12, vgl. Kat.-Nr. 2)* ▶.

Nach dem Zweiten Weltkrieg verlor der Rhein seine Bedeutung als nationale „Wacht" gegen den „Erzfeind", was den Umgang mit Hatto und dem Mäuseturm lockerer und ironischer machte. Bereits 1946 genehmigte die Militärregierung eine Walzer-Schallplatte, in der die Hatto-Geschichte gereimt gesungen wurde mit dem Refrain: „Drum nehm sich in Acht wer ein Trauerkloß, denn im Binger Loch ist der Teufel los."[46] Wurde hier noch ganz allgemein auf die weinselige, triviale Seite des Rheintourismus angespielt, so gestalteten sich die Bezüge in den kommenden Jahrzehnten zugleich konkreter und regionaler. Häufig in rheinhessischer Mundart gedichtet, wurde jede Veränderung am Mäuseturm wie die Versetzung des Erkers um ein Stockwerk nach oben (1950) oder der Bau der neuen Fahrrinne (ab 1961) kommentiert. Dabei dienten stets Hatto und die Mäuse als Referenz:

Abb. 11 ▲
Der von Mäusen verfolgte Hatto, Schokoladenwerbung der Firma Robert Berger, Pößneck vor 1910 (vgl. Kat.-Nr. 1E)

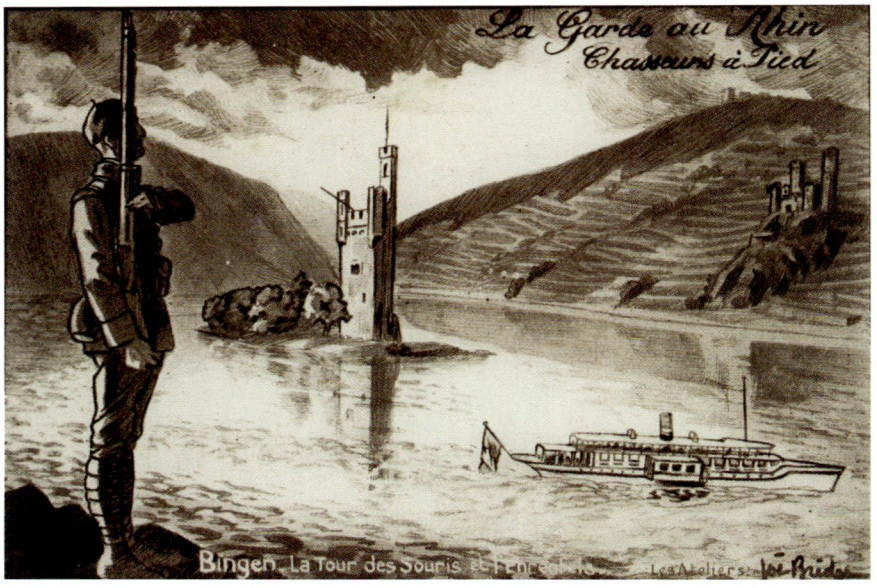

Hatto I. als Adalberts Antagonist kann der Hinrichtung des Helden selbst nur schwankend aus der Ferne, dafür im Beisein des päpstlichen Legaten zusehen. Bereits vorher hat er sich dem Grafen von Vermandois und dem Zuschauer als treuer Agent des französischen Königs und Gegner der deutschen Selbstständigkeit gezeigt; ein Anti-Held, für den es keine literarische Zukunft geben sollte.

DER WISSENSCHAFTLICHE HATTO AB 1800

Die Aufmerksamkeit, die die Kunst dem ersten Hatto verweigerte, sollte die aufkommende Geschichtswissenschaft ihm widmen, während sie mit seinem gleichnamigen Nachfolger (Hatto II, Mainzer Erzbischof 968–970) rasch fertig war: An seinem zweijährigen Pontifikat interessierte – und das auch nur am Rande – die Frage, was ursächlich für die Mäuseturm-Fabel gewesen sein könnte. Hier verwies man einerseits auf Hattos besondere Beziehung zu Bingen, von dem man fälschlicherweise annahm, er habe es für den Mainzer Erzstuhl erworben und sei auch dort gestorben. Andererseits bezog man sich auf sein hartes Vorgehen gegen die Mönche auf dem Rupertsberg und andere, entlegene Anzeichen für seinen vermeintlichen Geiz.[50] Etwas mehr Interesse weckte seine Rolle bei der Gründung des Erzbistums Magdeburg durch Otto den Großen 968 und der Vorwurf, er habe dabei als williger Gefolgsmann des Sachsenkaisers Mainzer Rechte widerstandslos aufgegeben.[51]

Viel mehr Beachtung fand der über zwanzigjährige Pontifikat Hattos I., zumal er in eine Zeit massiver politischer Veränderungen fiel, die allerdings im Laufe der Forschung höchst unterschiedlich interpretiert wurden. Den Auftakt bildeten zwei nahezu zeitgleich (1864/1865) erschienene Monographien junger Gymnasiallehrer, die damit ihre weitere Karriere anschieben wollten: jene des Katholiken Franz Leopold Dammert in Freiburg, und jene des Protestanten Julius Heidemann in Berlin. Beide kommen zu sehr positiven Würdigungen von Hattos Lebensleistung, weisen jedoch prägnante Unterschiede in der Einschätzung seiner Epoche auf: Für Dammert ist Hatto „ein um die wichtigsten Interessen unseres Volkes hochverdienter Mann", wobei

„Den Mäusen ists nicht nach dem Sinne,
dem Hatto ist es schon ganz mau;
er sitzt ganz oben auf der Zinne
und wird aus dir [dem Mäuseturm mit neuem
Erker, C.K.] längst nicht mehr schlau."[47]

Vergleichbare Kristallisationspunkte für das kulturelle Gedächtnis wie den Mäuseturm konnte Hatto I. nicht bieten. Gewiss, manchmal wurde er durch Verwechslung ebenfalls in den ominösen Turm bei Bingen versetzt,[48] aber seine verbürgten Taten bzw. Untaten fanden so gut wie keinen Niederschlag in Kunst und Literatur. Einzig der kaum bekannte Jurist und Hobby-Dichter Johann Michael Franz Birnbaum schrieb 1816 *Adalbert von Babenberg. Ein dramatisches Gedicht* in drei Teilen, das formal einige Anleihen an Schillers Wallenstein nimmt, dabei aber vor allem dem anti-napoleonischen Zeitgeist verhaftet ist. Worum es eigentlich geht, sagt Adalbert selbst im Schlussmonolog vor seiner Hinrichtung:

„Es wird sich eine neue Zeit gestalten,
Für Deutschland wird ein neues Leben blüh'n;
Nie, nie wird seine frische Kraft veralten,
Verjüngt wird es aus jedem Kampfe zieh'n."[49]

„Volk" bzw. „Reich" für ihn Größen sind, die von Hatto aus in die Zukunft der mittelalterlichen deutschen Kaiserherrlichkeit weisen.[52] Für Heidemann dagegen ist Hatto zwar „der letzte bedeutende Staatsmann des absoluten karolingischen Königthums", letztlich aber eine tragische Figur, die sich als Vertreter der alten Ordnung dem „erwachenden Nationalgefühl der Völker" und damit der notwendigen Aufspaltung des Karolingerreiches vergeblich entgegenstellte.[53]

Zu einem ähnlichen Ergebnis kommen auch die großen kompilatorischen Werke des 19. Jahrhunderts, Georg Waitz' *Deutsche Verfassungsgeschichte* (ab 1844), Wilhelm von Giesebrechts *Geschichte der deutschen Kaiserzeit* (ab 1855), Ernst Dümmlers *Geschichte des ostfränkischen Reiches* (1887/1888), Albert Haucks *Kirchengeschichte Deutschlands* (ab 1887) oder die *Deutsche Geschichte unter den Karolingern* (1896) des fleißigen Regestenmachers Engelbert Mühlbacher: Hatto sei vielfältig begabt, unablässig unter drei Königen zum Wohl des Reiches unterwegs und dabei auch auf seinen eigenen Vorteil bedacht gewesen. Gleichwohl blitzte bei der Bewertung immer auch die Sichtweise der zumeist protestantischen Autoren und deren eigener Zeithorizont durch: So sah Giesebrecht Hatto deutlich durch die Brille des 1855 noch nicht verwirklichten deutschen Nationalstaates, während Dümmler 1888 ganz kulturkämpferisch den Einfluss der Kirche auf die Regierung beklagte, sich aber freute, dass „dem deutschen Königtume [...] als dem durch die Geschichte geheiligten Ausdrucke der nationalen Einheit und Macht" nun die Zukunft gehöre.[54] Eine neue Stufe erreichte die Forschung zur Hatto-Zeit, als nach dem Schock des 1919 geschlossenen Versailler Vertrages die deutsche Geschichtswissenschaft zur nationalen Selbstvergewisserung nach dem genauen Zeitpunkt der Entstehung des deutschen Reiches fragte. Hier wurden insbesondere Arnulfs Königserhebung 887 sowie die Thronwechsel von 911 und 919 heiß diskutiert. Hattos Rolle wurde dabei weiterhin zwiespältig verstanden: War er der Repräsentant der nationalen Einheit gegen die Partikularinteressen einzelner Adliger oder der klerikale Strippenzieher am Hof schwacher Kö-

nige?[55] Es lag in der Tendenz dieser Forschergeneration, die den Weimarer Staat meist als ohnmächtig wahrnahm, statt staatlicher Strukturen eher ein organisch gedachtes deutsches Volk, repräsentiert vor allem durch den nach Stämmen gegliederten Adel, bei der Entstehung des deutschen Reiches wirksam zu sehen, eine Sichtweise, die auch nach 1933 anschlussfähig blieb. Es liegt auf der Hand, dass Hatto als ein Mann der Kirche und als ein vermeintlicher Gegner des nationalsozialistischen Lieblingskönigs Heinrich I. unter solchen Umständen einen schweren Stand hatte; die Volkskunst hingegen hatte kein Problem mit einem Hatto im Mäuseturm unter dem Hakenkreuz *(Abb. 13)*. Auch als ab den 1960er Jahren die Entstehung des deutschen Reiches im europäischen Vergleich untersucht und dabei die Bedeutung des Volkswillens durch die Prägekraft staatlicher Strukturen ersetzt wurde, kam eine Figur wie Hatto zunächst weniger in den Blick. Dafür sollten erst zwei neue Forschungsfelder sorgen, die ab den 1980er Jahren die deutschsprachige Mediävistik beschäftigten. Deren erstes war die Diskussion um den Charakter frühmittelalterlicher Staatlichkeit: Die Frage nach einem frühmittelalterlichen Staat sei von vornherein falsch gestellt, da die Zeit zwischen „Königshaus" und „Kirche" kein eigenes Konzept von „Staat" entwickelt habe, so die zugespitzte These von Johannes Fried 1982. In der Folge entbrannte eine heftige Kontroverse, bei der gerade auch zentrale Quellen aus Hattos Umfeld, die Dekrete der von ihm geleiteten Triburer Synode (895), sein Schreiben an den Papst zur Anzeige der Königswahl Ludwigs des Kindes (vgl. Abb. 23) und andere mehr, eine wichtige Rolle spielten.[56] Das zweite und für das Hatto-Bild noch prägendere Forschungsfeld war die Beschäftigung mit den mittelalterlichen Ritualen, die als

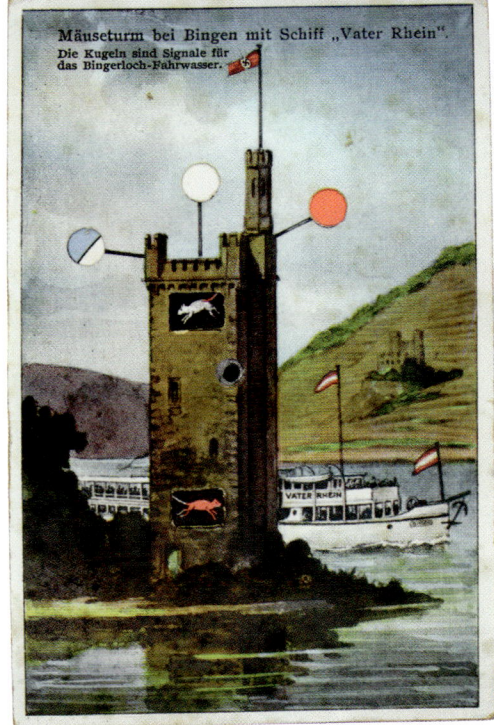

Abb. 13 ▼
Mäuseturm bei Bingen mit Schiff „Vater Rhein", Werbepostkarte der Binger Personenschifffahrt, Kapitän J. B. Schneider nach 1933 (vgl. Kat.-Nr. 2)

„Spielregeln der Politik" weite Teile der Herrschaftsausübung gestaltet hätten.[57] Für diese Historiker um Gerd Althoff war der vermeintliche Verrat an Adalbert deshalb ein zeitgenössischer Skandal, weil die zuvor ausgehandelten Bedingungen einer friedlichen Unterwerfung von Hatto und den Konradinern gezielt missachtet worden seien. Zudem sei der Weg vom eigentlichen Geschehen bis zu seiner schriftlichen Fixierung am ottonischen Kaiserhof ein Lehrstück für die „Verformung durch mündliche Tradition".[58]

Inzwischen hat sich die Forschung erneut verschoben: vom zehnten hin zum neunten Jahrhundert, von der Betrachtung adliger Konfliktaustragung und Konsensfindung hin zur maßgeblichen Rolle der Bischöfe und deren Pochen auf schriftlich fixierte Normen, von der Suche nach dem abstrakten Staatsdenken der Karolingerzeit hin zu einer „pragmatischen Verfassungsgeschichte der späten Karolingerzeit".[59] Mehrfach wurde dabei auf den Umstand hingewiesen, dass gerade die Vormundschaftsregierung für Ludwig das Kind den Blick auf die Herrschaftsmechanismen unterhalb des Königtums freigelegt habe, Hatto also gerade ein Paradebeispiel für die Möglichkeiten und Grenzen „konsensualer Herrschaft" sei.[60] Mit dem Einzug der Pragmatik ging das Abebben der moralischen Wertung einher, was nicht verwundert, da die fragliche Epoche nun nicht mehr zur Legitimation nationalstaatlicher Vergangenheit gebraucht wurde.

Erhalten blieb allerdings eine Wertung Hattos in ausgesprochen positiver Form in der Landesgeschichtsschreibung: als Abt der Reichenau und in Lorsch, vor allem aber als Mainzer Oberhirte, der durch die lange Vormundschaft einen Einfluss im ostfränkischen Reich ausübte, wie kein zweiter Mainzer Metropolit. Die Historiker der Bodensee-Region und besonders des Mittelrheins haben denn auch bis in die jüngste Zeit nicht mit positiven Urteilen über einen Erzbischof gespart, der sich um seine – zahlreichen – kirchlichen Würden kümmerte, sein Bistum weiterentwickelte, als *Primas Germaniens* Synoden leitete und gleichzeitig geradezu als „Rettungsanker des Reiches" wirkte.[61]

AUSBLICK

Hatto von Mainz gibt es vielfach: als gewieften Politiker und Bösewicht, als verantwortungsvollen Abt und „Rettungsanker des Reiches", als Ausverkäufer frühdeutscher Interessen und Repräsentanten einer auf Rituale fixierten oralen Gesellschaft, im Mäuseturm und im Ätna. Dahinter verblassen die beiden historischen Personen, die diesen Bildern zugrunde liegen, und geben den Blick frei auf zeitgebundene Interessen, die zu solch unterschiedlichen Deutungen führen konnten.

Wie geht es weiter? Der sagenhafte Mäuseturm-Hatto scheint auf demselben Weg zu sein, den derzeit viele, ehemals nationale Erinnerungsfiguren gehen: Er wird zugleich regionalisiert und globalisiert. Als regionale Figur ist er aus dem Brauchtum des Rheingaus und Rheinhessens nicht wegzudenken, als festes Element der Rheintouristik wird er seinen bereits von Cornelius Will festgestellten „internationalen Charakter" weiter behalten.[62]

Umstrittener wird wohl der wissenschaftlich behandelte Hatto, also vor allem der erste dieses Namens, bleiben. Zu widersprüchlich und zugleich zu wichtig ist seine Zeit zwischen den üblichen Epochen, zu widersprüchlich aber auch alles, was von seiner Person überliefert ist. Hatto I. war und ist eine vielschichtige Figur.

1 Berschin 1991, S. 333–429; Goetz 1999b, S. 197; Patzold 2008, S. 468; zum Weiterleben Hattos in der Geschichtsschreibung des Mittelalters vgl. den Beitrag von S. Haarländer, Bischof. 2 *Obscuro genere natus*, Widukind, Res gestae Saxon. I, 22, S. 31; *versutiae pollens* Liutprand, Antapodosis II, 6, S. 39; *tantus in omni genere philosophiae [...] in disponendis rebus publicis assidue versatur*, vgl. Hartmann 2004, S. 20. 3 *Quod* [die Täuschung Adalberts] *quia non probamus, numquam adfirmamus, sed vulgi rumore magis fictum credimus.* Widukind, Res gestae Saxon., I, 22, S. 35. Die umstrittene Entstehung dieser Textstelle sagt nichts über ihre Benutzung durch spätere Autoren aus. 4 Darin gleicht Hatto der Päpstin Johanna, die häufig von denselben Autoren skandalisiert wird, vgl. Hinkel 2011/12, bes. S. 160f. 5 Schedel 1493, fol. 173r/v (Hatto I.) bzw. 182v (Hatto II.). 6 Trithemius 1690, S. 53–55 (Hatto I.) bzw. S. 117 (Hatto II.); zur Klärung der Titelfrage und zur zeitlichen Einordnung der Werke des Trithemius vgl. Arnold 1971, S. 150–154 bzw. 240f. Wimpfeling 1515/2007, S. 190–196; dort S. 131–136 auch weitere zeitgenössische Varianten der Sagen. 7 Luther 1914, S. 644 (Nr. 3829). 8 *Deuoratur a muribus in medio Rheno, iusto Dei iudicio, propter misere exceptos, & incendio deletos pauperes, factum id anno Domini 969,* in: Bruschius 1549, S. 7v. 9 Am weitesten geht hier Trithemius 1690, S. 53–55, bei dem Hatto zunächst dem rebellischen Adalbert in seiner Burg lange ins Gewissen redet, bevor die Geschichte in einem hektischen Dialog vor Adalberts Hinrichtung kulminiert. 10 Als frühneuhochdeutsche Version des seit der Erfurter *Chronica minor* (1261) regelmäßig zum Ätnasturz Hattos auf Latein angeführten Sprichworts *Sic peccata lues, atque ruendo rues,* in: Mainzer Chronik 1551, fol. 4r. 11 Bruschius 1549, S. 7f.; Registrum praesenciarum, fol. 165r/v. Die Passagen im Bischofskatalog des Mainzer *Liber ordinarius* decken sich weitgehend mit der lateinischen Fassung von Schedels Weltchronik; vgl. auch Wimpfeling 1515/2007, S. 133–135. 12 Schedel 1493, fol. 173r (Hatto I.) bzw. fol.182v (Hatto II.). 13 Münster 1545, S. 419. 14 Trithemus 1690, S. 117. 15 Münster 1545, S. 419. 16 Mainzer Chronik 1551, fol. 4r/v. 17 *Plerique autem omnes ex monasteriis prodierunt, ubi non tam praxim seu verum usum pascendi oves Christi certo Dei verbo, quam ociosam theoriam, de ceremoniarum pompis & teatricis ostentationibus didiscerunt. [...] Hatto abbas Augiensis, Moguntinus episcopus consecratur: Regino lib. II.,* in: Nona Centuria 1565, Sp. 289. 18 Decima Centuria 1567, Sp. 585, 679 und 705. 19 Decima Centuria 1567, Sp. 590. 20 Das Folgende bei Latomus 1582, Sp. 465–469. 21 Auch die Mäuse-Sage um Hatto II. verweist Latomus mit inhaltlichen und philologischen Argumenten ins Reich der Fabel: Keiner der älteren Autoren wisse etwas davon, Latomus 1582, Sp. 475–477. 22 Wolfius 1600, Epistula dedicatoria. 23 Wolfius 1600, S. 334 bzw. 389 (Hatto I.) und S. 343 bzw. 932 (Hatto II.). 24 Wolfius 1600, S. 220 (König Popiel), S. 270 (Widerold von Straßburg), S. 343 (Hatto II.). Vgl. zu Popiel auch Otten 1977, S. 235, der die Verbreitung der Mäuseturm-Sage in Osteuropa nachzeichnet. 25 Serarius 1604, S. 669. 26 Serarius 1604, S. 673. 27 Serarius 1604, S. 708. 28 Froschmeuseler III, 2225f., zitiert nach Peil 1989, S. 576. 29 Peil 1989, S. 739–742. Noch in Simrocks *Rheinsagen* von 1837 findet sich eine sprachlich modernisierte Fassung der Hatto-Episode aus dem *Froschmeuseler*, Simrock 1837, S. 215f. 30 Vgl. zur Überlieferung die Quellenangaben bei Zedler 1735, Sp. 754–756 bzw. Will 1875, S. 205–216. 31 Vgl. die – zu erweiternde – Liste der Mäuseturm-Abbildungen bei Engelhardt 1978, S. 26–28. 32 Gottfried 1674, S. 491. 33 Dielhelm 1739, S. 446; ohne Erläuterung datiert Engelhardt 1978, S. 26 den Dielhelm-Stich auf die Zeit um 1670. 34 Vgl. etwa auch die Behandlung der beiden Hattos bei Zedler 1735, Sp. 754–756. Sowohl Zedler als auch Dielhelm bringen z. B. den Ätna-Sturz Hattos I. als diskussionswürdige These neben anderen Versionen seines Todes. 35 Schreiber 1818, S. 142f. 36 Brentano 1983; zu seinen Quellen vor allem der Kommentar der Herausgeberin Brigitte Schillbach ebd., S. 397 sowie Kiewitz 2003, S. 38, 47 und 49. 37 Vogt 1817, S. 110f.; Schreiber 1818, Anhang: Volkssagen, S. 25f.; zur Sache auch Tümmers 1994, S. 253f.; Czarnowksi 2001, S. 491f; Cepl-Kaufmann/Johanning 2003, S. 119. 38 Vgl. die motivgeschichtlichen Untersuchungen bei Schmandt 2002, S. 59–63 sowie das bei Schmandt 2003 zusammengestellte Bildmaterial. 39 Czarnowski 2001, S. 493; genauere Daten zur Entwicklung der Dampfschifffahrt auf dem Rhein bei Cepl-Kaufmann/Johanning 2003, S. 137–142 und Tümmers 1994, S. 226–234. 40 Simrock 1837, S. 215–217; Engelhardt 1978, S. 62; zur Sache auch Tümmers 1994, S. 253f. 41 Stolterfoth 1835; zur Würdigung Stolterfoths als „Urgestein der Rheinlyrik" vgl. Cepl-Kaufmann/Johanning 2003, S. 244. 42 F. Freiligrath *Der Adler auf dem Mäuseturm*, zitiert nach Schmandt 2002, S. 40, bzw. Kiewitz 2003, S. 42f. Eine Anspielung auf die preußische Übernahme des Mäuseturmes schon bei Brentano vermutet Schillbach, in: Brentano 1983, S. 525. Dies hätte Folgen für die Datierung des *Mährchens vom Rhein*. 43 Vgl. Engelhardt 1978, S. 16–21; Schmandt 2002, S. 62f. und 76. Weniger durch dezente Ironie, vielmehr durch die gewählte Perspektive distanzierte sich 1856 Birket Foster, „der den letzten bedeutenden Beitrag der Engländer zur romantischen Rheingrafik geliefert hat", von „Hatto's Tower": der Betrachter ist soweit von allen Details fortgerückt, dass eine „zeitlose Naturidylle" entsteht, die alle Anzeichen der Moderne wie Eisenbahn oder Dampfschiffe negiert, vgl. Schmandt 2002, S. 35f. 44 Durchgehende Strecken vom Bodensee bis Rotterdam gab es seit 1863, vgl. Tümmers 1994, S. 235 mit Daten zu den einzelnen Streckenabschnitten. 45 Cepl-Kaufmann/Johanning, 2003, S. 226–230. 46 Engelhardt 1971, S. 96f. 47 Engelhardt 1971, S. 100; weitere Beispiele ebd. S. 99 und Engelhardt 1978, S. 64. 48 Etwa bei Vogt 1817, S. 110f. 49 Birnbaum 1816, S. 266. 50 Semmler 2000, S. 601; Staab 2008, S. 125f., jeweils mit der älteren Literatur. 51 Falck 1972, S. 63; Staab 1998, S. 94; Hehl 2000, S. 220f. Staab 2008, S. 123f. Zur Verwechslung der beiden Hattos kam es auch bei renommierten Historikern wie Cornelius Will, dem Herausgeber der erzbischöflichen Regesten, ein Fauxpas, an dem folgende Historikergenerationen sich immer wieder abarbeiten sollten, vgl. Will 1875, S. 207; ähnlich noch Herde 1969, S. 60; dagegen Staab 1998, S. 89 und, mit süffisantem Hinweis auf Latomus und Serarius, Staab 2008, S. 125. 52 Dammert 1864/65, S. 3. 53 Heidemann 1865, S. 677. 54 Vgl. Brühl 1995, S. 7–14 und 75–82; Goetz 1999a, S.185–193; Pohl 2006, S. 9–13. Die wesentlichen Diskussionsbeiträge sind zusammengestellt in den ersten beiden Bänden der „Wege der Forschung": Kämpf 1956a und Kämpf 1956b. 56 Die Diskussion wurde eröffnet durch Fried 1982 und Goetz 1983; den jüngeren Forschungsstand skizzieren die beiden Kontrahenten in Fried 2005, S. 374f. und Goetz 2006b, vor allem S. 55–58. 57 Forschungsüberblick zuletzt Althoff 2012; dazu auch Goetz 1999a, S. 362–365 und Pohl 2006, S. 16–27. 58 Althoff 1994, S. 447–449; Althoff 2008, S. 19–29, der bereits auf die Argumente der Gegner der Ritualforschung eingeht. 59 So der programmatische Untertitel der Habilitationsschrift Deutinger 2006; vgl. außerdem Patzold 2008, S. 533–543; Hartmann 2008, S. 317–320. 60 Kasten 1997, besonders S. 547–557; Offergeld 2001, besonders S. 538–542, zum Begriff der „konsensualen Herrschaft" (Bernd Schneidmüller) und zu seiner Weiterentwicklung Althoff 2012, S. 546–550. 61 Für Hatto als Abt von Lorsch: Knöpp 1973, S. 261–265; für Hatto als Mainzer Erzbischof: Falck 1972, S. 38–53; Staab 1998, S. 88–92; Semmler 2000, S. 590–592; Staab 2000, S. 177–194 (dort auch der titelgebende „Rettungsanker"); Staab 2008, S. 21–64. Ein frühes Beispiel mit umfangreicher Materialsammlung bietet Feist 1895. 62 Will 1875, S. 205. Die Popularität des Mäuseturm-Hatto in Thailand belegt bereits Engelhardt 1978, S. 49–54.

2

UM 900 – EINE „BÖSE" ZEIT?
GRENZEN UND MÖGLICHKEITEN POLITISCHEN HANDELNS
IN EINER EPOCHE DES UMBRUCHS

STEPHANIE HAARLÄNDER

DER BLICK DES HISTORIKERS AUF DAS MITTELALTER – HIER AUF DIE SPÄTPHASE KAROLINGISCHER HERRSCHAFT – IST ZU ALLEN ZEITEN GELENKT VON DEN WÜNSCHEN UND VORSTELLUNGEN DER EIGENEN EPOCHE. ER IST ABER AUCH BEEINFLUSST VON DEN ARBEITEN DER VORGÄNGER AUS VORANGEGANGENEN JAHRHUNDERTEN. FÜR HEUTIGE HISTORIKER SIND DAS INSBESONDERE DIE FORSCHER DES 19. UND DER ERSTEN HÄLFTE DES 20. JAHRHUNDERTS. IHNEN VERDANKT ER NICHT NUR DIE EDITIONEN DER WICHTIGEN QUELLEN, SONDERN AUCH DIE ERARBEITUNG GROSSER ÜBERBLICKSDARSTELLUNGEN. GEMEINT SIND HIER DIE MONUMENTA GERMANIAE HISTORICA (SEIT 1819 BIS HEUTE) WIE AUCH DIE „JAHRBÜCHER DER DEUTSCHEN GESCHICHTE" (GROSSENTEILS ENTSTANDEN 1863–1909 BZW. 1931 UND ZULETZT 1998), DEREN VERFASSER AUS PROFUNDER QUELLENKENNTNIS DETAILLIERT DIE FAKTENGESCHICHTE NACHZEICHNETEN.[1]

VERFALL DER ZENTRALGEWALT ODER INNERER STRUKTURWANDEL?

Wunsch- und Ordnungsvorstellung dieser Zeit war allerdings ein Staat mit einer „starken Zentralgewalt". Deshalb galt den damaligen Historikern die zweite Hälfte des 9. und der Beginn des 10. Jahrhunderts als eine Epoche des Verfalls. Nach dieser Auffassung habe das (karolingische) Königtum den Partikularinteressen der Großen nicht mehr entgegentreten können. Eine wirksame Stütze sei nur die Kirche, genau genommen deren führende Amtsträger gewesen, die den auseinanderdriftenden Kräften ihre Vorstellung von Reichseinheit entgegengesetzt hätten.[2] Damit sei eine Entwicklung eingeleitet worden, welche das ottonisch-salische Reichskirchen-„System" als Gegengewicht zu den aufstrebenden (Stammes-)Herzögen nötig gemacht habe.[3] In einem Zeitalter föderaler Ordnungen kann man diese Auffassung nicht mehr aufrecht erhalten, zumal sie auch den Quellenaussagen wenig gerecht wird.[4] Zutreffender ist die Vorstellung von einem „inneren Strukturwandel",[5] der sich vor dem Hintergrund einer dynamischer angelegten politischen Realität abspielt, nämlich einem „Wechselspiel von Konfrontation und Ausgleich zwischen führenden sozialen Gruppen, in welchem der König Teilnehmer und Schiedsrichter zugleich war".[6]

KÖNIG UND GROSSE ODER: NOTWENDIGKEITEN „KONSENSUALER HERRSCHAFT"

Wie politische Willensbildung im Mittelalter zustande kam, erklärt sehr schön eine Textpassage in der Schrift *De ordine palatii* (Die Ordnung des Hofes), die Erzbischof Hinkmar von Reims (845–882) um 882 verfasste. Er beschreibt gleichsam konzentrische Kreise von politischer Öffentlichkeit bei den großen Reichsversammlungen: Die Entscheidungsfindung gelangte sukzessive vom innersten in den äußersten Kreis. Diejenigen, die zu einem späteren Zeitpunkt oder erst ganz zum Schluss beigezogen wurden, durften nicht den Eindruck haben, sie würden vor vollendete Tatsachen gestellt, da ohnehin schon alles ohne sie und über ihre Köpfe hinweg entschieden worden sei, selbst dann nicht, wenn das de facto der Fall sein mochte.[7]

Nicht absolute, schon gar nicht absolutistische Herrschaft ist der adäquate Begriff für mittelalterliches Königtum, sondern „konsensuale Herrschaft",[8] in die auch die führenden Kirchenmänner, Äbte, Bischöfe und Erzbischöfe einbezogen waren. Diese stammten aus denselben Schichten und Gruppen und sollten schon allein deshalb nicht im Gegensatz zu den übrigen Großen gesehen werden. Eine solche Geistlichkeit war nicht nur dem König und

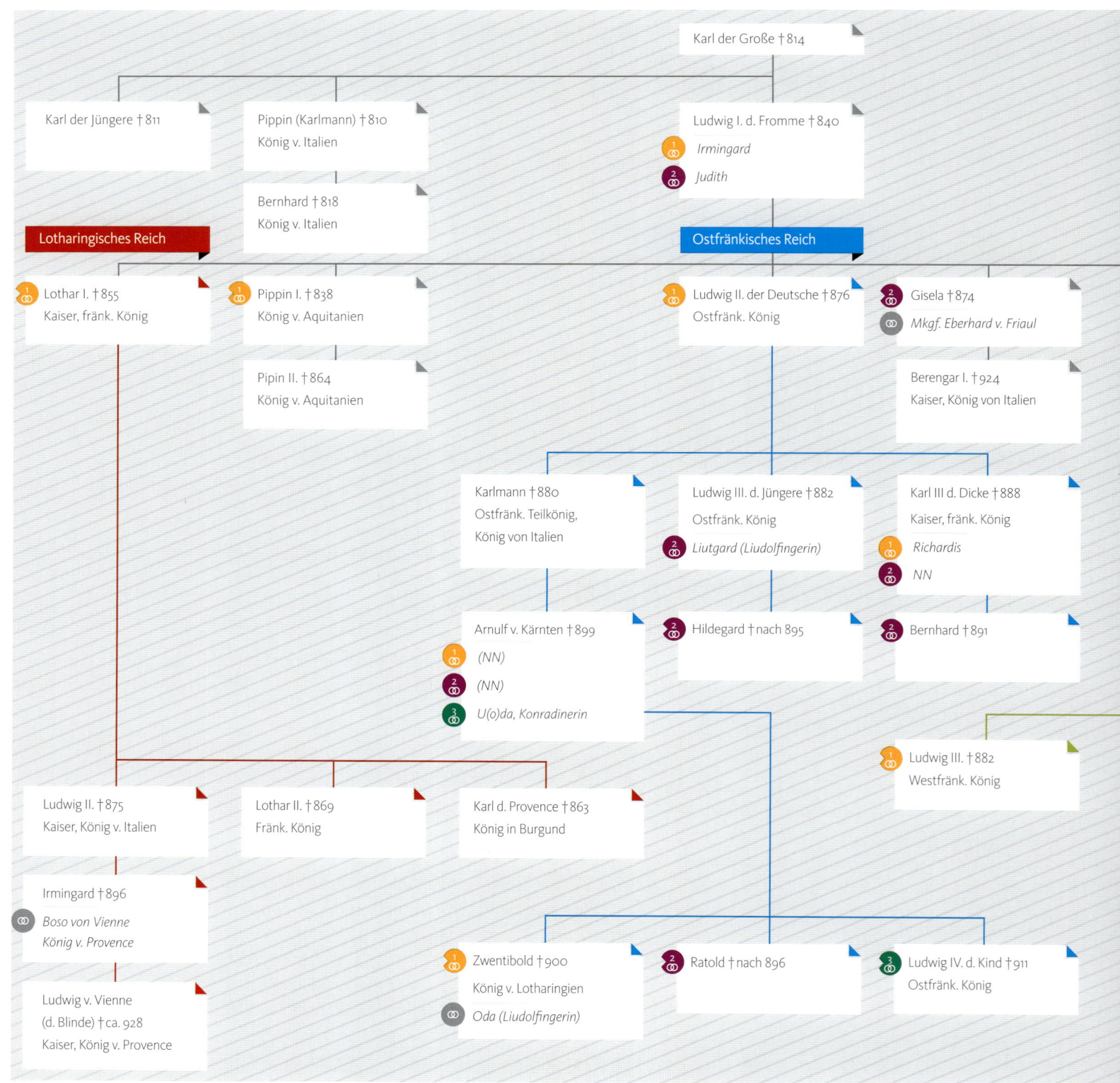

Karl der Große † 814

Karl der Jüngere † 811

Pippin (Karlmann) † 810
König v. Italien

Bernhard † 818
König v. Italien

Ludwig I. d. Fromme † 840
1 Irmingard
2 Judith

Lotharingisches Reich

Ostfränkisches Reich

1 Lothar I. † 855
Kaiser, fränk. König

1 Pippin I. † 838
König v. Aquitanien

1 Ludwig II. der Deutsche † 876
Ostfränk. König

2 Gisela † 874
Mkgf. Eberhard v. Friaul

Pipin II. † 864
König v. Aquitanien

Berengar I. † 924
Kaiser, König von Italien

Karlmann † 880
Ostfränk. Teilkönig,
König von Italien

Ludwig III. d. Jüngere † 882
Ostfränk. König
2 Liutgard (Liudolfingerin)

Karl III d. Dicke † 888
Kaiser, fränk. König
1 Richardis
2 NN

Arnulf v. Kärnten † 899
1 (NN)
2 (NN)
3 U(o)da, Konradinerin

2 Hildegard † nach 895

2 Bernhard † 891

1 Ludwig III. † 882
Westfränk. König

Ludwig II. † 875
Kaiser, König v. Italien

Lothar II. † 869
Fränk. König

Karl d. Provence † 863
König in Burgund

Irmingard † 896
Boso von Vienne
König v. Provence

Ludwig v. Vienne
(d. Blinde) † ca. 928
Kaiser, König v. Provence

1 Zwentibold † 900
König v. Lotharingien
Oda (Liudolfingerin)

2 Ratold † nach 896

3 Ludwig IV. d. Kind † 911
Ostfränk. König

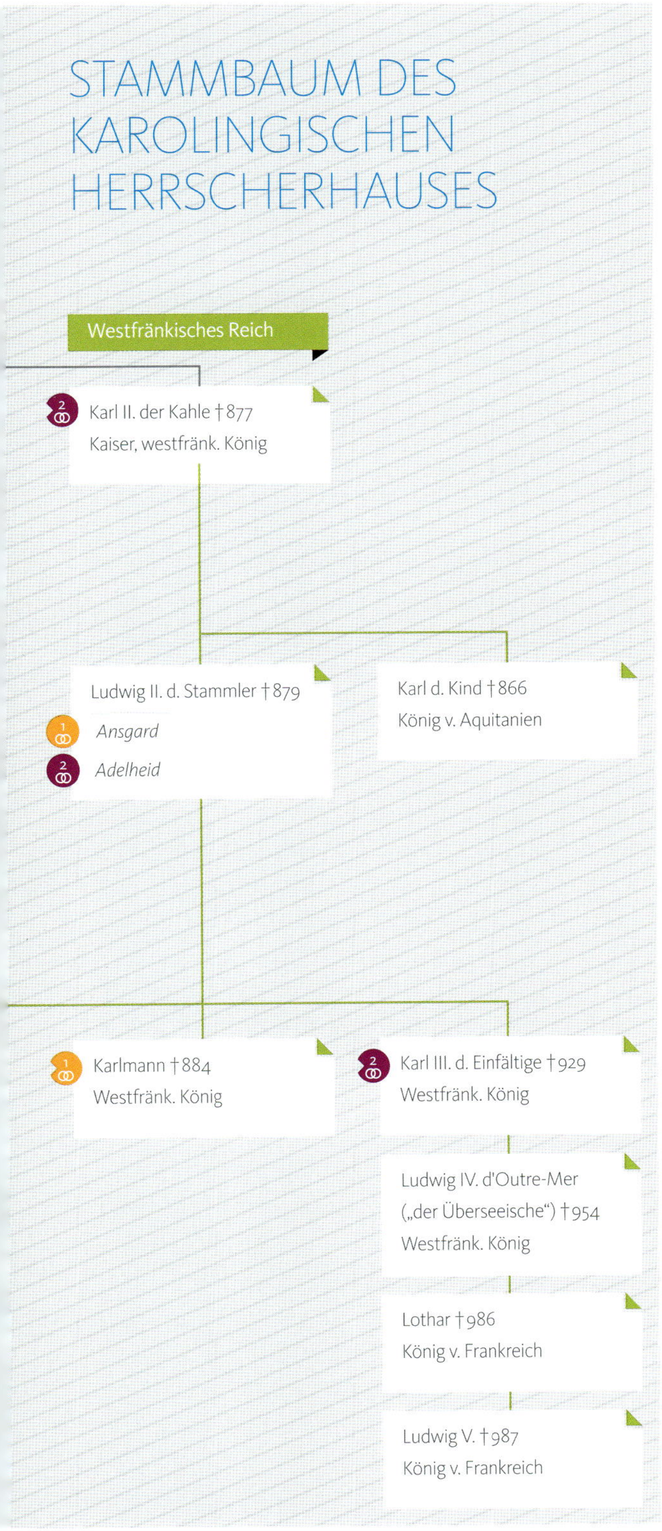

STAMMBAUM DES KAROLINGISCHEN HERRSCHERHAUSES

Westfränkisches Reich

Karl II. der Kahle † 877
Kaiser, westfränk. König

Ludwig II. d. Stammler † 879
Ansgard
Adelheid

Karl d. Kind † 866
König v. Aquitanien

Karlmann † 884
Westfränk. König

Karl III. d. Einfältige † 929
Westfränk. König

Ludwig IV. d'Outre-Mer ("der Überseeische") † 954
Westfränk. König

Lothar † 986
König v. Frankreich

Ludwig V. † 987
König v. Frankreich

ihren Institutionen, d. h. Abteien und Bischofskirchen verpflichtet, sondern auch in die Interessen und Netzwerke ihrer Herkunftsfamilien eingebunden.

Wo der König agierte, waren seine Großen immer schon mit einbezogen – auch in die scheinbar innersten Familienangelegenheiten wie etwa die vielfältigen Reichsteilungen. Die Individualsukzession, also die Nachfolge eines einzigen Sohnes, war noch nicht üblich, sondern, wie etwa bei Karl dem Großen und Ludwig dem Frommen, realpolitischer Zufall und als solcher die Ausnahme. Reichsteilungen waren die Regelfälle der Herrschaftsweitergabe. Sie machten Umstrukturierungen auch auf der Ebene der Großen notwendig.

EINE VIELZAHL VON KÖNIGEN: DIE REICHSTEILUNGEN

Am Anfang des 9. Jahrhunderts stehen die beiden gescheiterten Nachfolgeregelungen Karls des Großen (768–814) und seines Sohnes, Ludwigs des Frommen (781/813–840) *(Abb. 14)*. Karl ordnete in der *Divisio regnorum* (Aufteilung der Reiche) die Nachfolge seiner drei Söhne: Karls des Jüngeren, Pippins und Ludwigs. Aber Pippin starb bereits 810, Karl der Jüngere ein Jahr später. Es blieb nur noch Ludwig I. der Fromme. Doch war er für die Nachfolge im Gesamtreich gar nicht vorgesehen gewesen und wohl auch nicht ausreichend vorbereitet worden.

Die *Ordinatio imperii* (Ordnung des Kaiserreiches), die der neue Kaiser dann im Jahre 817 erließ, berücksichtigte nur den ältesten Sohn, Lothar I., und dessen beide Brüder, Pippin (von Aquitanien) und Ludwig II. den Deutschen, die Unterkönigreiche erhielten und Lothar I., dem (Mit-)Kaiser und sozusagen Chef des Hauses, unterstellt wurden. Nicht mit einbezogen waren Bernhard von Italien, der Neffe des Kaisers, und natürlich auch nicht der erst im Jahre 823 geborene Sohn aus zweiter Ehe, Karl II. der Kahle.[9] Dies führte in der Folgezeit zu schweren Konflikten, mit dem Neffen, der nach seinem vergeblichen Aufstand schon 818 umkam, in den folgenden Jahrzehnten dann auch mit den Söhnen aus erster Ehe. Sie gingen wechselnde Bündnisse mit- und

Abb. 14 ◄
Stammbaum des karolingischen Herrscherhauses

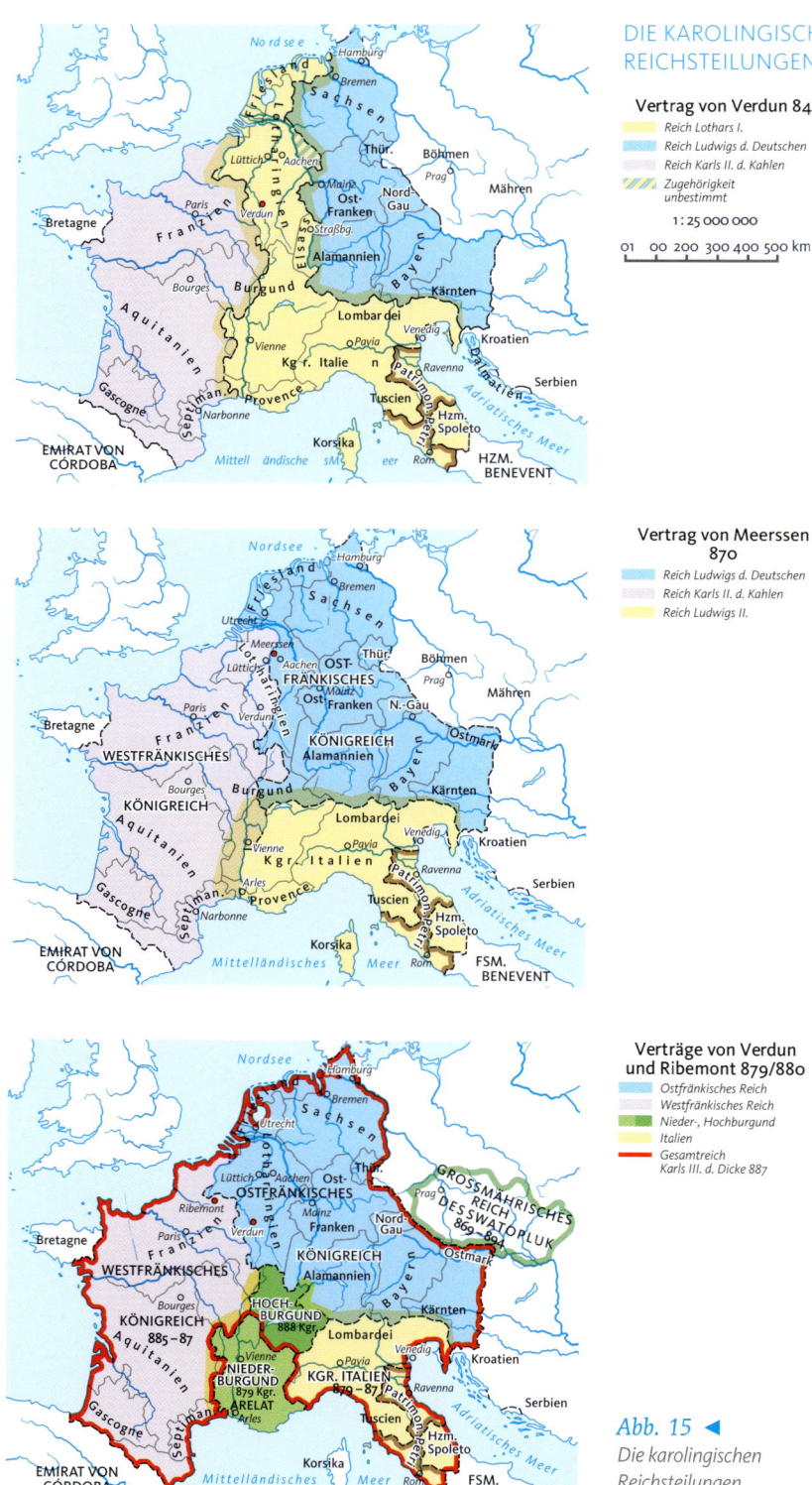

DIE KAROLINGISCHEN
REICHSTEILUNGEN

Vertrag von Verdun 843

▨ Reich Lothars I.
▨ Reich Ludwigs d. Deutschen
▨ Reich Karls II. d. Kahlen
▨ Zugehörigkeit
unbestimmt

1 : 25 000 000

01 00 200 300 400 500 km

**Vertrag von Meerssen
870**

▨ Reich Ludwigs d. Deutschen
▨ Reich Karls II. d. Kahlen
▨ Reich Ludwigs II.

**Verträge von Verdun
und Ribemont 879/880**

▨ Ostfränkisches Reich
▨ Westfränkisches Reich
▨ Nieder-, Hochburgund
▨ Italien
▬ Gesamtreich
Karls III. d. Dicke 887

gegeneinander, zu Gunsten des Vaters und des jüngsten Halbbruders oder gegen beide ein. Die ursprüngliche Konzeption einer Reichseinheit, die nur im Einvernehmen der Söhne Ludwigs I. des Frommen und ihrer Großen zu verwirklichen gewesen wäre, war somit zum Scheitern verurteilt.

Auf den Zusammenstoß von Lothar I., Ludwig II. dem Deutschen und Karl dem Kahlen in der Schlacht von Fontenoy im Jahre 841 folgten die Teilungen von Verdun 843 in Ost- und Westfrankenreich und lotharingisches Mittelreich, danach die Neuaufteilung des Mittelreiches und deren Korrekturen in den Verträgen von Meerssen 870 und Verdun/Ribemont 880 *(Abb. 15)*. Der Einheitsgedanke verblasste zwar im Laufe der Zeit, wurde aber nie ganz aufgegeben.[10] Seinen konkreten Ausdruck fand er nicht nur in den Herrschertreffen, die nach den Teilungen noch stattfanden, sondern auch in manchen Aktionen von Großen, die mitunter benachbarte Karolinger aus anderen Teilreichen ins Land riefen. Auf lange Sicht war allerdings das Auseinanderdriften all dieser Teilreiche und die Entwicklung eines Eigenlebens in jedem von ihnen – erkennbar etwa an getrennter Urkundenausstellung der Teilkönige – nicht mehr aufzuhalten.

Selbst als Karl III. der Dicke aufgrund eines biologischen Zufalls – des vorzeitigen Todes aller anderen karolingischen Herrschaftsträger – das Reich seines Urgroßvaters noch einmal für wenige Jahre bis auf eine Ausnahme in die Hand bekam, war es schon nicht mehr als die Summe seiner Teilreiche.[11]
Jedes Todesjahr eines Karolingers führte zwangsläufig zu neuen Konstellationen unter den Brüdern und Cousins, von denen auch die Großen, die zu ihnen gehörten, betroffen waren. Manche von ihnen orientierten sich nach wiederholten Teilungen neu und suchten ihre politische Zukunft bevorzugt in einem anderen Teilreich, manche behielten ihren Einfluss in verschiedenen Teilreichen, andere kehrten erst nach Jahren in ihr ursprüngliches Teilreich zurück und machten dort alte Ansprüche geltend. Außer diesen äußerst mobilen Familien gab es freilich auch solche, die einen klein-

Abb. 15 ◀

*Die karolingischen
Reichsteilungen*

räumigeren, landschaftlich gebundenen Aktionsradius hatten.[12] So kann es nicht verwundern, dass in manchen Regionen gleichsam über „Länder"- und Stammesgrenzen hinweg mehrere Familien um die Vorherrschaft konkurrierten.[13] Mit dem Ende des letzten „gesamtfränkischen" Karolingers, Karls III. (876–887) des Dicken, kam die große Stunde der Magnaten, in der sie aus der zweiten in die erste Reihe vorrückten.

TEILREICHE IM UMBRUCH: DER ÜBERGANG VON KARL III. ZU ARNULF

Im November 887 wurde Karl III., ein todkranker Mann und kaum mehr handlungsfähig, durch seinen Neffen Arnulf von Kärnten, den illegitimen Sohn seines Bruders Karlmann, entmachtet *(Abb. 16, Abb. 17)*. Diesem „Staatsstreich" ging – ähnlich wie in einer vergleichbaren Situation bei Ludwig dem Frommen – der Abfall zahlreicher Magnaten vom alten Kaiser und ihr Übertritt in das Lager des zukünftigen Herrschers voraus.

Damit war aber genau derjenige Nachfolger geworden, den Karl III. zeit seines Lebens mit aller Kraft hatte verhindern wollen. Zunächst hatte Karl III. im Jahre 879 die Söhne Ludwigs des Stammlers adoptiert, sie aber beide überlebt. Dann hatte er 885 die Nachfolge seines eigenen illegitimen Sohnes Bernhard betrieben, dabei jedoch nicht die nötige Unterstützung der Großen gefunden. Schließlich, in einem letzten vergeblichen Anlauf zu einer gültigen Nachfolgeregelung, hatte er Ludwig von Vienne („den Blinden", 890–928, 905 geblendet), den Enkel Ludwigs II. von Italien, Sohn des Boso und der Karolingerin Irmingard, adoptiert.[14]

Am 12. Januar 888, in jenem Jahr, in dem Hatto zum Abt des Klosters auf der Reichenau erhoben wurde, starb der alte Kaiser und wurde an Hattos neuer Wirkungsstätte begraben. Ein Zeitgenosse, Regino, der von 892 bis 899 Abt des lotharingischen Klosters Prüm in der Eifel war, hat die kriegerischen Wirren nach dem Tod des Kaisers eindringlich beschrieben:
„Nach Kaiser Karls Tod lösten sich die Reiche, die seiner Herrschaft unterstanden hatten, als wenn sie ihres

legitimen Erben beraubt gewesen wären, aus ihrem Verbund in Einzelteile auf und warteten nun nicht mehr auf ihren natürlichen Herrn. Vielmehr beschloss ein jedes, aus seinem Inneren für sich einen König erstehen zu lassen. Dieser Sachverhalt löste große kriegerische Konflikte aus. Nicht dass es an führenden Männern unter den Franken gefehlt hätte, die aufgrund ihrer vornehmen Abstammung, ihrer Tapferkeit und Weisheit die Reiche hätten regieren können! Aber die Gleichheit an edler Abkunft, Würde und Macht mehrte die Zwietracht. Denn keiner übertraf die übrigen so sehr, dass diese bereit gewesen wären, sich seiner Herrschaft zu unterwerfen. Die Francia hätte nämlich viele geeignete Männer hervorgebracht, die das Steuerruder des Reiches hätten übernehmen können, wenn nicht Fortuna sie durch ihren Konkurrenzkampf zu gegenseitigem Verderben bewaffnet hätte".[15]

Dann werden, ähnlich wie vom namentlich unbekannten Regensburger, der die *Fuldaer Annalen* von 882 bis 887 fortsetzte, die Namen der neuetablierten Könige genannt. Italien war strittig zwischen Berengar, dem Sohn Eberhards von Friaul und der Karolingerin Gisela, einerseits und Wido, dem Herzog von Spoleto, andererseits. Widos Familie war aus dem Mosel-Saar-Raum gekommen und hatte sich im Gefolge Lothars I. nach Italien orientiert[16]. Im Westfrankenreich wurde Odo, der Sohn Roberts, des Grafen von Paris, aus der Familie der Rupertiner/Robertiner, die aus dem Mittelrheinraum stammten und später Kapetinger genannt wurden, zum König erhoben und herrschte bis zur Loire. In Aquitanien dagegen setzte sich Herzog Ramnolf als König durch. Rudolf aus der Familie der burgundischen Welfen oder „Rudolfinger" besetzte das Gebiet zwischen Jura und Alpen, während Ludwig von Vienne Niederburgund erhielt.

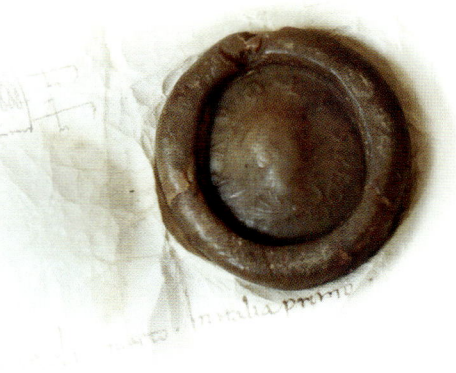

Abb. 16 ▼
Siegel Karls III., 1. Februar 880,
St. Gallen, Stiftsarchiv

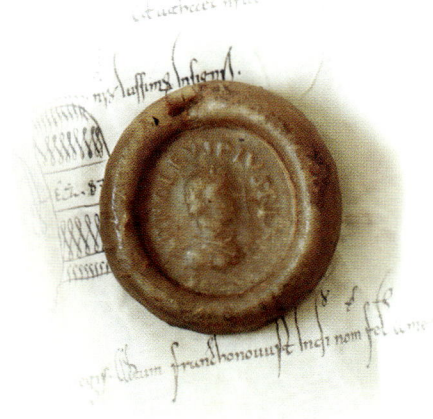

Abb. 17 ▼
Siegel Arnulfs von Kärnten,
6. Januar 893,
St. Gallen, Stiftsarchiv

EIN VERBUND DER TEILREICHE

Es ist nicht unwahrscheinlich, dass bereits Karl III. und seine Berater die Position der Reichsspitze – etwa unter einem Ludwig von Vienne – als lediglich formale Oberhoheit eines Karolingers über einen lockeren Verbund von Teilreichen unter karolingischen und nichtkarolingischen Teilkönigen konzipiert hatten. Eine andere Lösung könnte zu diesem Zeitpunkt schon nicht mehr durchsetzbar gewesen sein. Wenn diese Vermutung zutrifft, dann hat der unerwünschte Nachfolger Arnulf genau diese Konzeption in die Realität umgesetzt.[17] Die neuen „Kleinkönige" (reguli) – wie sie der schon genannte Regensburger Fortsetzer der Fuldaer Annalen abschätzig nennt – etablierten sich nämlich ohne erkennbaren Widerstand Arnulfs. Für diesen aus baierischer Perspektive schreibenden Verfasser war das freilich Grund zu dem Vorwurf, der neue ostfränkische Herrscher hätte zu lange in Regensburg zugewartet.[18]

Im Gegensatz zu seinem Onkel orientierte sich Arnulf jedoch an den „Gegebenheiten des machtpolitisch Machbaren" und behielt nur die ostfränkischen Teilreiche sowie Lotharingien in seiner Hand. Er griff weder im Westfrankenreich noch in Italien ein. Vielmehr begnügte er sich zunächst mit der Anerkennung seiner Oberhoheit durch die dortigen Machthaber: Odo von Paris (888–898) und Berengar von Friaul (888–924).[19] Erst später bekämpfte er bei seinen Italienzügen den Konkurrenten Berengars, Wido von Spoleto (888–894). Papst Formosus (891–896) hatte Wido und seinen Sohn Lambert in den Jahren 891 und 892 sogar zu Kaisern gekrönt. Erst im Jahr 896 konnte Arnulf die Kaiserkrone wieder für die Karolinger zurückgewinnen. Rudolf von Hochburgund – auch er ist einer der Gewinner des Jahres 888 – beanspruchte anfangs auch Lotharingien, wurde aber gezwungen, das Teilreich an Arnulf abzutreten. Dieser gab es 895 an seinen illegitimen Sohn Zwentibold (895–900) weiter und schuf ihm so ein eigenes politisches Betätigungsfeld.[20]

GEFAHR VON AUSSEN

Schon vor 888 hatte sich gezeigt, dass kleinräumigere Einheiten des einstigen Großreichs handlungsfähiger waren als übergreifende Zusammenschlüsse. Es mussten vor allem die außenpolitischen Herausforderungen bestanden werden, die nicht nur die Südostgrenze des Reiches und die dort immer wieder einfallenden Slawen betrafen. Mit diesen Abwehrkämpfen waren vor allem die Söhne Ludwigs II. des Deutschen, Ludwig der Jüngere und Karlmann in ihren Teilreichen befasst *(Abb. 18)*. Eine noch größere Gefahr aber stellten die Normannen dar.

Schon in der Zeit Ludwigs I. des Frommen war es zu ersten Beutefahrten dieser skandinavischen Krieger gekommen, die sich unter den nachfolgenden Karolingern noch verstärkten. Sie fuhren mit ihren wendigen Schiffen von Norden in die Flüsse ein, überfielen die an ihnen gelegenen Orte, plünderten sie und legten Brände, bevor sie wieder abzogen. Ihre handeltreibenden Landsleute, denen es sogar gelang, Niederlassungen zu gründen, versorgten die gefürchteten Invasoren mit den nötigen Informationen über die innenpolitischen Konflikte in den karolingischen Reichen.[21] Somit wussten die Aggressoren, wann die Gelegenheit für eine neue Beutefahrt günstig war.

Wie die Zeitgenossen diese Überfälle wahrnahmen, zeigt ein Bericht des uns schon bekannten Chronisten Regino von Prüm zum Jahre 882: „Sie kamen über die Eifel und fielen am Dreikönigstag in das Kloster Prüm ein, wo sie drei Tage blieben und die ganze umliegende Region entvölkerten. An diesem Ort hatte sich eine große Menge Fußvolks von den Feldern und aus den Dörfern zu einem Heer versammelt und stellte sich ihnen zum Kampf entgegen. Als die Normannen sahen, daß das nichtadlige Volk zwar nicht unbewaffnet, aber ohne militärische Ordnung war, stürzten sie sich mit Geschrei auf sie und warfen sie in einem so furchtbaren Gemetzel nieder, daß man glauben konnte, hier seien Tiere geschlachtet worden und nicht Menschen. Danach kehrten sie beutebeladen in ihr Lager zurück. Als sie abgezogen waren, verzehrte das Feuer, das in den verschiedenen Gebäuden weiterbrannte, das Kloster, weil niemand mehr da war, der es hätte löschen können."[22]

Die Abwehr von fränkischer Seite beschränkte sich zunächst auf stärkere Befestigungen, bisweilen wurden Verhandlungen angeknüpft und Bündnisse geschlossen, freilich auch wieder gebrochen, später wurde verstärkt

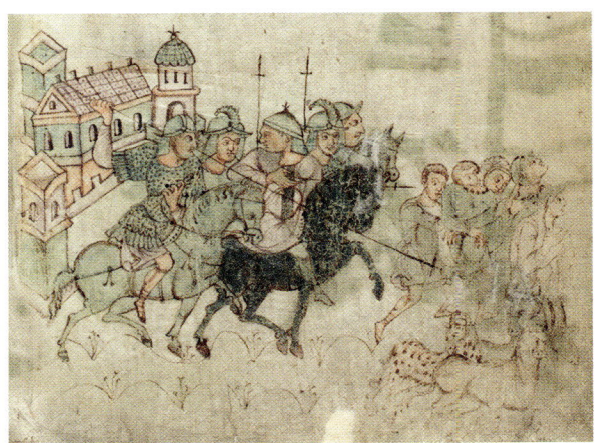

dem Hatto Erzbischof von Mainz wurde, konnte auch König Arnulf in Löwen an der Dyle einen wichtigen Sieg über die Normannen davontragen. Aber noch in Hattos Amtszeit, im Jahre 911, kam es zu einer zukunftsweisenden „Integrationsmaßnahme": Der westfränkische Karolinger Karl der Einfältige ermöglichte dem Normannenherzog Rollo und seinen Gefolgsleuten die Ansiedlung und Herrschaftsübernahme in einer Region im Norden des Westfrankenreiches, der später so genannten „Normandie"[23].

Die nicht weniger gefürchteten Invasoren des ausgehenden 9. und beginnenden 10. Jahrhunderts waren die Ungarn, die zuerst Italien, dann aber auch in zunehmendem Maße das Ostfrankenreich und Lotharingien heimsuchten. Ihre Abwehr wurde großenteils den Machthabern in den betroffenen Landstrichen überlassen, so etwa dem *dux* Luitpold, der im Jahre 907 an der Spitze eines baierischen Heeres zusammen mit einigen Bischöfen in der Schlacht bei Preßburg den Tod fand. Die Gefahr, die von den Ungarn ausging, war bis zur Lechfeldschlacht Ottos I. des Großen (936–973) im Jahre 955, ja eigentlich bis zur Taufe von Waik (* ca. 970), der als Stephan I. (1000–1038) der erste christliche Ungarnkönig wurde, nicht gebannt.

militärische Gegenwehr geleistet, die aber meist schlecht organisiert war und deshalb erfolglos blieb. Karl III. der Dicke verlor rasch an Ansehen, weil er sich, wie schon einige seiner Vorfahren, auf Verhandlungen mit den Normannen eingelassen hatte, statt sie zu bekämpfen. Bei der normannischen Belagerung von Paris in den Jahren 885/886 war es Graf Odo, der zusammen mit Bischof Gauzlin eine erfolgreiche Abwehr organisierte. Diese Tat brachte ihm nicht nur große Ehre, sondern schließlich auch den Königsthron ein. Schon 891, in jenem Jahr, in

1 Hier bes. Dümmler 1888, passim. 2 So auch der Tenor der beiden letzten Biographien Hattos I., bes. Dammert 1864/65; etwas differenzierter und Hatto gegenüber kritischer Heidemann 1865. 3 Davon abrückend Frank 2000/01; neuere, differenzierte Bewertung der ottonisch-salischen Reichskirchenpolitik bei Schieffer 1998; zur Vorstellung von einem „System", vgl. S. 7 mit Anm. 6. 4 Hannig 1982 betrachtet den Konsensbegriff in den Quellen bis zur Mitte des 9. Jahrhunderts. 5 So die Formulierung von Keller in Keller/Althoff 2008, S. 85 in der Überschrift zu § 6. 6 Frank 2000/01, S. 74. 7 Hinkmar, ord. pal. VI, 29 und 30, S. 83–87. 8 Schneidmüller 2000. 9 Die lateinischen Titel wurden von den Monumenta-Editoren der beiden Dokumente gewählt und sind nicht ursprünglich. 10 Vgl. dazu etwa Penndorf 1974. 11 Vgl. die neueren Gesamtdarstellungen bei Schieffer 1992/2006, bes. S. 170–186 und 2005, bes. S. 152–155, Keller/Althoff 2008, bes. S. 45–69. Die Ausnahme war das niederburgundische Reich Bosos von Vienne seit 879, das allerdings schon 880 zum Teil von den Karolingern zurückerobert werden konnte. 12 Vgl. die Bestandsaufnahme der Forschung seit den fünfziger Jahren des 20. Jahrhunderts bei Schulze 1978. 13 Das gilt auch in den sogenannten Stammesherzogtümern, in denen – hierin ist sich die Forschung noch nicht in allen Punkten einig – nicht von vornherein eine Familie allein eine „Ober-" Herrschaft übernahm; so etwa Goetz 1977 und Becher 1996 für den Spezialfall Sachsen. Vgl. auch Becher 2002, S. 95–98. Dagegen etwa Keller in Keller/Althoff 2008, S. 88–94. 14 Zu diesen Nachfolgeregelungen bes. Offergeld 2001, S. 466–476. 15 Regino, Chron. ad a. 888, S. 129: *Post cuius mortem regna, que eius ditioni paruerant, veluti legitimo destituta herede, in partes a sua compage resolvuntur et iam non naturalem dominum prestolantur, sed unumquodque de suis visceribus regem sibi creari disponit. Quae causa magnos bellorum motus excitavit; non quia principes Francorum deessent, qui nobilitate, fortitudine et sapientia regnis imperare possent, sed quia inter ipsos aequalitas generositatis, dignitatis ac potentiae discordiam augebat, nemine tantum ceteros precellente, ut eius dominio reliqui se submittere dignarentur. Multos enim idoneos principes ad regni gubernacula moderanda Francia genuisset, nisi fortuna eos aemulatione virtutis in perniciem mutuam armasset* (Übersetzungen der Texte, wenn nicht anders angegeben, von der Verfasserin). 16 Zu den Widonen Hlawitschka 1969, 1983, 1998. 17 Schieffer 1993, bes. S. 148, 149; Offergeld 2001, S. 479–481. 18 Annales Fuldenses, Cont. Ratisbon. ad a. 888, S. 116. 19 Offergeld 2001, S. 486 (mit Zitat). 20 Dazu Hartmann, M. 2002. 21 Zu den Normannen dieser Zeit bes. Plassmann 2008, S. 59–67. 22 Regino, Chron. ad a. 882, S. 118: [...] *Arduennum* [= Eifel als Ausläufer der Ardennen gesehen] *percurrentes Prumiam monasterium ingrediuntur ipso die epiphanias Domini, ubi triduo commorantes omnem in circuitu regionem depopulati sunt. In quo loco innumera multitudo peditum ex agris et villis in unum agmen conglobata eos quasi pugnatura adgreditur. Sed Nortmanni cernentes ignobile vulgus non tantum inerme, quantum disciplina militari nudatum, super eos cum clamore irruunt tantaque caede prosternunt, ut bruta animalia, non homines mactari viderentur. His itaque patratis, honerati preda ad castra redeunt. Illis discedentibus ignis, qui in diversis habitaculis accensus remaneret, cum nullus esset, qui eum extingueret, monasterium consumpsit.* 23 Dazu Plassmann 2008, bes. S. 71–77 sowie die Überblicksdarstellungen Schieffer 1992/2006, S. 170–204 und Keller/Althoff 2008, S. 54–68.

3

HATTO I.
EIN „BÖSER" BISCHOF
ODER DAS „HERZ DES
KÖNIGS" (COR REGIS)?

STEPHANIE HAARLÄNDER

„Er war ein Mann von großer Klugheit,
der zur Zeit des jugendlichen Ludwig
über das Reich der Franken
mit brennender Sorge wachte,
viele Zerwürfnisse im Reich
einer Versöhnung zuführte
und die Bischofskirche von Mainz
durch ihren edlen Bau verherrlichte."

Widukind von Corvey († nach 973),
Res gestae Saxon., I,22 A, S. 34

HATTO – DAS BETRIFFT DEN ERSTEN TRÄGER DIESES NAMENS EBENSO WIE DEN ZWEITEN[1] – IST ZUM INBEGRIFF DES „BÖSEN BISCHOFS" GEWORDEN. BEIDE HATTOS HABEN KEINE LEBENSBESCHREIBUNG BEKOMMEN, IN DER IHRE VOR- BILDLICHKEIT BESONDERS HERAUSGEHOBEN WORDEN WÄRE – WIE SO VIELE MITBRÜDER IHRER ZEIT AUCH NICHT.

Ebenso wenig wird die Doppelrolle als politische Funktionsträger und Inhaber eines kirchlichen Amtes in den Blick genommen, die sicher bei vielen mittelalterlichen Bischöfen zu Loyalitätskonflikten und inneren Spannungen geführt hat.[2]

Der schlechte Ruf Hattos I. hat vielmehr mit seiner herausragenden Position in der Regierungszeit dreier Könige, Arnulfs von Kärnten (887–899), Ludwigs des Kindes (900–911) und Konrads I. (911–918) zu tun, denen er politisch und wohl auch persönlich nahestand und deren Weichenstellungen, Bündnisse und Gegnerschaften im Konzert der konkurrierenden Familier er mitbestimmte. Die Verfasser zeitgenössischer und zeitnaher Quellen beschrieben diese Position teils mit Bewunderung und Sympathie, teils mit Argwohn und Abneigung.

Es ist Ekkehard von St. Gallen (ca. 980/990 – nach 1056), der – freilich erst um die Mitte des 11. Jahrhunderts – die mündlich tradierte und stellenweise sicher auch über- und verformte Hausüberlieferung seines Klosters in anekdotenhaften Geschichten weitererzählt. Ihre Berichtszeit reicht von 890 bis 975. Von Hatto, der in mehreren Passagen seiner St. Galler Klostergeschichten vorkommt, sagt Ekkehard, er sei „das Herz des Königs" (cor regis) genannt worden.[3] Der Zusammenhang ergibt, dass mit dem König möglicherweise erst Ludwig das Kind und nicht schon Arnulf gemeint ist, aber von einer eindeutigen Zuordnung kann hier nicht die Rede sein. Auch die Bezeichnung selbst ist mehrdeutig und keineswegs ausschließlich positiv. Bibelkundige Leser wussten, dass das Herz des Königs in der Hand Gottes liegt und unergründlich ist (Spr 21,1 und 25,3).

UM 850–888: HATTOS AUFSTIEG

Hatto wurde vermutlich um das Jahr 850 im ostfränkischen Reich Ludwigs II. des Deutschen (817–876) geboren. Er stammte nicht, wie der ottonische Hofhistoriograph

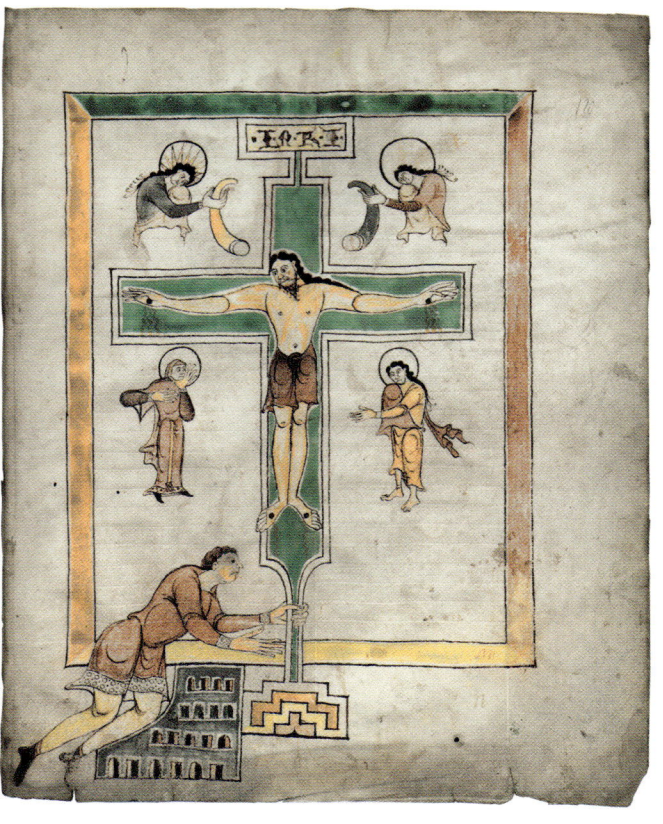

Abb. 19 ▶
Arnulf von Kärnten,
der spätere Kaiser Arnulf,
zu Füßen des Kreuzes,
Handschrift 2. Viertel 9. Jh.,
Miniatur 887-899,
Berlin, Staatsbibliothek zu Berlin-
Preußischer Kulturbesitz,
Ms. theol. lat. fol. 58
(bpk/Staatsbibliothek zu Berlin)

Widukind, seit 941/42 Mönch des westfälischen Klosters Corvey († nach 973) in einer Version seiner Sachsenge-schichte behauptet[4], aus „dunklem", d. h. unbekanntem Geschlecht, sondern war von alemannischem Adel. Vermutlich war er mit Erzbischof Liutbert von Mainz (863–889), seinem Vorvorgänger, verwandt.[5]

Der Name „Hatto" bedeutet „der Begüterte" (*bonosus*), nicht etwa der „Harte" oder „Unbarmherzige", wie Nikolaus Serarius später annimmt.[6] Die lateinische Übersetzung des Namens mit *Bonosus* stammt aus den Briefen des Hrabanus Maurus an seinen Freund, Abt Hatto von Fulda (847–856).[7] Möglicherweise war dieser Abt ein Verwandter unseres Hatto.[8] Wenn diese Annahme stimmt, könnte Hatto in dessen Amtszeit zur Erziehung in das Kloster Fulda gegeben worden sein.[9] Aber auch die Reichenau, die Stätte seines späteren Wirkens als Abt, ist als Ausbildungsort denkbar.[10]

Regino von Prüm (* ca. 840, 892–899 Abt, † 915) widmete Hatto ein im Jahre 906 entstandenes Werk, das er im Auftrag des Trierer Erzbischofs Radbod (883–915) verfasst hatte. Es handelt sich um eine Zusammenstellung von Kirchenrechtsquellen für den handlichen Gebrauch bei bischöflichen Visitationen, in deren Rahmen das sogenannte Sendgericht (*synodus parochialis*) abgehalten wurde. In der Widmungsvorrede zu diesem Sendhandbuch (vgl. Kat.-Nr. 44) schrieb er dem Erzbischof, er trage den Ort, der ihm vom Himmel anvertraut worden sei – also Mainz – durch die Würde seiner vornehmen Abstammung zu noch größerem Ruhm und Lob empor.[11] Hatto ist bereits in der engeren Umgebung Karls III. des Dicken (876–887) nachweisbar, der sich zusammen mit seinen Begleitern bei einem Besuch im Frauenkloster Remiremont mit einem Gedenkbucheintrag verewigte.[12] Die Gruppe dokumentierte damit ihre Zusammengehörigkeit und ersuchte als Ganze die Nonnen um ihr Gebet.[13] Zugleich ist der Eintrag auch Beweis für Hattos Zugehörigkeit zur Hofkapelle,[14] jener Spitze der Geistlichkeit, die nicht nur den Hofgottesdienst zu leiten hatte, sondern auch für die Schriftlichkeit der königlichen Verwaltung, besonders das Beurkundungsgeschäft verantwortlich war und in Königsnähe wertvolle politische Erfahrungen sammelte.

Um 887 widmete Hatto der Kaiserin Richardis, der Gemahlin Karls III., die *Vita prior Verenae*. Es ist die früheste Lebensbeschreibung der hl. Verena von Zurzach und das einzige bekannte Werk aus Hattos Feder (vgl. Kat.-Nr. 37).[15] Kaiserin Richardis hatte sich nach einer Anklage wegen Ehebruchs von ihrem Gemahl getrennt und sich in das Kloster Andlau zurückgezogen. Der schwere Angriff auf ihre Ehre hatte sich schon deshalb als unbegründet erwiesen, weil die Betroffene mit eigenen Worten bezeugen konnte, dass sie weder von Karl noch von irgendeinem anderen Mann jemals berührt worden war.[16] Hatto empfahl der Kaiserin die heilige Jungfrau Verena, übrigens Patronin eines Klosters, das Karl seiner Gemahlin auf Lebenszeit überlassen hatte, im Schlusskapitel seines Werks als Vorbild und Fürsprecherin.[17] Die Verbindung zur Reichenau ergibt sich aus der Verfügung des Kaisers, dass Zurzach nach dem Tod von Richardis seiner Grablege, also der Abtei Reichenau unterstellt werden sollte.[18] Seit dem Jahre 888 war der Verfasser der Vita dann auch Abt des bedeutenden Inselklosters.[19]

UM 890: FRÜHE WEICHENSTELLUNGEN
(vgl. Übersicht S. 52)

Arnulf von Kärnten *(Abb. 19)*, der als Erbe seines Vaters Karlmann den Schwerpunkt seiner Macht im baierischen Raum hatte, musste sich nach seinem „Staatsstreich" von 887 zunächst im Alemannien seines Onkels Karl III. etablieren. Dazu hatte er die übrigen Großen, die sich 887 noch nicht auf seine Seite geschlagen hatten, entweder für sich zu gewinnen oder widrigenfalls durch eigene Getreue zu ersetzen. Aber noch im Jahre 890 fand Bernhard, der illegitime Sohn des alten Kaisers, der als Nachfolger vorgesehen gewesen wäre, in diesem neuerworbenen Raum Unterstützung gegen Arnulf und riskierte einen Aufstand, der aber scheiterte. Danach verloren Bernhards Anhänger ihre bisherigen Positionen und Besitzungen und mussten sie Arnulfs Männern überlassen.[20] Von der Konfiskation mancher Güter profitierte auch Hatto als Abt der Reichenau. Allerdings setzte er sich bald darauf beim König für die Restitution an die bisherigen Eigentümer, Graf Udalrich vom Linz- und Argengau und dessen Gemahlin, ein.[21] Er war also wohl auf Ausgleich zwischen dem König und den alemannischen Großen bedacht und wollte sich auch selbst nicht unnötigen Spannungen aussetzen.

Um das Jahr 890 ist auch einer von mehreren Einträgen in das Reichenauer Verbrüderungsbuch zu datieren, in dem Hatto zusammen mit einer Gruppe erscheint, in welcher die Konradiner eine führende Rolle spielen.[22] Diese Dokumentation enger Zusammengehörigkeit wird bei verschiedenen Gelegenheiten bekräftigt, mitunter um weitere Personen ergänzt, was auf ein Bündnis – manchmal aus aktuellem Anlass neugeknüpft – schließen lässt.[23] Es ist jedenfalls bezeichnend, dass Hatto während seiner ganzen Regierungszeit konsequent an der Verbindung mit den Konradinern festgehalten und niemals gegen diese Familie agiert hat.

Auch König Arnulf war offensichtlich schon früh an einer solchen Verbindung interessiert: Bereits vor 889 bestand seine Ehe mit der Konradinerin Uda, wenn sie auch bis zu diesem Jahr noch kinderlos geblieben war. Ihre Familie wollte lieber auf einen legitimen Nachkommen warten, als der Nachfolgeregelung des Königs für seine illegitimen Söhne Zwentibold und Ratold, die ebenfalls in diesem Jahr getroffen wurde, vorschnell zustimmen.[24]

891–895: POLITISCHE UMORIENTIERUNG DES KÖNIGS NACH HATTOS ERHEBUNG ZUM ERZBISCHOF VON MAINZ – HINWENDUNG ZU DEN KONRADINERN UND ABKEHR VON DEN BABENBERGERN

Im Juni 891 fiel Sunderold, der im Jahre 889 noch unter dem Einfluss des Markgrafen Poppo aus der Familie der Popponen-Babenberger[25] auf den erzbischöflichen Stuhl von Mainz gelangt war,[26] im Kampf gegen die Normannen.[27] Damit war diese wichtige Position frei für Hatto – „einen Mann von scharfem Verstand", wie der Regensburger Fortsetzer der *Fuldaer Annalen* anerkennend vermerkt.[28] Eine vergleichbare Würdigung kam auch vom König, wenn er im Hauptteil einer Urkunde vom 21. Januar 892 bekanntgab, „dass Wir nach heilsamer Beratung mit unseren Getreuen für gut befunden haben, dass Hatto, durch die milde Vorsehung Gottes ehrwürdiger Abt und Mönch[29] des Klosters Reichenau, weil Wir ihn in den göttlichen und menschlichen Angelegenheiten als einen gottesfürchtigen und zuverlässigen [das lateinische Wort *cautum* wird in der Urkunde bisweilen auch als eine Verlesung des Wortes *acutum* (scharfsinnig) angesehen] Mann erfahren haben, Erzbischof der Stadt Mainz werden soll."[30]

Hatto legte zunächst die Abtwürde der Reichenau nieder, gab die Abtei dem König zurück und bat ihn, den Mönchen eine freie Neuwahl zu ermöglichen. Doch die Reichenauer wählten ihn abermals zum Abt, „weil er zuvor gut für ihre Bedürfnisse gesorgt hatte", heißt es in derselben Urkunde, aber, auch das wird gleich notiert, „vor allem Uns [hier spricht der König selbst] zuliebe, weil sie merkten, dass diese Entscheidung Uns angemessen erschien."[31]

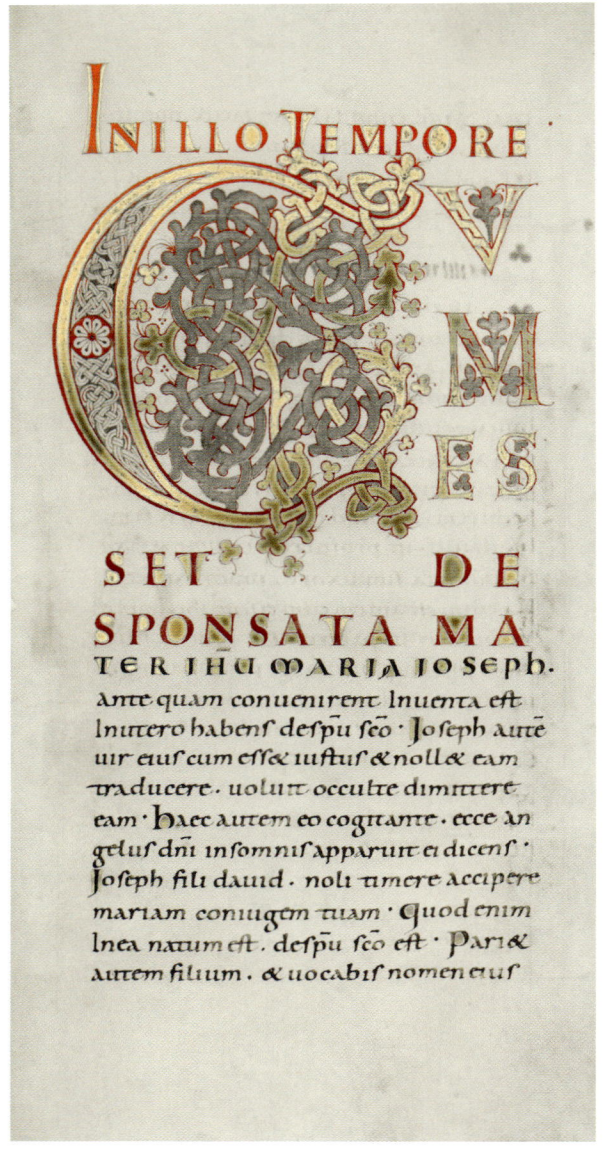

INILLO TEMPORE

CVM ES
SET DE
SPONSATA MA
TER IHŪ MARIA JOSEPh.

ante quam conuenirent Inuenta est
In utero habens despū sco · Joseph autē
uir eius cum esset iustus & nollet eam
traducere. uoluit occulte dimittere
eam · haec autem eo cogitante. ecce an
gelus dni insomnis apparuit ei dicens ·
Joseph fili dauid. noli timere accipere
mariam coniugem tuam · Quod enim
In ea natum est. despū sco est · Pariet
autem filium. & uocabis nomen eius

bero von Augsburg gab, außerdem Kloster Lorsch, das er im Jahre 900 von diesem übernommen hatte und noch vor 902 Weißenburg, das schon sein Amtsvorgänger, der Mainzer Erzbischof Liutbert innegehabt hatte.[34] Salomo III. von Konstanz war zugleich Abt von St. Gallen – eine Personalunion, die man sich aufgrund der geringeren Entfernung zwischen Bischofssitz und Kloster leichter vorstellen kann als die „Fernbeziehung" zwischen Mainz und der Reichenau. Dennoch gibt es Belege, dass Hatto sein Bodenseekloster nicht vernachlässigt hat.[35]

In diesem konkreten Fall war mit der Personalunion so rasch nach dem Aufstand Bernhards, der bald darauf ermordet wurde, die Befriedung Alemanniens von Seiten des Königs wie auch von Seiten der Großen bezweckt.[36] Für die Babenberger aber scheint die im September 891 erfolgte Besetzung des Mainzer Erzstuhls durch einen Unterstützer der Konradiner ein Fanal geworden zu sein. Es ist sehr unwahrscheinlich, dass Hattos Erhebung von diesen Konkurrenten der Familie im mainfränkisch-thüringischen Raum noch mitgetragen wurde. Die politische Umorientierung, die nach dieser wichtigen Personalentscheidung zu beobachten ist, zeigt vielmehr das Gegenteil: Schlag auf Schlag gingen nun Positionen, die zuvor von Babenbergern oder ihren Unterstützern besetzt waren, in konradinische Hände über.

Am 12. Januar 891 scheint das Verhältnis zwischen König Arnulf und Markgraf Poppo noch ungetrübt gewesen zu sein.[37] Poppo ist nämlich in einer Urkunde dieses Datums als Intervenient – das ist der Befürworter und Unterstützer, ja der Fürsprecher des jeweiligen Empfängers – einer Schenkung des Königs an eine Dame namens Friderun genannt.[38] Im Jahr darauf fiel Bischof Arn von Würzburg (855–892) in einem Feldzug gegen die Böhmen, zu dem ihm derselbe Poppo geraten hatte.[39] Arns Nachfolger auf dem Würzburger Bischofsstuhl wurde Rudolf. Er war wohl nicht mit ähnlichen Geistesgaben wie Hatto ausgestattet, aber eben ein Konradiner.[40] Einer seiner Brüder, Eberhard, war bereits vor 892 Graf im Volkfeldgau geworden.[41] In demselben Jahr noch verlor Poppo alle Ämter, vielleicht aufgrund seines Widerstandes gegen die Würzburger, möglicherweise

Derartige Personalunionen von Abt und Bischof waren auch bei anderen Bischöfen dieser Zeit möglich und üblich,[32] mussten jedoch durchaus nicht auf eine einzige Abtei beschränkt bleiben, wenn auch die Behauptung Ekkehards, Bischof Salomo III. von Konstanz und Hatto hätten je zwölf Abteien gehabt, übertrieben ist *(Abb. 20)*.[33] Hatto brachte es zeitweise auf vier: Außer der Reichenau hatte er, wohl seit 887 schon, das Kloster Ellwangen inne, das er 905 an seinen Mitbruder Adal-

aber schon aufgrund der Mainzer Besetzung, also gegen Hatto. Nicht ausgeschlossen ist, dass ihm auch der Misserfolg des böhmischen Feldzugs angelastet wurde. Neuer *dux Thuringorum*[42] wurde Konrad, ein weiterer Konradiner. Zwar verzichtete dieser schon bald freiwillig auf diese Würde zugunsten eines Grafen Burchard,[43] sicher aber nicht mit Rücksicht auf babenbergische Interessen. Denn auch Burchard galt als verlässlicher Parteigänger der Konradiner und versah sein Amt in ihrem Sinne.[44] Auf jeden Fall war mit dem Ausgreifen der Konradiner nach Thüringen „ein Keil zwischen die babenbergischen Gebiete am Main und die liudolfingischen im Harzraum getrieben"[45] worden. Wie schon gesagt, waren die beiden letztgenannten Familien miteinander verschwägert und damit politisch verbündet.

Im Jahre 893 wurde König Arnulf von seiner konradinischen Gemahlin Uda dann endlich der legitime Erbe, Ludwig das Kind, geboren.

895–899: AUSGLEICHSBEMÜHUNGEN ZWISCHEN KONRADINERN, BABENBERGERN UND LIUDOLFINGERN. KRISE DER HERRSCHAFT ARNULFS UND ZWENTIBOLDS

895 war ein Jahr des Ausgleichs. Im Mai trat in Tribur eine große Reichsversammlung und gleichzeitige Synode zusammen (*Abb. 21*), der Erzbischof Hatto von Mainz gemeinsam mit den Erzbischöfen Hermann I. von Köln (889/890–924) und Radbod von Trier (883–915) vorstand. Die Überlieferung des Synodalprotokolls in drei noch dazu nicht ganz vollständigen Fassungen ist zwar problematisch,[46] lässt jedoch zweifellos das Ziel beider Versammlungen erkennen: „zu einer von allen anerkannten Ordnung zurückzufinden, um die Gegensätze im Reich zu überwinden".[47] Tatsächlich ist in der Folgezeit ein neues Kräftegleichgewicht zwischen den großen Familien im Reich festzustellen.[48] Gleichfalls im Mai des Jahres 895 etablierte Arnulf seinen illegitimen Sohn Zwentibold (895–900) als König im lotharingischen Reich, jenen Mann also, gegen dessen Nachfolge die Konradiner 889 Vorbehalte gehabt hatten. Der König förderte die Familie seiner Gemahlin Uda nun nicht mehr so stark wie zuvor. Das mag damit zusammenhängen, dass sie jetzt auch im lotharingischen Raum,

aus dem sie ursprünglich stammte, Interessen geltend machte.[49] Ab 897 sind dann Transaktionen zu beobachten, die darauf hindeuten, dass sich die Konradiner allmählich aus dem Osten zurückzogen, indem sie etwa thüringische Besitzungen gegen hessische tauschten.[50] Ebenfalls im Jahre 897 kam auf Anraten Kaiser Arnulfs, der bereits schwer erkrankt war, das Ehebündnis zwischen Zwentibold und einer Liudolfingerin namens Oda zustande.[51] Damit sollte ein erneutes Gleichgewicht für die Zukunft hergestellt werden: Wenn der minderjährige Ludwig, Arnulfs legitimer Sohn, von den Konradinern gestützt wurde, so sollte Zwentibold, Arnulfs illegitimer Sohn, nunmehr Rückendeckung von den Liudolfingern erhalten.[52] Die Schwierigkeit war nur, dass Zwentibold einen Interessenausgleich der Großen in seinem Reich niemals herbeiführen konnte, diese, besonders Matfridinger und Reginare, vielmehr in wechselnden Koalitionen gegen sich aufbrachte.[53]

Da der Kaiser immer hinfälliger wurde, machte sich der lotharingische König Hoffnungen auf die Nachfolge in einem größeren Reich.[54] Dazu passt die von Hermann von Reichenau (1013–1054) um die Mitte des 11. Jahrhunderts überlieferte Nachricht, Arnulf habe, offensichtlich überhaupt misstrauisch geworden (*nulli fidens*), eine große Versammlung einberufen und den Treueid auf sich und seinen kleinen Sohn Ludwig „noch einmal" (*denuo*) von allen verlangt.[55]

Abb. 21 ▼
Synode, Utrecht-Psalter, 820–835, Utrecht, Rijksuniversiteit, Ms. 32, fol. 90v

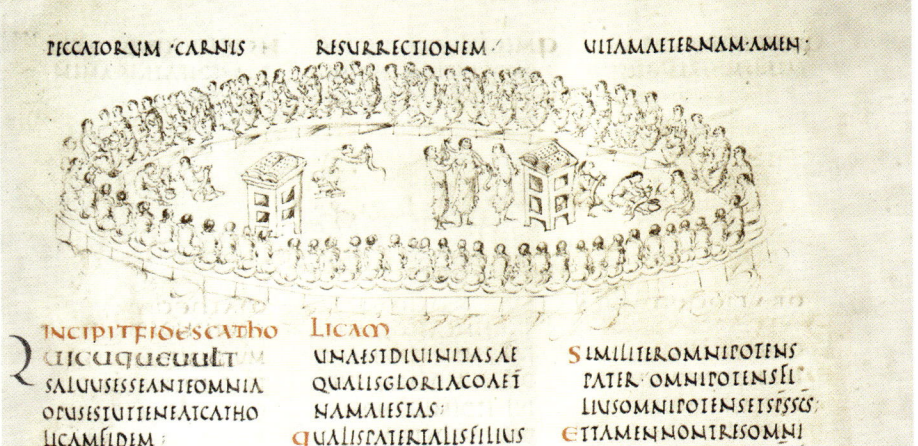

Im Westfrankenreich waren bis 898 die beiden königlichen Konkurrenten in einem gewissen Gleichgewicht gehalten worden. Ungefähr vier Jahre hatte der Kapetinger Odo von Paris (888–898) allein über dieses Reich geherrscht, ab 892 erschien dann der spät geborene Sohn Ludwigs des Stammlers, Karl der Einfältige (reg. 893–923, † 929), auf der politischen Bühne und wurde schon im Folgejahr gegen Odo zum König gewählt. Nicht nur der Kaiser auf der Seite des Kapetingers und sein Sohn Zwentibold auf der Seite des Karolingers, auch manche lotharingischen Großen hatten von dieser Politik des Gleichgewichts profitiert. Die Verhältnisse änderten sich gründlich, als nach Odos Tod Karl der Einfältige unangefochten zu regieren begann. Die mit Zwentibold unzufriedenen Großen, darunter namentlich Reginar Langhals, ermutigten daraufhin den westfränkischen Karolinger zu einem Einmarsch in Lotharingien.[56] Zu einer Entscheidungsschlacht zwischen beiden Seiten kam es aber nicht, vielmehr wurden Ausgleichsverhandlungen angebahnt.

Im ostfränkischen Reich wurde noch ein weiterer Ausgleich hergestellt: Im März 899 gab Arnulf dem Babenberger Poppo reumütig die ihm unrechtmäßig entzogenen Eigengüter zurück – wohl vor allem deshalb, weil sich um diese Zeit bereits ein Konflikt zwischen ihnen und den Konradinern anbahnte, an dem er Poppo nicht beteiligt sehen wollte.[57] Nach Auskunft Reginos von Prüm waren bereits 897 erste Anzeichen dafür zu erken-

nen, dass die Babenberger die neuen Schlüsselstellungen der Konradiner in ihrem ureigensten Interessengebiet nicht tatenlos hinnehmen wollten.[58]

Etwa gleichzeitig wurde zur Wiederherstellung des Friedens zwischen dem Westfrankenreich und Lotharingien ein Treffen in St. Goar anberaumt, an dem außer Zwentibold und den lotharingischen Großen auch zwei Delegationen aus dem West- und Ostfrankenreich als Vertreter Karls des Einfältigen und Arnulfs teilnahmen. Auf ostfränkischer Seite war neben den Konradinerbrüdern Konrad und Gebhard auch Hatto beteiligt.[59] Regino kann aber berichten, dass es neben diesem offiziellen Treffen, das nicht nur dem Ausgleich mit Karl dem Einfältigen, sondern auch der Festigung von Zwentibolds Stellung diente, noch ein zweites gab. Hier wurden Absprachen ohne den lotharingischen König getroffen – worum es ging, deutet der Chronist nur an. Durch die nachfolgenden Ereignisse stellte es sich heller als das Licht heraus,[60] sagt er. Gemeint war die Entmachtung Zwentibolds in Lotharingien durch den Übertritt seiner Großen zu Ludwig dem Kind.[61] Damit sollte auch Zwentibolds Ambitionen im Ostfrankenreich von vornherein ein Riegel vorgeschoben und die Verdrängung seines kleinen Halbbruders unmöglich gemacht werden. Wiederum ein Gedenkbucheintrag im Reichenauer Verbrüderungsbuch dokumentiert das gegen den König gerichtete Bündnis, das damals in St. Goar – wohl unter tatkräftiger Mitwirkung Hattos – zustandekam und sicher auch nicht im Sinne Arnulfs war, der seinen älteren, illegitimen Sohn immer gestützt hatte.[62]

Im Sommer 899, etwa ein halbes Jahr vor dem Tod des Kaisers, trat auch die Krise der ostfränkischen Herrschaft offen zutage. Ähnlich wie in der Endphase Karls III. wurde wieder die Kaiserin des Ehebruchs bezichtigt, vielleicht sogar mit einem Giftmordanschlag mehrerer Attentäter auf den Kaiser in Verbindung gebracht[63] oder in anderer Weise für den sich zusehends verschlechternden Gesundheitszustand verantwortlich gemacht.[64] Sie konnte sich von dem Vorwurf mit 72 Eideshelfern zwar reinigen, spielte aber in der Regierungszeit ihres Sohnes keine Rolle mehr. Gewöhnlich war eine solche Anklage auch ein be-

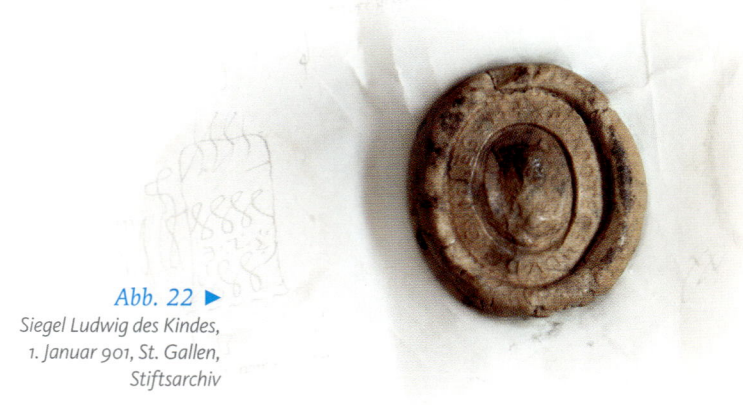

Abb. 22 ▶
Siegel Ludwig des Kindes,
1. Januar 901, St. Gallen,
Stiftsarchiv

währtes Mittel, die Kaiserin oder Königin, vor allem aber ihre Entourage politisch kaltzustellen. Wenn sich darin ein Mann besonders exponierte, dichtete man ihm gern ein Verhältnis mit der Beklagten an.[65] Zumindest in diesem Punkt blieb Hattos ungeschoren, vielleicht – möchte man humorvoll hinzusetzen – weil er ohnehin schon glatzköpfig war.[66]

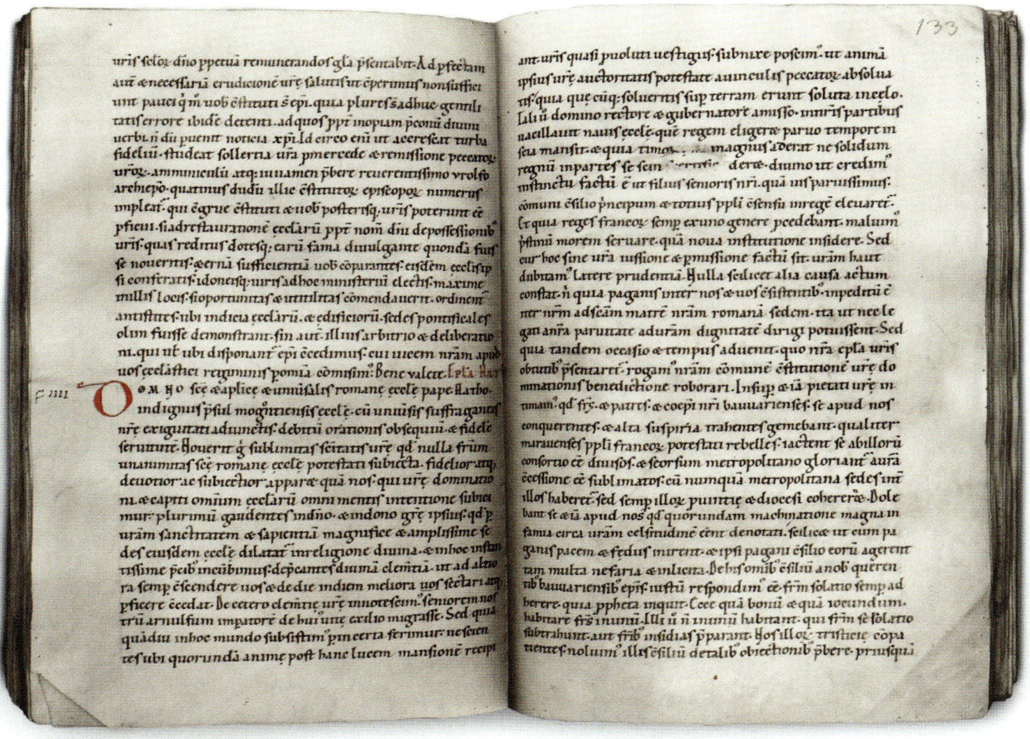

900–911: HATTO DER UNENTBEHRLICHE

Als Ludwig das Kind im Jahre 893 geboren wurde, hoben ihn die Bischöfe Hatto von Mainz und Adalbero von Augsburg gemeinsam aus der Taufe *(Abb. 22)*. Benannt wurde Ludwig nach seinem Großvater – eigentlich seinem Urgroßvater – Ludwig dem Deutschen.[67] Beide Bischöfe waren damit künstliche Verwandte, sogenannte *compatres*, des jungen Königssohnes wie auch seiner leiblichen Verwandtschaft geworden. Das bedeutete nicht nur große Königsnähe und Ehre, sondern schloss auch eine besondere Verantwortung für die Erziehung des Königskindes mit ein, die allerdings von Adalbero von Augsburg allein übernommen wurde.[68]

Schon kurz nach der „Wahl" Ludwigs des Kindes im Jahre 900 wandte sich Erzbischof Hatto, als Königsmacher gleichsam der Sprecher der ostfränkischen Kirche,[69] in einem Schreiben an Papst Johannes IX. *(Abb. 23)*, das oft als Fälschung angesehen wurde, neuerdings aber aus gutem Grund für authentisch gehalten wird:[70]

„Im übrigen geben wir Eurer Milde bekannt, dass unser Herr, Kaiser Arnulf, aus der Verbannung dieses Lebens gegangen ist. [...] Nachdem es aber den Herrn, Lenker und Steuermann verloren hatte, kam das Schiff der Kirche in unserem Land ins Wanken. Sie blieb kurze Zeit unschlüssig, welchen König sie wählen solle, aber da große Furcht bestand, das gefestigte Reich möge sich in Teile spalten, ist es, wie wir glauben, durch göttliche Eingebung geschehen, dass der Sohn unseres Herrn, obgleich er noch ein kleiner Knabe ist, nach gemeinsamem Beschluss der Großen und der Zustimmung des ganzen Volkes zum König erhoben worden ist. Und da die Könige der Franken immer aus ein und demselben Geschlecht hervorgingen, haben wir lieber den alten Brauch bewahrt, als auf einer Neubesetzung bestehen wollen."[71] Der Papst wurde in diesem Schreiben zwar auch mit der Klärung kirchenorganisatorischer Fragen im benachbarten Mähren befasst, sollte aber wohl mit dieser „Wahlanzeige" außerdem für eine spätere Kaiserkrönung Ludwigs des Kindes vorbereitet werden.[72] Die Zeitspanne zwischen dem Tod Arnulfs und der Erhebung des kleinen Ludwig war tatsächlich so kurz, wie Hatto schreibt, und dauerte vom 8. Dezember 899 bis zum 4. Februar 900. Offensichtlich war Gefahr im Verzug, denn es war noch nicht abzusehen, dass Zwentibold, der mögliche „Gegenkandidat", ein halbes Jahr später nicht mehr unter den Lebenden sein würde. Der Halbbruder des kleinen Ludwig fand den Tod im Kampf mit seinen Großen, darunter besonders den Matfridingern;

Abb. 23 ▲

Brief Hattos I. an Papst Johannes IX., Abschrift in einer Handschrift des 12. Jahrhunderts, Göttweig, Benediktinerstift, Hs. 53a, fol. 132v und 133r

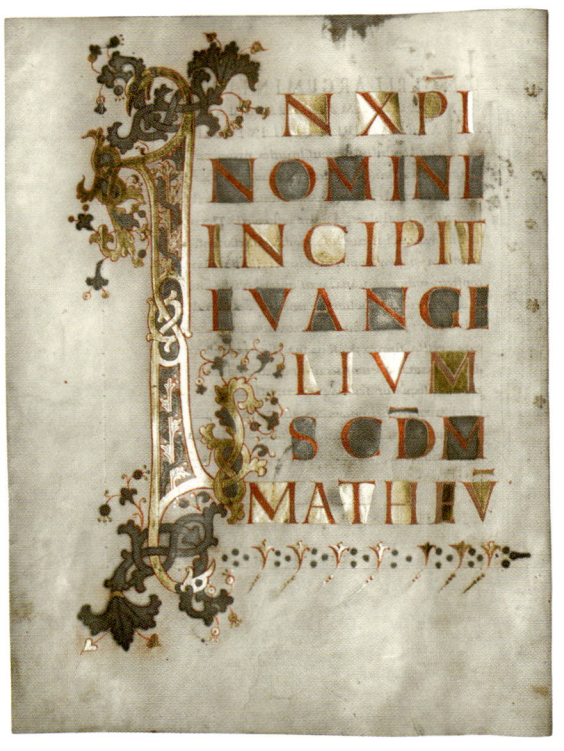

den Vorschriften der heiligen Kanones Sorge trägt, sondern auch um den Nutzen des gesamten Reiches mit wachsamer Sorge bemüht ist", schreibt er.[74] Seine Unentbehrlichkeit wurde Hatto später auch von Ludwig dem Kind bescheinigt, und zwar in einer Urkunde, die der König im Jahre 908, im Alter von 15 Jahren, also zur Zeit seiner Volljährigkeit, ausstellte: „Wir halten es für würdig und recht, allen unseren Getreuen angemessene Gaben zu gewähren, ganz besonders aber denen, die nicht aufhören, sich für uns abzumühen, deren Rat und Hilfe wir in keiner Weise entbehren können."[75] Es ist eine von fünf für Hatto ausgestellten Urkunden von insgesamt 85, in 22 von ihnen tritt Hatto als Intervenient, als Fürsprecher und Unterstützer des Empfängers, auf, 16 davon wurden gleichfalls ab 906 ausgestellt.[76] In zehn ist Adalbero von Augsburg, der Erzieher des jungen Ludwig mitgenannt;[77] in nur vier Urkunden tritt Hatto zusammen mit Salomo III. von Konstanz auf,[78] jenem Bischof, mit dem er in Freundschaft wie in Konkurrenz verbunden war *(Abb. 24, Abb. 25)*. Die burlesken Geschichten von gegenseitigen Betrügereien, die Ekkehard von St. Gallen den beiden 150 Jahre später zuschreibt (vgl. S. 67),[79] haben viel gemeinsam mit jenen Scherzen, die um die Mitte des 12. Jahrhunderts auch über Bischof Meinwerk von Paderborn (1009–1036) und König Heinrich II. (1002–1024) erzählt werden.[80] In beiden Fällen dienten sie wohl vorrangig der Unterhaltung der Mönche – Tischlesungen mussten nicht zwangsläufig erbaulich sein. Und eben zu der Zeit Hattos und Salomos III. hat St. Gallen die Reichenau geistig überflügelt.[81]

seine Gemahlin, die Liudolfingerin Oda, ehelichte danach einen von ihnen, Gerhard.[73] Gut möglich, dass Hatto sechs Monate vor diesen Ereignissen noch eine Spaltung in zwei Lager befürchtete, standen doch die Liudolfinger bekanntlich auf der Seite des Erwachsenen, die Konradiner auf der des Minderjährigen. Der Erzbischof hat hier nichts dem Zufall überlassen. Das zeigen schon seine Machenschaften beim Treffen von St. Goar (899), das den Anfang vom Ende Zwentibolds bedeutete. Hatto hat den Wettlauf um die Königskrone für den kleinen Ludwig und somit für sich entschieden. Regino von Prüm sieht Hatto im Jahre 906 – in der schon zitierten Widmungsanrede (vgl. Kat.-Nr. 44 und S. 121), die freilich nicht ohne Panegyrik auskommt – dann folgerichtig als den eigentlichen Regenten des Reiches, nicht nur als „Primas von ganz Germanien" (*primas totius Germaniae*), also in der Spitzenposition, die der Mainzer Erzbischof in der Reichskirche zu diesem Zeitpunkt ohnehin hatte: „Ich weiß, dass die Größe Eurer Klugheit nicht nur für die ganze Kirchenprovinz nach

Davon zeugt möglicherweise auch das große Gedicht des Konstanzer Bischofs an seinen Mitbruder Dado von Verdun (880–923), das um 904/905 entstand und 343 Verse umfasst.[82] Wohl selten ist ein Text so gründlich missverstanden worden wie dieser, was vor allem auf die Tatsache zurückzuführen ist, dass er nur teilweise und nie in voller Länge rezipiert respektive übersetzt worden ist.[83] Es geht nämlich keineswegs um eine Aktualisierung der Klage aus dem alttestamentlichen Buch *Kohelet*: „Weh dir, Land, dessen König ein Knabe ist" (Koh 10,16). Auch wenn dieser Vers paraphrasiert wird, enthält er im Gedicht doch eine bedeutsame Abweichung, die nicht nur dem Versmaß geschuldet ist: Hier ist der König zwar auch noch jung, aber immerhin erwachsen, nämlich *iuvenis* und nicht mehr *puer*.[84] Auch sieht Salomo den König bei sich und seinen bischöflichen Mitbrüdern Adalbero und Hatto, die lange Zeit die eigentliche Regierungsverantwortung hatten, durchaus in guten Händen: Gott selber übernimmt hier gleichsam das Regiment.[85] Die Kritik gilt vielmehr den zerstrittenen Großen, die „angesichts massiver äußerer Bedrohungen durch die Ungarn ihrer faktischen staatstragenden Aufgabe nicht gerecht werden" (Vogel), biblisch gesprochen liegt sie im zweiten, verschwiegenen Teil des Bibelverses: „[...] und dessen Fürsten schon früh am Morgen tafeln".[86] Problematisch waren nämlich nicht nur die sich häufenden Ungarneinfälle, deren Abwehr größtenteils denen, die unmittelbar betroffen waren, allein überlassen wurde.[87] Gefährlich war auch die Polarisierung der politischen Kräfte im mainfränkisch-thüringischen Raum, die sich jetzt in der Zeit der „Regentschaft", als die Konradiner weiter Rückenwind bekamen, verstärkte.[88]

902–906: DIE BABENBERGER FEHDE

Die Ereignisse der sogenannten Babenberger Fehde lassen Hatto in der späteren Geschichtsschreibung in einem überaus schlechten Licht erscheinen (vgl. S. 54f.). Sie haben, wenn auch nicht von Anfang an, maßgeblich zum Bild eines arglistigen, betrügerischen Bischofs beigetragen. Bereits zum Jahr 897 hatte Regino erste Spannungen zwischen den Babenbergern und einem Exponenten konradinischer Interessen wahrgenommen. „In dieser Zeit", so schreibt er, „entstand zwischen Bischof Rudolf von Würzburg und den Söhnen des *dux* Heinrich, Adalbert, Adalhard und Heinrich Streit und große Zwietracht und ein unstillbarer, hasserfüllter Konflikt aus kleinen und kleinsten Anlässen, und so, wie aus einem winzigen Funken ein ungeheurer Brand entsteht, so steigerte sich dieser Konflikt von Tag zu Tag und wuchs sich schließlich zu riesigen Ausmaßen aus."[89] Beide, so schreibt er weiter, hätten sich aufgrund ihrer adeligen Abstammung, aufgrund ihrer zahlreichen Verwandtschaft und aufgrund ihrer großen politischen Macht

mehr als es schicklich ist überhoben und seien in blutigen Kämpfen übereinander hergefallen. Viele seien dabei umgekommen, viele hätten Verstümmelungen an Händen und Füßen erlitten, und ganze Landstriche seien durch Raub und Brand verwüstet worden.[90] Regino gibt hier noch beiden Seiten gleichermaßen die Schuld an der Auseinandersetzung, beschreibt sie auch noch als einen Zusammenstoß zweier Familien und der mit ihnen Verbündeten, was der Realität entsprochen haben dürfte. Erst in der weiteren Schilderung wird die Fehde dann zu einem Ringen zwischen Einzelpersonen. Ähnlich wie das in der Sage üblich ist, werden Konflikte auf wenige Protagonisten an der Spitze reduziert.

Nach dem Bericht Reginos eröffneten im Jahr 902 eindeutig die babenbergischen Brüder den Krieg ohne ersichtlichen Grund.[91] Wir wissen aber schon, dass er nicht aus heiterem Himmel losbrach, sondern als eine

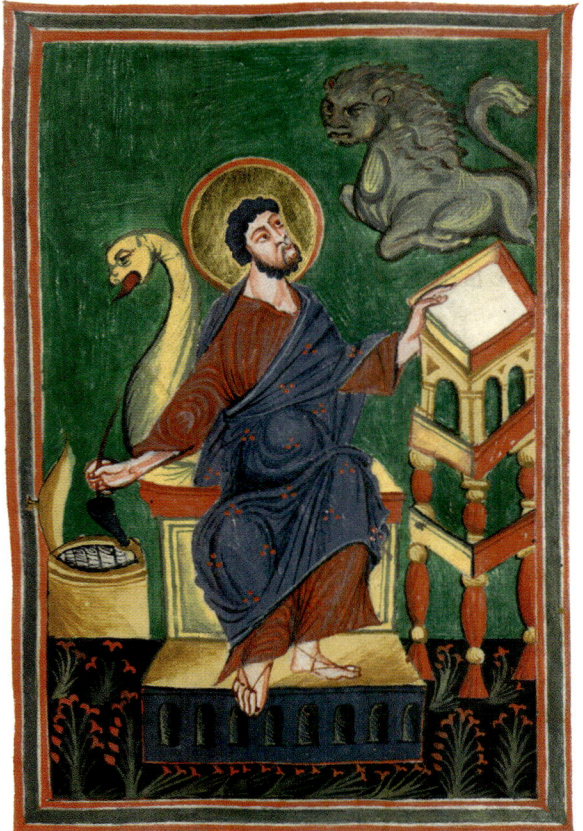

Abb. 25 ◄
Evangelist Markus, aus einer Handschrift des Bischofs Salomo III. von Konstanz (sogenanntes "Windberger Evangeliar"), spätes 9./frühes 10. Jahrhundert, München, Bayerische Staatsbibliothek, Clm. 22311, fol. 49r

Folge der Machtverschiebungen zugunsten der Konradiner angesehen werden muss. In diesem Jahr kamen auf babenbergischer Seite die Brüder Heinrich und Adalhard ums Leben, auf konradinischer Seite Eberhard.[92] Im darauffolgenden Jahr 903 vertrieb der überlebende Babenberger-Bruder Adalbert den Konradiner-Bischof Rudolf aus Würzburg und die Ehefrau Eberhards samt ihren Söhnen aus ihren Besitzungen.[93] Drei Jahre später, im Jahre 906, ergab sich für Adalbert die Gelegenheit, erneut gegen die Konradiner loszuschlagen, weil diese gerade in einen weiteren Konflikt mit den Matfridingern in Lotharingien verwickelt waren. Im Februar desselben Jahres kam es zur Schlacht. Konrad der Ältere fiel, Adalbert trug den Sieg davon und kehrte zusammen mit seinen Kampfgefährten beutebeladen in seine Burg Bamberg zurück.[94]

Schon im Juli 906 hielt Ludwig das Kind, inzwischen dreizehn Jahre alt und noch unter Leitung der Regentschaft, zu der Hatto und die überlebenden Konradiner gehörten, eine Reichsversammlung in Tribur ab. Adalbert wurde dorthin als Friedensbrecher vorgeladen. Da er nicht erschien, beschloss der König – so sagt es Regino – zur Heerfahrt gegen ihn zu rüsten und ihn in seiner Burg Theres (heute Obertheres bei Haßfurt) zu belagern.[95] Während dieser Belagerung lief einer der engsten Gefährten Adalberts namens Egino zusammen mit seinen Gefolgsleuten ins königliche Lager über. Adalbert sah keinen Ausweg mehr zu entkommen, öffnete die Tore der Burg, begab sich mit einer nur kleinen Begleitmannschaft zum König, bat demütig um Verzeihung für die Taten, die er begangen hatte und versprach Besserung. Regino schreibt nun, dass er diese Unterwerfung von vornherein nicht ehrlich gemeint, sondern sie vielmehr als List eingesetzt habe, um mit den Seinigen der Belagerung zu entkommen, nach Bamberg zurückzukehren und seine Angriffe fortzusetzen. Der Betrug sei jedoch durch einen Verrat der Seinen (*suis prodentibus*) aufgedeckt worden, weshalb er am 9. September 906 gefangengenommen, dem versammelten Heer mit gefesselten Händen vorgeführt, von allen zum Tode verurteilt und schließlich hingerichtet worden sei. Sein Vermögen und seine Liegenschaften seien an den Fiskus gefallen und vom König an verschiedene Große verteilt worden.[96] Damit war die Fehde zu einem raschen Ende gebracht, die Babenberger als politische Kraft endgültig ausgeschaltet worden. Hatto spielte dabei in Reginos Bericht noch keine Rolle; die Rede ist nur von Egino und einigen Gefährten Adalberts, die den Babenberger der bewussten Täuschung bezichtigten. Erst später wurde sie Hatto angelastet (vgl. S. 54f.). Wir wissen immerhin aus einer Urkunde, dass der Erzbischof im Jahre 908, also zwei Jahre später, von Adalberts Sturz profitierte

(vgl. S. 54f.)

WICHTIGE FAMILIEN
UND DEREN VERTRETER
IN DER HATTO-ZEIT

Unter den politisch aktiven Familien der Hatto-Zeit, die in den ostfränkischen Teilreichen um die Vorherrschaft rangen, sind fünf besonders hervorzuheben:

1. die Matfringer oder Matfride (die Brüder Gerhard und Matfrid), vor allem im lotharingischen Teilreich
2. die Reginare (Reginar Langhals) im lotharingischen Teilreich
3. die Liudolfinger, die später als Könige Ottonen genannt werden (Otto der Erlauchte, seine Schwester Liutgard sowie sein Sohn Heinrich, der spätere König Heinrich I., und seine Tochter Oda) im sächsisch-thüringischen Reich Ludwigs des Jüngeren
4. die Popponen oder älteren Babenberger im mainfränkisch-thüringischen Raum (Poppo und dessen Bruder Heinrich sowie die drei Söhne Heinrichs: Adalbert, Adalhard und Heinrich)
5. die Konradiner, die von ihrem Kerngebiet im hessisch-wetterauischen Raum aus in Lotharingien wie auch in Mainfranken und Thüringen agierten.[2] (Konrad der Ältere, Vater des späteren Königs Konrad I. und dessen Brüder Eberhard, Bischof Rudolf von Würzburg und Gebhard).

Einige Familien knüpften Eheverbindungen und schlossen Bündnisse. Der Liudolfinger Otto der Erlauchte († 912) war mit Hathui oder Hadwig, einer Babenbergerin, verheiratet. Seine Schwester Liutgard war mit dem Karolinger Ludwig dem Jüngeren verehelicht, seine Tochter Oda in erster Ehe mit Zwentibold, in zweiter Ehe mit dem Matfridinger Gerhard, dem Gegner der Konradiner in Lothringen.
Arnulf von Kärnten ehelichte Uda bzw. U(o)ta, eine Konradinerin, die wohl als eine Cousine der schon erwähnten Brüder (Konrads des Älteren, Eberhards, Rudolfs und Gebhards) angesehen werden muss.[3] Uda war die Mutter Ludwigs IV. des Kindes (893–911).

1 Die Verbindung zu den jüngeren Babenbergern hat Otto von Freising, Chron. VI,15, S. 275, hergestellt. Er selbst war ein (jüngerer) Babenberger, weshalb er wohl aus altem Familienwissen schöpfen konnte. Die Forschung konnte diese Verbindung bislang im Detail nicht beweisen; dazu Lechner 1953, S. 478 und ders. 1985, S. 39–41; auch Althoff 1992, S. 264. **2** Einen ausführlichen Überblick bietet Heidrich 2006. Die Namen dieser Familien, nach entsprechenden Leitnamen gebildet, sind Konstrukte der Forschung. **3** Vgl. die Konradiner-Tafel bei Hlawitschka 2003, S. 16f.; dagegen Reuter 2002, S. 257 in Übereinstimmung mit Jackman 1990, S. 136–139. Überzeugend die Argumente für eine konradinische Abstammung bei Offergeld 2001, S. 566–569. – Ich bevorzuge mit Hlawitschka 2003, S. 17 die Form „Uda" schon deshalb, um eine Verwechslung mit der Liudolfingerin Oda auszuschließen.

und eine der Besitzungen, Ingolstadt im Badanachgau (bei Ochsenfurt, also nicht Ingolstadt an der Donau), in der Grafschaft des „Wendehalses" Egino gelegen, zu freiem Eigen bekam. Es ist dies dieselbe Urkunde, aus der das Zitat zu Hattos Unentbehrlichkeit stammt.[97]

Aus einer weiteren Urkunde desselben Jahres geht hervor, dass Hatto noch auf eine andere Veränderung hingewirkt hat: Der Liudolfinger Otto der Erlauchte, bis dahin Laienabt des Klosters Hersfeld und damit Inhaber eines wichtigen Stützpunktes mitten im konradinischen Gebiet, gab diese Position auf und überließ sie dem bisherigen *provisor* und Mönch Thiethard. Nach dessen Tod sollten die Mönche das Recht der freien Abtwahl haben. Was das bedeutet, macht eine weitere Passage deutlich: Es sollte keinen Laienabt mehr geben, schon gar nicht aus der Nachkommenschaft Ottos *(ex genealogia ipsius Ottonis)*, also auch nicht Heinrich, der im Jahre 912 die Nachfolge seines Vaters antreten sollte[98] – eine weitere „Flurbereinigung" zugunsten der Konradiner, diesmal zu Lasten der Liudolfinger.

911–913: LETZTE JAHRE UNTER KONRAD I.

Die Zeitspanne zwischen dem Tod Ludwigs des Kindes (24. September 911) und der Königserhebung Konrads I. (10. November 911) *(Abb. 26)* war noch kürzer als beim vorangegangenen Thronwechsel. Es spricht viel dafür, dass Hatto auch diesmal der „Königsmacher" war. Überdies wird berichtet, dass Konrad nicht nur gewählt, sondern auch gesalbt wurde[99] – vermutlich durch Hatto in seiner Eigenschaft als Erzbischof von Mainz, der mit dieser Salbung die Legitimation des Nichtkarolingers bekräftigt hat.[100] In der ersten Urkunde, die Konrad als König ausstellt, nennt er Hatto seltsamerweise *summus cappellanus*, also „höchster Kapellan". Das war ein unzutreffender Titel, da der Erzkapellan des ostfränkischen Reiches, also der Leiter der Kanzlei, zu jener Zeit noch der Salzburger Erzbischof war, was auch aus den weiteren Urkunden Konrads I. deutlich wird. Die Bezeichnung könnte lediglich Ausdruck seiner Wertschätzung für diesen seinen Königsmacher und Vertrauensmann gewesen sein;[101] sie nimmt keineswegs schon die Erzkanzlerwürde des Mainzers in späterer Zeit vorweg.

Widukind, der seine Sachsengeschichte um 968 verfasst hat, also zu einer Zeit, in der aus den aufstrebenden Liudolfingern längst die ottonischen Könige geworden waren, spricht schon für das Jahr 912 von einer ersten Konfrontation zwischen König Konrad und dem Sohn des verstorbenen Otto des Erlauchten, Heinrich. Der König habe die Tüchtigkeit des neuen *dux* oft erfahren müssen und deshalb gefürchtet, ihm die gesamte Macht des Vaters zu übertragen, schreibt er.[102] Das habe sich Heinrich, ermutigt durch seine Gefolgsleute, nicht gefallen lassen und gegen die Schmälerung seiner Machtgrundlagen Widerstand geleistet. Nach einer längeren Einschaltung, die uns noch beschäftigen wird, berichtet Widukind dann, Heinrich habe die Besitzungen der Mainzer Kirche in Sachsen und Thüringen besetzt und auch den beiden Sachwaltern der Konradiner in diesem seinem Interessengebiet, Burchard und Bardo, von denen einer der Schwager des Königs war, so lange militärisch zugesetzt, bis diese das Gebiet endlich geräumt hätten.[103] In dieser Zeit erneuerte der König in Kassel übrigens das Diplom seines Vorgängers, das gegen die Fortsetzung des Laienabbatiats der Liudolfinger im Kloster Hersfeld gerichtet war.[104] Seine militärische Gegenreaktion auf die Angriffe Heinrichs, ein Kriegszug unter seinem Bruder Eberhard, kam erst zwei Jahre später. Da aber war Hatto schon nicht mehr unter den Lebenden.

Interessant ist, dass Konrad kurz nach Hattos Tod (913) auch der Abtei Lorsch, die der Erzbischof innegehabt hatte, die freie Abtwahl zugestand und das Kloster „vom Joch fremder Gewalt, unter dem es offensichtlich lange Zeit ungerechterweise gedrückt worden war" *(a iuge aliene potestatis quo multo tempore obpressum iniuste videbatur)* befreite.[105] Wenn diese erst nach der Mitte des 12. Jahrhunderts abschriftlich überlieferte Urkunde echt ist,[106] dann ist sie ein Beweis dafür, dass die Abtei wohl keine gute Erinnerung an den Mainzer Erzbischof hatte.

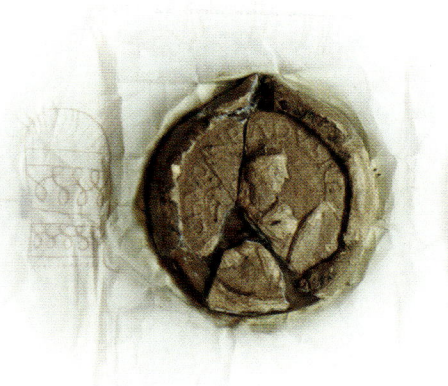

Abb. 26 ▼
Siegel Konrad I., 11. Januar 912, St. Gallen, Stiftsarchiv

PERFIDIA HATTONIS – STUFEN EINER GESCHWÄRZTEN ÜBERLIEFERUNG

In der ältesten Berichterstattung agiert Hatto niemals allein, sondern entweder zusammen mit mehreren seiner bischöflichen Mitbrüder oder zumindest einem von ihnen, sei es Adalbero von Augsburg oder Salomo III. von Konstanz. Hinzu kommen sehr oft die Konradinerbrüder und bisweilen sogar Luitpold, der *dux* von Baiern. Auch die *perfidia* (Wortbrüchigkeit, Unredlichkeit) teilt er mit dem letztgenannten Magnaten. So berichtet es zumindest Hermann von Reichenau (1013–1054) in seiner Mitte des 11. Jahrhunderts entstandenen Chronik *(Abb. 27, Abb. 28)*.[107]

Es geht im folgenden Abschnitt um vier Aspekte des „geschwärzten" Hatto-Bildes: die Geschichte vom Untergang des Babenbergers Adalbert, die Geschichte von der goldenen Kette für den Liudolfinger Heinrich,[108] die Überlieferung, welche die Todesumstände Hattos beschreibt, und schließlich den Spezialfall der Mäusesage.

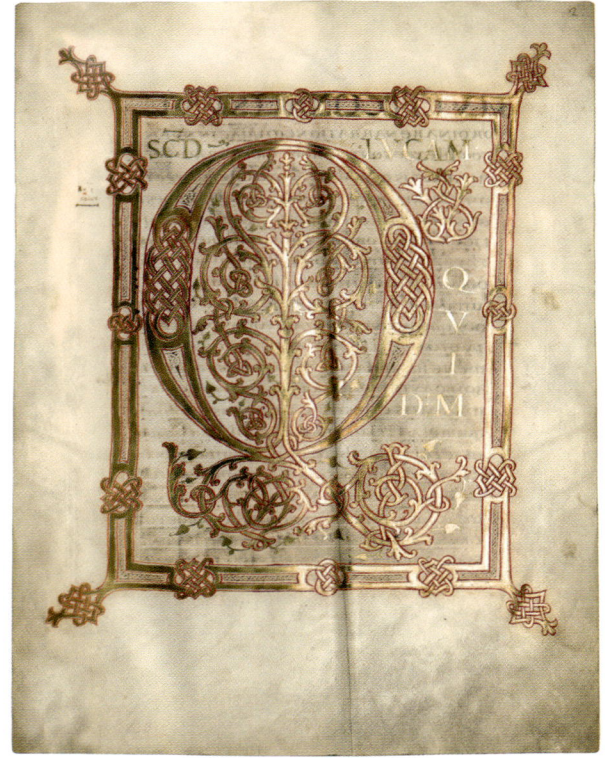

Abb. 27 ▶
Initiale Q aus dem auf der Reichenau geschaffenen Passauer Evangeliar, Ende 9. Jahrhundert, München, Bayerische Staatsbibliothek, Clm 11019, fol. 2r (vgl. Kat.-Nr. 35)

DER UNTERGANG DES BABENBERGERS ADALBERT

Liudprand, unter Otto I. dem Großen im Jahre 961 zum Bischof von Cremona erhoben (* ca. 920, † 970/972), hat in seinem „Buch der Vergeltung" für die Ungnade italischer Großer, unter denen er zu leiden hatte, der *Antapodosis*, viele ungünstige Geschichten über Zeitgenossen erzählt. Das Werk entstand um die Mitte des 10. Jahrhunderts. In ihm findet sich unter anderem eine mit viel direkter Rede durchsetzte Geschichte in epischer Breite, die wenig später auch von Widukind von Corvey in der unredigierten Fassung B seiner „Sachsengeschichte" wiederholt wird.[109] Unterschiedlich ist allerdings der Ton, in dem die beiden Autoren berichten: Bei Liudprand geht es um einen Helden *(heros)*, der, im Kampf unbezwingbar, schließlich durch eine List zu Fall kommt. Man wird unweigerlich an den Nibelungenstoff erinnert! Bei Widukind ist die Darstellung in Fassung B knapper, schließt aber die Vorgeschichte der Babenberger Fehde mit ein. Die Fassung C hat manches abgemildert und relativiert, die Fassung A Hatto ganz aus dem Spiel gelassen und seinen Namen durch „die Freunde des Königs" *(amici regis)* ersetzt.[110] Auffällig ist, dass der Verfasser mehrfach das distanzierte *ut fertur* – wie man sagt, angeblich – einfügt.[111] Eine spätere Einschaltung wird gar noch deutlicher: „Das prüfen wir nicht, das beteuern wir auch nicht, sondern halten es eher für Volksüberlieferung *(vulgi rumor)*, die erfunden ist."[112]

Der Inhalt der Geschichte lässt sich folgendermaßen nacherzählen: Ludwig das Kind, der eine reguläre Beendigung der Feindseligkeiten Adalberts für aussichtslos hielt, holte in dieser verzweifelten Lage den Rat Erzbischof Hattos ein. Der versprach, ihn von seinen Sorgen zu befreien und darauf hinzuwirken, dass Adalbert zu ihm komme; er, der König, solle dann nur verhindern, dass er zurückkehre. Daraufhin begab sich Hatto zu Adalbert nach Bamberg und überredete ihn, in Verhandlungen mit dem König zu treten. Dazu schwor er, er wolle ihn heil und unversehrt hin- und zurückbringen. Adalbert war über das Angebot so erfreut, dass er Hatto zum Essen einlud, was dieser jedoch ausschlug. Sie machten sich also auf den Weg. Unterwegs versicherte

Hatto auf einmal, es reue ihn, die Einladung zum Essen nicht angenommen zu haben und auf diesem langen Weg nüchtern bleiben zu müssen. Adalbert machte deshalb den Vorschlag, zurückzukehren und das Versäumte nachzuholen. Daraufhin brachen sie zum zweiten Mal auf. Als Adalbert am Königshof anlangte, wurde ihm sofort der Prozess gemacht. Schon gefesselt und auf dem Weg zur Hinrichtung machte er Hatto den Vorwurf, er sei wortbrüchig geworden. Er habe ihm doch versprochen, ihn heil zurückzubringen. Worauf Hatto antwortete, das habe er doch getan, als er – das erste Mal – mit ihm zur Burg zurückgekehrt sei.

Diese Finte, sich einer eidlichen Verpflichtung zu entziehen, ist allerdings keine Neuerfindung des 10. Jahrhunderts. Etwas Vergleichbares wird schon in Ciceros Werk *De officiis* erzählt. Demnach habe Hannibal nach der Schlacht bei Cannae zehn römische Gefangene nach Rom zum Senat geschickt, um sie über die Auslösung punischer Gefangener verhandeln zu lassen, freilich nicht ohne ihnen den Eid abgenommen zu haben, im Fall eines Misserfolgs zu ihm ins punische Lager zurückzukehren. Neun Männer hielten sich daran, der zehnte kehrte kurz darauf ein erstes Mal zurück, als ob er etwas vergessen hätte, und versteckte sich anschließend in Rom, weil er sich seines Eides entbunden glaubte – was bei den Römern aber nicht verfing: Sie lieferten ihn trotzdem Hannibal aus.[113] Diese Parallelität hat in der späteren Überlieferung m. W. als erster Nicolaus Serarius (1555–1609) bemerkt *(Abb. 29)*.[114]

Im 11. und 12. Jahrhundert wurde die Geschichte von Hatto in der Version von Widukind oder Liudprand bei so prominenten Geschichtsschreibern wie Thietmar von Merseburg (* 975, Bischof seit 1009, † 1018) und Otto von Freising (* 1112, Bischof seit 1138, † 1158) weitertradiert; Letzterer fühlte sich als Bischof und später Nachfahre Adalberts auch persönlich betroffen und deshalb zur Parteinahme herausgefordert.[115] Dass die epische Ausgestaltung Widukinds und Liudprands eine Geschichte aus der Antike verwertete, wurde dabei nicht bemerkt. Nicht berücksichtigt wurde auch, dass es längst eine mündliche Verarbeitung des Stoffes in einer frühen Form der Spielmannsepik gegeben hat,

die etwa Ekkehard von St. Gallen (ca. 980/990 – nach 1056) als bekannt voraussetzt: Er erspare sich die Schilderung, schreibt er Mitte des 11. Jahrhunderts, „weil man ja allenthalben davon sagt und singt".[116]

Ebenfalls unberücksichtigt blieb, dass der etwa um dieselbe Zeit schreibende Hermann von Reichenau ohne die epische Breite Widukinds und Liudprands nur von einer *perfidia* Hattos und anderer spricht.[117] *Ut fama est*, fügt auch er hinzu, wie das Gerücht geht. Weiter ist diesen Autoren offenbar entgangen, dass Regino in seiner frühesten Schilderung ganz ohne Hatto auskommt, den Verrat vielmehr Egino und anderen Getreuen Adalberts zuschreibt.[118]

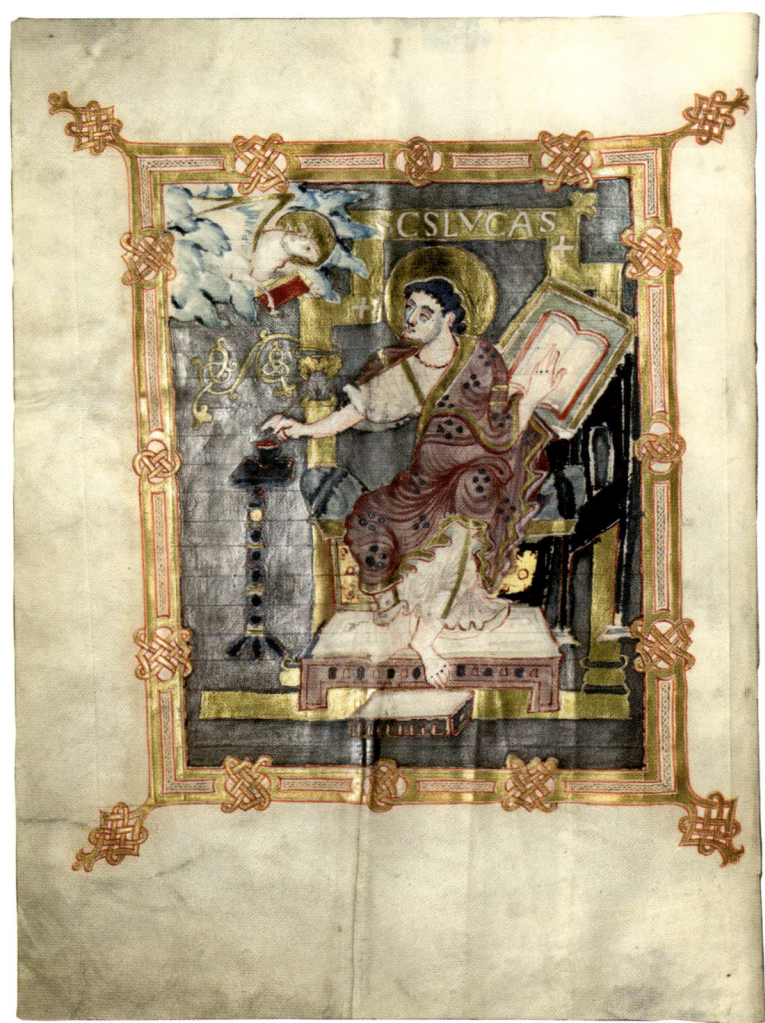

Abb. 28 ▲

Evangelist Lukas aus dem auf der Reichenau geschaffenen Passauer Evangeliar, Ende 9. Jahrhundert, München, Bayerische Staatsbibliothek, Clm 11019, fol. 1v (vgl. Kat.-Nr. 35)

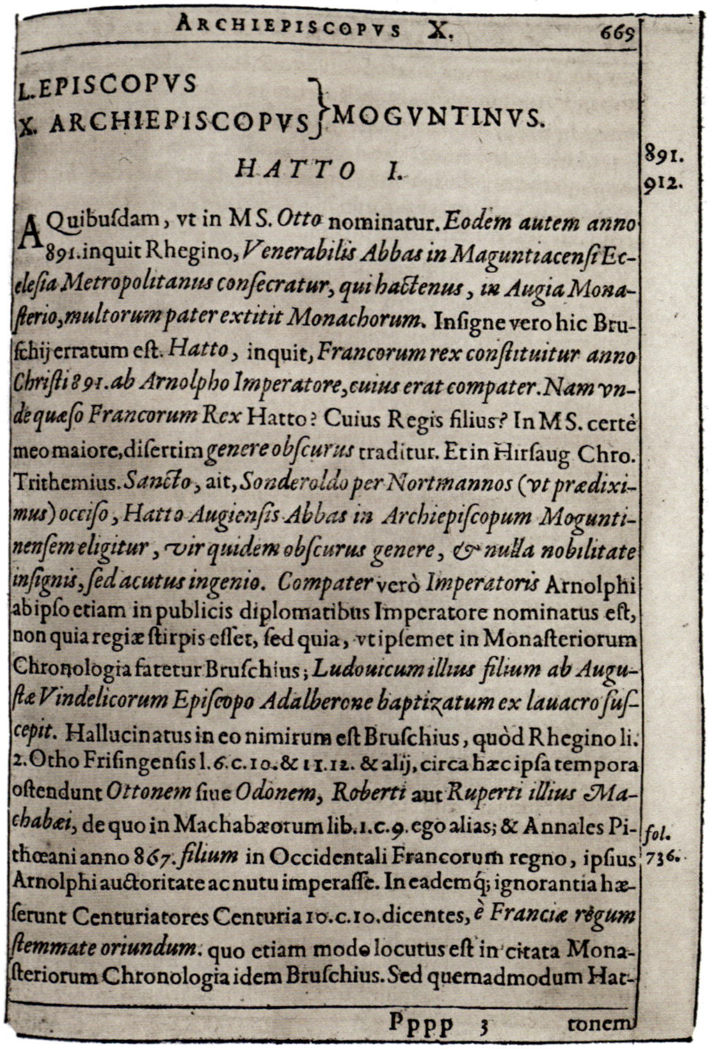

L. EPISCOPVS ⎫
X. ARCHIEPISCOPVS ⎬ MOGVNTINVS.

HATTO I.

891.
912.

A Quibuſdam, vt in M S. *Otto* nominatur. *Eodem autem anno*
891. inquit Rhegino, *Venerabilis Abbas in Maguntiacenſi Ec-*
cleſia Metropolitanus conſecratur, qui haƈtenus, in Augia Mona-
ſterio, multorum pater extitit Monachorum. Inſigne verò hic Bru-
ſchij erratum eſt. *Hatto*, inquit, *Francorum rex conſtituitur anno*
Chriſti 891. *ab Arnolpho Imperatore, cuius erat compater.* Nam vn-
de quæſo Francorum Rex *Hatto?* Cuius Regis filius? In M S. certè
meo maiore, diſertim *genere obſcurus* traditur. Et in Hirſaug Chro.
Trithemius. *Sanƈto*, ait, *Sonderoldo per Nortmannos (vt prædixi-*
mus) occiſo, Hatto Augienſis Abbas in Archiepiſcopum Mogunti-
nenſem eligitur, vir quidem obſcurus genere, & nulla nobilitate
inſignis, ſed acutus ingenio. Compater verò *Imperatoris* Arnolphi
ab ipſo etiam in publicis diplomatibus Imperatore nominatus eſt,
non quia regiæ ſtirpis eſſet, ſed quia, vt ipſemet in Monaſteriorum
Chronologia fatetur Bruſchius; *Ludouicum illius filium ab Augu-*
ſtæ Vindelicorum Epiſcopo Adalberone baptizatum ex lauacro ſuſ-
cepit. Hallucinatus in eo nimirum eſt Bruſchius, quòd Rhegino li.
2. Otho Friſingenſis l. 6. c. 10. & 11. 12. & alij, circa hæc ipſa tempora
oſtendunt *Ottonem* ſiue *Odonem, Roberti* aut *Ruperti illius Ma-*
chabæi, de quo in Machabæorum lib. 1. c. 9. ego alias; & Annales Pi-
thœani anno 867. filium in Occidentali Francorum regno, ipſius
Arnolphi auƈtoritate ac nutu imperaſſe. In eademქ ignorantia hæ-
ſerunt Centuriatores Centuria 10. c. 10. dicentes, *è Franciæ regum*
ſtemmate oriundum: quo etiam modo locutus eſt in citata Monaſteriorum Chronologia idem Bruſchius. Sed quemadmodum Hat-

fol.
736.

Pppp 3   tonem-

Abb. 29 ▲

Kritische Lebensbeschreibung Hattos I.,
Nicolaus Serarius, Moguntiacarum rerum,
Mainz, 1604 (vgl. Kat.-Nr. 10)

Hermann hat angedeutet, dass sich Adalbert wohl Hoffnung auf ein Bündnis mit dem König gemacht hat.[119] Es ist gut möglich, dass Hatto und etwa auch Luitpold diese Hoffnung bewusst genährt haben, dass die beiden und vielleicht noch weitere ungenannte Große bei den Verhandlungen das Vertrauen Adalberts bewusst verspielt haben, um den Frieden wiederherzustellen. Um mit Widukind zu sprechen, der wieder nur den Erzbischof im Blick hat: Vielleicht hat Hatto im Jahr 906 den einen Kopf rollen lassen, um viele weitere Köpfe zu retten.[120] Dem Teilnehmer an den Geheimverhandlungen von St. Goar wäre dergleichen durchaus zuzutrauen.[121]

EINE GOLDENE KETTE FÜR DEN LIUDOLFINGER HEINRICH

Die zweite Geschichte betrifft eine ebenso perfide Ausschaltung eines anderen Gegners: des Liudolfingers Heinrich. Da sie keine in etwa zeitgleiche Parallelüberlieferung hat – nur Thietmar gibt die Geschichte etwas verkürzt in seinem Werk wieder –,[122] ist sie etwas schwerer einzuordnen. Sie findet sich sonst nur bei Widukind und soll sich in der Zeit nach dem Tod Ottos des Erlauchten, also um 912 ereignet haben.[123] Überdies soll sie offensichtlich die Begründung für Heinrichs Vorgehen gegen die Besitzungen der Mainzer Kirche in Sachsen und Thüringen liefern.[124]

Widukind erzählt nun Folgendes: „Hatto ließ für Heinrich eine goldene Kette machen und lud ihn zu einem Mahl ein, bei dem er mit Geschenken geehrt werden sollte. Inzwischen ging der Bischof zum Goldschmied, um sich das Werk anzusehen und soll beim Anblick der Kette geseufzt haben. Als der Goldschmied nach dem Grund dafür fragte, antwortete er ihm, dass diese Kette in das Blut des besten und ihm teuersten Mannes getaucht werden müsse. Der Goldschmied bewahrte über das Gesagte Stillschweigen, und nachdem er die Kette fertiggestellt und übergeben hatte, bat er darum, gehen zu dürfen. Das wurde ihm gewährt. Als er aber Heinrich begegnete, der gerade im Begriff war, zum Festmahl zu gehen, sagte er ihm, was er gehört habe. Da wurde der Herzog heftig zornig, rief den Boten des Bischofs, der noch da war und sagte zu ihm: „Geh, sag dem Hatto, dass Heinrich keinen härteren Hals hat als Adalbert, und dass wir es für besser erachtet haben, zu Hause zu bleiben und (von dort aus) über unsere Verpflichtungen ihm gegenüber zu verhandeln, als ihm mit der Vielzahl unserer Begleiter zur Last zu fallen."

Es ist überlegt worden, welche Rolle die Kette bei dem Mord spielen sollte, ob er etwa damit erdrosselt werden oder ob sie sich von selber um seinen Hals zusammenziehen sollte.[125] Plausibler ist die Vorstellung, sie habe als Erkennungszeichen für den Mörder dienen und die bevorstehende Enthauptung andeuten sollen.[126]

Wenn diese Attentatspläne auch aus der Luft gegriffen sein mochten, ist vielleicht nicht ganz auszuschließen, dass Heinrich „die Warnung erhielt, er habe in Mainz mit einem Mordanschlag zu rechnen" (Erdmann).[127] Die Feier eines Gastmahls (convivium) bedeutete nämlich üblicherweise die Besiegelung eines Friedensschlusses. „In einer ungeklärten oder gar kontroversen Situation hat ein convivium keinen Platz. Eine Einladung zum convivium zu unrechter Zeit – in der Zeit von Dissens – erzeugte Misstrauen und die Vermutung, daß eine schlechte oder gar heimtückische Absicht hinter der Einladung stehen könnte. Eine solche Vermutung hat unsere Geschichte ausgesponnen" (Althoff).[128]

Bemerkenswert ist, dass in einer Variante von Widukinds Text Kassel als Ort der Begegnung zwischen dem Goldschmied und dem Liudolfinger angegeben wird.[129] Dort befand sich nämlich der König, Konrad I., tatsächlich, als er die Urkunde für Hersfeld ausstellte. Es ist sehr wahrscheinlich, dass dort Verhandlungen mit Heinrich stattfanden, an denen wohl auch Hatto beteiligt war, die aber dann – durch seine Schuld? – scheiterten. Sie sind uns nicht überliefert, wohl aber die Aktionen Heinrichs hinterher. Dass der Liudolfinger gezielt die Güter der Mainzer Kirche überfiel, könnte zeigen, dass er das Scheitern dieser Verhandlungen dem ungünstigen Einfluss des Erzbischofs auf den König zuschrieb.[130] Und mit dem Ausspruch, der ihm in direkter Rede in den Mund gelegt wurde, könnte Widukind angedeutet haben, dass der Untergang Adalberts noch nicht vergessen war und dass man ebenso noch wusste, dass Hatto auch hier schon als Verhandlungsführer „versagt" hatte.

„Als Hatto sah, dass seinen Schlauheiten ein Ende gesetzt worden war", so schreibt Widukind gleich nach dieser Geschichte, „starb er nicht lange danach an Traurigkeit darüber und an einer Krankheit. Es gab auch Leute, die sagten, dass er vom Blitz getroffen und nach diesem Schlag drei Tage später gestorben sei".[131] Auch Thietmar von Merseburg lässt den Tod bald auf das gescheiterte Attentat folgen – ein „plötzlicher Tod" sei es gewesen, gleichsam als Strafe für das begangene Unrecht.[132] Ekkehard dagegen schreibt, Hatto sei vom „italischen Fieber" (italica febre) dahingerafft worden.[133]

Erst die 1261 abgeschlossene Chronica minor eines Erfurter Minoriten überliefert mit falschem Jahr eine andere Variante von Hattos Tod: „Im Jahr des Herrn 914 wird Hatto, der Erzbischof von Mainz, von Teufeln lebend in einen feurigen Schlund in den Berg Siziliens Ätna gestürzt, während eine Stimme in den Lüften spricht: ‚So wirst du deine Sünden büßen, so wirst du im Sturz zugrundegehen'. Denn er hat den Grafen Adalbert von Babenberg durch eine List dem König zur Tötung ausgeliefert."[134] (Abb. 30)

Das Motiv des Sturzes in den Ätna ist freilich älter als diese Geschichte: Es findet sich bereits in der um 1110 entstandenen metrischen Vita der Mathilde von Canossa aus der Feder von Donizo. Darin ruft eine Dirne, die einen Bischof verführen soll, aus: „Diese Untat bringt mich in den Schlund des Ätna". Dies ist umso verständ-

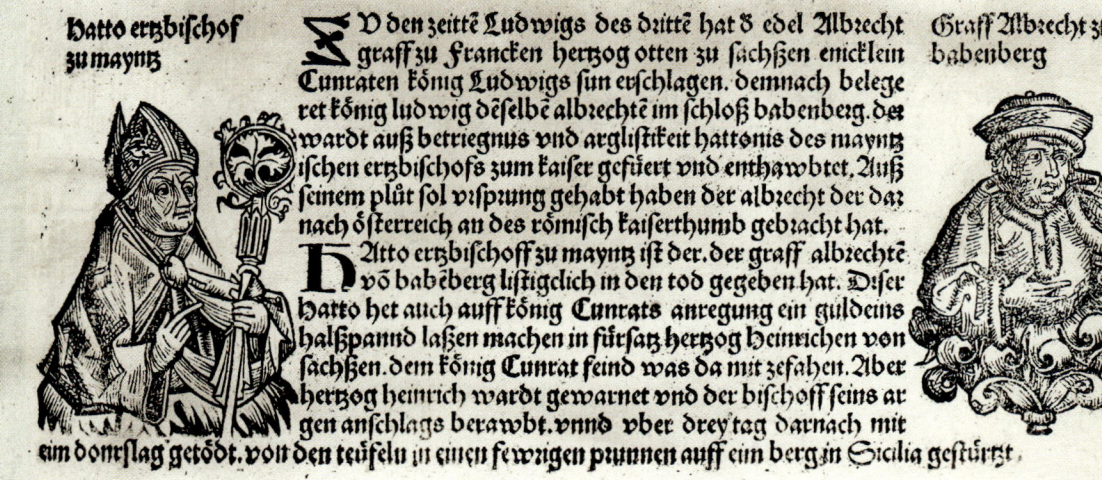

Abb. 30 ◄
Hatto I. mit dem „listigelisch in den tod gegebenen" Graf Adalbert von Babenberg (hier fälschlich Albrecht genannt), Schedelsche Weltchronik, Nürnberg, 1493 (vgl. Kat.-Nr. 17)

licher, als der Bischof, um sich vor ihren Avancen zu schützen, vor seinem Bett ein Feuer entzündet hat.[135] Der Sturz in einen Vulkan gilt freilich als Höllensturz – hierfür liefern die *Dialogi* Gregors des Großen († 604) das älteste Beispiel der Überlieferung: Es ist der arianische Ostgotenkönig Theoderich der Große, der auf diese Weise den Tod findet.[136] Erst bei Otto von Freising, der Gregors Geschichte über Theoderich wiederholt, wird aus dem Vulkan auf den Liparischen Inseln dann der Ätna.[137]

DIE MÄUSESAGE

In der schon erwähnten *Chronica minor* des Erfurter Minoriten aus dem 13. Jahrhundert wird Hatto – es ist weder der erste noch der zweite, da das Ereignis nach dem Tod Konrads I. eingeordnet ist – dann von Mäusen gefressen. Er habe sich weder auf Burgen noch auf Inseln vor ihnen retten können, steht da.[138] Erwähnenswert ist in diesem Zusammenhang, dass dieser Chronist auch eine der ältesten Überlieferungen zur Päpstin Johanna bietet[139] – was sicher einen Schluss auf die Vertrauenswürdigkeit seiner Nachrichten überhaupt zulässt. Mit welcher Schuld der Tod Hattos in Verbindung zu bringen ist, wird hieraus noch nicht deutlich.[140] Eine Handschrift vom Beginn des 13. Jahrhunderts aus der British Library (Arundel 270),[141] in der ein Katalog der Mainzer Erzbischöfe überliefert ist, schildert dagegen nur das Verbrechen, das hier eindeutig Hatto I. zugeordnet ist, jedoch keine Strafe:[142] „Erzbischof Hatto, der zur Zeit einer Hungersnot Arme verbrannt hat".

Erst die zweite Rezension der *Chronica* stellt zwischen beiden Teilen einen Kausalzusammenhang her, ordnet die Geschichte dann aber Hatto II. (968–970) zu: „Erzbischof Hatto von Mainz ist von Mäusen im Rhein gefressen worden, weil er zur Zeit einer Hungersnot eine Vielzahl von Armen in einer Scheune verbrannt hat – unter Johannes IX. und Otto dem Großen".[143] Auch hier gibt es Ungereimtheiten: Der Pontifikat Johannes' IX. (898–900) fällt nämlich in die Zeit Hattos I. Nach den *Flores temporum*, dem Werk eines unbekannten Minoriten aus Schwaben, der um 1292 schreibt, besorgen die Mäuse außerdem noch die *Damnatio memo-*

riae, die Auslöschung der Erinnerung an Hatto: „Seinen Namen nagten sie von den (In-) Schriften (gemeint ist: an den Wänden) ab."[144]

Die ausgestaltete Geschichte, jetzt endgültig Hatto II. zugeschrieben, findet sich erst bei Nikolaus von Siegen, seit 1466 Mönch des St. Petersklosters in Erfurt, der einer Randnotiz in diesem Werk zufolge im Jahre 1495 an der Pest starb.[145] Der Text entspringt nicht der Volksüberlieferung, sondern dem Zettelkasten des Kompilators[146] und weist alle Ungereimtheiten auf, die ein solches „Zusammenschreiben" mit sich bringt:[147] „Hatto, der fünfzehnte Erzbischof von Mainz, ein frommer Mönch und Abt des Klosters Fulda, starb sogleich, nachdem er zum Bischof gewählt worden war. Es wäre besser für ihn gewesen, er hätte für sein Heil im Kloster gesorgt. Dieser hatte, wie ich in der Chronik von Engelhart [gemeint ist Dietrich Engelhus († 1434)] gelesen habe, eine schlechte Angewohnheit. Wenn er nämlich jemandem etwas versprach, bekräftigte er dies mit folgendem Schwur oder Versprechen: ‚Wenn ich dies oder jenes nicht tue oder gebe, will ich von Mäusen gefressen werden.' So geschah es durch das gerechte Urteil Gottes, dass er von Mäusen oder Ratten, d.h. großen Mäusen gefressen wurde. So wird von ihm erzählt, dass er im Rhein eine Burg mit Namen Rattenberg erbauen ließ. Anderswo habe ich gelesen, dass er zu Schiff in den Rhein floh, aber die Ratten ihn schwimmend verfolgten und dann fraßen.

Desgleichen habe ich in einer recht bemerkenswerten Chronik gelesen, dass dieser Hatto zur Zeit einer Hungersnot eine Vielzahl von Armen zu einer Scheune oder zu einem großen alten Haus zusammengerufen habe, so dass ein großes Gedränge entstand, als ob er ihnen dort etwas geben wolle. Nachdem die Vielzahl der Armen versammelt war, befahl er, die Scheune anzuzünden und die Armen im Feuer zu verbrennen. Als dort ein lautes Jammergeschrei losbrach, sagte Hatto spöttisch lächelnd: ‚Hört, wie die Mäuse pfeifen!' Und deshalb wurde er sogleich von den Mäusen gefressen. Er starb im Jahr des Herrn 969."

Die Frage, wie es zu dieser Überlieferung kam, ist nicht leicht zu beantworten. Allerdings konnte nachgewiesen werden, dass der Mäusetod als Strafe Gottes für große Untaten, wie etwa Kirchenraub oder Verwandtenmord, angesehen worden ist, ganz gleich in welcher Gegend Europas er überliefert ist: Es gibt sächsische, elsässische, polnische und englische Versionen, Varianten sogar in der Toskana oder im skandinavischen Raum.[148] Einem Bischof aber kann man – abgesehen von der besonderen Grausamkeit, die in dieser fiktiven Geschichte zutage tritt – keinen größeren Vorwurf machen als die Verweigerung der Armenpflege, die von Anfang an zu den vornehmsten Aufgaben seiner Amtsführung gehört.[149]

Nun ist die kurze Ursprungsfassung in Thüringen entstanden – es ist gut möglich, dass dort die polnische Popielsage von einem Tyrannen bekannt war, der seine Verwandten ermordet hatte und deshalb von Mäusen zu Tode genagt wurde (vgl. Chr. Klein, S. 24).[150] Weiter ist auffällig, dass sie in der Zeit des Mainzer Erzbischofs Siegfried III. von Eppstein (1230–1249) aufkam, der in den Wirren der ausgehenden Stauferzeit auf päpstlicher Seite stand und das Land im Kampf mit den Parteigängern Friedrichs II. mit Krieg überzog. Aus der Sicht seines Nachfolgers, Christian II. von Weisenau (1249–1251), in dessen „Buch über das Unheil der Mainzer Kirche" (*Liber de calamitate ecclesiae Moguntinae*), liest sich das so: „Er [gemeint ist Siegfried, Anm. S. H.] nahm die Miene und Gesinnung eines Löwen an und wurde auch zu einem Löwen, machte [Frauen und Kinder zu] Witwen und Waisen, brannte Landgüter nieder, zerstörte Städte, verschlang Menschen und ließ das Land zur Wüste werden, nur um dem Papst – seltsamerweise – zu gefallen [...]. Dieser Bischof Siegfried hat ein böses Werk getan, indem er das Land durch Feuersbrünste verarmen ließ und die Schätze der Kirche unter die Wegelagerer verteilte und den Räubern gab. Seine Gerechtigkeit hat nicht Bestand für immer."[151]

Es war leichter, einem Hatto, dessen Name schon längst zum Synonym für den bischöflichen Bösewicht geworden war – ob Hatto I. oder Hatto II., tut hier nichts zur Sache –, die Mäusestrafe für seine Verbrechen zuzuschreiben als seinem Nachfolger im 13. Jahrhundert, der vielleicht mitgemeint war.

EPILOG: OTTONISCHE RETUSCHEN

In der späteren Regierungszeit Konrads I. (911–918) *(Abb. 31)* haben die Liudolfinger/Ottonen den Sieg davongetragen. Sie haben den einzigen Konradiner auf dem Thron auch im Königtum abgelöst. Aber ohne Beteiligung der Konradiner war auf lange Sicht kein Staat zu machen. Selbst der bedeutendste Autor ottonischer Hofhistoriographie, Widukind von Corvey, hatte offensichtlich politische Rücksichten zu nehmen. Das verraten die Umarbeitungen seiner Sachsengeschichte in den Versionen C und A, von denen C, wie schon erwähnt, die Geschichten um Hatto stark abgemildert hat. In Version A, die der ottonischen Prinzessin Mathilde gewidmet wurde, ist der Name des Erzbischofs in diesen Geschichten ganz getilgt und das geschwärzte Bild somit retuschiert.[152] Stattdessen findet sich dort im Anschluss an die Nachricht von seinem Tod eine Art Nachruf, in dem seine Verdienste herausgestellt werden: „Er war ein Mann von großer Klugheit, der zur Zeit des jugendlichen Ludwig über das Reich der Franken mit brennender Sorge wachte, viele Zerwürfnisse im Reich einer Versöhnung zuführte und die Bischofskirche von Mainz durch ihren edlen Bau verherrlichte."[153]

Vielleicht hatte Hatto eine konradinische Mutter. Wir können es nicht beweisen. Aber es wäre eine plausible Erklärung für manches, was er getan hat und was eine spätere Zeit nicht mehr verstand, die ihrer Freude an sinistren Geschichten[154] über einen Kirchenmann des dunklen Jahrhunderts[155] aber um so kräftiger die Zügel schießen ließ.

Abb. 31 ▼
Denar Konrads I., Vorder- und Rückseite, 911–918, Frankfurt, Historisches Museum

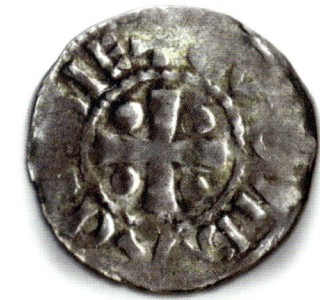

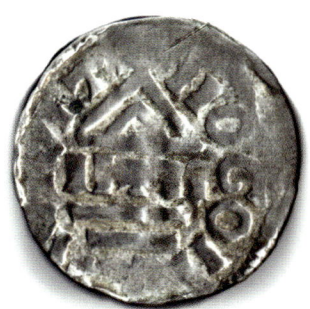

1 Vgl. den Beitrag von Chr. Klein. 2 Vgl. die unterhaltsame Schilderung unterschiedlicher Eichstätter Bischofspersönlichkeiten des *Anonymus Haserensis* (= von Herrieden) aus der Mitte des 11. Jahrhunderts. 3 Ekkehard, Casus, c. 11, S. 36. 4 Widukind, Res gestae Saxon. I,22, S. 31. 5 Das könnte aus D Arn 1 bewiesen werden. Ein gewisser Hatho ist zuerst Nutznießer der Güter der Abtei Herrieden, die Liutbert mit dem König gegen Ellwangen tauscht. Nach dem Tod des Erzbischofs soll Hatto die Abtei auf Lebenszeit erhalten, dann geht sie an das Reich zurück. Dazu Heidemann 1865, S. 6; Dümmler 1888, S. 352f.; Herde 1969, S. 60; skeptisch dagegen Deutinger 2006, S. 127 mit Anm. 51. 6 Serarius 1604, Mogunt. IV, S. 708 mit Bezug auf Hatto II. und die Mäusesage. 7 Hrabanus Maurus, epist. 1, MGH Epp. 5, S. 381. Vgl. auch Dammert 1864, S. 5.

8 Die Bezeichnung „Hattonen" für seine Familie ist freilich ebenso ein Konstrukt der Forschung wie die Bezeichnungen für die anderen Familien der Zeit. **9** Die unter BW Reg X 69 genannte (Schenkungs-)Urkunde ist eine Fälschung: MzUB I Nr. 187; zur ursprünglichen Tauschurkunde mit Fulda bes. Staab 2008, S. 37–44. **10** Heidemann 1865, S. 6–8; Herde 1969, S. 60; Staab 2008, S. 21. **11** Regino, Synod., praef., S. 1: *[...] qui locum Vestrae celsitudini caelitus commissum dignitate nobilitatis famosis praeconiis extollitis [...]*. **12** Liber mem. Romaric. fol. 2r 2 (B2), Bd. 1, S. 15. *Karolus rex* steht an der Spitze, „Hatto" am Schluss, „Liutuuart" (Liutward von Vercelli), der Erzkanzler Karls III. an 7. Stelle. Dazu Offergeld 2001, S. 538; MacLean 2003, S. 172. **13** Zur Bedeutung solcher Memorialeinträge für politische Bündnisse und Einungen Althoff 2002, bes. S. 37–68. **14** Fleckenstein 1959, S. 194f.; zur Übernahme der Hofgeistlichkeit Karls III. bes. S. 199f. **15** Reinle 1948, S. 21 zur Verfasseridentifikation; ihm folgend: Klüppel 1980, S. 62; Berschin 1987, S. 74. **16** Regino, Chron. ad a. 887, S. 127. **17** Reinle 1948, S. 30 und 31, cap. XIII der Vita. **18** D Karl 43 (Wortlaut nur in der deutschen Übersetzung des Gallus Öhem erhalten). **19** Hermann, Chron. ad a. 888, S. 111; Beyerle 1925, Bd. 1, S. 112/2. **20** Deshalb wurde etwa Salomo, später auch Bischof von Konstanz, Abt von St. Gallen. **21** D Arn 81. Es wurde nur ein einziges, nicht näher identifizierbares Gut „Teufen" nicht zurückerstattet. **22** Reichenauer Verbrüd. pag. 71 C3–C5; dazu Althoff 1992, Dok. XIII, B 1, S. 246–251. **23** Althoff 1992, Dok. XIII, S. 240–263. **24** Vgl. Annales Fuldenses, Cont. Ratisbon. ad a. 889, S. 118; dazu auch Offergeld 2001, S. 551 und Becher 2002, S. 92. – Die Entscheidung sollten *Baioarii* und *Franci* mittragen; die *Franci*, unter denen wir wohl vor allem die Konradiner und ihre Unterstützer zu sehen haben, hatten aber einen Vorbehalt: Sie stimmten nur für den Fall zu, dass ihm Uda keinen legitimen Erben schenken sollte. **25** Künftig werde ich vereinfacht nur noch von Babenbergern sprechen, nicht von „Popponen" und auch nicht präzisierend von „älteren Babenbergern". **26** Regino, Chron. ad a. 889, S. 104. Er nennt *Poppo dux Turingorum*. **27** Annales Fuldenses, Cont. Ratisbon. ad a. 891, S. 119. Dazu BW Reg IX 9. **28** Annales Fuldenses, Cont. Ratisbon ad a. 891, S. 119: *Haddo abbas Augensis cenobii, homo subtilis ingenii [...]*. **29** Diese heute merkwürdig erscheinende Doppelung soll präzisieren, dass es sich nicht um einen Laienabt handelt. Zu dieser Sonderform des Abbatiats, die einem Laien den Zugriff auf die Besitzungen wie auch auf die inneren Angelegenheiten des Klosters ermöglichte, mitunter, freilich nicht grundsätzlich, zum Schaden des Klosters war, grundlegend: Felten 1980. **30** D Arn 96: *[...] qualiter nos Hathonem venerabilem Augiensis monasterii abbatem ac monachum dei praeordinante clementia, quia eum in divinis et humanis negotiis religiosum cautumque agnovimus, salubri fidelium nostrorum consultu Magontiae civitatis archiepiscopum fieri censuimus.* – Strittig ist, wie weit der König hier selber entschied bzw. wie groß der Einfluss der Großen bei dieser Bischofserhebung bewertet werden muss. Vgl. hierzu Hartmann 2002, S. 233 (eher der König); dagegen: Deutinger 2006, S. 122 (eher der Konsens der Großen). **31** D Arn 96: *[...] quia prius ipse eos in suis necessitatibus bene procuravit et maxime ob nostrum amorem, quoniam nobis aptum esse cognoverunt [...]*. **32** Deutinger 2006, S. 135 meint, dass dies nicht grundsätzlich gegen den Willen der betroffenen Konvente erfolgt sein musste. **33** Ekkehard, Casus, c. 11, S. 36. **34** Dazu bes. Knöpp 1973. **35** Hatto erwarb z.B. beim Romzug zur Kaiserkrönung Arnulfs von Papst Formosus die Reliquien des hl. Georg und errichtete dem Märtyrer die Kirche Reichenau-Oberzell; dazu Hermann, Chron. ad a. 888, S. 111 und BW Reg X 20. **36** Vgl. dazu Offergeld 2001, S. 539, Anm. 762. **37** So auch Schieffer 1993, S. 144. **38** D Arn 83: *[...] per interventum Pophonis marchionis nostri [...]*. **39** Regino, Chron. ad a. 892, S. 140. – Dessen unglücklicher Verlauf könnte auch der Grund für die Absetzung Poppos als Markgraf der thüringischen Sorbenmark gewesen sein; vgl. Schieffer 1993, S. 144. **40** Regino, Chron. ad a. 892, S. 140. Nur eine Handschrift des Textes liefert die kritische Ergänzung *licet nobilis, stultissimus tamen, frater scilicet Conradi et Gebehardi* („zwar adelig, aber recht dumm, nämlich der Bruder von Konrad und Gebhard"). **41** D Arn 83. Dazu Schieffer 1993, S. 145; auch Becher 2002, S. 113. **42** *Dux* ist hier nicht schon als Herzog zu verstehen. Für Poppo wechseln die Titulaturen zwischen *marchio* und *dux*. Vgl. auch Annales Fuldenses ad a. 880, S. 95: *Boppo comes et dux Sorabici limitis* (Graf und Heerführer in der Sorbenmark); dazu Offergeld 2001, S. 550. **43** Regino, Chron. ad a. 892, S. 140: *Boppo dux Thuringorum dignitatibus expoliatur; ducatus, quem tenuerat, Cuonrado commendatur: quem pauco tempore tenuit et sua sponte eum reddidit. Deinde Burchardo comiti committitur [...]*. **44** So Offergeld 2001, S. 560; Becher 2002, S. 114 mit Anm. 89. **45** Offergeld 2001, S. 550; auch Becher 2002, S. 114. **46** Conc. Tribur., S. 196–206 (Tabellen zur Überlieferung); dazu Pokorny 1992, kritisch dazu Hartmann 2002, S. 245–251. **47** Keller/Althoff 2008, S. 57. Die These der älteren Forschung von einem Zusammenschluss von König und Episkopat gegen den Laienadel konnte nicht aufrechterhalten werden. **48** Offergeld 2001, S. 551; auch Becher 2002, S. 116. **49** Dazu bes. Offergeld 2001, S. 551. **50** Beleg hierfür ist eine Tauschurkunde mit Fulda: D Arn 149; vgl. Offergeld 2001, S. 551. **51** Regino, Chron. ad a. 897, S. 145: *[...] patrem super uxorem, quam accipere desiderabat, per legatos consulit. Eius hortatu ad Ottonem comitem missum dirigit, cuius filiam nomine Odam in coniugium exposcit.* **52** Offergeld 2001, S. 552, spricht von einer „Doppelstrategie". **53** Zu ihm bes. Hartmann, M. 2002. **54** D Zw 14: *regnum nobis caelitus commissum latius diffundere [...] confidimus [...]* und D Zw 16: *nostrumque in hoc labenti seculo regnum dilatari [...] certissime scimus [...]*, beide aus dem Jahr 897; dazu Offergeld 2001, S. 523. **55** Hermann, Chron ad a. 897, S. 111. **56** Offergeld 2001, S. 525f. **57** D Arn 174. Für die Reue und Einsicht in begangenes Unrecht sprechen die Formulierungen in der Urkunde selbst: *conpuncti corde et paenitentia coacti* und *[res], quas iure hereditario acceperat possidendas [...] iniuste abstulimus*. – Zum drohenden Konflikt Schieffer 1993, S. 145 und Offergeld, S. 551. **58** Regino, Chron. ad a. 897, S. 145. – Störmer 2006, S. 176, vermutet, dass zwei der Babenberger Brüder ererbtes Amtsgut nicht herausrücken wollten, das im Volkfeldgau an den Konradiner Eberhard hätte fallen sollen oder schon gefallen war. **59** Regino, Chron. ad a. 899, S. 146 und 147. **60** Regino, Chron. ad a. 899, S. 147: *Quid vero in eodem conventu seorsum sine presentia regis pertractatum sit, postea eventus rei luce clarius manifestavit.* **61** Regino, Chron., ad a. 900, S. 148, berichtet, sie seien *certatim* („um die Wette") zu Ludwig übergegangen. **62** Reichenauer Verbrüd. pag. 67 C1–C4 mit Althoff 1992, Dok. XIII 2, S. 251–253. **63** Die Berichterstattung hierzu ist widersprüchlich: Die Annales Fuldenses, Cont. Altah. ad a. 899, S. 132 und 133 nennen zwei Männer und eine Frau; Liudprand, Antapodosis I,32, S. 25, behauptet, die Gemahlin Widos von Spoleto sei die Drahtzieherin gewesen. **64** Hermann, Chron. ad a. 899, S. 111. Dazu Reuter 2002. **65** So etwa dem Grafen Bernhard von Barcelona mit der Kaiserin Judith oder dem Bischof Liutward von Vercelli, Erzkanzler Karls III., mit der Kaiserin Rich(g)ardis. Dazu Offergeld 2001, S. 524. Zur Königin als Ehebrecherin auch Bührer-Thierry 1992. **66** Vgl. Hucbald, Versus, v. 2 und 3, S. 265 (Aufforderung an die Muse Polyhmnia, ihren Schritt erst zu verlangsamen und dann wieder zu beschleunigen, um des Bischofs Hatto heiteres Gesicht zu betrachten ...): *Musa [...] moderato [...] gressum / Accelerans laetum Hattonis cernere vultum / praesulis [...]*. Sie gehören als Widmungsprolog zur Ecloga de calvis, S. 267–271 in der 146 Verse lang, die alle mit C beginnen, die Bedeutung der Glatzköpfigen herausgestellt wird. – Zu Hucbald von St. Amand († 930 im Alter von 90 Jahren): Manitius 1911, S. 588–594. **67** Annales Fuldenses, Cont. Ratisbon. ad a. 893: *[...] filius nascebatur, quem Haddo Magonciacensis archiepiscopus et Adalpero Augustae Vindelicae episcopus sacro fonte baptismatis chrismantes nomine avi sui Hludowicum appellaverunt.* **68** Ludwig nennt ihn in seinen Urkunden *dilectus magister* (geliebter Lehrer) und *nutritor* (eigentlich Ernährer, aber gemeint ist: Erzieher): D LK 4, 9, 65. Zu ihm auch: Offergeld 2001, S. 542–544. **69** So auch Offergeld 2001, S. 538. **70** Zum Verhängnis geworden ist ihm die nahe Verwandtschaft mit einem Brief Erzbischof Theotmars von Salzburg, die aber jetzt als Argument für eine Echtheit angesehen wird. Zu den Argumenten für eine Fälschung:

Breßlau 1910; skeptisch Herbers 2000/01, S. 10; für die Echtheit: noch vorsichtig zustimmend: Fuhrmann 1970; Beumann 1977, bes. S. 149–151; Lošek 1997, bes. S. 73–87. **71** Hatto, epist., S. 27: *De cetero vestre clementie innotescimus, seniorem nostrum Arnolfum imperatorem de huius vite exilio migrasse. [...] Tali vero domino rectore et gubernatore amisso, in nostris partibus vacillavit navis ecclesie. Quem regem eligeret, parvo tempore inscia mansit, et quia timor magnus aderat, ne solidum regnum in partes se scinderet, divino, ut credimus, instinctu factum est, ut filius senioris nostri, quamvis parvissimus, communi consilio principum et tocius populi consensu in regem elevaretur; et quia reges Franchorum semper ex uno genere procedebant, maluimus pristinum morem servare, quam nova institutione insidere.* **72** So etwa auch Beumann 1977. – Dieser Plan schlug allerdings fehl; die nächsten Kaiser waren Ludwig von Vienne (901) und schließlich Berengar (915); danach gab es bis zu Otto I. (962) keinen Kaiser mehr. Als der Brief ankam, war Johannes IX. bereits verstorben und der Nachfolger Benedikt IV. (900–903) im Amt. **73** Regino, Chron. ad a. 900, S. 148. Zwentibold fiel am 13. August dieses Jahres. **74** Regino, Synod., praef., S. 1: *Sciens magnitudinem prudentiae Vestrae non solum iuxta sacrorum canonum sanctiones totius provincie sollicitudinem gerere, verum etiam totius regni utilitatibus pervigili cura insudare.* Wörtlich steht für „bemüht ist" „schwitzt". Mit den Kanones sind im strengen Sinne Beschlüsse von Synoden gemeint. **75** D LK 60, S. 189 und 190: *Dignum et iustum esse censemus, ut omnibus fidelibus nostris oportuna conferamus subsidia, precipue tamen his, qui pro nobis laborare non desinunt, quorum consultu et suffragio nequaquam carere possumus.* Dazu auch Postel 2006, S. 137. **76** Dazu Offergeld 2001, S. 540. **77** Offergeld 2001, S. 541. **78** Offergeld 2001, S. 541. **79** Ekkehard, Casus, c. 22, S. 56–59. Vgl. dazu den Beitrag von Chr. Winterer. **80** Haarländer 2000, S. 333–335. **81** Zur „Konkurrenz" zwischen der Reichenau und St. Gallen insgesamt Berschin 1987; vgl. auch sein Vorwort in Klüppel 1980, S. 9–11. **82** Salomo, carm. **83** Dümmler 1888, S. 509f. hat v. 74–88, S. 527 und 528 v. 116–130 und S. 528 v. 160–186 übersetzt; eine Übersetzung von Hans Karl Schulze zitiert Herbers 2000/01, S. 17f. **84** Salomo, carm. v. 183–186, S. 302: *Quam vereor [...] quam sepe revolvo / Illius eulogium, qui vae portendere genti / Supra quam iuvenis staret dominatio regis,/ Asseruit [...].* – Dazu Vogel 2000/01, S. 25. **85** Hierzu bes. Offergeld 2001, S. 588 und 589; Postel 2006, S. 143. **86** Vogel 2000/01, S. 37 (dort auch das Zitat). **87** Offergeld 2001, S. 553–555. **88** Vgl. Offergeld 2001, S. 573. **89** Regino, Chron. ad a. 897, S. 145. **90** Regino, Chron. ad a. 897, S. 145. – Herbers 2000/01, S. 13 hält die Bezeichnung „Fehde" für diese Kriegshandlungen fast für einen „Euphemismus". Zu den landesgeschichtlichen Hintergründen des Konflikts bes. Störmer 2006. **91** Auf dem Hügel liegt heute der Bamberger Dom sowie die Alte Hofhaltung und die Neue Residenz. **92** Regino, Chron. ad a. 902, S. 149. **93** Regino, Chron. ad a. 903, S. 149. **94** Regino, Chron. ad a. 906, S. 150 und 151. **95** Regino, Chron. ad a. 906, S. 151. **96** Regino, Chron. ad a. 906, S. 152. **97** D LK 60. **98** D LK 63. **99** Z. B. Hermann, Chron. ad a. 911, S. 112. **100** Vgl. Erkens 2006. **101** D K I 1. – Dazu Deutinger 2006, S. 60; anders Staab 2000, S. 178. **102** Widukind, Res gestae Saxon. I,21, S. 30. **103** Widukind, Res gestae Saxon. I,22, S. 35. – Zu diesen Konflikten Krüger 2006, bes. S. 200–202. **104** D K I 15 unter Bezugnahme auf D LK **105** D K I 18. **106** Der Editor macht keine Angaben über eine mögliche Fälschung. **107** Hermann, Chron. ad a. 906, S. 112: *perfidia [...] Hattonis archiepiscopi et cuiusdam Liutpaldi [...].* **108** Zu beiden Geschichten zuletzt Althoff 1994. **109** Liudprand, Antapodosis II,6, S. 39–41; Widukind, Res gestae Saxon. I,22 B, S. 30–33. **110** Widukind, Res gestae Saxon. I, 22 A, S. 32. – Zu den verschiedenen Versionen vgl. die Einleitung der Editoren zu Widukind, Res gestae Saxon., S. XXI–XXX. **111** Widukind, Res gestae Saxon. I, 22 B, S. 30, 32. **112** Widukind, Res gestae Saxon. I, 22, S. 35. **113** Cicero, De officiis III, 22 (113). **114** Serarius 1604, Mogunt. IV, p. 672. **115** Thietmar, Chron. I,7, S. 10; Otto von Freising, Chron. VI,15, S. 274 und 275. **116** Ekkehard, Casus, c. 11, S. 36f. (Übersetzung Haefele). **117** Hermann, Chron. ad a. 906, S. 112. **118** Allerdings hat auch die so stimmig klingende Geschichte Reginos einen Schönheitsfehler: Der Unterwerfungsakt Adalberts kann keine Spontanhandlung gewesen sein, sondern musste in Verhandlungen vorbereitet worden sein. Wenn einer solchen Unterwerfung keine Verzeihung folgte, sondern im Gegenteil Ungnade oder sogar Hinrichtung wie im Fall Adalberts, „dann wurde die Rolle derjenigen kritisch hinterfragt, die diese Unterwerfung vorbereitet hatten", vgl. Althoff 1994, bes. S. 447f. **119** Hermann, Chron ad a. 906, S. 112: *Adalpertus [...] perfidia, ut fama est, Hattonis archiepiscopi et cuiusdam Liutpaldi, de quibus plurimum confidebat, ad Ludowicum regem spe pactionis adductus, decollari iussus est.* **120** Widukind, Res gestae Saxon. I,22, S. 33: *Attamen uno capite caeso multorum capita populorum salvantur.* **121** So auch Althoff 1994, S. 442f. **122** Thietmar, Chron. I,7, S. 12. **123** Widukind, Res gestae Saxon. I,22, S. 34f. **124** Althoff 1994, S. 441 und 448–450. **125** So etwa Dümmler 1888, S. 586; Staab 2000, S. 178 („Zauberkette"). **126** Dazu Erdmann 1941/43, S. 14–61, hier bes. S. 48–54. **127** Erdmann 1941/43, S. 61. **128** Althoff 1994, S. 449. **129** Widukind, Res gestae Saxon. I,22, S. 33. **130** Dazu Erdmann 1941/43, S. 61. **131** Widukind, Res gestae Saxon. I, 22, S. 35: *Hatho autem videns suis calliditatibus finem inpositum [sic!], nimia tristitia ac morbo pariter non post multos dies confectus interiit. Fuerunt etiam qui dicerent, quia fulmine caeli tactus eoque ictu dissolutus post tertium diem defecisset.* – Vgl. auch BW Reg X 83 und Dümmler 1888, S. 589, Anm. 1. **132** Thietmar, Chron. I,7, S. 12. **133** Ekkehard, Casus, c. 23, S. 60f. **134** Chron. min. ad a. 914, S. 618: *Anno Domini 914. Hatto Maguntinus archiepiscopus a demonibus in puteum ignis in monte Sicilie Ethna vivus precipitatur, dicente voce in aere: Sic peccata lues, atque ruendo rues. Nam comitem Albertum de Babenberg dolose tradidit regi occidendum.* **135** Donizo, Vita Math. 5, v. 475–486, S. 361f. Dazu auch Beckman 1974, S. 91. **136** Gregor, Dialogi IV,31, S. 104; dazu Beckman 1974, S. 91 (fälschlich IV,30). **137** Otto von Freising, Chron. V,3, S. 232. **138** Chron. min., S. 619, Z. 3–5. – Die umfassende Arbeit über Mäusesagen ist Beckman 1974, zur Hatto-Version bes. S. 77–115. **139** Chron. min., S. 618, Z. 3–10. – Zu ihr neuerdings: Kerner/Herbers 2010. **140** So auch Beckman 1974, S. 90. **141** Ich danke Christoph Winterer für den Hinweis auf den jetzigen Standort. **142** Series aepp. Mogunt., S. 315, Z. 20f.: *Hatdo archiepiscopus, qui tempore famis pauperes combussit.* – Dazu Beckman 1974, S. 90. **143** Chron. min. ad a. 969, S. 621. **144** Flores temporum ad a. 969, S. 245, Z. 6. **145** So Wegele 1855, vgl. Nikolaus von Siegen, Chron., S. VIII–X. **146** Vgl. Beckman 1974, S. 93, spricht von „Mönchsphantasien". **147** Nikolaus von Siegen, Chron., S. 197f. – Kompilator bedeutet wörtlich „Zusammenträger", „Zusammenschreiber". **148** Dazu Beckman 1974, S. 90. **149** Stellvertretend hierzu etwa Sternberg 1991. **150** Beckman 1974, S. 28–44 und 93. **151** Christian, Calamit. Mogunt. c. 23, S. 247f. Der letzte Satz ist eine Abwandlung von Ps 111,3. – Beckman 1974, S. 111, sieht Parallelen zur Hatto-II-Geschichte bis in die Begriffe hinein; so weit würde ich nicht gehen. **152** Einleitung zu Widukind, Res gestae Saxon., bes. S. XXVII. **153** Widukind, Res gestae Saxon. I,22 A, S. 34: *[...] vir magne prudentia, et qui tempore Ludewici adolescentis super imperio Francorum acri cura vigilabat, multas discordias in regno reconciliabat, templum Maguntie nobili structura illustrabat.* Zu beachten ist hier auch der Unterschied zwischen *imperium* (Kaiserreich) und *regnum* ([ostfränkischem] Teil-Reich). **154** Vgl. die drei Geschichten bei den Gebrüdern Grimm: Deutsche Sagen 1816–1818/1981, Nr. 242 (Mäuseturm); Nr. 468 (Adalbert von Babenberg); Nr. 469 (Herzog Heinrich und die goldene Halskette). **155** Das Zitat aus der Kirchengeschichte des Kardinals Cesare Baronio, lat. Baronius (1538–1607), mit dem er das 10. Jahrhundert einleitet, ist an dieser Stelle unverzichtbar: Annales ecclesiastici (1602), ed. Augustin Theiner, Bd. 15, Bar-le-Duc 1868, S. 467: *[...] saeculum, quod sui asperitate ac boni sterilitate ferreum malique abundantis deformitate plumbeum atque inopia scriptorum appellari consuevit obscurum.* („... ein Jahrhundert, das wegen seiner Rauheit und Unfruchtbarkeit an Gutem eisern, wegen seiner Hässlichkeit aufgrund seiner Fülle an Bösem bleiern und wegen des Mangels an Schriftstellern – gemeint sind vor allem Quellenautoren – dunkel genannt zu werden pflegt").

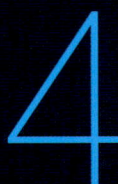

PAPST FORMOSUS

ZWISCHEN KAISERKRÖNUNG UND LEICHENPROZESS

SEBASTIAN SCHOLZ

FORMOSUS WURDE 864 ZUM BISCHOF VON PORTO GEWEIHT UND ERLEBTE DANN EIN WECHSELHAFTES SCHICKSAL, BEVOR ER 891 SELBST DEN PAPSTSTUHL BESTEIGEN KONNTE.[1] DA ER ALS BISCHOF VON PORTO NUN BISCHOF VON ROM UND SOMIT PAPST WURDE, HANDELTE ES SICH UM EINEN NACH KANONISCHEM RECHT PROBLEMATISCHEN BISTUMSWECHSEL. DIESER WURDE ZU LEBZEITEN DES FORMOSUS NICHT BEMÄNGELT, DOCH DIENTE ER SEINEN GEGNERN SPÄTER ALS GRUND, SEINEN PONTIFIKAT FÜR UNGÜLTIG ZU ERKLÄREN.

Bald nach seinem Amtsantritt nahm Formosus Kontakt zu Hatto auf. Grund war die Forderung des Kölner Erzbischofs Hermann, die Kirche von Bremen wieder in den Metropolitanverband der Kölner Kirche einzugliedern. 845 war Hamburg von den Dänen niedergebrannt und Erzbischof Ansgar vertrieben worden. Er erhielt dann das vakante Bistum Bremen, und 864 hatte Papst Nikolaus I. (858–867) die Zusammenlegung des Erzbistums Hamburg mit Bremen erlaubt. Nun forderte Hermann von Köln, diese Verbindung aufzulösen. Formosus beauftragte Hatto, eine Synode einzuberufen, um den Fall zu untersuchen, wie aus einem Brief an Hermann von Köln hervorgeht: „Deshalb ist beschlossen worden, dass eine Versammlung der heiligsten Bischöfe an einem geeigneten Ort stattfinden soll, welcher der Mainzer Erzbischof vorsitzen soll, bestätigt durch die apostolische Autorität, wo sowohl deine Klage als auch jene des vorgenannten Bischofs [von Hamburg-Bremen] sehr sorgfältig untersucht werden wird." Danach sollten sich beide Parteien mit einer Gesandtschaft der Synode in Rom einfinden, wo das Urteil gefällt werden sollte.[2] Hatto hielt die gewünschte Synode im August 892 in Frankfurt ab, wie aus einem weiteren Brief des Papstes an Erzbischof Adalgar von Hamburg-Bremen hervorgeht: „Zumal auch der heiligste Erzbischof von Mainz, dem deshalb, damit er die Wahrheit erforsche, die Mitbrüder und benachbarten Bischöfe beigegeben worden sind, an uns geschrieben und erklärt hat, dass, nachdem die ehrwürdigsten Bischöfe in Frankfurt zusammengekommen waren, eine sehr gründliche Untersuchung der Angelegenheit durchgeführt wurde."[3] Hermann war mit allen seinen Suffraganen in Frankfurt erschienen, die versicherten, Bremen habe immer zur Kölner Kirchenprovinz gehört. Dieses Ergebnis teilte Hatto dem Papst mit, der nun die streitenden Parteien nach Rom lud. Hermann schickte einige Priester nach Rom, während Adalgar nicht erschien und auch keine Vertretung schickte. Formosus fällte schließlich ein salomonisches Urteil. Er bestätigte zwar den Anspruch der Kölner Kirche auf Bremen, doch sollte Bremen zunächst weiter mit Hamburg vereinigt bleiben, um der Mission im skandinavischen Raum nicht die nötigen Mittel zu entziehen.[4] Der Fall verdient deshalb Beachtung, weil er zeigt, dass der seit der Mitte des 9. Jahrhunderts verstärkte Kontakt zwischen Rom und dem fränkischen Reich unter Formosus fortgesetzt wurde. Nach wie vor suchten die Bischöfe in wichtigen kirchenrechtlichen Fragen eine Entscheidung des Papstes. Zugleich wird hier auch das ungebrochene Selbstverständnis des Papsttums sichtbar. Die Frankfurter Synode hatte nämlich nur die Aufgabe, die Rechtmäßigkeit der Kölner Ansprüche zu untersuchen. Eine Entscheidung durfte sie nicht fällen. „Nämlich zu hören und zu untersuchen, nicht aber zu entscheiden ist der Synode aufgetragen worden" (Audire quippe et discutere, non vero diffinire iniunctum est) schrieb Papst Formosus an Erzbischof Hermann.[5] Das Urteil behielt sich der Papst selbst vor, und dafür mussten die Kontrahenten nach Rom reisen. Damit beharrte Formosus auf einem schon von den Päpsten des 5. Jahrhunderts formulierten und von Papst Nikolaus I. erneut

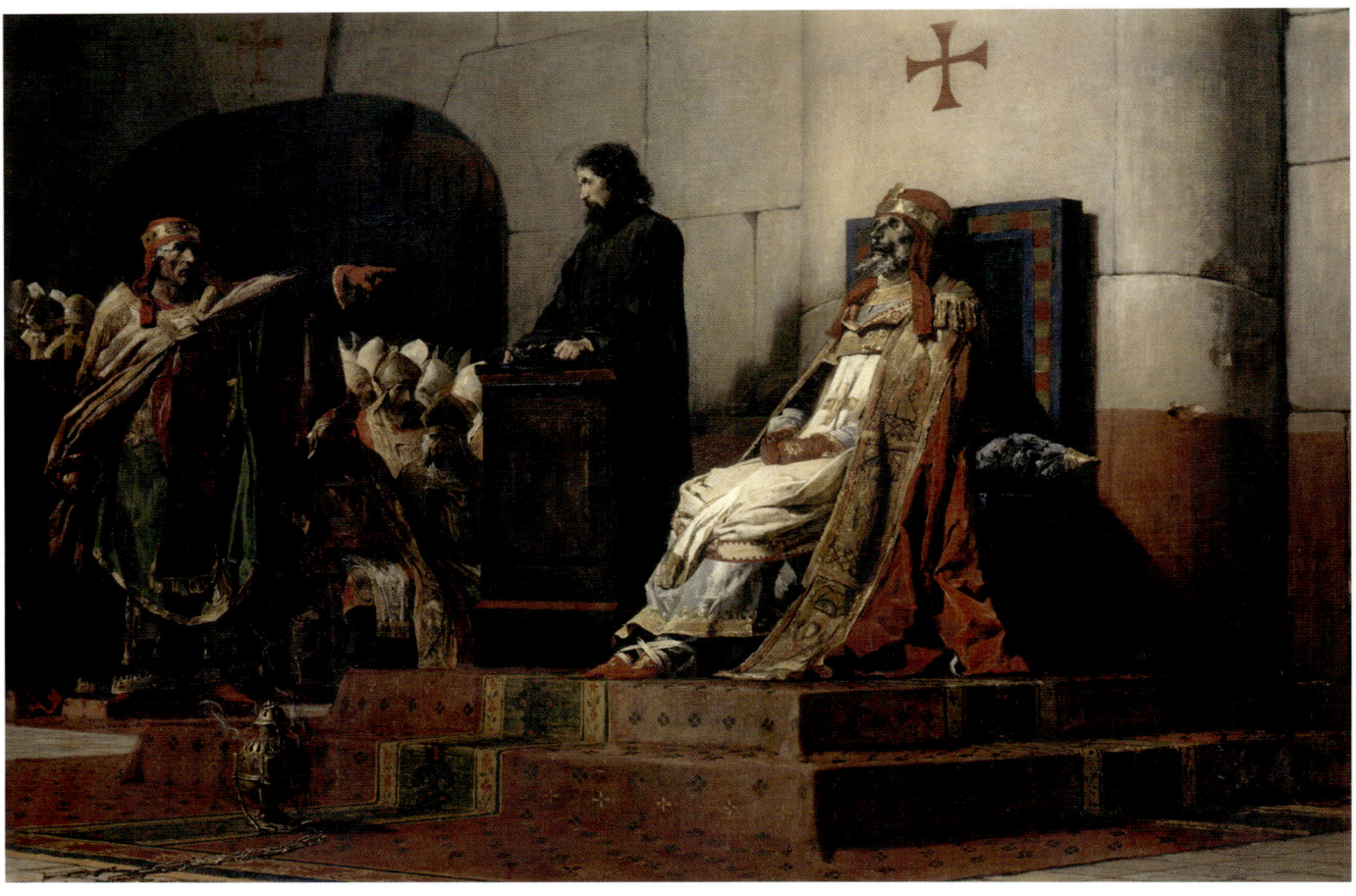

verfochtenen Anspruch, dass wichtige Fälle nur in Rom entschieden werden konnten. Formosus, der den Anspruch in diesem Fall auch durchsetzen konnte, zeigte sich damit als tatkräftiger Sachwalter der päpstlichen Ansprüche. Auch die ihm zugeschriebene Erneuerung der Ausmalung von St. Peter[6] (vgl. Kat.-Nr. 39 mit Abb.) passt in das Bild eines Papstes, der sein Amt tatkräftig ausfüllte, denn Erneuerungsarbeiten, Baumaßnahmen und Stiftungen gehörten zu den Tätigkeiten, an denen sich die gute Amtsführung des Papstes messen ließ.

Während der Papst in kirchlichen Angelegenheiten erfolgreich agierte, geriet er politisch in Gegensatz zu dem in Nord- und Mittelitalien herrschenden Kaiser Wido von Spoleto und dessen Sohn Lambert. Zwar hatte er Lambert Anfang 892 ebenfalls zum Kaiser gekrönt, doch

893 hatte sich das Verhältnis so verschlechtert, dass Formosus zusammen mit verschiedenen einflussreichen italienischen Adeligen den ostfränkischen König Arnulf gegen die beiden Kaiser zur Hilfe rief. Wido wurde eine tyrannische Herrschaftsweise vorgeworfen. Arnulfs Feldzug scheiterte jedoch 894. Obwohl Wido in diesem Jahr starb, rief Formosus Arnulf erneut zur Hilfe. Dieser konnte nun im Februar 896 Rom einnehmen und die Kaiserkrone von Formosus empfangen,[7] wodurch er Lambert als Gegenkaiser entgegengestellt wurde. Bei dieser Gelegenheit schenkte der Papst dem neuen Kaiser Reliquien des Apostels Jakobus und des hl. Pankratius.[8] Hatto, der Arnulf begleitet hatte, erhielt ebenfalls Reliquien, nämlich das Haupt des hl. Georg sowie ein Glied von dessen Körper, wie der St. Galler Mönch Notker Balbulus († 912) in seinem Martyrologium berichtet: „Des-

halb glaube ich, dies mitteilen zu müssen, dass unser Patriarch Hatto von Mainz, der eben in diesem Jahr seit der Fleischwerdung des Herrn [896] das Haupt und ein gewisses anderes Glied dieses [Georgs] zusammen mit sehr vielen und sehr bedeutenden Reliquien von Heiligen von Papst Formosus erhalten hatte, nach Alemannien zu seinem neuen Kloster gebracht hat."[9] Hatto legte die Reliquien in dem von ihm gegründeten Kloster St. Georg in Reichenau-Oberzell nieder. Man darf in dieser Reliquienvergabe an den Kaiser und seinen engsten Vertrauten wohl den Versuch des Papstes sehen, beide enger an sich zu binden. Doch schon im März kehrte Arnulf in das ostfränkische Reich zurück, ohne dass er in Italien zu einem ernsthaften Konkurrenten Kaiser Lamberts geworden wäre, der dem Papst ausreichenden Schutz hätte gewähren können. Formosus starb im April 896, und nach dem nur 15 Tage dauernden Pontifikat Bonifatius' VI. wurde Stephan VI. zum Papst erhoben, der im Jahr 897 jene berüchtigte Leichensynode gegen Formosus (Abb. 32) abhielt, bei welcher der Leichnam des Papstes aus seinem Grab gerissen, in päpstliche Gewänder gehüllt, vor eine Synode gestellt und dann wegen des unerlaubten Wechsels von seinem Bistum Porto auf die Cathedra Petri als illegitimer Papst verurteilt, der Gewänder beraubt, verstümmelt und schließlich in den Tiber geworfen wurde.[10] Das Vorgehen der Synode erregte nicht nur außerhalb Roms Aufsehen und rief Kritik am Verhalten sowie am Charakter Papst Stephans hervor, sondern stürzte zudem die römische Kirche in eine Krise, denn alle von Formosus gespendeten Weihen waren für ungültig erklärt worden, wodurch eine erhebliche Rechtsunsicherheit entstand.[11]

Es stellt sich die Frage, warum Stephan diese Synode überhaupt abhielt. Die Grabinschrift des 907 von Papst Sergius III. (904–911) für Stephan VI. errichteten Epitaphs hebt hervor, Stephan habe „zuerst die Frechheit des hochmütigen Formosus zurückgewiesen, der sich der Höhe des apostolischen Stuhles bemächtigt hatte. Er berief ein Konzil ein, dem er als Bischof vorsaß. Den völlig erschöpften Dienern verschaffte er durch das Gesetz ihre Rechte".[12] Demnach ging es offenbar um ein unterschiedliches Verständnis von Rechtsnormen. In den Augen Stephans und seiner Anhänger hatte Formosus mit dem Bistumswechsel eine grundlegende Norm verletzt, wodurch seine Erhebung zum Papst ungültig geworden war. Diese Überschreitung eines kirchenrechtlichen Grundsatzes habe zur Verunsicherung der Priester geführt, denen Stephan mit seiner Synode gegen Formosus wieder das Vertrauen in die Einhaltung der Gesetzte zurückgab. Die an der Leiche vollzogenen Akte lassen sich schließlich als ein Umkehrritual zur Papsterhebung deuten, das zugleich mit einer Auslöschung der Erinnerung an den Papst verbunden sein sollte.[13] Die „Leichensynode" ist somit weniger Merkmal eines entarteten Papsttums als Ausdrucks eines Umbruchs im Amtsverständnis. Stephan VI. wollte mit seinem drastischen und schon die Zeitgenossen verstörenden Vorgehen gegen Formosus die alten Normen sichern, die nur dem römischen Klerus den Zugang zum Papstamt erlaubten. Die anschließend darüber in Rom und Italien einsetzende Diskussion und die weitere Entwicklung zeigen jedoch, dass dieses Modell nicht mehr zu den Ansprüchen eines universalen Papsttums passte.

Gerade diese Ansprüche eines universalen Papsttums hatte Formosus betont, als er Hatto als seinen Vertreter mit der Untersuchung des Streits zwischen den Erzbischöfen von Köln und Hamburg-Bremen betraute. Dass Hatto nur die Untersuchung, nicht aber die Entscheidung des Falls übertragen wurde, machte den Willen des Papstes deutlich, alle wichtigen Fälle in Rom zu entscheiden.

1 Zimmermann 1968, S. 49–53; Scholz 1992, S. 216–218; Arnold 2005, S. 181–185; insgesamt zu Formosus Herbers 2012, S. 100f. 2 Formosi Papae Epistolae 1 (MGH Epp. 7, S. 367). 3 Formosi Papae Epistolae 2 (MGH Epp. 7, S. 368); Übersetzung: S. Scholz. 4 Formosi Papae Epistolae 2 und 3 (MGH Epp. 7, S. 368–370). 5 Formosi Papae Epistolae 1 (MGH Epp. 7, S. 367); Übersetzung: S. Scholz. 6 Benedikt von S. Andrea, Chronicon, S. 156. 7 Annales Fuldenses zu 893–896 (Kurze S. 122–128). 8 MGH D Arnulf Nr. 145, 2. August 896. 9 Notker Balbulus, Martyrologium, Migne PL 131, Sp. 1070; Stiftsbibliothek St. Gallen, Cod. Sang. 456, pag. 110 unter dem Datum des 7. Tages vor den Kalenden des Mai (25. April); Übersetzung: S. Scholz. 10 Zimmermann 1968, S. 55–58; Hartmann 1989, S. 388–390; Scholz 1992, S. 218–222. 11 Scholz 1992, S. 230–242; Scholz 2006, S. 259–262. 12 Text und Übersetzung bei Scholz 2006, S. 260. 13 Heckmann 2012, S. 237f.

5

LICHT UND SALZ

HATTO I. ALS STIFTER VON
KUNSTWERKEN UND DIE KUNST UM 900

CHRISTOPH WINTERER

„Es geschah aber, dass nach [Bischof] Salomos Heimkehr Erzbischof Hatto nach Konstanz kam, der war durch
dick und dünn sein Kumpan [...] und wollte eben nach Italien, wo er des Königs Recht ausüben sollte. Man sagt
aber, aus Misstrauen gegen seine Mainzer habe er alles, was er an Schätzen besaß, mit sich geführt, um es bis
zu seiner Wiederkehr seinem Kumpan anzuvertrauen [...] und zwar mit dieser Klausel, dass Salomon, sollte er
hören, Hatto sei gestorben, sie zu ihrer beider Seelenheil verschenken könne, an wen er wolle. Kaum war, wie
es heisst, ein Monat vergangen, und Salomo ließ Kaufleute, die aus Italien zurückkamen, durch Boten einschär-
fen, sie sollten das Gerücht verbreiten, Hatto sei gestorben. Und nachdem er zur Stunde Schmerz geheuchelt,
schloss er die Schreine auf und verteilte viel Gold unter die Armen. [...] Auch überließ er dem hl. Gallus [...] aus
den nämlichen Schätzen zwei Elfenbeintafeln von unvergleichlicher Größe, wie man sie sonst nur ganz selten
zu sehen bekommt: als sei der mit Zähnen bewaffnete Elefant unter seinesgleichen ein Riese gewesen. [...] Die
eine war und ist mit Bildwerk herrlich ausgeziert; die andere war von feinster Politur, und eben diese polierte
gab Salomo unserem [Goldschmied] Tuotilo zum Schnitzen. Dazu dann hieß er unseren [Schreiber] Sintram
ein Evangelium von längeren und breiteren Maßen schreiben, um den mit seinen Tafeln prunkenden Band mit
Hattos Gold und Edelsteinen zu schmücken. Es ist dies heute ein Evangelienbuch und eine Schrift, dergleichen
es unseres Erachtens nicht mehr geben wird".

Ekkehard IV. von St. Gallen (ca. 980/90 – nach 1046),
St. Galler Klostergeschichten (Casus sancti Galli), 22–23

ÜBER DEN ERZBISCHOF, DER MAINZ UND SEINE DIÖZESE 891–913 REGIERTE, WIRD SO VIEL LEGENDÄRES BERICHTET, DASS
SEIN BILD UNS TROTZ VIELER ZEITGENÖSSISCHER ZEUGNISSE REICHLICH VERZERRT ERSCHEINT. EIN HEUCHLER SOLL
HATTO GEWESEN SEIN, DER GEGNER MIT UMGANGENEN EIDEN IN DIE FALLE GELOCKT HAT, EIN MEUCHELMÖRDER
AUCH, DER DEN SACHSENHERZOG MIT EINER GOLDENEN KETTE ERMORDEN WOLLTE.

Dämonen sollen ihn schließlich in den Ätna geworfen haben. Oder wurde er nicht doch vom Blitz getroffen? Selbst die Neuzeit scheute nicht davor, Hatto mit
jenem Bischof gleichzusetzen, den die Mäuse aufgefressen
haben sollen. Aber: Wird bei ihm nicht einfach
besonders deutlich, dass wir einen frühmittelalterlichen
Menschen nicht mehr wirklich kennen, dass wir wahre
und parteiische Überlieferung, Phantasie und Realität,
Norm und authentische Beobachtung nicht fein säu-
berlich voneinander trennen können? Sehen wir nicht
immer nur durch einzelne enge Fensteröffnungen auf
die Vergangenheit?

Eine Ausnahme von diesen Bedenken scheinen aber
doch Kunstwerke zu machen, die ein Akteur hinterlassen hat: Sind sie nicht immer noch „da"? Auch das
stimmt nicht ohne Einschränkung, denn die Zuordnung
erhaltener Objekte zu einem Stifter und die zeitliche Einordnung sind oft alles andere als sicher. In jedem Fall
aber ist das Fenster Hattos bedeutendste und direkt auf
ihn zurückzuführende Stiftung (Abb. 33, Kat.-Nr. 46).
Dieses Fenster erlaubt aber selbst wieder einen Blick
auf andere Stiftungstätigkeiten Hattos, denn ohne das
Fenster wüssten wir gar nicht, dass Hatto in Mainz
auch die Stiftskirche St. Mauritius vollenden und aus-

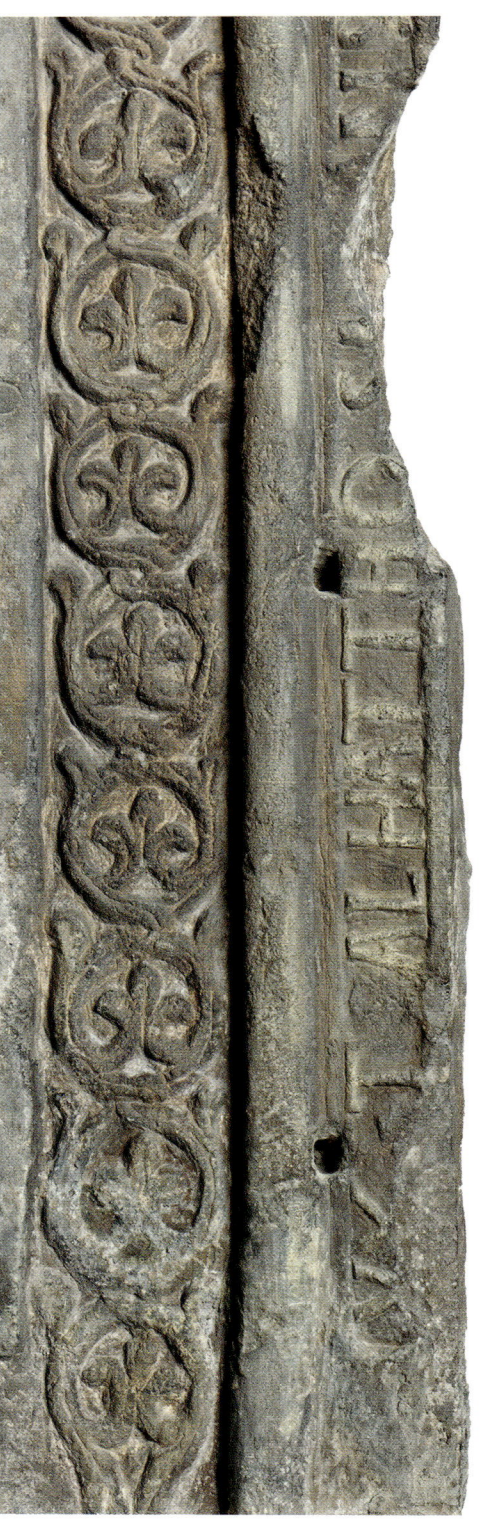

schmücken ließ (vgl. W. E. Keil, Kirchenbauten, S. 109). Andere Quellen bezeichnen St. Mauritius nämlich als Gründung Erzbischof Liutberts (863–889), Hattos Verwandten und Vorvorgänger, doch das in den Resten von St. Mauritius gefundene Hatto-Fenster besitzt eine Inschrift, die anderes berichtet: „Licht und Salz, Hatto, Bischof und Priester Gottes, hat diesen Tempel errichtet, ihn mit Gemälden und Gold geschmückt". *(LVX ET SAL. HATTHO S[ACRA]NS DIVI[NI]QVE SACERDO[S] HOC TEMPLVM [STR]VXIT, PICTVRA COMPSIT ET AVRO).*

Aber noch mehr als das: Die Inschrift des Fensters ist die einzige erhaltene Selbstäußerung des Erzbischofs über eine seiner Stiftungen, und gerade sie enthält ein Programm von Hattos Stiftungen. „Licht und Salz"[1] steht am Beginn der Inschrift, und Hatto lässt damit die Gläubigen in äußerster Knappheit wissen, dass er der Bergpredigt nachleben will, in der der Herr den Jüngern sagte: „Ihr seid das Salz der Erde" und „Ihr seid das Licht der Welt" (Mt 5,13–14). Weil er also in die Welt hinauswirken wollte, richtete der ehemalige Mönch Hatto bei St. Mauritius kein Kloster ein, sondern ein Stift mit Kanonikern, die geringere Gebetsverpflichtungen als Mönche hatten und sich damit stärker der Betreuung der Gläubigen widmen konnten. Ähnlich scheint es Hatto bei St. Georg auf der Reichenau gemacht zu haben. Der Nutzen für die Nächsten stand hier über dem Gebetsdienst in Abgeschiedenheit.

Die Erinnerung an die Bergpredigt war nur ein Faktor, der Hattos Stiftungshandeln leitete. Wie seine Mitmenschen hatte er vor Augen, was Christus gesagt hatte: „Verkaufe alles, was du hast, und verteile es an die Armen, und du wirst einen Schatz in den Himmeln haben" (Lk 18,22). Das war für einen Bischof nicht möglich, aber er konnte Stiftungen tätigen und später seine Schätze den Armen, den Heiligen und der Kirche Christi vermachen. In einer Erzählung Ekkehards IV. von St. Gallen in den „St. Galler Klostergeschichten" *(Casus sancti Galli 22–23)* erhielt Hatto die außergewöhnliche Gelegenheit, seine postumen Stiftungen begutachten und obendrein den richtigen Augenblick des Stiftens diskutieren zu können.

Danach erklärte Bischof Salomo III. seinen in Italien weilenden Freund Hatto bewusst wahrheitswidrig für tot und verschenkte dessen Schätze an die Armen und an die Kathedrale von Konstanz; unter anderem die später von Tuotilo bearbeiteten Elfenbeintafeln *(Abb. 34, Kat.-Nr. 43)* seien an das Kloster St. Gallen gegangen (vgl S. 67). Als Hatto zurückkam, soll ihn Salomo von einer Rückforderung der Güter abgehalten haben, indem er ihn daran erinnerte, dass „Almosen, die dem Tod vorangehen, verlässlicher und Gott lieber" seien, „als die, die ihm folgen". Ein wichtiger Antrieb für Stiftungen durch Vermächtnis war aber dennoch das Vertrauen in die Kraft der Fürbitte der Mitchristen auch nach dem Tod. Schon in der frühen Karolingerzeit strebten die Gläubigen danach, für sich das Gebetsgedenken, die *memoria*, durch Messstiftungen, Gebetsverbrüderungen und Totenlisten zu sichern.[2] Hatto ließ dafür in seinem Heimatkloster Reichenau ein neues Totengedenkbuch für den Jahreslauf anlegen.[3] Im Sakramentar von Lorsch (vgl. Kat.-Nr. 45) waren es dann die dortigen Mönche, die pflichtbewusst mit einem Eintrag ihres verstorbenen Abtes gedachten. Salomo relativiert dies gegenüber dem Verzicht zu Lebzeiten, wobei allerdings auch Objektstiftungen als materialisierte Aufforderungen zum Gebetsgedenken die *memoria* sicherten.

Es war aber nicht nur die Sorge um das Seelenheil, die Hatto zu Stiftungen bewog: Von hochgestellten Geistlichen wurde allgemein eine entsprechende Sorge für den Gottesdienst erwartet, von den Bischöfen zudem, dass sie sich um Sicherheit und Wohlergehen ihrer Stadt sowie die Armenfürsorge kümmerten. Hatto selbst wird mit der Erweiterung der Stadtbefestigung zum Rhein hin in Verbindung gebracht (vgl. M. Schulze-Dörrlamm, S. 103).

Trotz des Übergewichts des religiösen Aspekts waren die gestifteten Objekte dennoch im damaligen Sinn „Kunst", also von begabter Hand aus wertvollen Materialien geschaffene Objekte, deren Anblick Genuss bereitete. Man kann dafür ein anderes Wort anführen, das aus der wohl von Hatto selbst verfassten *Vita Verenae prior* stammt (vgl. Kat.-Nr. 37): Der Autor fleht dort um

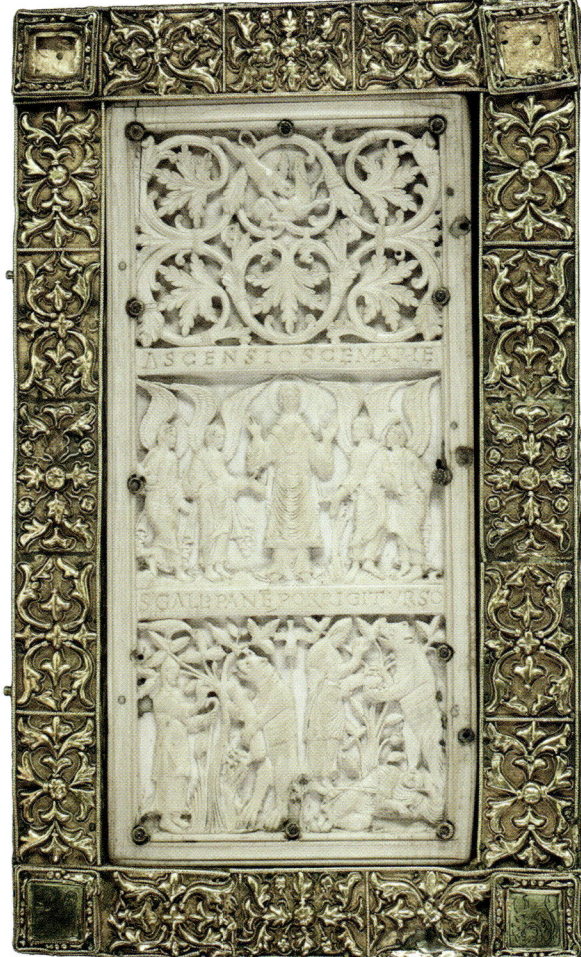

Abb. 34 ◄
Einband des Evangelium longum mit den Elfenbeinen des Tuotilo, Rückseite, um 894–896, St. Gallen, Stiftsbibliothek, Cod. 53 (vgl. Kat.-Nr. 43)

den Beistand Gottes, damit er „unseren Brüdern und Schwestern etwas Angenehmes und Nützliches" *(aliquid gratum et utile)* schaffen könne. Das Horaz'sche „Nützen und erfreuen" *(prodesse et delectare)* war also in gewisser Weise noch immer gültig und bestimmte auch die spätkarolingische Kunstproduktion.

Kunststiftungen kamen vor allem dem Ausbau und Schmuck des christlichen Kultes zugute. Die höchste Leistung war dabei sicher die Errichtung neuer Heiligtümer. Einer der Gründe für den Bau neuer Kirchen war, dass im Frühmittelalter die Stationsliturgie der Stadt Rom als Vorbild galt, in der an vielen Tagen im Jahr unterschiedliche Kirchen angelaufen wurden, um dort

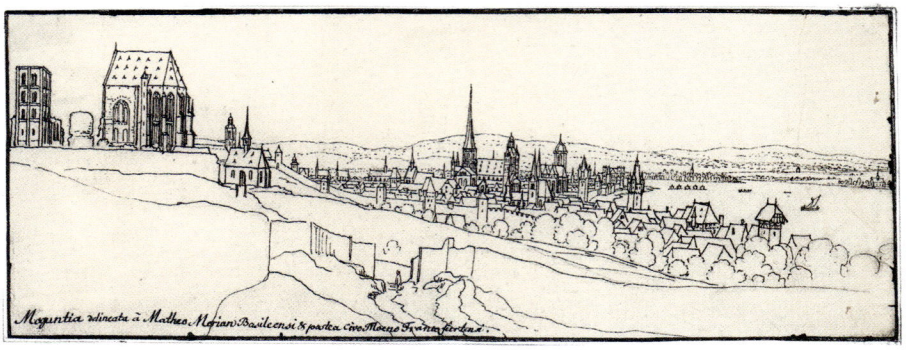

die Messe zu feiern. Die vielen Gotteshäuser heiligten zudem Stadtraum und Landschaft, erst recht wenn sie mit Heiligenleibern bestückt waren; umgekehrt mussten auch für neuerworbene Reliquien würdige Bauten errichtet werden. In der Zeit einer sich straffenden Pfarrorganisation kam vielen Kirchen obendrein immer stärker seelsorgerische Bedeutung zu. Allerdings waren Kirchen sicher die aufwändigsten Stiftungen, die viel Zeit und Ressourcen erforderten. Das galt noch mehr, wenn es sich um völlige Neustiftungen handelte, die auch mit einem Klerus versehen wurden. Anscheinend konnte auch Liutbert die Errichtung des relativ kleinen Stiftes St. Mauritius nicht selbst zum Abschluss bringen. Die meisten Kirchenstiftungen Hattos waren deswegen auch für die Zeitgenossen erwähnenswert – nur eine sonst nicht nachgewiesene Kirche für den Mainzer Märtyrer Alban auf der Reichenau erscheint nur in einem Eintrag in das Martyrologium Oberzell.[4] Dass Hatto „sein neues Münster" (*novum monasterium suum*) in Oberzell auf der Reichenau erbaute und mit Reliquien des hl. Georgs versah, erwähnte beispielsweise in St. Gallen der Mönch Notker Balbulus in seinem Martyrologium. Und selbst der Hatto feindselig gesonnene sächsische Chronist Widukind von Corvey musste um 968 wenigstens in der offiziellen Fassung A seiner Sachsengeschichte anerkennen, dass der Erzbischof den „Dom von Mainz mit einem edlen Bau schmückte" (*templum Moguntiae nobili structura illustrabat*; Kap. II,22).

Der Bau (oder Ausbau) des Mainzer *templum* wirft einige Fragen auf, die hier nur kurz angeschnitten werden können (vgl. A. De Filippo/W. E. Keil, St. Johanniskirche). Am Platz des heutigen Domes stand damals zweifellos

noch keine Kirche, doch ist nicht abschließend geklärt, ob die in veränderter Form bis heute erhaltene frühmittelalterliche Kirche St. Johannis westlich des Domes, die in einer Quelle als „Alter Dom" erscheint, der Vorgängerbau ist. Es auch nicht gesichert, dass sie von Hatto errichtet wurde. Anzunehmen ist, dass diese Kirche Teil einer aus mehreren Bauten bestehenden Kathedralgruppe war, wie sie von Spätantike bis Ende des Frühmittelalters verbreitet waren (vgl. M. Schulze-Dörrlamm, S. 99).

Die angeblich geringe Größe des Baues ist als Argument angeführt worden, dass St. Johannis nicht der Dom gewesen sein könne, doch macht Wilfried Keil in diesem Band deutlich, dass der Bau keineswegs (oder höchstens

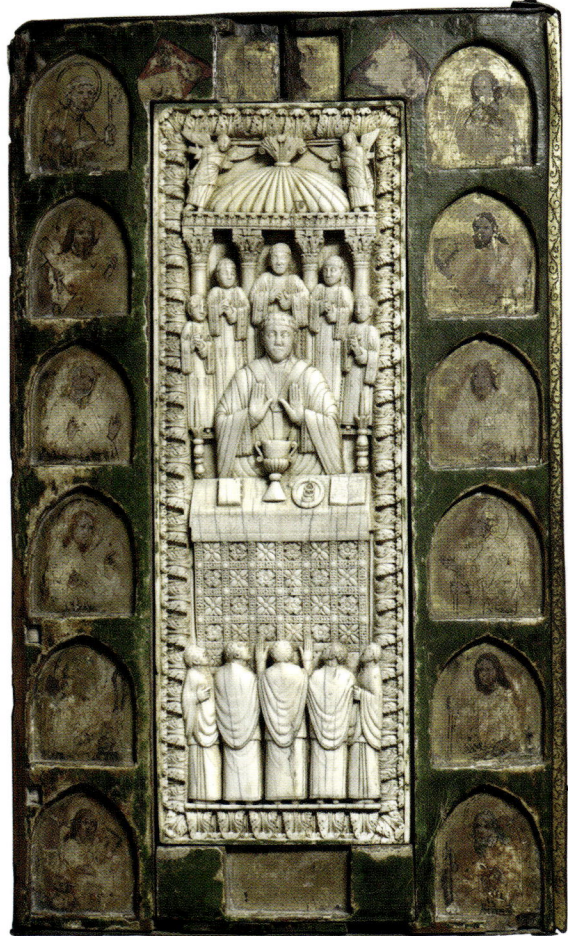

aus hochmittelalterlicher Perspektive) als klein gelten kann. Auch wäre die Standortverlegung unter Willigis (975–1011) gar nicht nötig gewesen, wenn es damals schon einen entsprechend großen Dom gegeben hätte. Außerdem blieb die 805 geweihte Klosterkirche von St. Alban (Abb. 35) bis in die Salierzeit eines der wichtigsten liturgischen Zentren der Stadt, eine Art Nebenkathedrale. Dieser Bau, dessen 48 m langes Langhaus erst vom ottonisch-romanischen Dom überboten wurde (aber nur um 5 m!), bot weiterhin genug Platz für große Versammlungen und blieb zudem bis in die ottonische Zeit die Grablege der Erzbischöfe. Hattos Ausbau der Kathedralgruppe war aber wahrscheinlich ein erster großer Schritt hin zu einer Konzentration des liturgischen Zentrums beim Dom.

Eine weitere Möglichkeit zu Schenkungen bot sich, weil Kirchen für den Gottesdienst mit einer Ausstattung versehen werden mussten: mit Altären, liturgischen Geräten, mit Lampen und Leuchtern, mit Gewändern und anderen Textilien und nicht zuletzt mit den Büchern, die die heiligen Texte, die Gesänge und Gebete enthielten. Stiftungen am Altar waren dabei besonders privilegiert, nicht nur weil sie den Gläubigen auffallen mussten, sondern auch weil sie in die Nähe der heilbringenden Gaben Wein und Brot kamen. Ein heute im Frankfurter Liebieghaus ausgestelltes Elfenbeinrelief (Abb. 36) vom Ende des 10. Jahrhunderts[5] zeigt die wichtigsten *ornamenta ecclesiae* in einer Disposition, die noch sehr den Vorstellungen der Zeit Hattos entsprach: Auf dem Altar steht in der Mitte der große Kelch mit dem Blut Christi, daneben findet sich eine Patene mit brezelförmigen Hostien; weiter außen sind auf der einen Seite das geschlossene Evangelienbuch und auf der anderen das aufgeschlagene Sakramentar zu sehen. Nichts anderes, nicht einmal die hinter dem Altar auf den Boden gestellten Leuchter, sollte auf dem Altar platziert sein. Auf dem Elfenbein ist die Vorderseite des Altars mit einem gemusterten Antependium verziert; Altarverkleidungen konnten sehr aufwändig gestaltet sein. Von Ekkehard IV., der ca. 1021–1031 Leiter der Mainzer Domschule war, erfahren wir, dass auch St. Alban in

Mainz ein goldenes Antependium aus der Zeit Hattos besaß (*Casus sancti Galli* 40); der schon erwähnte St. Galler Mönch Tuotilo soll es mit einem Bild des „Thron Gottes" verziert haben.

Leider haben sich keine liturgischen Gerätschaften aus der direkten Umgebung Hattos erhalten. Kelche und Patenen (Abb. 37, Abb. 38), die ein solcher Bischof stiftete, waren gewöhnlich aus Gold gefertigt und mit Edelsteinen besetzt; das verringerte aber auch ihre „Überlebenschancen", da sie in späterer Zeit oft eingeschmolzen, verkauft oder geraubt wurden. Wiederentdeckt wurde aber ein mit Goldblechen aus der sogenannten Hofschule Karls des Kahlen verziertes Kästchen, das Hatto wohl von König Arnulf erhalten und seinem Kloster Ellwangen weitergegeben hat. Seine bereits ursprüngliche Bestimmung als Reliquienkästchen wird hier von Dieter Blume rekonstruiert (vgl. Kat.-Nr. 31). Der spätantike Krug hingegen, den Hatto dem Reichenauer Münster geschenkt haben soll (vgl. Kat.-Nr. 33), war keine liturgische Gerätschaft, sondern als einer der Krüge der Hochzeit zu Kana selbst eine Herrenreliquie.

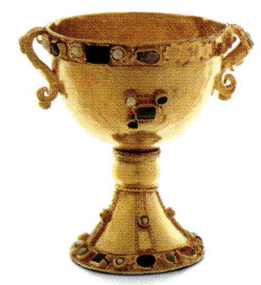

Abb. 37 ▼
Sogenannter Gauzlinus-Kelch, 2. Drittel 10. Jahrhundert, Nancy, Trésor de la Cathédrale

Anscheinend sind zumindest ein Evangeliar und zwei Sakramentare erhalten, die unter Hattos Augen entstanden und zum Teil von ihm gestiftet worden sind. Evangeliare, die die vier Evangelien zusammen mit einigen Vorreden und Gebrauchshilfen enthalten, stehen sicher über allen anderen Büchern, da sie nicht nur der Lesung dienen, sondern Christus selbst repräsentieren, der aus dem Evangelium spricht und nach Johannes selbst das göttliche Wort ist. Hingegen enthält ein Sakramentar die Gebete, die der Priester bei der Messfeier spricht, sowohl die unveränderlichen, als auch diejenigen, die den Festtagen des Jahreslaufs angepasst sind. Diese Bücher waren in der Regel Luxusexemplare, die mit großer kalligraphischer Schrift, kunstvollen Initialen, und nicht selten mit wertvollen Einbanddeckeln geschmückt wurden.
Bei der Schenkung liturgischer Bücher stellte sich Hatto jedoch in Mainz ein Problem: Zwar bestand in der ersten Hälfte des 9. Jahrhunderts in der Stadt ein sehr

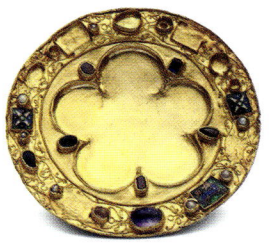

Abb. 38 ▲
Sogenannte Gauzlinus-Patene, 2. Drittel 10. Jahrhundert, Nancy, Trésor de la Cathédrale

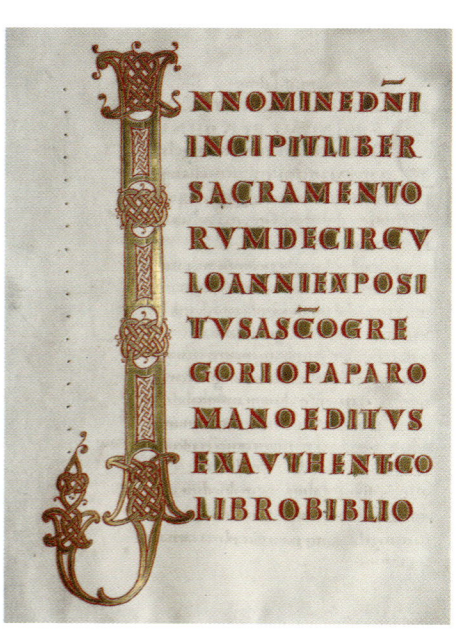
aktives Skriptorium (vgl. Kat.-Nr. 51), das u.a. fünf äußerst wertvolle Evangeliare herstellte, doch scheint es bald nach der Jahrhundertmitte stark an Bedeutung verloren zu haben. Schon zu dieser Zeit erwarb man im Bodenseekloster St. Gallen ein wertvolles Sakramentar, das heute in Oxford liegt.[6] Das St. Galler Skriptorium war damals am Anfang seines Aufstiegs zur prägenden Buchmalereiwerkstatt Zentraleuropas. In diesem Sakramentar dient die Goldtinte noch als Füllung zwischen den dünnen roten Linien, die die eigentliche Kontur bestimmen und die Zierknoten bilden, doch nur zwei Jahrzehnte später, so im wohl zwischen 872 und 883 entstandenen Folchart-Psalter,[7] wurden St. Galler Initialen überwiegend aus den breiten Goldbändern selbst gebildet und von den roten Linien nur noch eingefasst. Diese Bänder liefen jetzt auch in Ranken gleicher Stärke weiter, die, besetzt mit goldfarbenen vegetabilen Auswüchsen, ganze Flächenornamente an und in den Initialkörpern bildeten (Abb. 39).

Hatto musste aber anscheinend für solche modernen Prachthandschriften nicht nach St. Gallen ausweichen: Hier kam seine ungewöhnliche Machtposition als Herr über einige der reichsten Klöster seiner Zeit ins Spiel, die ihm eine herausragende Stiftungstätigkeit ermöglicht hat. Schon vor seiner Erhebung zum Erzbischof von Mainz war er Abt der Reichenau (888) und von Ellwangen (889) geworden, später erhielt er noch Weißenburg, Klingenmünster und Lorsch dazu. Das erleichterte ihm aber anscheinend nicht nur die Finanzierung seiner Bauten und Stiftungen (wovon auch die Klöster selbst profitieren konnten), sondern gab ihm auch den Zugriff auf die klösterlichen Skriptorien. Und aus Hattos Kloster Reichen-

au stammt wahrscheinlich eine Gruppe spätkarolingischer Prachthandschriften, die seit der vor einhundert Jahren erstmals erschienenen Arbeit von A. Merton als mit St. Gallen und mehr noch mit Mainz verbunden galten:[8] Sie umfasst ein Lektionar in Fulda, das auf Weimar (vgl. Kat.-Nr. 35) und München aufgeteilte Passauer Evangeliar, ein im Krieg schwer beschädigtes Evangeliar in Dresden und das ehemals Donaueschinger Sakramentar in Stuttgart (Abb. 40).

Zumindest das Sakramentar in Mainz (Abb. 41) kann wegen Hattos Position in Reichenau und Mainz als seine eigene Stiftung gelten, vermutlich auch das Donaueschinger Sakramentar, das wohl für das Inselkloster selbst geschaffen wurde, wo es dann im 10. Jahrhundert nachweisbar ist. Es wäre aber nicht ungewöhnlich, wenn ein fähiges Skriptorium auch für andere Auftraggeber gearbeitet hätte. Das Epistolar in Fulda hat einst der Konstanzer Dombibliothek gehört und kann über Hattos Freund Bischof Salomo III. leicht dorthin gelangt sein. Vielleicht ist das Passauer Evangeliar von einem königlichen Notar und Kapellan erworben und später an den Passauer Dom übergeben worden (vgl. Kat.-Nr. 35).

Diese Buchmalereigruppe, die also anscheinend unter Hatto auf der Reichenau entstand, ist aber nicht tief in der Tradition des Klosters verwurzelt. Es gelten auch nur zwei andere illustrierte Handschriften des späten 9. Jahrhunderts als reichenauisch, nämlich der Berner Prudentius (vgl. S. Haarländer, Böse Zeit, Abb. 18) und das Martyrologium des Wandalbert von Prüm in der Vaticana. Die Berner Handschrift,[9] die höchstwahrscheinlich während Hattos Abbatiat entstand, illustriert in ungerahmten kolorierten Federzeichnungen den Kampf der Tugenden und Laster und unter anderem auch die Vita des hl. Cassianus. Die betont plastischen Figuren mit ihren geradezu gesuchten Körperhaltungen vermitteln einen antikischen Eindruck, erinnern aber auch partiell, etwa bei den Kopfformen an St. Galler Figurendarstellungen. Tatsächlich ist auch ein Teil der Initialen eher aus St. Gallen als von der Reichenau. Das vermutlich etwas ältere Martyrologium[10] enthielt ursprünglich außer dem Dedikationsbild ganzseitige Bilder der Monatspersonifikationen und des schreibenden Autors. An seinen vergleichsweise zweidimensionalen Figuren mit den rhythmisch angeordneten Faltenlinien auf ihren Gewändern ist ganz klar der oberitalienische Einfluss zu bemerken, der immer wieder in die Kunst der Bodenseeklöster einfloss.

Damit und mit der stark von St. Gallen geprägten Initialkunst dieser Handschriften ist die „Zweigschule" nur lose verbunden. Zwar ist der überwältigende ästhetische Eindruck der Initialen dieser Gruppe (vgl. Kat.-Nr. 34 und 35) ganz ähnlich wie bei in dem gleichzeitigen St. Galler Evangelium longum (vgl Kat.-Nr. 43) wesentlich von den breiten Goldbändern bestimmt, die sich an Eck- und Gelenkstellen und auch in der Buchstabenmitte verknoten und schließlich in rankenartige Ornamente auslaufen, doch sind dabei die Goldbänder in den Buchstabenstämmen deutlich breiter als an den Knotenstellen. Die Füllmuster der Binnenfelder, ob mit roter Tinte ausgeführt oder auch leicht koloriert, sind zudem zarter als in St. Gallen. In diesen Handschriften spielen auch die Seitenrahmungen, die ganz ähnlich wie die Initialen gebildet sind, eine größere Rolle: Sie kommen viel häufiger vor, und oft werden einander gegenüberliegende Seiten mit gleichartigen Rahmungen versehen (vgl. S. Haarländer, Bischof, Abb. 27 und 28).

Ein Vorbilderkreis für diese Initialen, aus dem viele ihrer Eigenheiten übernommen wurden, ist die Buchmalerei der Hofschule Karls des Kahlen, einer Werkstatt, die ungefähr durch das ganze dritte Jahrhundertviertel für diesen prachtliebenden westfränkischen König gearbeitet hatte. Verschiedene Handschriften, Elfenbeine und Goldschmiedearbeiten aus dieser Werkstatt gelangten gegen Ende des 9. Jahrhunderts in das Ostreich, wohl meist auf Vermittlung der ostfränkischen Könige (siehe unten). Gerade im Bodenseeraum müssen diese anspruchsvollen, aber auch etwas überladenen Werke als Beispiele höfischer Prachtentfaltung bewundert worden sein. Nach St. Gallen gelangten der Jüngere Lindauer Deckel,[11] ein herausragendes Werk der Goldschmiedekunst, und aus dem weiteren Umfeld dieser Hofschule der Goldene Psalter, der hier vollendet wurde;[12] und

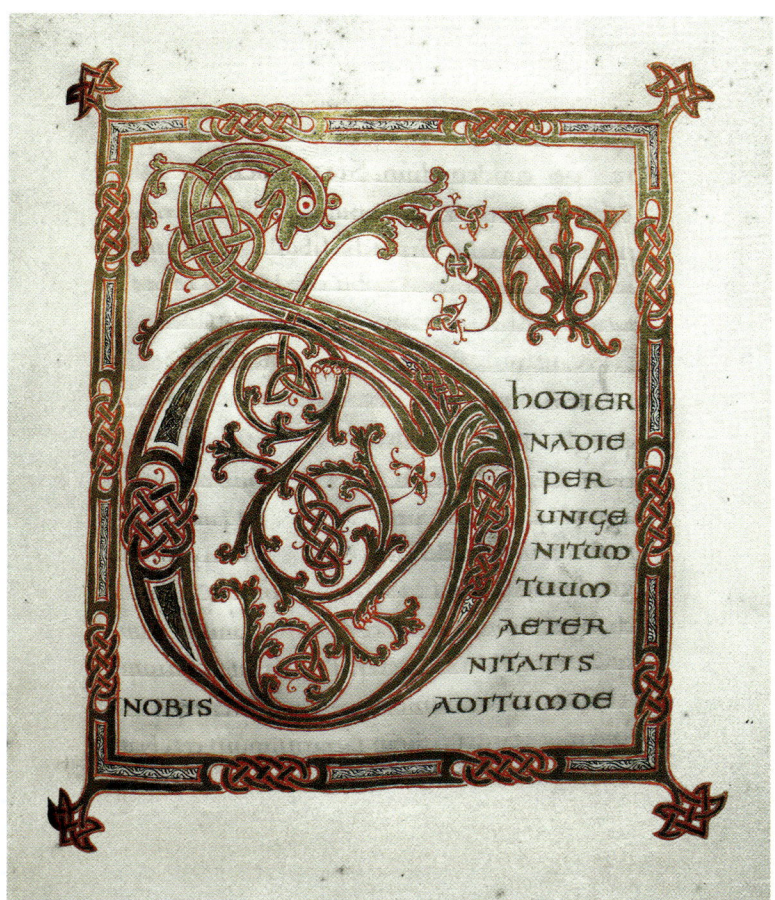

Abb. 41 ▲
Initiale D aus dem Sakramentar von St. Alban, Ende 9. Jahrhundert (vgl. Kat.-Nr. 34)

auch die berühmten Elfenbeinplatten aus St. Gallen auf dem Evangelium longum (vgl. Kat.-Nr. 43) orientieren sich ganz klar an stilistischen und ikonographischen Vorbildern aus der Hofschule.

Eine Bestätigung, wie wichtig die Hofkunst aus dem heutigen Frankreich für das wahrscheinlich Reichenauer Skriptorium war, bringen die figürlichen Bilder.[13] Nur zwei Handschriften der Gruppe enthalten heute Miniaturen: das Sakramentar von St. Alban eine Darstellung der Kreuzigung (vgl. Kat.-Nr. 34) und das Passauer Evangeliar Lünettenbilder über den Kanontafeln (vgl. Kat.-Nr. 35) sowie Evangelistenbilder. Der Stil der Evangelistenbilder hat zwar als bodenseeische Elemente die eckigen Köpfe mit den Knotenlocken am Rand des flachen Haarschopfs bewahrt, doch die zarte Farbigkeit und die relativ schmal wirkenden Figuren mit einem dichten Faltengespinst auf den Gewändern sind typisch für die frühe Hofschule.

Es ist nicht klar, ob in den anderen Klöstern unter der Herrschaft Hattos damals Buchmalereien angefertigt wurden. Am ehesten ist ein Interesse an Buchkunst für Lorsch belegt. Hier waren im dritten Viertel des 9. Jahrhunderts noch Deckfarbenmalereien entstanden, von denen allerdings nur wenige Beispiele erhalten sind, allen voran das Erlangen-Augsburger Sakramentarfragment (vgl. Kat.-Nr. 45). Für das späte 9. und das beginnende 10. Jahrhundert sind aus Lorsch wenigstens eine Reihe nachgetragener Federzeichnungen überliefert.[14] Ihre erste Vertreterin, die sehr lebendige Zeichnung eines Engels in einer von Rom nach Heidelberg zurückgekehrten Handschrift (Abb. 42), könnte sogar noch vor dem Erlanger Fragment entstanden sein.

Abb. 42 ▼
Nachgetragene Zeichnung eines Engels, drittes Viertel 9. Jahrhundert (?), Heidelberg, Universitätsbibliothek, Pal. lat. 864, fol. 1r

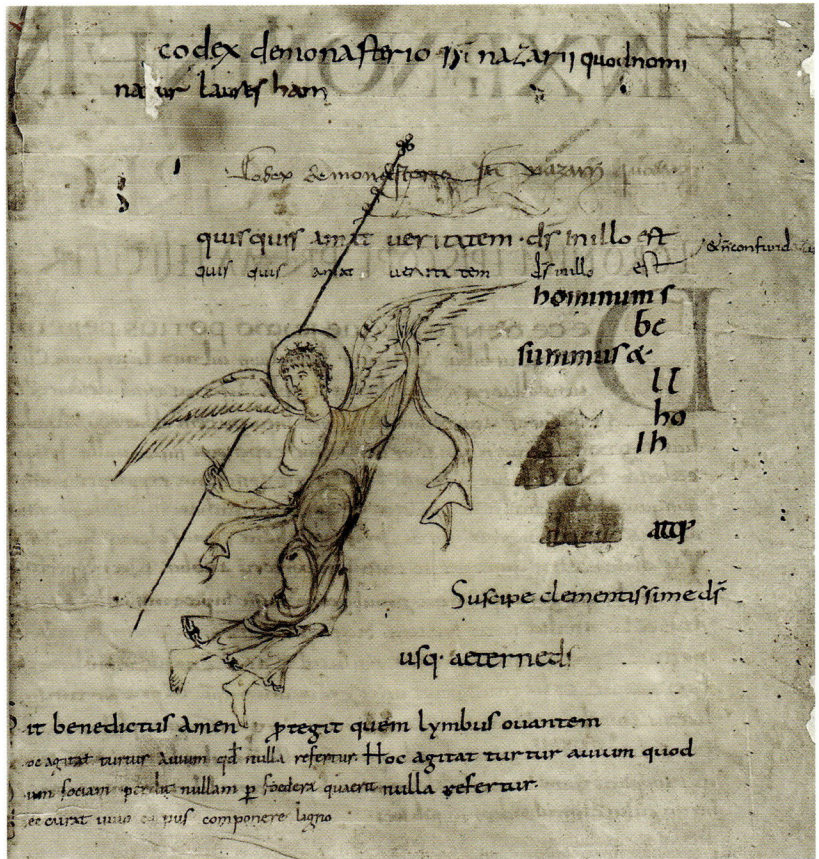

Als Auftraggeber von Wandmalereien ist Hatto zumindest für Mainz belegt, denn die Inschrift des von ihm gestifteten Fensters sagt ausdrücklich, dass er die neue Kirche „mit Gemälden und Gold geschmückt" habe. In St. Johannis sieht die Disposition der Wände eine Ausmalung der Apsiden und Hochwände vor, denn selbst für frühmittelalterliche Kirchen sind so hohe ungegliederte Wandflächen wie in St. Johannis unterhalb der Obergadenfenster ungewöhnlich.

Die berühmten Wandmalereien in einer anderen Stiftung Hattos, der Kirche St. Georg in Reichenau-Oberzell, können allerdings nicht mit letzter Sicherheit dem Erzbischof und Abt zugeschrieben werden. Hier sind heute noch im Mittelschiff auf jeder Seite über den Arkaden jeweils vier großflächige, aufwändig gerahmte Wunderszenen aus dem Neuen Testament zu sehen (Abb. 43). Auch die heute noch erhaltenen acht Rundbilder von Äbten in den Arkadenzwickeln gehören trotz vieler Veränderungen zum ursprünglichen Bestand, und die Apostelfiguren der Obergadenzone sind zwar erneuert, aber durch alte Zeichnungen belegt. An der Ostwand der Krypta sind zudem ungewöhnlicherweise zwei Kreuzigungsbilder mit adorierenden Heiligen erkennbar (Abb. 44). Aufgrund der maltechnischen Untersuchungen im Zuge der Restaurierung konnte Dörthe Jakobs zeigen, dass die Wände nach der Fertigstellung zunächst nur mit Verputz und die Krypta auch mit einer hellen Tünche versehen wurden und danach sogar das Gerüst im Mittelschiff abgebaut wurde, ohne dass es für die Anlage der Wandbilder genutzt worden wäre.[15] Am Tag der Weihe dürfte es also noch keine Wandmalereien gegeben haben. Von Teilen der Forschung sind auch stilistische und motivische Argumente angeführt worden, nach denen die Wandmalereien eng mit der berühmten Reichenauer Buchmalerei des späteren 10. Jahrhunderts zu verbinden seien. In St. Georg gibt es beispielsweise Ornamente, die tatsächlich erst ab dem letzten Drittel des 10. Jahrhunderts in der Reichenauer Buchmalerei vorkommen.[16] Solche Differenzen können allerdings auch die Folge der unterschiedlichen Traditionen von Wand- und Buchmalerei sein. Obendrein ist der zeitliche

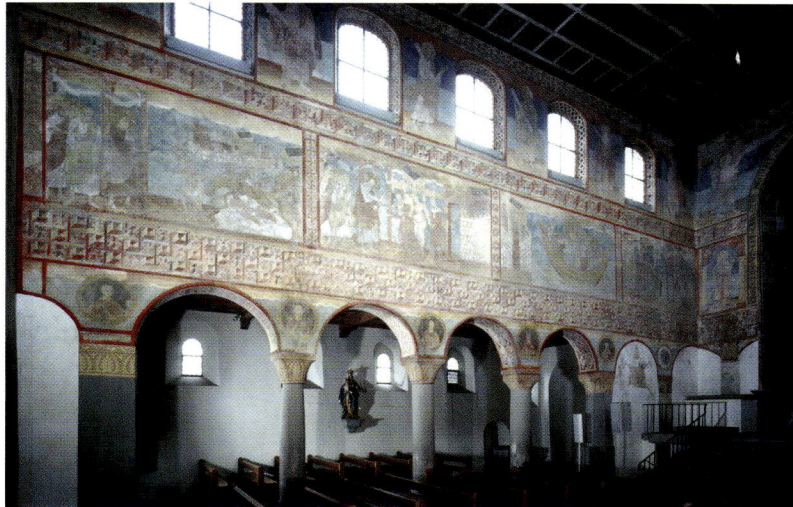

Abstand zwischen Bau und Ausmalung nicht sicher zu bemessen, und so bleibt der Beginn einer Ausschmückung im Auftrag des erst 913 verstorbenen Hattos weiterhin denkbar.[17]

Manches weist auch darauf hin, dass es bei der Errichtung des Baues zu Schwierigkeiten gekommen ist, die eine sofortige Ausmalung verhindert haben. So wurde die erste Verputzung allem Anschein nach recht eilig ausgeführt, was an die Hinarbeit auf einen bestimmten Termin denken lässt.[18] Nach den 2005 publizierten Ergebnissen von Peter Eggenberger entstanden zudem während der Errichtung der aus basilikalem Langhaus und Zentralbau bestehenden Kirche erhebliche Bauschäden, die sogar zu Planänderungen führten (vgl. A. De Filippo/W.E. Keil, St. Johanniskirche).

Es gibt zudem gute Gründe, in diesen Wandmalereien die letzten Ausläufer der karolingischen Kunst und keinesfalls ein Produkt der ottonischen zu sehen. Zum einen war die zweite Hälfte des 9. Jahrhunderts eine der Hochphasen der Reichenauer Wandmalerei: Schon zur Jahrhundertmitte hin wurde nach Zeugnis der Quellen die aula des St. Galler Abtes von Künstlern von der Reichenau ausgemalt.[19] Es ist schon deswegen wahrscheinlich, dass dann auch die Ausmalung der großen St. Galler Klosterkirche unter Abt Hartmut (872–883) von Reichenauern ausgeführt wurde. Die überlieferten tituli

(Bildbeischriften) belegen hier insgesamt 42 neutestamentliche Szenen, die sich alle in den späteren Reichenauer Bilderzyklen wiederfinden. Matthias Exner spricht von „dem ausführlichsten monumentalen Bildprogramm, von dem wir für karolingische Zeit Kenntnis haben".[20]

Auch die zweite, figürliche Ausmalungsphase der Sylvesterkapelle in Goldbach bei Überlingen dürfte nach dem Befund der Quellen weit eher dem späten 9. als dem 10. Jahrhundert angehören. Während sich der Restaurator Helmut F. Reichwald nicht auf eine Datierung festlegen wollte, konnte jüngst Ulrich Kuder darauf hinweisen, dass die beiden am Triumphbogen dargestellten Stifter Winidhere und Hiltepurg höchstwahrscheinlich vor 900 starben.[21]

Es müsste demnach erstaunen, wenn Hatto, der in Mainz mindestens eine Kirche ausmalen ließ, seine Gründung auf der Reichenau nicht mit Wandbildern hätte schmücken lassen. Aber dieser Einwand beweist angesichts der komplizierten Baugeschichte, die sogar Hinweise auf einen Vorgängerbau bietet, noch nicht, dass wir wirklich Wandmalereien der Hatto-Zeit vor uns haben.

Doch verbinden auch ikonologische und stilistische Gründe[22] die heutigen Wandmalereien mit Hattos Initiative. Da ist zum einen die dezidiert römische Ausrichtung des Ausstattungsprogramms, die auf die Wandmalereien in Alt-St. Peter (vgl. Kat.-Nr. 39) anspielen, die nahe an Hattos Rombesuch im Jahre 896 von Papst Formosus renoviert worden sein sollen. Die Bildfelder der Hochwände in dem ungleich kleineren St. Georg (vgl. Abb. 43) zeigen auf beiden Seiten zwar nur neu- und nicht auch alttestamentliche Szenen, doch die Kombination mit den Apostel- beziehungsweise Prophetenfiguren und der Äbte- beziehungsweise Päpstefolge stellen einen klaren Verweis auf St. Peter dar. Der Bezug auf

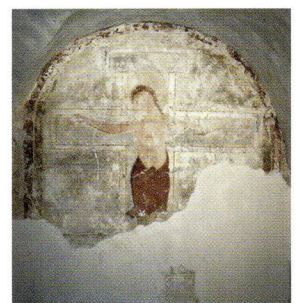

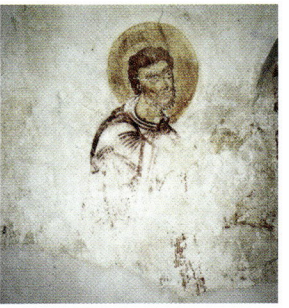

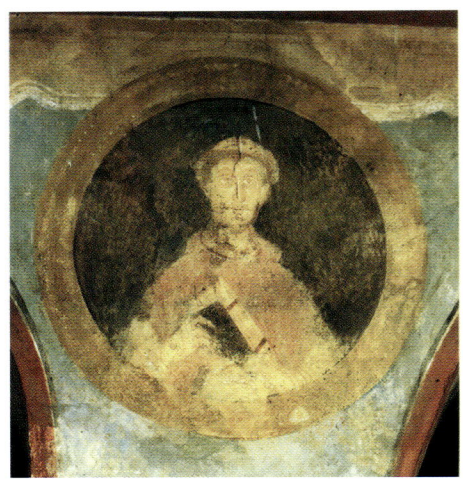

Abb. 45 ▲
Abtporträt in einem Arkaden-
zwickel des südlichen Langhauses
(Medaillon Süd 9, Zustand 1988),
um 900 oder letztes Viertel
10. Jahrhundert, Reichenau, St. Georg

Abb. 46 ▶
Ziborium des Arnulf von Kärnten,
ca. 870-877, München,
Schatzkammer der Residenz

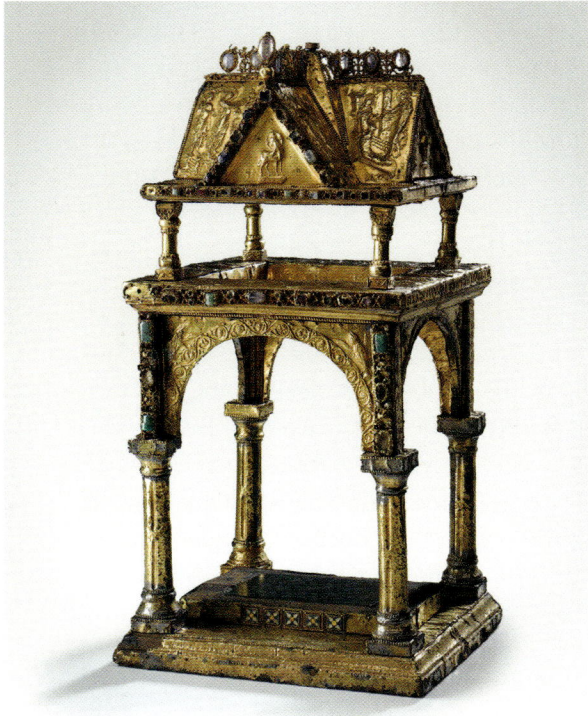

Rom ist aber am sinnvollsten unter dem Abt, der die Reliquien des heiligen Georgs aus Rom auf die Reichenau gebracht hat; ja überhaupt könnte die Angleichung an Rom (auch die Errichtung des basilikalen Langhauses) eine Reaktion auf die Schenkung des Papst gewesen sein.

Was letztlich am stärksten auf eine spätkarolingische Entstehung hinweist, ist die stilistische Gesamterscheinung der Wandmalereien: Wie auch Ulrich Kuder jüngst ähnlich gesehen hat,[23] wird sie in Oberzell noch durch die lebendige Rhythmisierung der Erzählung, die Vielfalt der Figurengestaltung und die Respektierung einer zumindest partiellen Räumlichkeit bestimmt, also durch jene Elemente, die die karolingische Renaissance seit Karl dem Großen (768–814) aus der spätantiken Kunst übernommen hatte und die spätestens in ottonischer Zeit anderen, flächigeren und schematischeren Konzeptionen wichen. Dass daneben die Kreuze der Krypta (vgl. Abb. 44) in Typus und Motivik der Miniatur des Sakramentars von St. Alban (vgl. Kat.-Nr. 34) nahekommen, sei ergänzend angemerkt.

Einen abschließenden Beweis für eine Entstehung der Wandmalereien von Oberzell (und von Goldbach) in der Zeit Hattos gibt es nach wie vor nicht. Die verbleibende Unsicherheit über die Einordnung von mehr als tausend Jahre alten Kunstwerken war oben bereits angekündigt worden. Und so wissen wir auch nicht, ob die Maler Hatto selbst im Sinn hatten, als sie in St. Georg die Reihe der lebendigen Abtporträts malten (Abb. 45).

EUROPÄISCHE KUNST IN DER ZEIT UM 900

Lange galt die Zeit um 900 als eine Epoche des künstlerischen Niedergangs, der durch die Schwäche der Königsherrschaft und die damit verbundenen Einfälle der Normannen, Sarazenen und Ungarn ausgelöst wurde. 882 wurden sogar Prüm, Aachen, Trier, Bonn und Köln von den Normannen verwüstet. Wenigstens die Architekturgeschichte hat inzwischen damit begonnen, die Zeit positiver zu bewerten: Nicht nur Oberzell und Mainz (wie auch immer die Kathedralgruppe aussah) zeigen, dass damals noch vielbeachtete Bauten entstanden, auch andernorts wurde weiterhin gebaut.[24] Beispielsweise ist die in großen Teilen erhaltene Stiftskirche St. Walburga im westfälischen Meschede ein komplexer Bau mit einer Ringkrypta und einem zwischen 897 und 913 datierbaren Westturm.[25]

Was tatsächlich im spätkarolingischen Ostreich, dem heutigen Deutschland ausfiel, waren die Impulse, die von einer aktiven königlichen Hofwerkstatt ausgingen. Die Lage war damit deutlich anders als unter Karl dem Großen und seinem Enkel, dem westfränkischen König Karl dem Kahlen 840–877, deren Hofkunst eine wichtige Vorbildfunktion erfüllt hatte. Arnulf von Kärnten (887–899), dem König, der Hatto als Abt und Erzbischof einsetzte, ist durch eine Entdeckung Fabrizio Crivellos ein Herrscherbild zuzuordnen, das ihn bei der Vereh-

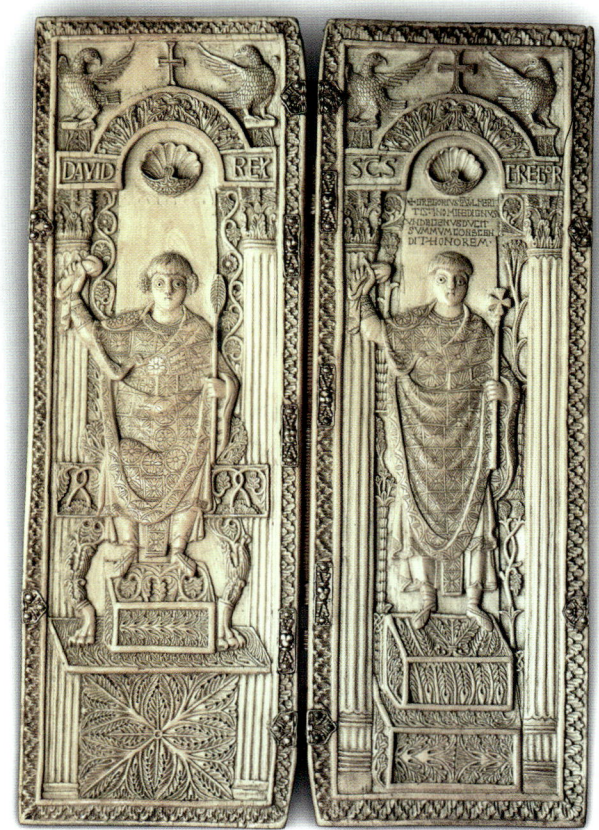

rung von Christi Kreuz zeigt (vgl. S. Haarländer, Bischof, Abb. 19).[26] Allerdings ist dieses Bild, in das sein Name eingeschrieben war, nur eine Zufügung zu einem älteren nordfranzösischen Psalter, der vermutlich Arnulfs Großvater Ludwig dem Deutschen gehört hatte. Obwohl in seiner Hofkapelle auch ein *artifex* aufgeführt wird, sind von Arnulf auch sonst nur Schenkungen von Objekten bekannt, die bereits früher hergestellt worden waren. Sehr deutlich wird das am *codex aureus*, einem extrem prachtvollen Evangeliar,[27] und dem goldverkleideten Reiseziborium[28] *(Abb. 46)*, die er zusammen mit anderen Schätzen an das Regensburger Kloster St. Emmeram gestiftet hat, denn die beiden erhaltenen Stücke gehören zur Hofkunst Karls des Kahlen. Der *Codex Aureus* (vgl. Abb. S. 186) ist sogar 870 datiert, und das Ziborium, das Goldreliefs mit Christusszenen auf den Dachschrägen besitzt, dürfte ungefähr parallel dazu entstanden sein, auch wenn eine später angebrachte Inschrift Arnulf als Vollender nennt.

Es sind dies nicht die einzigen überlieferten Werke, die einst für Karl den Kahlen geschaffen worden waren und nun über den Herrscher in das Ostfrankenreich kamen. Auch das Ellwanger Kästchen (vgl. Kat.-Nr. 31) gehört sicher dazu, vielleicht auch das Liuthard-Evangeliar in Darmstadt[29] und zwei Elfenbeinplatten, die weiter unten noch näher zu besprechen sind. Der Weg der Objekte in die Hand Arnulfs ist nicht mehr restlos aufzuhellen: Hat schon Karl III., als er noch einmal Ost- und Westfrankenreich vereinigte, den westfränkischen Königshort an sich nehmen können, oder erhielt Arnulf die Stücke als Gaben von Odo von Paris oder Karl dem Einfältigen, die damals um Arnulfs Unterstützung und um die Macht im Westfrankenreich rangen?[30]

In Ober- und Mittelitalien scheinen Berengar von Friaul (König 888–923) und Wido von Spoleto (König 889–994), die lokalen Konkurrenten Arnulfs um die langobardische Königskrone, ebenfalls nur eingeschränkt über fähige Kunstwerkstätten verfügt zu haben. Zwar stiftete Berengar für den Dom von Monza mehrere Handschriften und elfenbeingeschmückte Buchdeckel, doch ist fast alles davon aus älterer Produktion. Nur die beiden Elfenbeinplatten auf einem Sakramentar, die durchbrochen gearbeitete Ranken zeigen, in denen auf der einen Tafel Vögel sitzen, sind ganz zeitgenössisch.[31] Nicht ganz zu Recht hat man diese Schnitzereien mit den Ranken des Tuotilo (vgl. Kat.-Nr. 43) und auf Cod. 60 der St. Galler Stiftsbibliothek (vgl. Abb. 51 und 52) verglichen, denn sie sind nur flächig gedacht und zudem ähnlich der Kerbschnitttechnik aus der regionalen Steinbearbeitung behandelt. Für das prachtvolle Diptychon hingegen, das ein dünnes *Kantatorium*, ein Buch mit den Messgesängen des Vorsängers, umschloss, wurde ein Konsulardiptychon des 6. Jahrhunderts umgearbeitet[32] *(Abb. 47)*. Ein nicht identifizierter weströmischer Konsul war hier in seiner Amtstracht und mit der *Mappa* in der Rechten dargestellt, dem Tuch

Abb. 47 ◀
*David-Gregor-Diptychon,
Anfang 6. Jahrhundert
und um 900, Monza,
Tesoro del Duomo*

Abb. 48 ▼
*Diptychon aus Rambona,
um 900, Rom,
Vatikanische Museen*

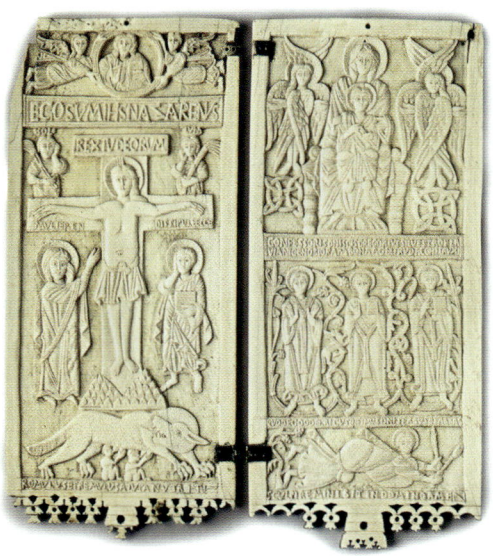

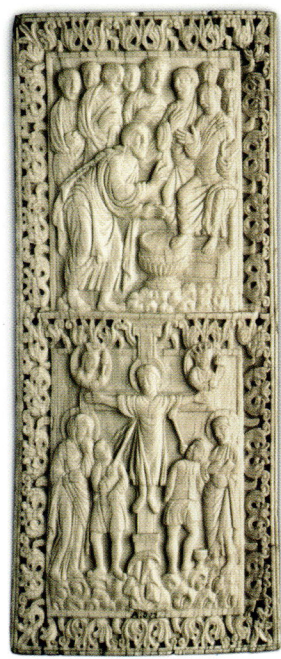

zur Eröffnung der Zirkusspiele. Der mittelalterliche Schnitzer hat die beiden Figuren durch die Inschriften DAVID REX und S(AN)C(TU)S GREGOR(IUS) im Gebälk zu zwei Leitgestalten des Kirchengesangs umgedeutet. Von dieser Überarbeitung stammen auch die Ornamente an den Podesten der Figuren, die zusammen mit stark schematisierten Figuren in ähnlicher Form auf anderen oberitalienischen Elfenbeinen erscheinen.[33]

Ein Diptychon aus Rambona in den Marken *(Abb. 48)* nennt in einer Inschrift Widos Frau Ageltruda als Erbauerin dieses Klosters; es selbst dürfte aber im Auftrag Abt Odelricus' entstanden sein.[34] Von den ehemals als Bucheinband gebrauchten Platten nimmt zwar die rechte die von einigen spätantiken Konsulardiptychen bekannte Dreiteilung durch Bodenstege auf und bildet die linke sogar als Antikenzitat die römische Wölfin unter dem Kreuz Christi ab, aber die Figuren erscheinen in einer herben Schematisierung. Mit dem David-Gregor-Diptychon teilt dieses Diptychon eine Besonderheit, die auch das Hatto-Fenster besitzt (vgl. Kat. Nr. 46), nämlich Inschriften, die nicht eingetieft, sondern erhaben gearbeitet sind.

Ein besonderes Problem stellt eine Einzeltafel in Bonn dar, die aus einer spätantiken Tafel vollständig in das Doppelbild von Fußwaschung Christi und Kreuzigung umgearbeitet worden ist *(Abb. 49)*.[35] Nach Überzeugung der neueren Forschung ist sie in Oberitalien am Anfang des 10. Jahrhunderts entstanden, doch hatte der Kunsthistoriker Carl Schnaase dem Museum die Platte mit der Herkunftsangabe „aus der Reichenau" geschenkt. Kann sie schon für eine herausragende figürliche Elfenbeinschnitzerei zu Lebzeiten Hattos sprechen, auf die Berengar keinen Zugriff hatte?

Besondere Chancen, eine größere Kunstproduktion zu entfalten, besaßen um 900 selbstverständlich Klöster, die noch wenig von den Bedrohungen der Zeit betroffen waren. St. Gallen, das im Gegensatz zu anderen Klöstern in der karolingischen Renaissance noch kaum eine Rolle gespielt hatte, stellte jetzt im großen Umfang Handschriften mit den bereits erwähnten prachtvollen Ini-

tialen her (vgl. S. Haarländer, Bischof, Abb. 24). Vereinzelt wurden hier damals auch Miniaturen geschaffen, so in einem Evangeliar in München, das neben großen Goldrankeninitialen zwei ganzseitige rechteckig gerahmte Evangelistenbilder (vgl. S. Haarländer, Bischof, Abb. 25) enthält, in die sehr ungewöhnliche Vorlagen eingeflossen sein müssen.[36]

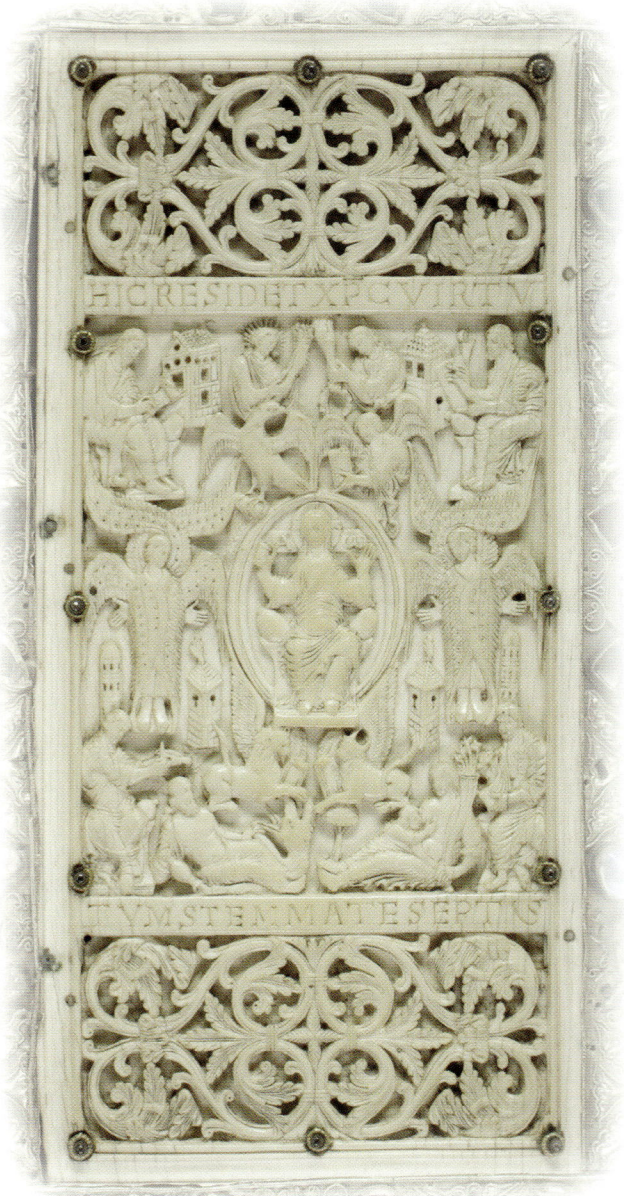

In St. Gallen sind damals aber auch Elfenbein- und Goldschmiedearbeiten entstanden, allen voran die Tuotilo-Tafeln[37] *(Abb. 50, vgl. Abb. 34)* und die Edelmetalleinfassung vom Rückdeckel auf dem Evangelium longum. In seiner schon erwähnten Erzählung über die Entstehung von Handschrift und Reliefs lässt Ekkehard IV. ein ganzes Ensemble von beteiligten Figuren auftreten: Hatto als nicht ganz freiwilligen Spender der Elfenbeine und des Goldes, Salomo III. als listigen Übermittler der Schätze und zugleich Maler zweier Initialen, die Mönche Tuotilo und Sintram als Schnitzer und Schreiber (vgl. Kat.-Nr. 43). Nicht erwähnt wird von ihm die Laiin Amata, die nach zeitgenössischen Inschriften in und an dem Buch eine Spende zur Herstellung des Prachtbandes gab. Unabhängig vom Wahrheitsgehalt des Berichts wird hier die Beteiligung vieler Personen an einem solchen Stiftungsvorgang anschaulich gemacht, die alle aus ihrer Position heraus versuchten, durch gottgefällige Gaben „einen Schatz in den Himmeln" zu erlangen.

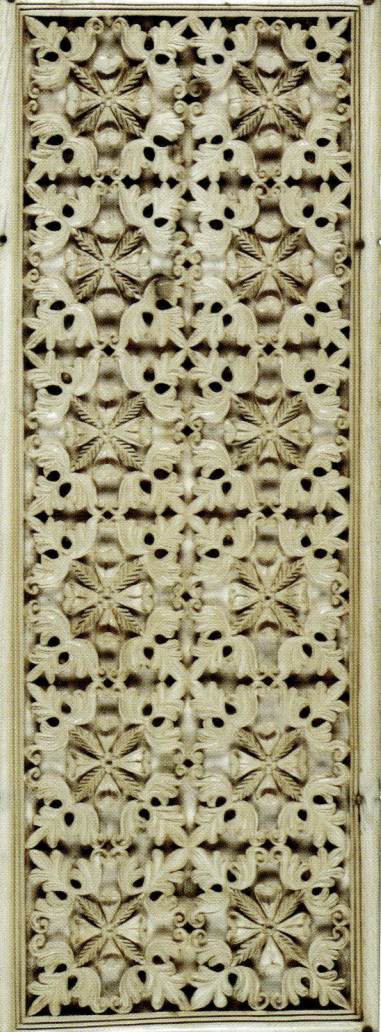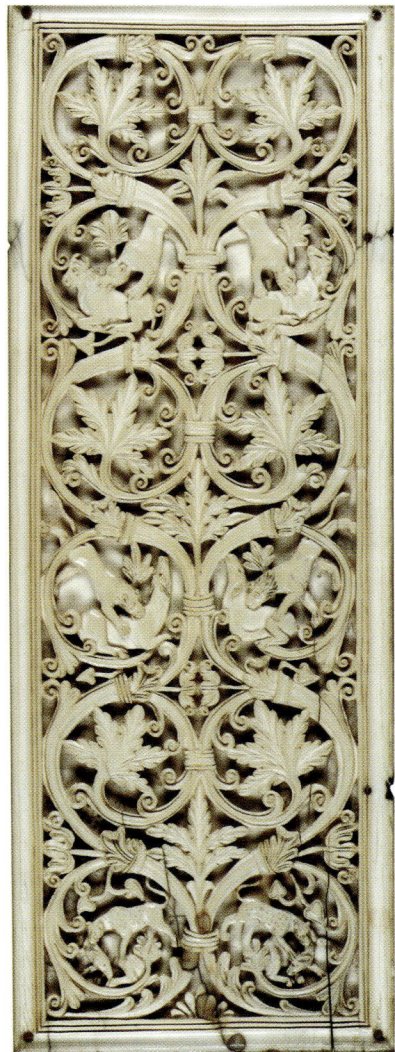

Abb. 51 ◄
Vorderer Buchdeckel eines Evangeliars, Anfang 9. Jahrhundert (?), St. Gallen, Stiftsbibliothek, Cod. 60

Abb. 52 ◄
Hinterer Buchdeckel eines Evangeliars, Anfang 9. Jahrhundert (?), St. Gallen, Stiftsbibliothek, Cod. 60

Tuotilo griff für seine Elfenbeintafeln auf eine Vielzahl von Vorbildern zurück: Miniaturen (vielleicht auch Goldschmiedearbeiten) aus der Hofschule Karls des Kahlen waren schon genannt worden, die Unterteilung durch Querstege folgt auch hier spätantiken Diptychen. Für die Rankenfelder ober- und zum Teil unterhalb der Szenen nahm er aber ein bedeutendes Elfenbeinpaar zum Vorbild, das heute noch als Deckelzier auf dem Cod. 60 in St. Gallen liegt und bis zur Studie von Duft und Schnyder als Tuotilos eigene Arbeit galt *(Abb. 51, Abb. 52)*.[38] Diese bedeutenden Tafeln sind durch vegetabile Motive in jeweils zwölf Kompartimente unterteilt, einmal durch einen Rankenbaum, in dem Tierkämpfe eingeflochten sind, das andere Mal durch Blattmotive um zentrale Blüten. Wann diese Reliefs aus einem spätantiken Diptychon herausgeschnitzt wurden, ist noch Gegenstand der Diskussion. Vorgeschlagen wurde eine Entstehung im engsten Umkreis Karls des Großen, ja sogar eine Benutzung als Schreibtafeln durch den Kaiser (wie sie Ekkehard den von Tuotilo bearbeiteten Tafeln zuspricht). Zu erwägen wäre am ehesten eine Entstehung im oberitalienischen Raum, und zwar durchaus zur Zeit Karls.

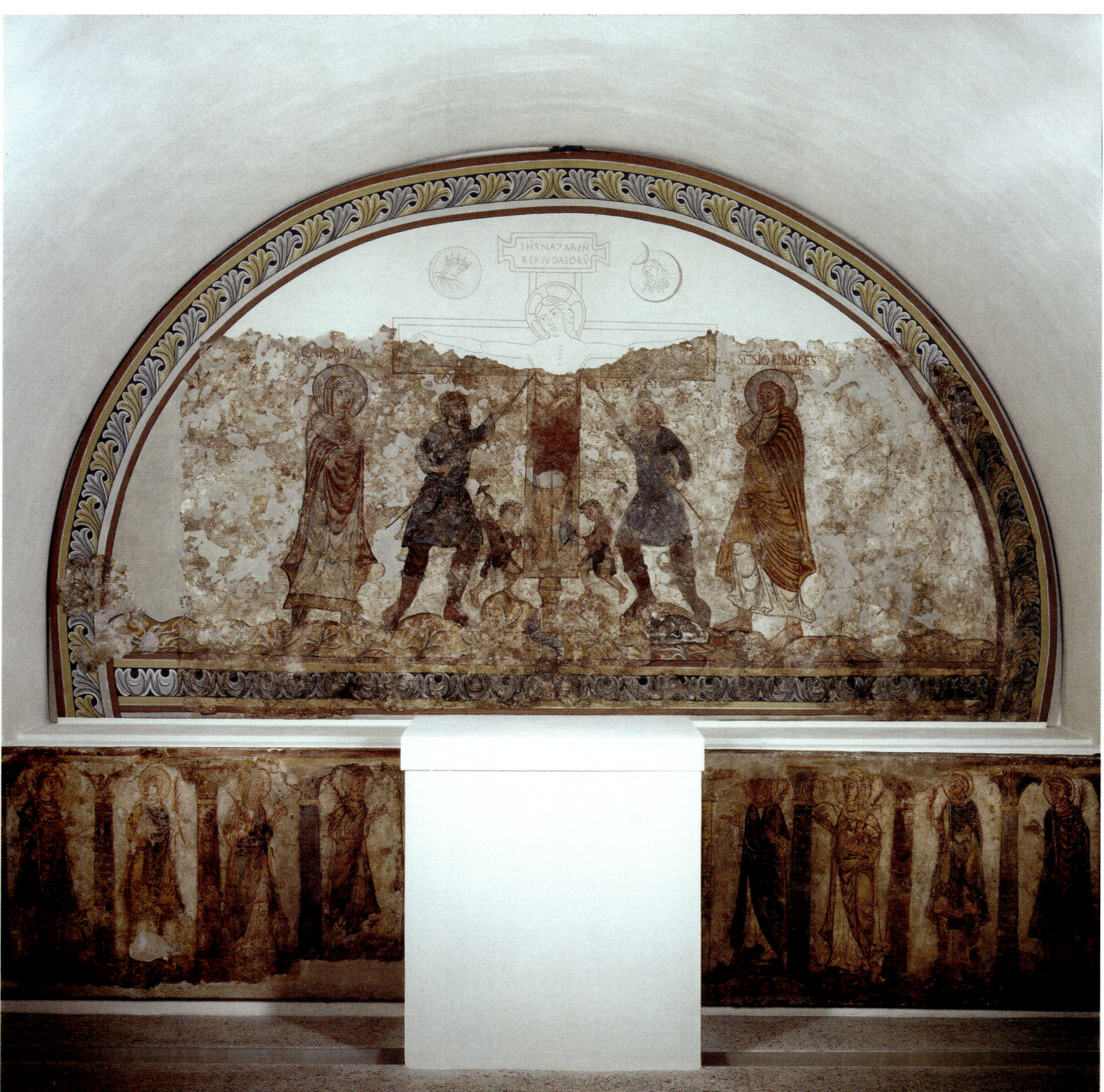

Abb. 53 ◀
Kreuzigung Christi, Wandmalerei aus der Krypta von
St. Maximin in Trier, um 900, Trier, Museum am Dom

80 · 81

Obwohl oder vielleicht gerade weil man in Trier mit Wiederaufbauarbeiten nach dem Normanneneinfall beschäftigt war, wurden auch dort in den Jahrzehnten um 900 Kunstwerke geschaffen. Die spätantike Abteikirche St. Maximin muss schon bald nach den Zerstörungen provisorisch wiederhergestellt worden sein.[39] Damals wurde an der Westwand eines zentralen Raums der vielgliedrigen Außenkrypta ein Sarkophag und ein Altar aufgestellt und der Raum komplett mit figürlichen Wandmalereien ausgeschmückt *(Abb. 53)*.[40] Über dem Altar ist die Kreuzigung Christi dargestellt, bei der nicht nur Stephaton und Longinus unter dem Kreuz stehen, sondern auch in singulärer Weise zwei Knechte damit beschäftigt sind, Christus ans Kreuz zu nageln. In der Wölbung des Raumes erscheinen thronende Evangelisten und stehende Propheten, an der Vorderseite des Sarkophags hingegen ist eine Reihe von Märtyrern und Märtyrerinnen platziert.

Initiator des Wiederaufbaus war Hattos Trierer Amtsbruder Radbod (883–915), der ebenfalls aus schwäbischem Adel stammte und von Arnulf gefördert wurde.[41] Er hat Regino von Prüm nach der Vertreibung aus seiner Abtei in Trier aufgenommen und zur Abfassung seines Sendhandbuchs veranlasst, das dieser auch Hatto widmete (vgl. Kat.-Nr. 44). Radbods Siegelstempel *(Abb. 54)* hat sich erhalten und kann durchaus als Kunstwerk gelten: Es ist ein Bergkristallschnitt, der nicht wie so oft aus der Antike stammt, sondern zu Lebzeiten des Erzbischofs geschaffen wurde. Er zeigt den tonsurierten Kopf und die Büste des Klerikers im Profil; als Gewand scheint er ein an der Schulter von einer Spange gehaltenes Mantelpallium zu tragen.

Dass die Wandmalereien von St. Maximin die Kreuzannagelung in so auffälliger Weise zeigten, ist ein offensichtlicher Verweis auf den als besonders wertvolle Reliquie im Trierer Dom aufbewahrten Nagel vom Kreuz Christi. Die edle, mit Edelsteinen, Glasflüssen und Emails besetzte Goldhülle des Nagels (vgl. Kat.-Nr. 40) wurde

früher allgemein den Goldschmiedearbeiten unter Erzbischof Egbert (977–993) zugerechnet, doch sind ihre Emails deutlich von diesen verschieden. Vielleicht hat Radbod das Reliquiar schaffen lassen, um mit dieser Gabe um Beistand zu bitten und gleichzeitig den Trierern dieses Zeichen göttlicher Präsenz verstärkt vor Augen zu führen. Zwei bedeutende Goldschmiedearbeiten aus dem lothringischen Bereich zeigen, dass die Entstehung des Nagelreliquiars schon um 900 möglich ist. Zu den wenigen erhaltenen frühottonischen Arbeiten gehören nämlich Kelch und Patene (vgl. Abb. 37 und 38) aus dem gegen 935 von Bischof Gauzlinus von Toul gegründeten Benediktinerinnenkloster Bouxières-aux-Dames.[42] Die Emails der Patene ähneln durchaus denjenigen des Reliquiars.

In Lothringen, wo in Metz in den 60er und 70er Jahre des 9. Jahrhunderts die führenden Elfenbeinwerkstätten Europas angesiedelt waren, dürften auch um 900 Elfenbeinreliefs entstanden sein. Allerdings sind bei vielen Tafeln Auftraggeber, Bestimmung und der genaue Entstehungsort nicht mehr festzustellen, da diese hochgeschätzten Kleinkunstwerke sehr beweglich waren und nur selten die Stifter darauf ihre Spuren hinterließen. Auf den lothringischen Reliefs, die meistens als Einbandschmuck liturgischer Prachthandschriften dienten, sind gewöhnlich verschiedene Szenen aus dem Leben Christi dargestellt, oftmals auch die Kreuzigung; sie weisen meist breite vegetabile Rahmen auf, die aber mit großer Souveränität von den Figuren und Bodenstreifen überschnitten werden. Auf einer gegen 900 zumindest in direkter Nachfolge der Metzer Reliefs geschaffenen Tafel in London mit der Magieranbetung und der Darbringung im Tempel[43] *(Abb. 55)* ist sogar der Stern, der die Magier leitet, in diese Bordüre gewandert. Die Figuren sind, trotz einer gewissen Schwere, auch noch sehr plastisch gearbeitet, agieren aber vor einem dicht mit Architekturkulissen befüllten Grund. Die Architekturen werden hier auch dazu benutzt, die Erzählung zu unterstützen und die Rolle Mariens zu betonen.

Abb. 54 ▼
Siegelstempel des Trierer Erzbischofs Radbod, zwischen 883 und 915, Hamburg, Museum für Kunst und Gewerbe

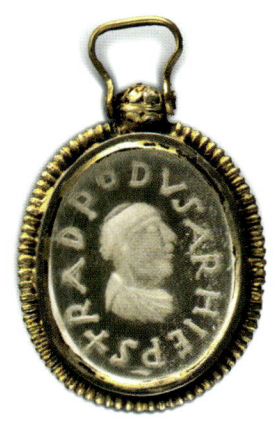

Abb. 55 ▼
Elfenbein mit Darstellung der Anbetung der Magier (oben) und Darbringung im Tempel (unten), um 900, London, Victoria and Albert-Museum

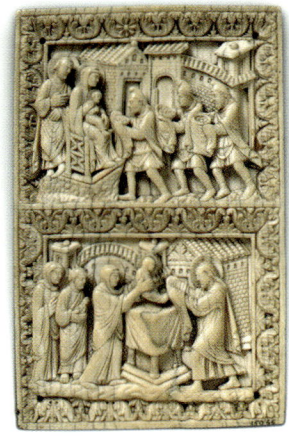

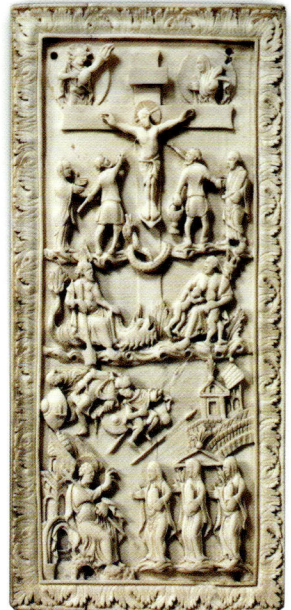
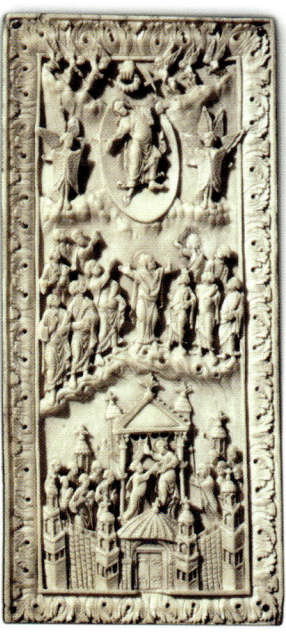

dichten Netz von Parallelfalten überzogen sind. Die Tafeln dieser Gruppe haben meist ein längliches Format,
das ebenso wie die mehrfachen vertikalen Unterteilun-
gen an spätantike Diptychen erinnern soll; wenn auch
die Tafeln in Tournai aus einem Konsulardiptychon
umgearbeitet sind, so erscheint es doch als eine gezielte
Reminiszenz. Dabei erlaubt es die zunehmende Abkehr
vom karolingisch-spätantiken Illusionismus, die Gliederung stärker als bisher für die Generierung von Bedeutung zu nutzen. Auf dem Diptychon in Tournai etwa
ist das eucharistische Opfer als Darbringung des selbst-
geopferten Christuslamms vor Gott dargestellt, an dem
auf der einen Tafel die Engel, auf der anderen der hl.
Nicasius als kirchlicher Mittler und einer der lokalen
Patrone mitwirken. Dabei werden die Kreismedaillons
entgegen der vertikalen Hauptrichtung noch einmal
horizontal aufeinander bezogen.

Die erhaltenen Monumente erlauben einen Ausblick
auf die Kunstproduktion von Hattos Zeit – wenn dies
auch nur ein Blick durch wenige und enge Fenster in
die Vergangenheit sein kann. Dass in der Kunst um 900
die Antikenrenaissance der Zeit Karls des Großen schon
sichtbar anderen, hieratischer angelegten und abstrak-
teren Darstellungsmitteln weicht, zeigt dabei sehr gut

Bereits die Werkstätten Karls des Kahlen nahmen die
Metzer Tafeln zum Vorbild, orientierten sich aber auch
am Illusionismus und der heftigen Bewegtheit der Figuren aus der Reimser Buchmalerei. Zwei heute in München (Abb. 56) und Weimar (Abb. 57) liegende Tafeln,
eine mit Kreuzigung und den Frauen am Grabe, die andere mit der Himmelfahrt Christi sowie dem ungläu-
bigen Thomas, zeigen die erzählerische Kraft, die diese eklektizistische Mischung bieten konnte.[44] Auf der
Weimarer Tafel entsteht trotz einer sehr unruhigen Anordnung der Figurengruppen eine auf Christus bezoge-
ne Vertikalachse. In München liegen die Wächter vom
Grab Christi als zusammengewürfelte Gruppe schwebend in der linken oberen Ecke des unteren Felds. Die
Geschichte dieser Platten ist unbekannt, und auch ein
Zusammenhang mit dem auf die beiden selben Städte
verteilten Passauer Evangeliar ist nicht nachweisbar.
Eine eigenständige Gruppe von Arbeiten, die nur noch
einzelne Anregungen aus Metz aufnahm, entstand gegen 900 vielleicht in Trier oder doch eher in Tournai, wo
noch zwei der Tafeln aufbewahrt werden (Abb. 58).[45]
Ganz zeittypisch ist es, wenn die Reliefs meistens flach
bleiben, wenn freie Hintergrundflächen immer mehr
vermieden werden und die Figurengewänder mit einem

die transformatorischen Kräfte einer Epoche, die auch historisch und urbanistisch eine Epoche des Umbruchs war. Obwohl in dieser unsicheren Zeit sicher weniger Kunstwerke geschaffen werden konnten als in der ersten Hälfte des 9. Jahrhunderts, erstaunt doch, an wie vielen Orten jetzt zum Teil zum ersten Mal so komplizierte Techniken wie Elfenbeinschnitzerei betrieben wurden. Die Stiftungen des Mainzer Erzbischofs und die Werke, die nach unserer Einschätzung in seinem Kloster Reichenau entstanden sind, nehmen in dieser Epoche keinen unbedeutenden Platz ein: Zumindest eine singuläre

Steinmetzarbeit und prachtvolle Buchmalereien sind erhalten, aufsehenerregende Bauten und Wandmalereien haben überdauert oder sind wenigstens dokumentarisch bezeugt. Nicht belegt sind Goldschmiedearbeiten und Textilien, doch hat es sie zweifellos gegeben, vielleicht auch Elfenbeinschnitzereien. Wenn auch fragmentarisch entsteht so das Bild einer Kunst- und Stiftungstätigkeit, die vor allem dem Lob Gottes dienen und das Gedenken des Stifters wachhalten sollte und dabei mit immenser, von königlicher Hofkunst inspirierter Pracht aufzuwarten verstand.

1 Die Lesung als SAL = „Salz" und nicht SALVS = „Heil" wurde jüngst begründet von Fuchs/Hedtke/Kern (2012), Nr. 2. Die Inschrift ist also nicht Ansprache an den Eintretenden, sondern Selbstäußerung Hattos. 2 Vgl. die Aufsatzbände Schmid/Wollasch 1984 u. Geuenich/Oexle 1994. 3 Vgl. Rappmann 1998, S. 299f. 4 Vgl. Haubrichs 1978, S. 15, 17. 5 Dauerleihgabe der Universitätsbibliothek Johann Christian Senckenberg, Ms. Barth. 181; vgl. Goldschmidt 1914, Nr. 121; Surmann 1990, S. 56–81, 163–177 u.ö. 6 London, Bodleian Library, MS Auct. D. 1.20; vgl. Merton 1923, S. 25–27, 98–103; Euw 2008, S. 84f. und Nr. 64. 7 St. Gallen, Stiftsbibliothek, Cod. 23; vgl. Euw 2008, S. 113–117 u. Nr. 97. 8 Vgl. zur Lokalisierung Kat.-Nr. 34. 9 Bern, Burgerbibliothek, Cod. 264; vgl. Homburger 1962, S. 136–158; Beer 1980; Euw 2008, S. 290–293. 10 Rom, Biblioteca Apostolica Vaticana, Reg. lat. 438; (Faksimile: Wandalbert 1997). Vgl. Labusiak 2009, S. 165f. 11 Heute New York, Pierpont Morgan Library, M. 1, Vorderdeckel. 12 St. Gallen, Stiftsbibliothek, Cod. 22. Sogar eine Herkunft direkt aus der Hofschule nimmt an: Schaab 1995, S. 57–80. 13 Vgl. Rainer Kahsnitz, in: AK Magdeburg 2001, Kat.-Nr. IV 75. 14 Für eine Übersicht über die karolingische Lorscher Buchmalerei vgl. Exner 2011, bes. S. 334–343, 351–353. 15 Jakobs 1999, bes. Bd. 1, S. 135–138. Jakobs leitet ihre eigene Datierung in ottonische Zeit aber aus Stilvergleichen ab (S. 291–296). 16 Exner 2004, S. 97–100. Das gilt besonders für die mit Propellerblättern in Kreisen besetzte Rahmung auf der rechten Seite der „Heilung des Besessenen von Gerasa". Ein anderes Motiv, die die Rippen auf den sich einrollenden Blättern darstellenden dunklen Linien, die mit weißen Querstrichen besetzt sind, kommt dafür schon reichlich in der Buchmalerei der Hofschule Karls des Kahlen vor. 17 Vgl. Kuder, in: Berschin 2012, S. 59f. Zu Recht sieht Kuder (ebd., S. 58f) auch in der Datierung der Westapsis zwischen 925–945 keinen *terminus post quem* für die Wandmalereien, da hier bisher keine Spuren mittelalterlicher Ausmalung nachgewiesen sind. 18 Zu Spuren der Eile beim Putzauftrag vgl. Jakobs 1999, Bd. 1, S. 116 u. 141. 19 Vgl. Exner 2004, S. 95f; Berschin 2012, S. 15f. Der Mittellateiner Berschin scheint die alte Deutung von *aula* als Abtspfalz gegenüber Exners Interpretation als (Otmars-)Kirche vorzuziehen. 20 Exner 2004, S. 96. Die *tituli* aus Zürich, Zentralbibliothek, Hs. C 78, fol. 48–50v (jetzt Dauerleihgabe in der Stiftsbibliothek St. Gallen, ediert und ins Deutsche übersetzt bei Sennhauser 1988, S. 14–19.) 21 Reichwald 1998; Kuder, in: Berschin 2012, S. 28f. Für ebenfalls ottonisch hält sie Exner 2004. 22 Zu ergänzen ist u.a. das literaturgeschichtliche Argument, dass die in den *tituli* verwendeten Distichen mit ungereimten Hexametern und gereimten Pentametern in den Jahrzehnten um 900 verbreitet, im späten 10. Jh. aber viel seltener waren. Vgl. zuletzt Berschin 2012, S. 67f. Die stilistischen Vergleiche mit Goldbach von Kuder (ebd., S. 60) bedingen naturgemäß eine entsprechende Datierung von Goldbach. 23 Kuder, in: Berschin 2012, S. 66. 24 Untermann 2006, S. 123. Außer diesen Bauten und Meschede nennt Untermann St. Mangen in St. Gallen und Bischofszell. 25 Vgl. Untermann 2006, S. 144–146; Reudenbach 2009, Kat.-Nr. 187 (Boriana Ilkova/Carola Jaeggi). 26 Berlin, Staatsbibliothek zu Berlin – Preußischer Kulturbesitz, theol. lat. fol. 58, fol. 120r. Vgl. Crivello 2007. 27 München, Bayerische Staatsbibliothek, Clm 14000. Faksimile, Leidinger 1921–25. 28 München, Schatzkammer der Residenz. Vgl. Budde 1998, Kat.-Nr. 3; Stein-Kecks 2002; Appel Tallone 2003. 29 Darmstadt, Universitäts- und Landesbibliothek, Hs 746; vgl. Koehler/Mütherich 1982, S. 88–99; Bischoff 1998, Nr. 9777. 30 Vgl. Kat.-Nr. 31. 31 Monza, Tesoro del Duomo. Vgl. Goldschmidt 1914, Nr. 177; Steenbock 1965, Nr. 25 u. Abb. 39. 32 Vgl. Goldschmidt 1914, Nr. 168; Steenbock 1965, Nr. 7; AK Paderborn 1999, Kat.-Nr. XI.32 (Gudrun Bühl/P. Michael Hermes/Anne Schmid); AK Magdeburg 2001, Kat.-Nr. VI.8 (Hermann Fillitz). 33 Noch unter falschen Voraussetzungen bezüglich Cod. 60 der Stiftsbibliothek St. Gallen: Goldschmidt 1914, Nr. 165–167; Fillitz 1958, S. 60–63. 34 Vatikanstadt, Museo Cristiano, Inv. Nr. 2442. Vgl. Goldschmidt 1914, Nr. 181; Fillitz 1958, S. 49; AK Magdeburg 2001, Kat.-Nr. VI.21 (Hermann Fillitz); AK Magdeburg 2012, Kat.-Nr. IV.54. (Michael Peter). 35 Bonn, LVR-Landesmuseum Bonn, Inv.-Nr. Von 809. Vgl. Goldschmidt 1914, Nr. 37; AK Magdeburg 2001, Kat.-Nr. VI.7 (Hermann Fillitz); Kahsnitz 2010, Nr. 17. 36 München, Bayerische Staatsbibliothek, Clm 22311, fol. 49r und 111r. Vgl. Merton 1923, S. 47–49; Euw 2008, S. 143–145 u. Nr. 101; AK München 2012, Nr. 12 (Béatrice Hernad). 37 Daneben wohl auch noch die Elfenbeine Goldschmidt 1914, Nr. 125–127; vgl. Williamson 2010, Kat.-Nr. 52. 38 Vgl. Goldschmidt 1914, Nr. 164; Duft/Schnyder 1984, S. 29–53; Euw 2008, S. 157f. 39 Vgl. Neyses 2001, S. 93–97, 120, 153f. 40 Vgl. Exner 1989. 41 Vgl. Stephanie Haarländer: Radbod, in: NDB, Bd. 21, S. 82f. 42 Jetzt im Schatz der Kathedrale von Nancy. Vgl. AK Magdeburg 2012, Kat.-Nr. V.31 (Michael Peter). 43 London, Victoria and Albert Museum, Inv. Nr. 150–1866. Vgl. Goldschmidt 1914, Nr. 118; Williamson 2010, Nr. 50. 44 München, Bayerisches Nationalmuseum, Inv. Nr. MA 160; Weimar, Klassik Stiftung Weimar, Kunstgewerbemuseum, Inv. Nr. A 19. Vgl. Goldschmidt 1914, Nr. 44–45. 45 Vgl. Goldschmidt 1914, Nr. 160–162; Steenbock 1965, Nr. 22; Surmann 1990, S. 97–102; Jülich 2007–2009, Nr. 10.

6

DIE MÜNZPRÄGUNG

IN MAINZ ZUR ZEIT HATTOS I.

CHRISTIAN STOESS

IM OSTFRÄNKISCHEN REICH GAB ES IM 9. JAHRHUNDERT KEINE UMFANGREICHE MÜNZPRÄGUNG, EINE AUCH NUR ANNÄHERND ENTWICKELTE GELDWIRTSCHAFT SCHEINT ES AUSSERHALB DER HANDELSZENTREN AN RHEIN UND MAIN NICHT GEGEBEN ZU HABEN.1 DIE EINZIGE AUSGEPRÄGTE MÜNZSORTE WAR DER PFENNIG (LAT. *DENARIUS*), NUR GELEGENTLICH WURDE DER HALBE PFENNIG (HÄLBLING, LAT. *OBOLUS*) GEPRÄGT.

Das Münzrecht lag ausschließlich, so die allgemeine Lehrmeinung, in den Händen des Königs.[2] Von Ludwig dem Deutschen (reg. 840/843–876) sind nur einige wenige Pfennige aus der Münzstätte Mainz überliefert, von seinen Söhnen Ludwig III. dem Jüngeren (reg. 876–882) und Karl dem Dicken (III., reg. 876/882–887) kennen wir überhaupt keine eindeutig zuweisbaren Münzen.[3] Dies ändert sich gegen Ende des 9. Jahrhunderts unter Arnulf von Kärnten (reg. 887–899). Es setzt eine umfangreiche Prägung von Pfennigen in der Münzstätte Mainz ein.[4] Das Äußere dieser Pfennige orientiert sich an dem seit Ludwig dem Frommen in zahlreichen ost- und westfränkischen Münzstätten geläufigen Münzbild *(Abb. 59)*: Die Vorderseite zeigt ein gleichschenkliges Kreuz mit je einer Kugel in den Winkeln, umgeben von der zwischen zwei Perlkreisen befindlichen Umschrift *ARNOLDVSREX (Arnoldus Rex)*, die Rückseite eine stilisierte Kirchenfront mit jeweils zwei Säulen neben einem Kreuz, darum innerhalb eines Perlkreises die Münzstättenangabe *MOCONCIAECIVIT (Mogoncia Civitas)*.[5]

Auch unter Ludwig dem Kind (900–911), Konrad I. (911–919), Heinrich I. (919–936) und Otto I. (vor seiner Kaiserkrönung 962) wurde dieser Münztyp in Mainz weiterhin geprägt.[6] Die Wiederaufnahme der Münzprägung in Mainz, die seit Ludwig dem Deutschen, spätestens aber seit Ludwig III. dem Jüngeren geruht hatte, und die Übertragung des Erzbistums Mainz an Hatto im Jahre 891 fallen zeitlich zusammen.

Auffällig ist, dass die Prägungen in Mainz mit den Namen Arnulfs und Ludwigs des Kindes technische Besonderheiten aufweisen, die sonst bei keinen früh- und hochmittelalterlichen ostfränkischen bzw. deutschen Prägungen festzustellen sind:
Die Münzprägung erfolgte in dieser Zeit, indem auf einen fixierten Unterstempel die zu prägende Metallscheibe (der Schrötling) gelegt und darauf der Oberstempel – frei mit der Hand geführt – gesetzt wurde. Das Münzbild wurde mittels eines Hammerschlags auf den Oberstempel in den Schrötling eingepresst. Dieses

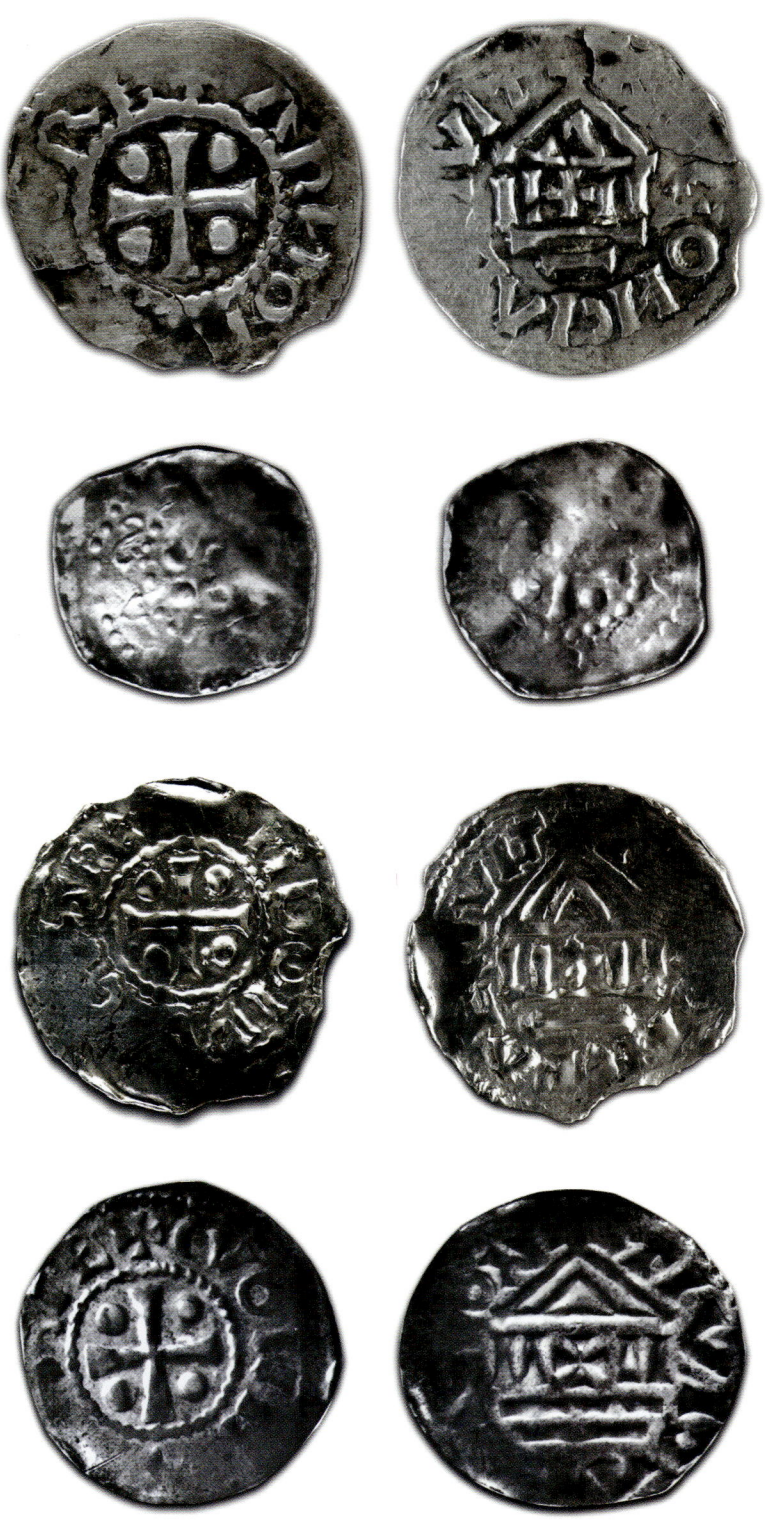

Abb. 59 Pfennig Arnulfs von Kärnten, Vorder- und Rückseite, Dm. 24 mm, Maßstab 2:1, Mainz, Stadtarchiv (vgl. Kat.-Nr. 19)

Abb. 60 Hälbling Arnulfs von Kärnten, Vorder- und Rückseite, Dm. 17 mm, Maßstab 2:1, Stockholm, Kungl. Myntkabinettet

Abb. 61 Pfennig Ludwig des Kindes, Vorder- und Rückseite, Dm. 23 mm, Maßstab 2:1, Mainz, Stadtarchiv (vgl. Kat.-Nr. 20)

Abb. 62 Pfennig Konrads I., Vorder- und Rückseite, Dm. 22 mm, Maßstab 2:1, München, Staatliche Münzsammlung

Vorgehen führt dazu, dass die Bildachsen von Vorder- zu Rückseite variieren, je nachdem, wie der Oberstempel gehalten wurde; weiterhin ist bei der Hammerprägung der Verschleiß des Oberstempels, auf den der größere Druck ausgeübt wird, deutlich höher als derjenige des Unterstempels (etwa Faktor 2 bis 3).

In Mainz hingegen wurde ganz offensichtlich eine andere Technik verwendet: Sämtliche Pfennige Arnulfs und Ludwigs des Kindes weisen feste Stempelstellungen von Vorder- zu Rückseitenbild auf, und zwar 0, 90, 180 oder 270 Grad. Die Prägung erfolgte also nicht freihändig, sondern in einer mechanischen Führung. Weiterhin ist auffällig, dass die Anzahl der feststellbaren Vorder- und Rückseitenstempel in etwa gleich groß ist.

Mir lagen 77 Pfennige Arnulfs von Kärnten zur stempelkritischen Untersuchung vor. Davon konnten 63 Stück gewogen werden. Das Durchschnittsgewicht der Pfennige, die zwischen 1,39 und 1,98 g wiegen, beträgt 1,66 g.[7] Es konnten 27 verschiedene Vorderseiten- und 31 verschiedene Rückseitenstempel festgestellt werden. Schaut man sich die Verbindungen von Ober- zu Unterstempeln an, fällt auf, dass wir keine Stempelkette, sondern ein regelrechtes Stempelnetz mit vielfältigen Verbindungen haben. Mehrere Vorderseiten- und Rückseitenstempel waren also gleichzeitig in Gebrauch; es ist von einer intensiven Prägetätigkeit auszugehen. Vermutlich wurden in Mainz unter Arnulf auch Hälblinge (Obole) geprägt *(Abb. 60)*. Diese primitiven Kleinmünzen im Gewicht von etwa 0,7 g[8] zeigen beiderseits ein Kreuz mit vier Kugeln in den Winkeln, die Buchstabenreste in der „Umschrift" ergeben keinen Sinn; mit viel Phantasie lässt sich am Ende der Vorderseitenumschrift ein Krummstab erkennen. Die Prägung ist ähnlich nachlässig wie diejenige der Pfennige Arnulfs. Vier solcher Hälblinge wurden in Mainz gefunden.[9] Von Ludwig dem Kind lagen mir 20 Pfennige zur stempelkritischen Untersuchung vor *(Abb. 61)*. Davon konnten 18 Stück gewogen werden. Das Durchschnittsgewicht der Pfennige, die zwischen 1,32 und 1,88 g wiegen, beträgt 1,58 g. Es wurden neun verschiedene Vorderseiten- und zehn verschiedene Rückseitenstempel festgestellt. Stempelverbindungen sind nur in einem Falle feststellbar, ansonsten liegen einzelne Stempelpaare vor.[10]

Von Konrad I. lagen 15 Pfennige vor *(Abb. 62)*, darunter zwei neuzeitliche Sammlerfälschungen, die als solche in den sie beherbergenden öffentlichen Münzsammlungen noch nicht erkannt wurden. Von den 13 echten Stücken konnten zwölf Stück gewogen werden. Das Durchschnittsgewicht der Pfennige, die zwischen 1,40 und 1,79 g wiegen, beträgt 1,59 g. Es wurden neun verschiedene Vorderseiten- und neun verschiedene Rückseitenstempel festgestellt. Stempelverbindungen

sind nicht feststellbar. Die Pfennige Konrads I. unterscheiden sich stilistisch deutlich von denjenigen seiner Vorgänger. Buchstaben und Münzbild sind kraftvoll in den Stempel graviert, die Stempelstellung ist beliebig; in Mainz kehrte man zur freihändigen Prägung zurück.

Es ist auffällig, dass eine für spätkarolingische Verhältnisse umfangreiche Prägung mit der Investitur Hattos in Mainz einsetzt. Wir wissen über die Organisation der früh- und hochmittelalterlichen Münzprägung so gut wie nichts. Es ist allgemeine Lehrmeinung, dass Münzrecht und Prägeorganisation ausschließlich beim König bzw. bei der königlichen Verwaltung lagen. Ist es nicht möglich, dass sich der König in Mainz zumindest des erzbischöflichen Apparats bediente, um die Prägung durchzuführen? Ist darüber hinaus vielleicht sogar eine Teilhabe des mächtigen Ratgebers Hatto an der Münzprägung denkbar?[11] Was war der Anlass für die in diesem Umfang singulär stehende Massenprägung Ende des 9. Jahrhunderts? Ganz offensichtlich wurden mittels einer neuen Technik in kurzer Zeit, dafür spricht auch die nachlässige Ausführung der Prägung, große Mengen gemünzten Geldes benötigt.

1 Grierson/Blackburn 1986, S. 225. Heß 1962 kommt nach Auswertung der Münzfunde und der schriftlichen Quellen, insbesondere der recht häufig in Urkunden genannten Geldzinse, zu dem Schluss, dass vor allem im heutigen Rheinhessen schon in karolingischer Zeit Geldwirtschaft herrschte. Die meisten der von ihm ohne näheren Nachweis kartierten Geldzinse dürften aber aus der ersten Hälfte des 10. Jahrhunderts stammen, zudem sind aus dem 9. Jahrhundert nur vereinzelte Münzfunde überliefert, sieht man einmal von den Einzelfunden nahe dem frühmittelalterlichen Mainzer Stadtzentrum (Stoess 1994, S. 178–181) ab. 2 Die wenigen Münzrechtsverleihungen an geistliche Würdenträger, zuerst 833 an Corvey (Jesse 1924, Nr. 44), sind vernachlässigbar; auf den Prägungen selbst werden in karolingischer Zeit nur die Könige genannt. 3 Bei Ludwig III. dem Jüngeren ist die Zuweisung einzelner Prägungen und vor allem die Abgrenzung zu den Prägungen Ludwigs des Frommen, Ludwigs des Deutschen und Ludwigs des Kindes bislang nicht überzeugend gelungen; die Fundüberlieferung ist zu dünn. Karl der Dicke prägte nicht in ostfränkischen, wohl aber in italienischen und lothringischen Münzstätten, eine Abgrenzung der westfränkischen Prägungen von denjenigen Karls des Kahlen ist bisher ebenfalls nicht gelungen. Vgl. Grierson/Blackburn 1986, S. 227. 4 Wir kennen daneben einen nur in zwei Exemplaren überlieferten Pfennig Arnulfs aus der Münzstätte Regensburg (Fundort Melk, vgl. Haertle 1997, Fund Nr. 666) und eine ebenfalls nur in einem Exemplar überlieferte Prägung aus dem lothringischen Toul (vgl. Grierson/Blackburn 1986, S. 227). Auf den Pfennigen aus Regensburg und Toul begegnet, abweichend zu den Mainzer Pfennigen, die Schreibweise Arnulfus statt Arnoldus. 5 Die Umschriften auf den spätkarolingischen Denaren sind oft rückläufig und/oder fast bis zur Unkenntlichkeit depraviert (entstellt), so dass eine Zuweisung an einzelne Herrscher oft nicht ganz einfach ist. 6 Stoess 2003, S. 32 und Abb. S. 39. Unter Ludwig dem Kind wurde vor allem in Mainz geprägt, daneben kennen wir Münzen aus Straßburg und Köln sowie, nur in wenigen Exemplaren überliefert, aus Basel, Konstanz, Namur, Toul, Trier, Würzburg und Zürich. Vgl. Grierson/Blackburn 1986, S. 228 und Kluge 1991, S. 23. Unter Konrad I. wurde im ostfränkischen Reich außer in Mainz nur in Regensburg gemünzt, dort freilich in ganz geringem Umfang. 7 Dieses Gewicht entspricht dem karolingischen Standard, der seit 793/794 galt. Eine Gewichtserhöhung unter Arnulf, wie sie Grierson/Blackburn 1986, S. 227 vermuten, hat nicht stattgefunden. 8 Die bekannten Stücke sind durchweg korrodiert bzw. defekt, daher kann das Ursprungsgewicht nur grob geschätzt werden. 9 Vgl. Stoess 1993, S. 181, Nr. 58–61. 10 Daneben wurden zwölf Denare und ein Obol mit Titel Ludwigs untersucht, die in den öffentlichen Sammlungen und in der älteren Literatur Ludwig dem Kind zugeordnet werden, wegen des feinen Stempelschnitts aber wohl eher Ludwig dem Deutschen (warum sollte dieser in seiner langen Regierungszeit ausschließlich den Monogrammtyp geprägt haben?) oder Ludwig III. dem Jüngeren zuzuschreiben sind. Vgl. z. B. Stoess 2003, Abb. 19 (dort noch mit Fehlzuweisung an Ludwig das Kind). 11 Dem Mainzer Erzbischof wird erstmals 975 das Münzrecht bestätigt (*confirmatione*), MGH DD O II, 95.

7

MAINZ IM 9. UND
FRÜHEN 10. JAHRHUNDERT

MECHTHILD SCHULZE-DÖRRLAMM

IM SEPTEMBER 891 WURDE HATTO I. ERZBISCHOF VON MAINZ, EINER DER BEDEUTENDSTEN STÄDTE DES OSTFRÄNKISCHEN REICHES, DIE DAMALIGE METROPOLIS GERMANIAE.[1] ALS WIRTSCHAFTS- UND HANDELSZENTRUM IN VERKEHRSGÜNSTIGSTER LAGE AM RHEIN REICHTEN IHRE FERNVERBINDUNGEN NICHT NUR BIS ZUR RHEINMÜNDUNG, NACH ANGELSACHSEN SOWIE SKANDINAVIEN.[2] SONDERN AUCH NACH ITALIEN, SÜDOSTEUROPA UND SOGAR IN DEN VORDEREN ORIENT.

Zudem war Mainz schon 782 ständiger Sitz eines Erzbistums[3] und unter Erzbischof Richulf (787–813) dann auch Mittelpunkt eines Metropolitanverbandes geworden, der bis zum Ende des Heiligen Römischen Reiches die flächenmäßig größte Kirchenprovinz der gesamten Christenheit geblieben ist.[4]

Mit Hatto I. (891–913) erhielt die Stadt einen tatkräftigen Erzbischof, dessen Verdienste mehrfach gerühmt wurden.[5] Widukind von Corvey († nach 973) zufolge soll Hatto I. den Tempel von Mainz – also seine Bischofskirche St. Martin – mit edlen Strukturen ausgestattet haben *(templum Maguntie nobili structura illustrabat).*[6] Ekkehard IV. von St. Gallen († nach 1046),[7] berichtete sogar, dass er Mainz von seinem alten Platz näher an den Rhein verlegt habe *(qui Mogontiam ipsam a loco suo antiquo motam proprius Rheno statuerat).*[8] Diese kostspieligen Baumaßnahmen konnte Hatto I. finanzieren, weil er als Erzbischof nicht nur Abt des reichen Benediktinerklosters Reichenau sowie des Klosters Ellwangen geblieben, sondern auch noch zum Abt der Reichsabteien Lorsch und Weißenburg gewählt geworden war, also über immense Geldmittel verfügte.[9]

Um sein Wirken in Mainz einschätzen zu können, muss man die Topographie der Stadt kennen, wie sie sich seit Kaiser Karl dem Großen bis zur Ankunft Hattos, also vom späten 8. Jahrhundert bis um 890, entwickelt hatte. Sie lässt sich anhand der zufällig erhaltenen Schriftquellen, Bauten, Kunstwerke und Bodenfunde aber nur flüchtig skizzieren. Leider ist das Gesamtbild lückenhafter als nötig, weil die archäologischen Neufunde der letzten 30 Jahre noch nicht veröffentlicht worden sind.[10]

DIE TOPOGRAPHIE VON MAINZ VOM AUSGEHENDEN 8. BIS SPÄTEN 9. JAHRHUNDERT

STEINBAUTEN AUS DER RÖMERZEIT

Die Ruinen der um 460 untergegangenen römischen Provinzhauptstadt *Mogontiacum* prägten Mainz im 9. Jahrhundert viel stärker als heute *(Abb. 63).*[11] Noch immer war die Stadt von einer Mauer umgeben, die 253 zum Schutz der Zivilsiedlung errichtet,[12] aber unter Valentinian I. (um 369/70) im Rahmen seiner Reorganisation der Rheingrenze stark reduziert worden war.[13] Da diese Stadtmauer auf Befehl Friedrich Barbarossas 1163 bis auf ihre Fundamente abgerissen[14] und bei Ausgrabungen nur partiell erfasst worden ist, sind die Kenntnisse über ihr Aussehen sowie ihren Verlauf – insbesondere im Süden – noch immer mangelhaft.[15] Dort scheint sie im 3. Jahrhundert einen weiten Bogen – eventuell bis zum römischen Bühnentheater – gemacht zu haben.[16] Womöglich führte sie aber seit Valentinian I. schon in der Holzstraße zum Rhein, hätte dann also einen glockenförmigen Umriss gehabt und bei einer Länge von 5 km ein Stadtgebiet von ca. 98 ha umfasst (vgl. Abb. 63).[17] Die Mauer war durchschnittlich 2,60–2,70 m breit, erreichte wohl eine Höhe von ca. 6 m[18] und bestand aus zwei Schalen behauenen Quaderwerks mit Gusskern, das im Fundamentbereich zahlreiche, teils sichtbare Spolien enthielt.[19] Ihre Tore wurden von je einem rechteckigen Torturm,[20] sie selbst jedoch von höchstens 48 rechteckigen, nach außen vorspringenden Türmen (Höhe ca. 10 m) gesichert.[21]

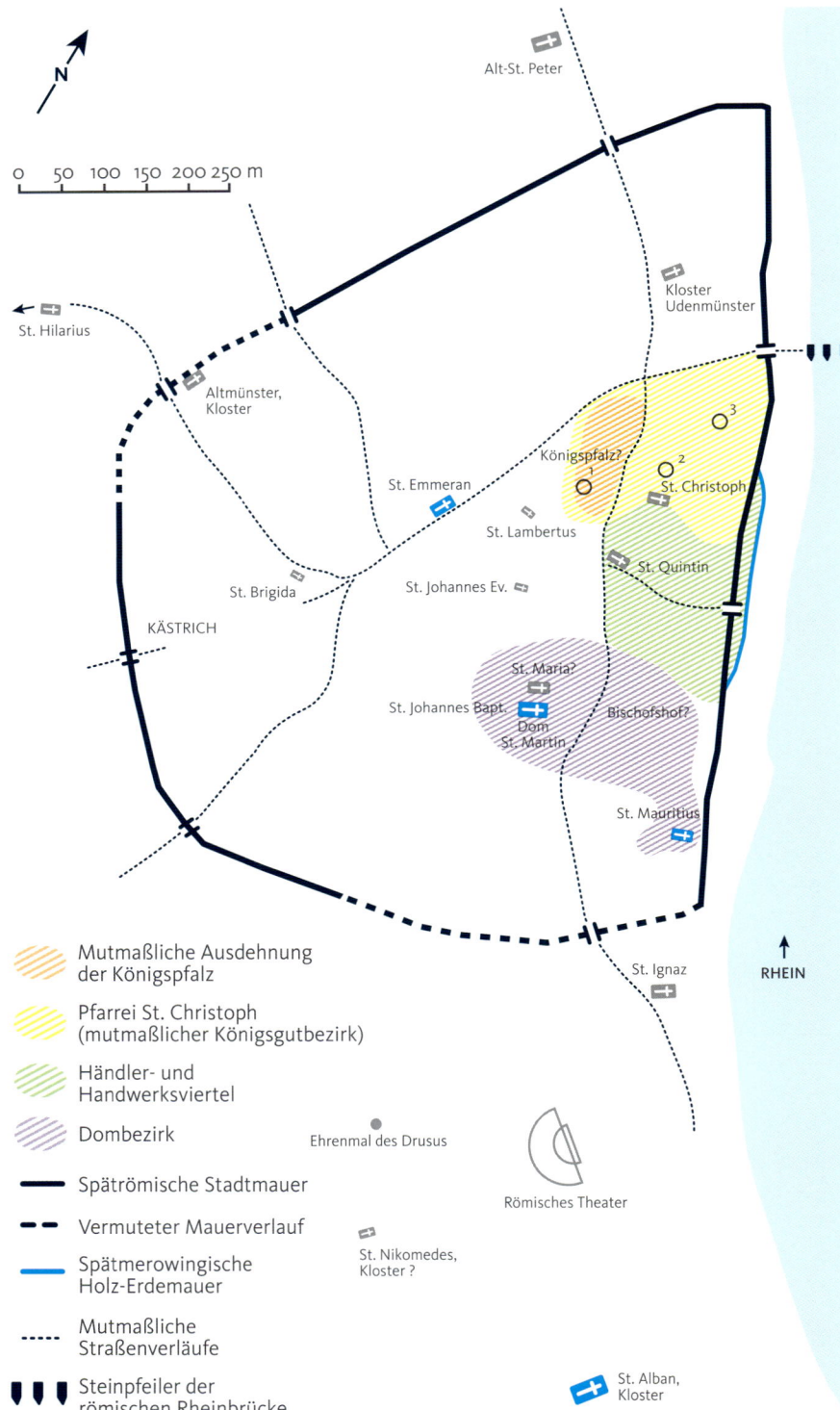

Abb. 63 ◄

Entwurf einer Topographie des karolingischen Mainz (spätes 8. bis spätes 9. Jahrhundert). Standorte der Kirchen und Klöster, mutmaßliche Lage des Bischofshofes, des Händler- und Kaufleuteviertels sowie der Königspfalz mit St. Christoph. Die Kreise kennzeichnen wichtige Fundstellen innerhalb des Pfarrbezirks. - 1 Thronlehne - 2 Doppelfenster aus Sandstein - 3 Überreste wertvoller Schmuckstücke

In der Karte enthaltene Beschriftungen:

Alt-St. Peter
St. Hilarius
Kloster Udenmünster
Altmünster, Kloster
Königspfalz?
St. Emmeran
St. Christoph
St. Lambertus
St. Quintin
St. Brigida
St. Johannes Ev.
KÄSTRICH
St. Maria?
St. Johannes Bapt.
Bischofshof?
Dom St. Martin
St. Mauritius
St. Ignaz
RHEIN
Ehrenmal des Drusus
Römisches Theater
St. Nikomedes, Kloster ?
St. Alban, Kloster

Legende:

Mutmaßliche Ausdehnung der Königspfalz

Pfarrei St. Christoph (mutmaßlicher Königsgutbezirk)

Händler- und Handwerksviertel

Dombezirk

Spätrömische Stadtmauer

Vermuteter Mauerverlauf

Spätmerowingische Holz-Erdemauer

Mutmaßliche Straßenverläufe

Steinpfeiler der römischen Rheinbrücke

Maßstab: 0 50 100 150 200 250 m

N

Die Römermauer war für das karolingische Mainz viel zu groß und außerdem schadhaft geworden, nicht zuletzt durch mehrere Erdbeben der Jahre 855 bis 881.[22] Angesichts drohender Wikingereinfälle musste sie Erzbischof Liutbert 882 erneuern lassen.[23] Sie schützte dann auch vor den Ungarn, die nach 908 fast alljährlich in das Reich eingefallen sind (vgl. Kat.-Nr. 27 und 28), Mainz jedoch nicht angegriffen haben.[24]

Umgeben war die Stadt von den Ruinen bedeutender Steinbauten aus der Römerzeit. Von der frührömischen Wasserleitung, die einst von den Quellen in Finthen und Drais zum Legionslager auf den Kästrich führte, standen noch die hohen Steinpfeiler des Aquädukts über das Zahlbachtal.[25] Im Süden erhob sich – in weitaus besserem Zustand als heute – der sogenannte Eichelstein, ein turmähnliches Kenotaph sowie Ehrenmal für den römischen Feldherrn Drusus.[26]

Von der im 1. Jahrhundert erbauten Rheinbrücke,[27] die man noch im mittleren 6. Jahrhundert bei den Bittprozessionen zur St. Georgskirche in Kastel zu überqueren pflegte,[28] waren die 21 Steinpfeiler so gut erhalten geblieben, dass Kaiser Karl der Große sie 813 für den Bau einer Holzbrücke wiederverwenden konnte (vgl. Abb. 63). Das römische Theater südlich von Mainz, einst das größte Bühnentheater nördlich der Alpen,[29] dürfte als eindrucksvolle Ruine ebenso vorhanden gewesen sein[30] wie das Amphitheater für Gladiatorenkämpfe und Zirkusspiele, dessen Reste noch um 1300 im Zahlbacher Tal zu sehen waren.[31]

Die meisten römischen Ruinen wurden zur Karolingerzeit als Steinbrüche für Kirchen, Klöster und Feudalbauten genutzt. Einige von ihnen lieferten wertvolle Jurakalksteine aus Norroy-lès-Pont-à-Mousson an der oberen Mosel (Lothringen), die für Steinmetzarbeiten besonders gut geeignet waren und deshalb auch nachweislich wiederverwendet worden sind.[32]

PROFANBAUTEN

Im Laufe des frühen Mittelalters haben alle Bevölkerungsgruppen in Mainz Gebäude errichtet, die ihrem jeweiligen Stand entsprachen. Die Stadtstrukturen der Spätantike sind also nicht nur durch den Bau von Kirchen, einer Königspfalz und die Anlage von Adelshöfen, sondern auch durch viele einfache Wohnhäuser aus Holz oder Fachwerk, Grubenhütten sowie Werkstätten der Handel- und Gewerbetreibenden völlig verändert worden. Weite Teile der nördlichen und westlichen Innenstadt blieben unbebaut und dienten als landwirtschaftliche Nutzflächen.[33] All dies trug dazu bei, dass das römische Straßennetz verschwunden und heute nur noch stellenweise zu fassen ist.[34]

Lange war man überzeugt, dass in Mainz keine Königspfalz gestanden habe[35] und dass der König deshalb gezwungen war, sich während seiner Aufenthalte in der Stadt entweder beim Bischof oder im Kloster St. Alban[36] einzuquartieren. Widerlegt wurde diese Annahme durch einen Fund, der zwar schon 1911 bei Grabungen im Stadtzentrum entdeckt, aber erst kürzlich in seiner Bedeutung erkannt worden ist. Es handelt sich um die Seitenlehne eines dreiteiligen Thrones aus Jurakalkstein (Kat.-Nr. 22),[37] die aufgrund der Rankenreliefs auf ihren Kanten *(Abb. 64)* in das späte 8. Jahrhundert datiert werden kann. Der Thron war allseits verziert, muss also frei im Raum gestanden haben und kann – wie Vergleiche mit erhaltenen Originalen und bildlichen Darstellungen ergaben – aufgrund seiner charakteristischen Formgebung keine bischöfliche *cathedra*, sondern nur ein Königsthron gewesen sein. Mit seinen gekehlten Seitenlehnen, die keine Knäufe trugen, glich er dem Aachener Marmorthron Karls des Großen (um 800) in seiner ursprünglichen Form.[38]

Karl der Große hat seit 790 in Mainz nicht nur mehrfach Urkunden ausgestellt,[39] sondern besaß hier also auch eine Pfalz. Die Fundstelle des Throns (vgl. Abb. 63, Fundstelle 1) zeigt, dass diese auf dem höchstem Gelände unweit des Rheinufers gestanden hatte und im Zwickel zweier Durchgangsstraßen. Eine von ihnen, die mutmaßliche *via regia*, führte direkt auf die Steinpfeiler der römischen Rheinbrücke zu,[40] deren hölzerne Aufbauten Karl der Große 813 – wenngleich vergeblich – hatte erneuern lassen. Wie lange man die Königspfalz des späten 8. Jahrhunderts als solche genutzt hat, ist unbekannt. Während Mainz zur Amtszeit Hattos I. nicht von Königen aufgesucht wurde, hat sich dann Otto I. wieder mehrfach hier aufgehalten.[41]

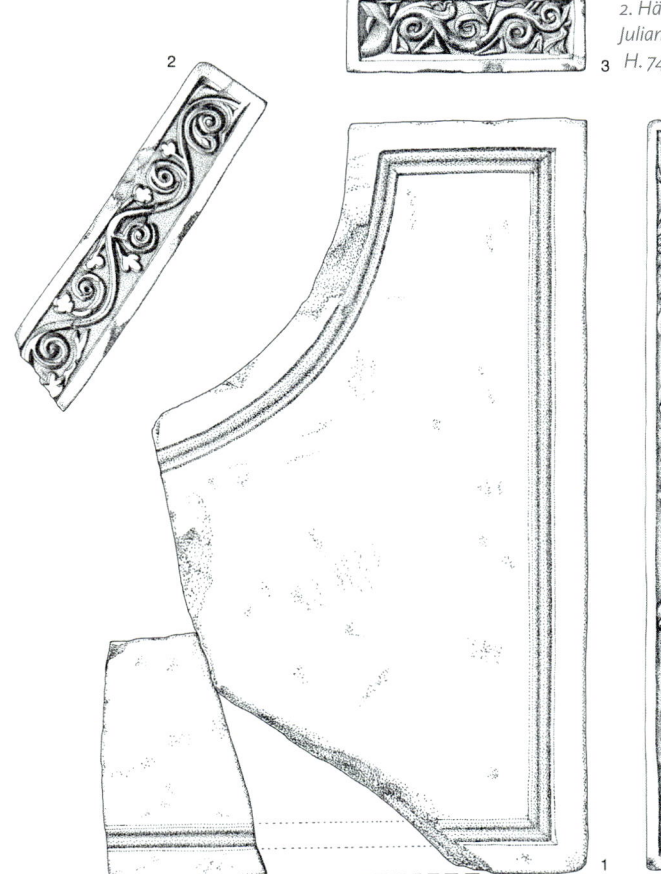

Abb. 64 ▼
Seitenansichten der Seitenlehne des Mainzer Königthrons, Mainz, Stadionerhofstraße (Fundort), 2. Hälfte 8. Jahrhundert, Zeichnung Juliane Ribbeck, Mainz, RGZM, H. 74 cm (vgl. Kat.-Nr. 22)

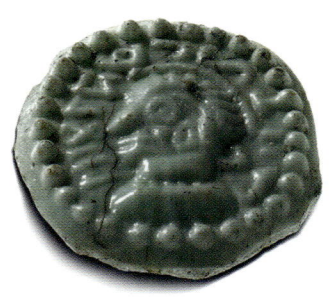

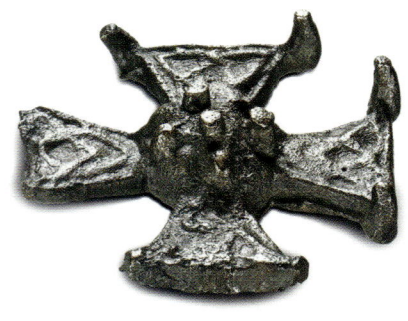

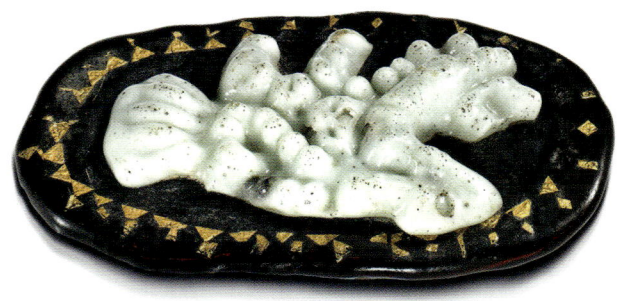

Es dürfte kein Zufall sein, dass fast alle lokalisierbaren archäologischen Funde, die man ebenso wie den Thron mit dem Herrscher oder mit dem Adel in Verbindung bringen kann, gerade aus dem Pfarrbezirk von St. Christoph stammen. So entdeckte man auf dem nahen Karmeliterplatz die Spuren eines karolingischen Steingebäudes (vgl. Abb. 63, Fundstelle 2), also Reste von Feudalarchitektur.[46] Erhalten blieb davon nur noch das Oberteil eines Doppel-Bogenfensters aus Buntsandstein mit karolingischem Winkelbanddekor.[47]

In der Bauerngasse Nr. 13[48] stieß man 1902 beim Kellerbau in einer schwarzen Erdschicht auf ein Ensemble aus Schmuckstücken des späten 8. bis frühen 9. Jahrhunderts (vgl. Abb. 63, Fundstelle 3).[49] Die gegossene Kreuzfibel aus Buntmetall mit einem Kerbschnittdekor aus Dreipassknoten,[50] der Glaskameo einer Pseudomünzfibel sowie vor allem ein ovaler Kameo aus dunkelrotem Glas mit Goldflitterdekor und dem Relief eines Seeungeheuers[51] sind die Überreste von wertvollen Mantelschließen damaliger Zeit *(Abb. 65)*. Gemeinsam mit dem inzwischen verschollenen, bronzenen Vierpassbeschlag eines Pferdezaumzeugs deuten sie an, dass dort Angehörige der Oberschicht ansässig waren.

In der Nähe der Pfalz ist wohl auch die Münzstätte des Königs zu vermuten, die neben Regensburg als die wichtigste karolingische Münzstätte gilt,[52] aber bisher nicht lokalisiert werden konnte.

Von den Höfen des Adels, die im Stadtgebiet verstreut und teilweise sogar mit einem Turm befestigt waren,[53] ist bei den innerstädtischen Grabungen bisher noch kein einziger erfasst worden. Der Überlieferung nach soll ein Hof der Nanthar-Famlie – die sogenannte Nantharsburg – in der Nähe von St. Quintin gelegen haben.[54] Anscheinend umgaben die Herrenhöfe den Pfalzbereich und das südlich angrenzende Kaufleuteviertel von St. Quintin in einem weiten Bogen, lagen also in der Nord- und Westhälfte der Innenstadt und sparten die bischöfliche Südhälfte völlig aus. Indizien dafür sind nicht nur die Standorte der erstmals 779 erwähnten,

Abb. 65 ▲
Überreste wertvoller Schmuckstücke, Mainz, Bauerngasse (Fundort), spätes 8. bis frühes 9. Jahrhundert: Pseudomünzfibel aus Glas, Dm. 3,4 cm – Gegossene Kreuzfibel aus Buntmetall mit Kerbschnittdekor, H. 3,4 cm – Pseudokameofibel aus dunkelrotem Glas mit dem Relief eines Seeungeheuers und aufgeklebtem Goldflitter, L. 5,2 cm, alle Mainz, Landesmuseum, GDKE

Über Größe und Struktur der Königspfalz weiß man nichts, außer dass sie aus mindestens einem Steingebäude bestanden haben muss. Sie könnte deshalb entweder ein renoviertes Bauwerk aus der Römerzeit oder ein Neubau des späten 8. Jahrhunderts gewesen sein.[42] Zur Pfalz gehörte die königliche, also auf Königsgut errichtete Eigenkirche St. Christoph,[43] deren Gründungsbau bei einer Bauuntersuchung nach Kriegsende[44] leider nicht erfasst worden ist. Ihr Pfarrsprengel soll sich schon zur Karolingerzeit herausgebildet haben (vgl. Abb. 63)[45] und könnte deshalb die Größe des einstigen Pfalzbezirks anzeigen. St. Christoph stand am Südrand eines annähernd rechteckigen Sprengels, der im Westen vom Fundort der Thonlehne – also dem Pfalzgebäude – bis zum Rheinufer im Osten reichte und im Norden an die alte, römische Durchgangsstraße grenzte, die direkt auf die Rheinbrücke zuführte.

adeligen Eigenkirche St. Lambert[55] sowie des Eigenklosters Udenmünster. Darauf deutet auch die Lage des Altmünsterklosters, dessen Grundstück von der adeligen Bilhildis gekauft worden war,[56] und der „Schottenkirche" St. Brigida in der Altmünstergasse hin, die der Abt des Klosters Honau mit dem Vermögen seiner adeligen Familie hatte errichten lassen (vgl. Abb. 63).[57]

Der 30 m hohe Kästrich am Westrand der Innenstadt war zur Landseite hin durch die Stadtmauer und an seiner Hangkante im Nordosten durch eine Mauer namens *cestrina* geschützt,[58] die womöglich noch vom römischen Legionslager stammte, das man um 360/70 aufgegeben hatte.[59] Obwohl diese Anhöhe aus heutiger Sicht für einen befestigten Herrenhof besonders gut geeignet wäre,[60] sind bei den Ausgrabungen im Lager keine Hinweise auf eine dauerhafte, karolingerzeitliche Besiedlung entdeckt worden.

In Mainz blieben archäologische Funde sowie Steindenkmäler der Karolingerzeit, die man als Spuren des Herrschers oder des Adels deuten darf, in viel größerer Zahl und Qualität erhalten als in den anderen Römerstädten an Rhein, Mosel und Donau.[61] Die meisten Arbeiten aus Edelmetall oder vergoldetem Buntmetall sind jedoch Einzelstücke von unbekannten Fundstellen und

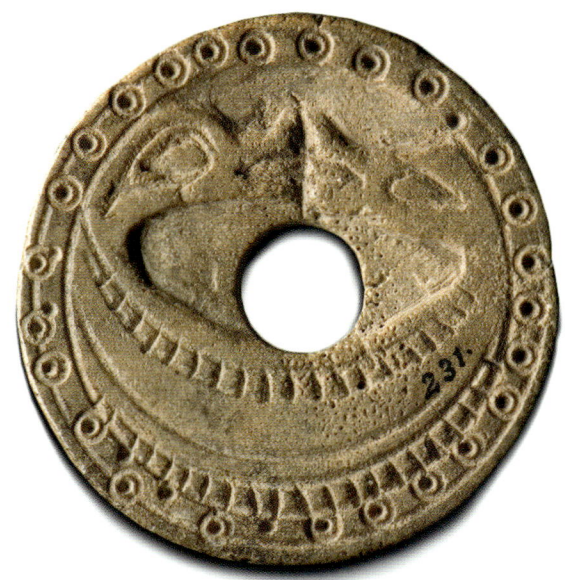

Abb. 68 ◄   92 · 93
Spielstein mit beidseitigem figürlichem Relief, nachträglich durchbohrt und als Spinnwirtel benutzt, Mainz, Kästrich (Fundort), 9. Jahrhundert, Hirschgeweih, Dm. 4,6 cm, Bonn, LVR-LandesMuseum, Nr. 231

überwiegend in das 8. bis frühe 9. Jahrhundert zu datieren. Der Zeit Hattos I. kann man dagegen auffallend wenige Funde dieser Art zuschreiben. Zu nennen wären allenfalls eine silberne Scheibenfibel mit goldener Pressblechauflage *(Abb. 66)*[62] und ein Silberfingerring mit kreuzverzierter Kopfscheibe *(Abb. 67)*,[63] außerdem ein Spielstein aus Hirschgeweih mit beidseitigen figürlichen Reliefs vom Kästrich *(Abb. 68)*, der zu den ältesten dieses Typs gehört und nur aus vornehmstem Milieu stammen kann.[64]

Handel- und Gewerbetreibende mit ihrem Gesinde stellten die Mehrheit der Bevölkerung. Besonders Wohlhabende unter ihnen siedelten vermutlich in jenem Stadtbereich zwischen der Königspfalz im Norden und dem Bischofshof im Süden, der sich von der 774 erstmals erwähnten Pfarrkirche St. Quintin im Westen bis zum Rheinufer im Osten erstreckte (vgl. Abb. 63).[65] Ein Teil dieses Viertels wurde zwar bei der Ausgrabung „Am Brand" untersucht, doch blieben die erfassten Baubefunde sowie das Fundmaterial bis heute unveröffentlicht. Die Grundstücke werden wohl alle in Besitz alteingesessener Familien,[66] also so rar und teuer gewesen sein, dass zugereiste Fernhändler aus Friesland, aber auch ärmere Handwerker, Fischer und Rheinschiffer aus Mainz es vorgezogen haben dürften, sich auf

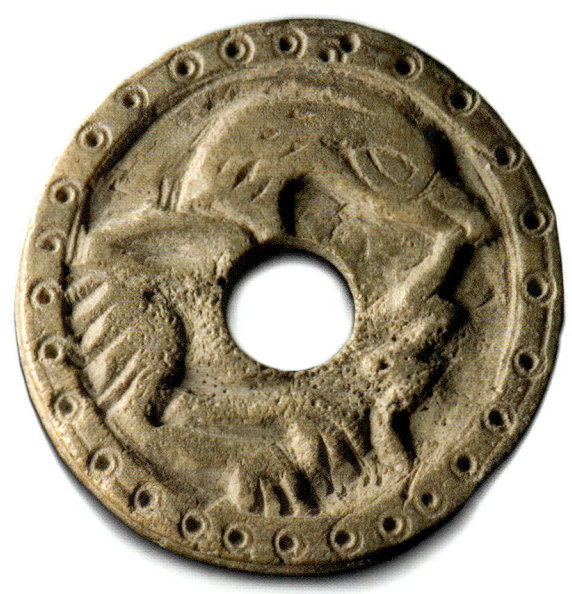

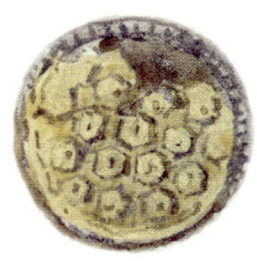

Abb. 66 und 67 ▲▼
Silberschmuck des 9. bis frühen 10. Jahrhunderts: Silberscheibenfibel mit gebuckeltem Goldpressblech, Dm. 1,7 cm, Kopie RGZM (verschollen) – Bandförmiger Silberfingerring mit gleicharmigem Jerusalemer Kreuz (Symbol des Salvator Mundi) auf der Kopfscheibe, Dm. 1,8 cm, Mainz, Landesmuseum, GDKE

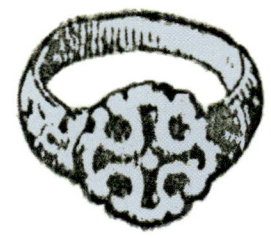

dem schmalen Rheinufer vor der römischen Stadtmauer niederzulassen (vgl. Abb. 63). Dieser Siedlungsstreifen, wo das 886 abgebrannte „Friesenviertel" vermutet wird, hätte durch eine sorgfältige Grabung in der Löhrstraße gründlich erforscht werden können, doch wurde diese Chance leider nicht genutzt. In der großen Baugrube des Hilton II-Hotels sind zwar die Römerschiffe geborgen, alle Bauspuren des Mittelalters jedoch undokumentiert zerstört und die zahllosen Kleinfunde dem Sammeleifer von Privatleuten überlassen worden.[67] Immerhin hat Egon Wamers durch seine verdienstvolle Auswertung des nachträglich zusammengestellten Fundmaterials dort ein überregional bedeutendes Handwerker- und Händlerviertel aus dem 8. bis 10. Jahrhundert nachweisen können,[68] dessen Anfänge sogar bis in das 5./6. Jahrhundert zurückreichen.[69]

Wie es konkret ausgesehen hatte, kann man weiterhin nur vermuten. Wahrscheinlich gliederte sich das Ufergelände in lange, schmale Grundstücke mit eigener Anlegestelle am Rhein. Zur Stadtseite hin werden sich an einer Straße die Lager-, Laden- und Wohnbauten

aufgereiht haben.[70] Diese Mainzer „Einstraßenanlage" von ca. 900 m Länge und 50 m Breite[71] dürfte – ähnlich wie das Kölner Rheinufer – in Parzellen mit Flechtwerkzäunen eingeteilt gewesen sein, auf denen ausschließlich ebenerdige Rechteckhäuser aus Holz, also Pfostenbauten oder Ständerbauten mit Sockeln, standen.[72] Es scheint, dass man diese Häuser zunächst absichtlich vor der Römermauer direkt am Flussufer erbaut hatte. Seit dem mittleren 7. Jahrhundert waren sie jedoch vom Rhein durch eine Holz-Erde-Mauer abgeschnitten, die den Weitertransport der angelandeten Waren behindert haben muss. Über größere Hafenanlagen verfügte Mainz nicht, weil es zur Karolingerzeit keine großen, sondern nur noch kleine Rheinschiffe gab,[73] die überall auf das flache Ufer gezogen werden konnten.[74]

Einige jener Waren, die in der Stadt teils produziert, teils verkauft wurden, sind durch Schriftquellen oder archäologische Funde bezeugt. Der Handelsreisende Ibrahim ibn Jakub aus Tortosa (965/66) berichtete, dass Mainz reich an Getreide, Obst und Weinbergen sei, dass es dort viele, aus Indien importierte Gewürze gäbe und dass er sogar Silbermünzen aus Samarkand gesehen habe.[75]

Hölzerne Weinfässer aus Rheinhessen, die man in Dorestad (NL) als Brunneneinfassungen verwendet hat,[76] sind Beweise dafür, dass der Wein aus Mainz bis an die Rheinmündung gehandelt worden ist. Im Gegenzug importierte man von dort friesische Mäntel aus buntem Tuch,[77] die besonders strapazierfähig waren. Mönche aus St. Gallen und von der Reichenau reisten eigens nach Mainz, um hier solche Tuche, aber auch Pelzwerk zu kaufen,[78] das aus dem Ostseeraum eingeführt worden sein dürfte.[79] Kontakte zum östlichen Mitteleuropa bezeugt ein bleiernes Brustkreuz mit den Reliefs des Gekreuzigten und der betenden Maria aus der Nähe des Reichklaraklosters (Abb. 69),[80] dessen beste Parallele aus Staré Město in Großmähren stammt.[81]

Sichere Hinweise auf eine Keramikproduktion, wie z.B. des schwarz gebrannten Luxusgeschirrs mit Zinnfolien-Applikationen („Tatinger Kannen"),[82] gibt es

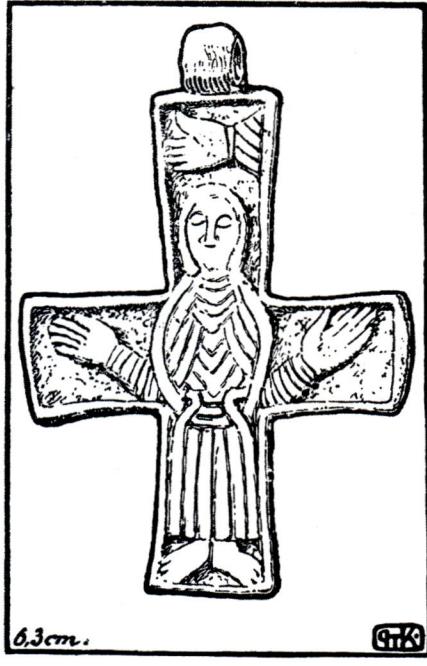

Abb. 69 ▼
Brustkreuz, Vorderseite: Gekreuzigter in langer Tunika, Rückseite: betende Maria, Mainz, Gelände des Reichklaraklosters (Fundort), 9./frühes 10. Jahrhundert, Blei, H. 6,3 cm, Mainz, Landesmuseum, GDKE

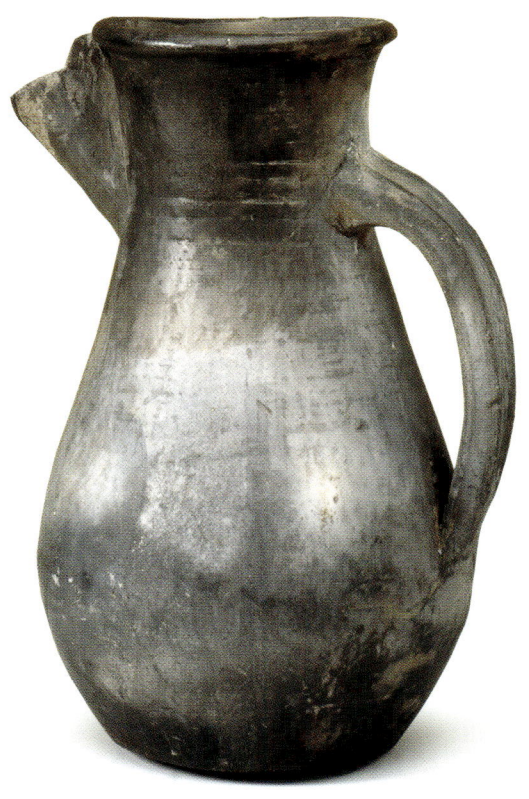

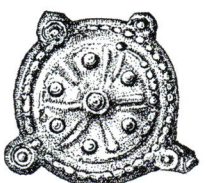 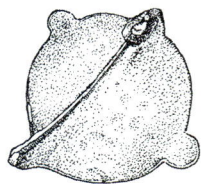

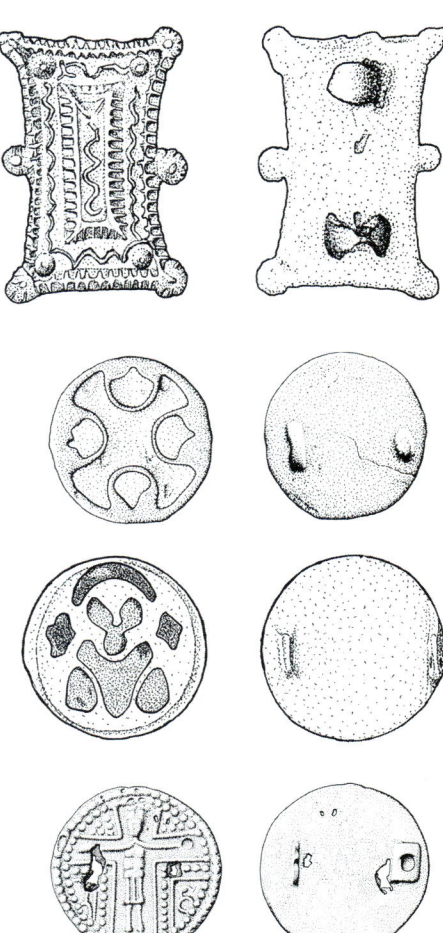

in Mainz bisher nicht. Der Fund einer vollständigen, aber unverzierten Kanne in der Nähe der Bauhofstraße (Abb. 70),[83] also am wenig besiedelten Nordrand der Innenstadt, mag aber ein Indiz dafür sein, dass dort die für Mainz typischen „Tatinger" Kannen ohne Foliendekor hergestellt worden sein könnten.

Von den karolingischen Glasgefäßen des Rheinlandes, die sogar bis nach Schweden exportiert wurden, hat man im Stadtgebiet noch keines entdeckt[84] und erst recht keine Spuren von Glashütten. Zahlreiche Fundstücke, insbesondere Halbfabrikate (Abb. 71),[85] Modelle und Formstempel, aus der Baugrube in der Löhrstraße beweisen, dass auf dem Rheinuferstreifen Werkstätten gestanden hatten, die massenhaft preiswerten Modeschmuck aus Bronze oder Blei/Zinn, teils auch mit Emaileinlagen (Abb. 72, 1–4) produzierten.[86]

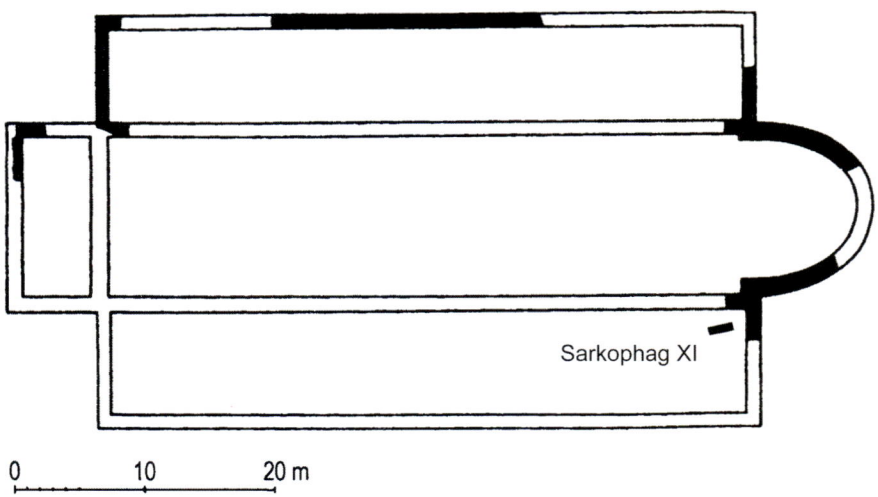

Sarkophag XI

Abb. 73 ▲
Mainz, St. Alban, Grundriss der karolingischen Klosterkirche und Lage des römischen Sarkophags XI mit dem Silberdenar einer Nachbestattung des späten 8. Jahrhunderts (mutmaßliches Grab des Königin Fastrada, † 794); Zeichnung nach W. Jacobsen, ergänzt von Monika Weber, Mainz, RGZM

Außer Handel und Handwerk gab es in Mainz noch andere Erwerbszweige. So wurde das Getreide in den Schiffsmühlen auf dem Rhein gemahlen, die an den Steinpfeilern der römischen Rheinbrücke festgemacht waren.[87] Da man diese Brücke nach ihrem Brand (813) nicht mehr benutzen konnte, war auch der Fährbetrieb über den Strom ein lukratives Geschäft.

KIRCHEN UND KLÖSTER

Im 9. Jahrhundert standen innerhalb wie außerhalb der Stadtmauern zahlreiche Kirchen unterschiedlicher Größe und Funktion (vgl. Abb. 63). Ein kleiner Teil war schon in der ausgehenden Spätantike – z. B. auf den Gräberfeldern an den Ausfallstraßen der Stadt – gegründet, aber wohl im Laufe des Frühmittelalters durch Neubauten ersetzt worden. Die Grundrisse der meisten Kirchen sind unbekannt, weil deren Fundamente unter den heutigen Kirchenbauten liegen und noch nicht ausgegraben wurden. Falls kein Gründungsdatum überliefert ist, lässt sich ihr Alter oft nur aus dem Namen, der Herkunft und dem Todesjahr des Titelheiligen, also aus ihrem Patrozinium, oder aus dem Datum ihrer Ersterwähnung erschließen. Als Gotteshäuser einer Großstadt werden sie mehrheitlich Steinbauten gewesen sein, für die das nötige Baumaterial in den römischen Ruinen leicht zu beschaffen war.

Bei den Kirchengrabungen im östlichen Karolingerreich wurden bisher überwiegend einfache Grundrisse zweierlei Typs gefunden. Auch in Mainz dürften demnach zumeist kleine und einschiffige, West-Ost gerichtete Saalkirchen ohne Turm gestanden haben, die im Osten entweder eine halbrunde, teils eingezogene Apsis oder einen abgesetzten Rechteckchor besaßen.[88] Nur Bischofskirchen und einige Klosterkirchen hat man damals als erheblich größere, dreischiffige Basiliken, manchmal sogar mit Türmen erbaut.[89]

Bedeutendstes Kloster der Innenstadt war das schon 691/694 nahe der römischen Stadtmauer und unterhalb des Kästrich gegründete Altmünsterkloster, eines der ältesten Frauenklöster des Rheinlandes (vgl. Abb. 63).[90] Mit eigenen Mitteln hatte es die adelige hl. Bilhildis (655/60 – um 734) gegründet, die zweite Ehefrau des in Würzburg residierenden Thüringerherzogs Hetan I. und Nichte des Mainzer Bischofs Rigibert. Ihre Klosterkirche St. Maria infra muros ist restlos verschwunden, weil Kurfürst Johann Philipp von Schönborn das Kloster 1656 für den Festungsbau abreißen und an den heutigen Standort verlegen ließ.[91] Dabei wurde auch das Grab der Klostergründerin Bilhildis zerstört.

Im Nordteil der Stadt stand das Eigenkloster eines Adeligen[92] mit dem zugehörigen Udenmünster (vgl. Abb. 63). Es ist wohl mit jenem Mainzer Monasterium identisch, das ein Herzog Nanthar 868 dem Kloster Münsterdreisen schenkte.[93] Südlich der Stadtmauer war schon zu Zeiten von Bischof Bothad (ca. 614 – ca. 625) St. Nikomedes gegründet (bezeugt 762)[94] und so gut mit Gütern ausgestattet worden, dass sie keine einfache Gemeindekirche, sondern die Kirche des ersten Mainzer Benediktinerklosters gewesen sein dürfte.[95]

Auch auf dem nahen Albansberg im Süden der Stadt haben schon im 7. Jahrhundert Mönche gelebt, die ihre Verstorbenen bei einem großen, steinernen Rechtecksaal beerdigten, der aus dem frühen 5. Jahrhundert stammen und das Grab des Mainzer Märtyrers St. Alban († 406) enthalten haben soll.[96] Erzbischof Richulf (787–813) ließ an gleicher Stelle die neue Klosterkirche

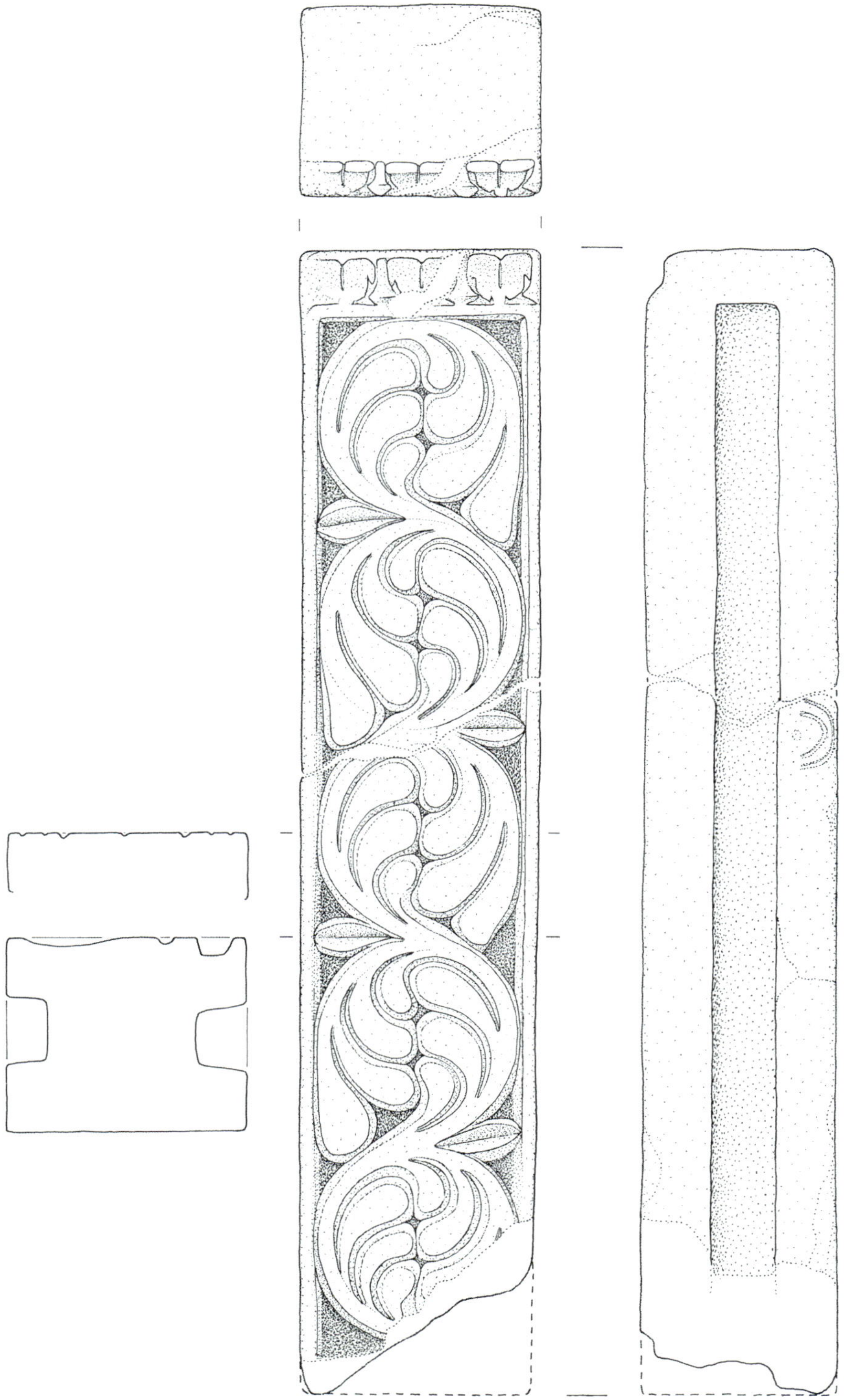

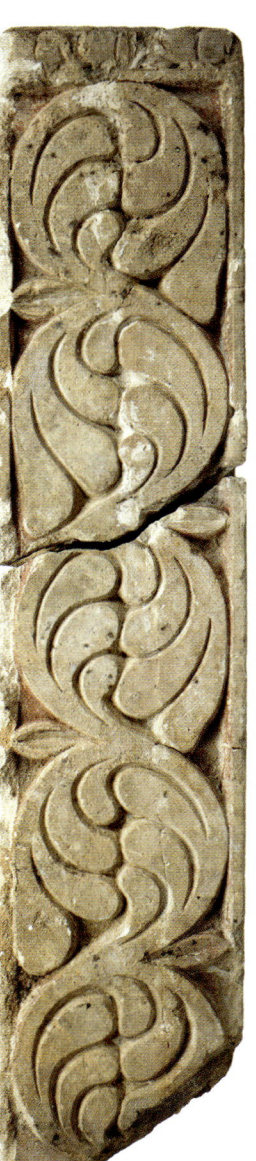

Abb. 74 ▶
Mit Rankenreliefs und roter Farbe verzierter Pfeiler einer Chorschranke, Mainz, St. Alban, spätes 8. Jahrhundert, gearbeitet aus einem römischen Kalksteingesims, H. 114 cm, B. 23,5 cm, Mainz, Landesmuseum, GDKE; Zeichnung Monika Weber, Mainz, RGZM

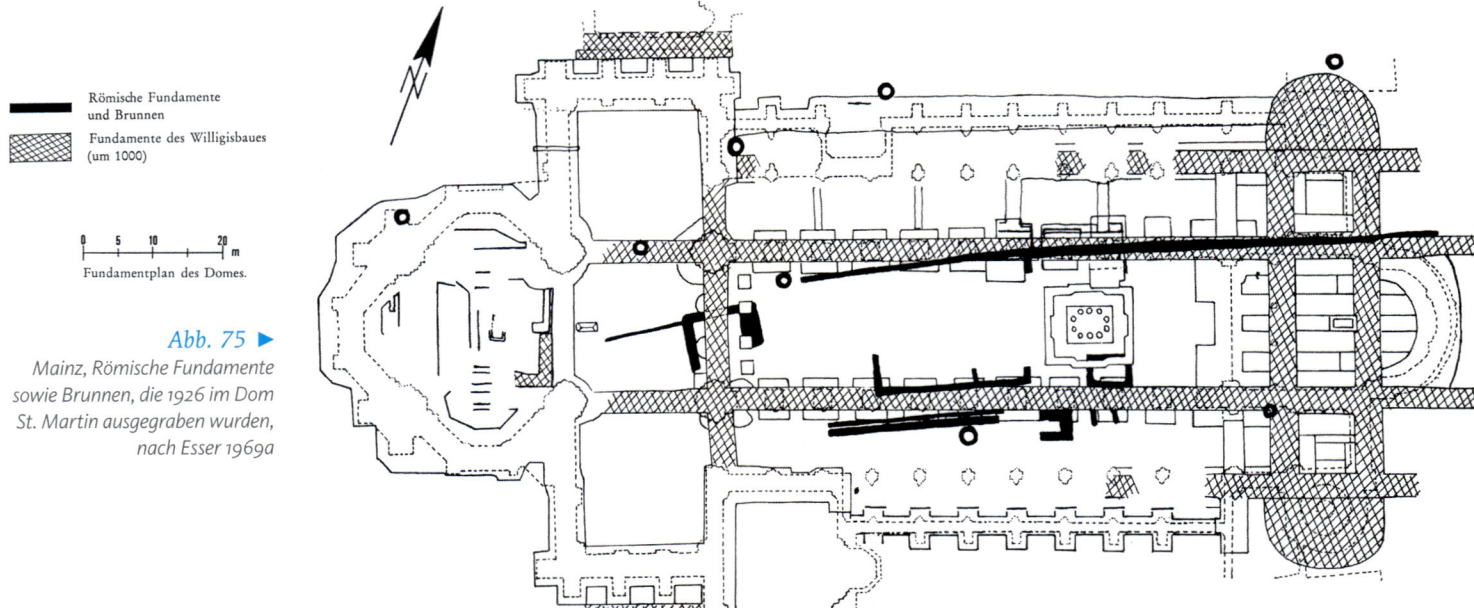

St. Alban erbauen (787–805). Dabei wurde er von Karl dem Großen massiv unterstützt, der dieses Benediktinerkloster zum geistigen Zentrum im Osten seines Reiches machen wollte (vgl. Abb. 63). Der Neubau war wohl eine Säulenbasilika mit dreischiffigem Langhaus, einer unmittelbar angefügten, parabelförmigen Ostapsis ohne Querhaus und Nebenapsiden sowie einem rechteckigen Westbau mit einer Michaelskapelle, die 858 von einem Erdbeben zerstört wurde *(Abb. 73)*.[97]

St. Alban zählte nicht nur zu den größten Kirchen jener Zeit,[98] sondern blieb bis zum Bau des Willigisdomes auch das größte Gotteshaus der Stadt und war deshalb Schauplatz vieler Reichsversammlungen, kirchlicher Synoden und anderer Großereignisse, wie der Taufe des Dänenkönigs Harald (826).[99]

Zur reichen Ausstattung der Klosterkirche gehörte das Mausoleum des Märtyrers Alban, das Erzbischof Richulf mit Gold, Silber und Edelsteinen schmücken ließ.[100] Von der Schönheit der karolingischen Chorschranke zeugt noch ein mit Rankenreliefs verzierter Kalksteinpfeiler, das Werk eines Steinmetzen aus Oberitalien, der dafür nach-

weislich das Kalksteingesims einer römischen Ruine wiederverwendet hat *(Abb. 74)*.[101] St. Alban besaß sogar eine *porta aurea* in Gestalt jener frührömischen Bronzetür, die wahrscheinlich von Karl dem Großen aus der Gegend von Brescia nach Mainz geholt und dann in St. Alban wiederverwendet worden war, und nur deshalb als einzige römische Bronzetür im Raum nördlich der Alpen bis zu ihrer Auffindung (1845) vollständig erhalten bleiben konnte.[102] Noch während der Bauzeit hatte Karl der Große seine vierte Gemahlin Fastrada († 11. 08. 794)[103] in der Albanskirche begraben lassen. Ein 777 geprägter Denar des Königs aus dem römischen Sarg Nr. XI[104] dürfte ein Indiz dafür sein, dass die Königin in diesem altehrwürdigen Sarkophag vor dem Altar an der Ostwand des südlichen Seitenschiffs nachbestattet worden ist (vgl. Abb. 73).[105] Für Fastrada hatte Theodulf von Orléans († 821) eine Grabinschrift gedichtet, an die bis heute eine Nachdichtung des 15. Jahrhunderts im Martinsdom erinnert.[106] Obwohl die meisten Mainzer Erzbischöfe des 9. und 10. Jahrhunderts in St. Alban beigesetzt worden sind, hat man ihre Grablegen bei den Ausgrabungen (1907–1911) nicht mehr finden können.

Nördlich, westlich und südlich der Stadtmauer lagen Friedhöfe, die schon von den Römern an den Ausfallstraßen angelegt und von der Bevölkerung kontinuierlich genutzt worden sind. So scheint die Kirche Alt-St. Peter schon in der Spätantike auf einem kleinen Bestattungsplatz nördlich der Stadt errichtet worden zu sein (vgl. Abb. 63), dessen hohes Alter auch frühmittelalterliche Grabsteine bezeugen.[107] Erst gegen Mitte des 18. Jahrhunderts wurde St. Peter an die Stelle des wegen Baufälligkeit abgerissenen Udenmünsters verlegt und dort neu erbaut.[108]

Auf dem alten, römischen Gräberfeld im Zahlbacher Tal westlich von Mainz, wo sich bis heute der städtische Hauptfriedhof befindet, stand die Friedhofskirche St. Hilarius (später St. Aureus).[109] Bei ihr hatte man bis zum Bau der Klosterkirche St. Alban im späten 8. Jahrhundert die Bischöfe der Frühzeit begraben (vgl. Abb. 63).[110] Erst im frühen 19. Jahrhundert wurde das Gotteshaus abgerissen. Als Pfarrkirche für das Kaufleute- und Händlerviertel am Rhein diente St. Quintin (vgl. Abb. 63). Da die Reliquien ihres Titelheiligen erst durch Bischof Eligius von Noyon (641–660) wiederentdeckt worden waren, kann sie frühestens aus dem späten 7. Jahrhundert stammen.[111] Zur Karolingerzeit dürfte sie aber längst bestanden haben. Weil ihr Innenraum noch nicht ausgegraben wurde,[112] sind Größe und Aussehen ihres Gründungsbaus unbekannt.

Südlich der Stadt ist St. Ignaz vermutlich schon im 7. Jahrhundert bei einem Hof namens Selenhofen errichtet worden (vgl. Abb. 63).[113] Auf ihr hohes Alter lässt der ungewöhnliche Titelheilige St. Ignatius, Bischof von Antiochia, schließen, der in Rom sein Martyrium erlitten hatte.[114] Im Jahre 815 wurde zum ersten Mal eine Mainzer Kirche erwähnt, die dem hl. Johannes Ev. geweiht war und wohl mit Lützel St. Johann im Bereich des Triton-Platzes identisch sein dürfte.[115]

Der Überlieferung nach soll Erzbischof Liutbert (863–889) die Stiftskirche St. Mauritius im Südosten der Innenstadt gegründet haben (vgl. Abb. 63).[116] Dabei handelte es sich anscheinend um eine schlichte Saalkirche mit mutmaßlichem Rechteckchor (vgl. Abb. 82),[117] die nur 5 m von der römischen Stadtmauer entfernt lag.[118]

Erst in der Gotik errichtete man einen neuen Chor sowie das südliche Seitenschiff, in dessen Ruine sich 1861 ein verziertes Bogenfenster mit der Stifterinschrift des Hatto I. fand (vgl. Kat.-Nr. 46).[119] Da es dort als Spolie verbaut worden war, sind die Herkunft und der ursprüngliche Platz des Hatto-Fensters umstritten.

Den Schriftquellen zufolge zeichnete sich die Bischofsstadt Mainz im frühen Mittelalter durch eine typische „Kathedralgruppe" aus, die außer dem Dom St. Martin, das von Bischof Sidonius (560/67) erbaute Baptisterium St. Johannes Bapt. und die Leutkirche St. Maria umfasste (vgl. Abb. 63).[120] Dazu gehörte natürlich auch der Bischofshof mit den nötigen Wohn- und Wirtschaftsgebäuden, dessen Lage zwar unbekannt, aber vielleicht beim „Höfchen" und der romanischen Pfalzkapelle St. Gotthard zu lokalisieren ist.[121]

Bislang deuten nur wenige Indizien an, wo die drei Kirchen der Kathedralgruppe gestanden, welche Größe sie besessen und wie sie ausgesehen hatten. Da Kirchen fast immer am selben Platz neu erbaut wurden, wäre die frühmittelalterliche Bischofskirche unter dem Dom-Neubau des Erzbischofs Willigis (975–1011) zu suchen.[122] Bei der Grabung im Dom St. Martin sollen aber nur die Fundamente von römischen Wohnhäusern und keine Spuren kirchlicher Vorgängerbauten gefunden worden sein (Abb. 75).[123]

Im nordöstlichen Vorbau der St. Johanniskirche stieß K. H. Esser dagegen in 4 m Tiefe auf die ca. 1 m dicke Außenmauer eines großen, gleich orientierten Bauwerks aus wiederverwendeten, römischen Steinquadern mit mehreren Fußbodenschichten, deren älteste aus dem 4. Jahrhundert stammen und einen ungestörten Fortbestand der

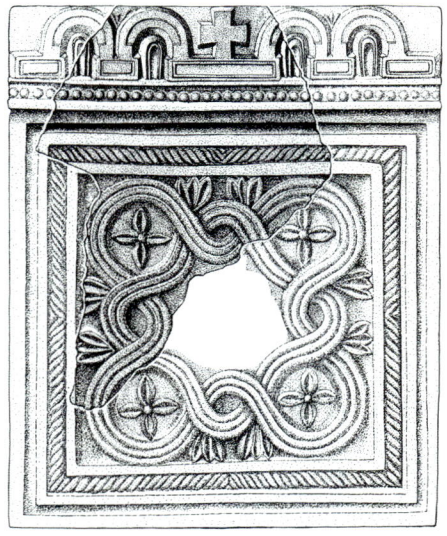
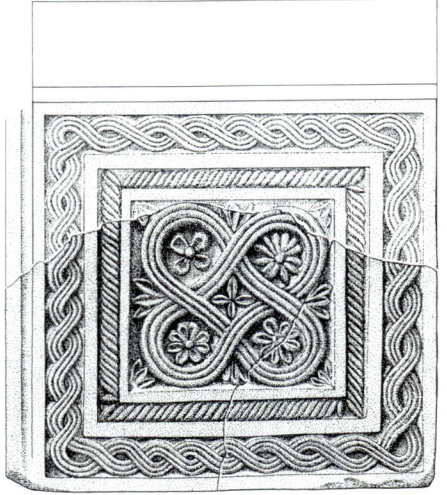

Abb. 76 ▼

Fragmente von zwei Flechtwerksteinen einer Chorschranke, Mainz, St. Johannis, Chor (Fundort), mittleres 9. Jahrhundert, oben: Mainz, Landesmuseum, GDKE, unten: verschollen; Zeichnung Juliane Ribbeck, Mainz, RGZM

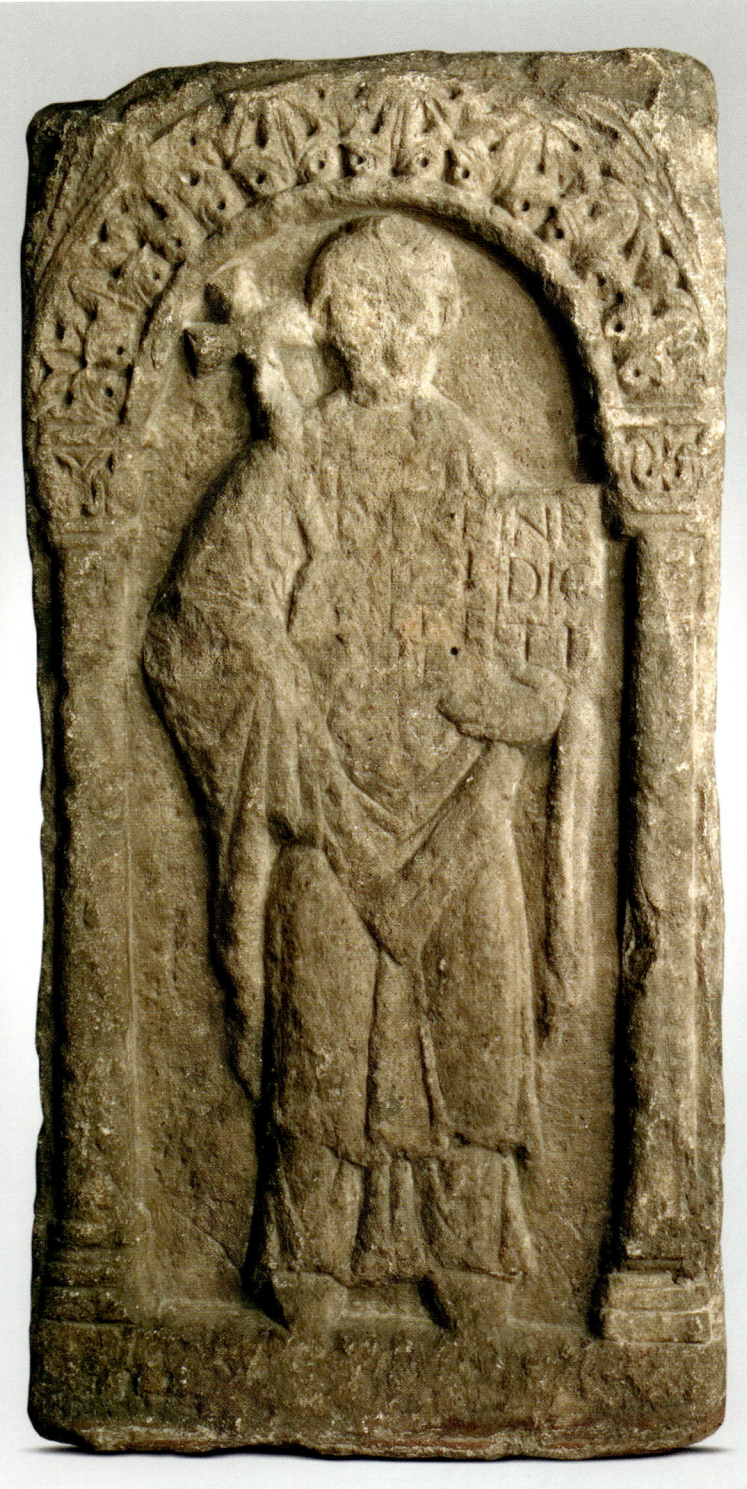

Abb. 77 ◄
Grabmal des hl. Bonifatius,
ehemals Mainz, St. Maria,
mittleres 9. Jahrhundert,
H. 107 cm, B. 55 cm,
Mainz, Bischöfliches Dom- und
Diözesanmuseum, Inv.-Nr. PS00146

Bebauung belegen.[124] Dass die spätantike und die frühmittelalterliche Bischofskirche an der Stelle der späteren
St. Johanniskirche zu suchen sind, lassen außerdem
zwei flechtbandverzierte Sandsteinplatten aus dem
mittleren 9. Jahrhundert vermuten, die bei Grabungen
im gotischen Westchor gefunden wurden (Abb. 76). Sie
stammen wohl von der Chorschranke jenes Hochaltars,
den die Erzbischöfe Otgar und Hrabanus Maurus über
einer mutmaßlichen Hallenkrypta für die Reliquien der
hll. Sergius und Bacchus errichtet hatten.[125] Das von
Hrabanus Maurus für diesen Hochaltar gestiftete Tafel-
gemälde des Gekreuzigten zwischen zwei Seraphimen[126]
blieb nicht erhalten.

Die Taufkirche St. Johannis Bapt. lag in unmittelbarer
Nähe der Bischofskirche. Auf ihren Standort weist eine
alte Mauer mit einer stark geschwollenen Wandsäule
hin, die schräg unter dem gotischen Westchor der Johanniskirche und unter deren Nordmauer verläuft.[127]
Sie scheint ein Indiz dafür sein, dass das von Sidonius
erbaute Baptisterium dort – also dicht vor dem zu ver-
mutenden Westportal der Bischofskirche – gestanden
hatte und wahrscheinlich ein mehreckiger Zentralbau[128] gewesen war.

Nördlich des Baptisteriums befand sich die Leutkirche
St. Maria mit der Blutreliquie des hl. Erzbischofs Bonifatius († 6. 5. 754).[129] Jenes Wasser, mit dem man den
blutigen Leichnam des Märtyrers in Mainz vor seiner
Überführung nach Fulda gewaschen hatte, war nämlich
in einem Gefäß gesammelt und im Kirchenboden ver-
graben worden.[130] Über diesem Reliquiengrab stellte Erzbischof Hrabanus Maurus im mittleren 9. Jahrhundert
ein steinernes Grabmal (Abb. 77) auf, das er ringsum

mit Reliefs verzieren und auf dem er Bonifatius als älteren Mann in liturgischen Bischofsgewändern mit dem Kreuzstab eines Märtyrers darstellen ließ.[131]

Allem Anschein nach hatte die karolingische Bischofskirche – der „Alte Dom" – an der Stelle der heutigen St. Johanniskirche gestanden. Bei den Grabungen und Bauuntersuchungen, die R. Kautzsch 1906 in deren Innern durchführte, konnte er ihren Grundriss zum Teil erfassen (Abb. 78). Erhalten war vor allem das breite Mittelschiff, das in der Mitte fast quadratisch ist und sich mit je vier Arkaden zu den Seitenschiffen öffnet.[132] Im Osten schließt ein rechteckiges Presbyterium mit durch Arkaden abgetrennten Westquerflügeln an. Bildlichen Darstellungen zufolge soll es in einer halbrunden Apsis geendet haben. Der Abschluss des Vierungsquadrats im Westen ist dagegen unbekannt, weil er im 14. Jahrhundert durch einen quadratischen Chorturm ersetzt wurde. Anstelle der bisher vermuteten Apsis rekonstruieren A. de Filippo und W. E. Keil einen rechteckigen Chor (vgl. Abb. 90, S. 117).

Lange Zeit hat man diesen Bau wegen seiner vermeintlichen Ähnlichkeit mit der St. Georgskirche in Reichenau-Oberzell dem Erzbischof Hatto I. zugeschrieben und in die Zeit um 900 datiert.[133] Neue Ausgrabungen zeigten aber, dass St. Georg ursprünglich ein Zentralbau gewesen war, also einen völlig anderen, gar nicht vergleichbaren Grundriss besessen hatte.[134]

Aus Mangel an Parallelen wird die bestehende St. Johanniskirche derzeit sehr gegensätzlich datiert. Da der Chorraum des Klerus von höheren, breit geöffneten Querarmen eingefasst war, zählt W. Untermann diesen Bau zu den Bischofskirchen des 8. bis frühen 9. Jahrhunderts.[135] Nach W. Jacobsen kann das Bauwerk wegen seiner aus Platte und Schräge bestehenden Basen und Kämpfer noch nicht um 900, sondern frühestens im späten 10. Jahrhundert errichtet worden sein.[136] Dagegen hält aber D. von Winterfeld trotz fehlender Vergleichsbauten an einer Datierung in die Zeit um 900 fest.[137] Aufgrund ihrer Auswertung alter Grabungspläne

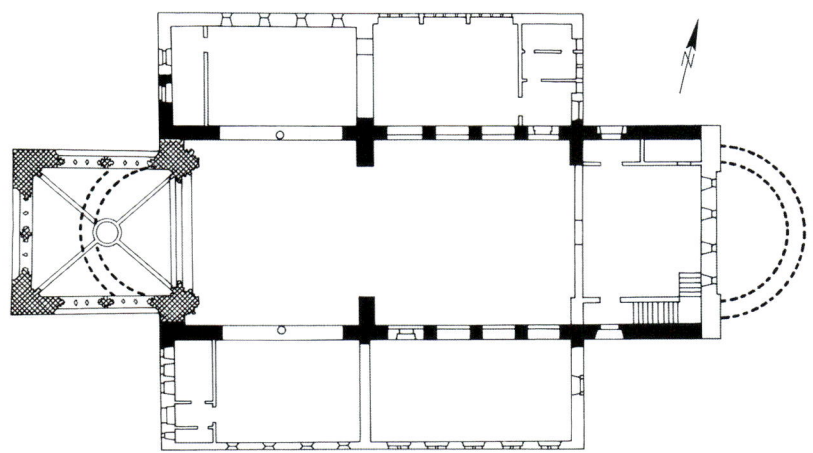

und neuester Bauaufnahmen konnten A. de Filippo und W. E. Keil jetzt einen ganz anderen Grundriss der Johanniskirche rekonstruieren (vgl. A. de Filippo/W. E. Keil, St. Johanniskirche, Abb. 86, S. 113), der durchaus stilistische Bezüge zu der von Hatto I. (?) zur Basilika umgebauten St. Georgskirche in Oberzell erkennen lässt (vgl. W. E. Keil, Hattos Kirchenbauten, S. 110f.).

Der Stadtplan von Mainz im 9. Jahrhundert (vgl. Abb. 63) ist zwar stark vereinfacht, deutet aber sowohl eine Konzentration der Bebauung auf den flussnahen Bereich als auch deren Dreiteilung an. Den Süden dominierte der Erzbischof, das Mittelstück mitsamt dem schmalen Rheinuferstreifen gehörte den Handel- und Gewerbetreibenden und der Nordabschnitt war in der Hand des Königs, der dort im späten 8. Jahrhundert seine Pfalz erbaut hatte. Dass Mainz eine "Stadt des Königs"[138] und kein unbedeutender Platz im Reich Karls des Großen[139] gewesen war, spiegelt sich also nicht nur in ihrem reichen Fundmaterial aus dieser Zeit, sondern auch in ihrer Topographie.

SPUREN DER BAUMASSNAHMEN ERZBISCHOFS HATTO I. IN DER ZEIT UM 900

Von Hattos I. Wirken in Mainz blieben nur wenige Spuren erhalten. Am berühmtesten ist das einzigartige Hatto-Fenster mit seiner Stifterinschrift aus St. Mauri-

Abb. 78 ▲

Mainz, St. Johannis, Heutiger Grundriss mit den Mauern der von R. Kautzsch ergrabenen Bischofskirche des späten 8. bis frühen 9. Jahrhunderts (schwarz), dem gotischen Westchor (gerastert) und den zwei rekonstruierten Apsiden (gestrichelt), nach Wegner 1988

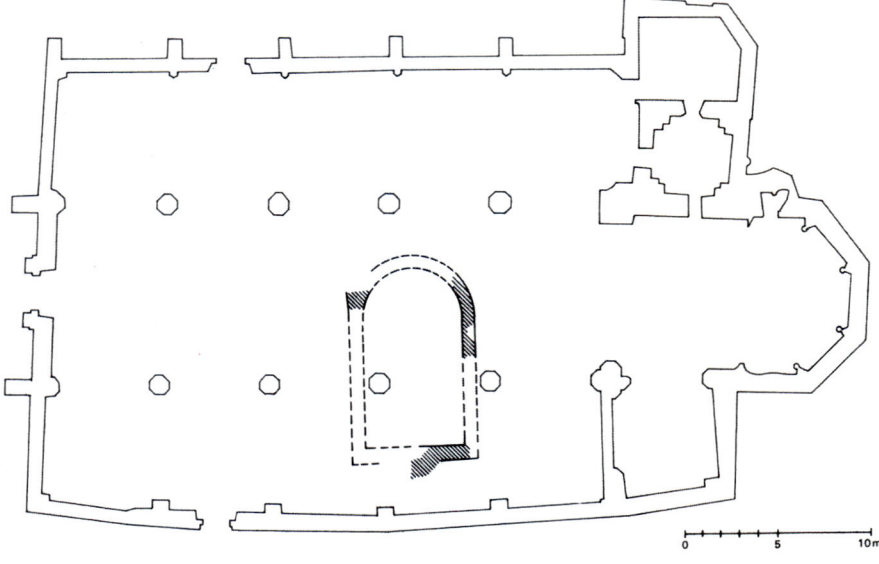

Abb. 79 ▲
Mainz, St. Emmeran, mit einge-
zeichnetem Grundriss der Saal-
kirche des frühen 10. Jahrhunderts,
nach Esser 1975b

tius (vgl. Abb. 33 und Kat.-Nr. 46).[140] Weil er darin betonte, diesen Tempel erbaut sowie mit Gemälden und Gold geschmückt zu haben, hat man oft vermutet, dass es aus dem Dom St. Martin – dem „Tempel von Mainz" – stammen müsse. Zwingend ist diese Annahme aber keineswegs, weil zur Karolingerzeit nicht nur Kathedralen, sondern auch Gotteshäuser von erheblich kleinerer Größe und anderer Funktion als „Tempel" bezeichnet worden sind. Mit seinem reichen Reliefschmuck vermittelt der Fensterrahmen jedenfalls eine gewisse Vorstellung davon, wie der Erzbischof seine Bischofskirche ausgestattet haben könnte.

Ihm darf man auch ein Weihwasserbecken (vgl. Kat.-Nr. 48) aus gelblichem Marmor zuschreiben, das in einem unbekannten Gotteshaus gestanden hatte und durch die Buchstaben seiner lateinischen Umschrift in das späte 9. bis frühe 10. Jahrhundert datiert wird. Wegen des kostbaren Marmors kann dieses Becken nicht von einem beliebigen Mainzer Kleriker, sondern nur von einem sehr wohlhabenden, bedeutenden Mann – also wohl vom Erzbischof selbst – gestiftet worden sein.[141]

Da Hatto I. auch Abt der bischöflichen Eigenklöster seiner Diözese war,[142] hat er offenbar den berühmten Goldschmied und Mönch Tuotilo von St. Gallen beauf-

tragt, ein goldenes Antependium für den Hauptaltar des Klosters St. Alban zu schaffen,[143] das leider nicht erhalten blieb.

Ein schmale Chorschrankenplatte aus Buntsandstein (vgl. Kat.-Nr. 50) wurde 1909/12 bei Ausgrabungen im nördlichen Seitenschiff des Willigis-Doms gefunden[144] und deshalb dem Dommuseum übereignet.[145] Da ihre Schauseite ein Rankenrelief trägt, das große Ähnlichkeit mit der Kreisranke auf dem linken Rand des Hatto-Fensters aus der um 900 hat, zählt sie ebenfalls zu den Stiftungen des Erzbischofs. Diese Platte unterscheidet sich nicht nur in den Maßen, sondern auch durch ihr zweizeiliges Blattrankenrelief so deutlich von den beiden Schrankenplatten des mittleren 9. Jahrhunderts aus St. Johannis (vgl. Abb. 76),[146] dass sie von einer anderen Chorschranke stammen muss. Diese mag ursprünglich in der Johanniskirche gestanden haben, könnte aber auch ein Indiz dafür sein, dass schon Erzbischof Hatto I. im Gelände des späteren Willigis-Doms (vgl. Abb. 75) einen anderen Sakralbau errichtet oder zumindest ausgestattet hatte.

Außerdem könnte er die Pfarrkirche St. Emmeran gegründet haben *(Abb. 79)*. In ihr hat man den schlichten Grundriss einer kleinen Saalkirche mit halbrunder Apsis ergraben, die erstaunlicherweise nach Norden gerichtet ist.[147] Deren Fundamente sind so flach, dass ihre Wände aus Fachwerk bestanden haben dürften. Theoretisch kann dieser Gründungsbau schon bald nach dem Märtyrertod des hl. Emmeram († ca. 685) errichtet worden sein, doch wird er durch die Pingsdorfer Scherben aus seinen Fundamentgräben frühestens in den Beginn des 10. Jahrhunderts[148] und damit in die Amtszeit des Erzbischofs datiert.

Dieser scheint in Mainz ansonsten keine neuen Kirchen errichtet, sondern nur bestehende Gotteshäuser – insbesondere seine Bischofskirche – verschönert zu haben. Die Bemerkung Widukinds von Corvey, dass Hatto I. den Tempel von Mainz mit edlen Strukturen versehen habe,[149] wurde oft so interpretiert, dass er die bestehende St. Johanniskirche – also den mutmaßlichen

Alten Dom – ganz neu erbauen ließ. Aus dem Wortlaut geht aber klar hervor, dass er keine neue Kathedrale errichtet, sondern nur deren Baubestand veredelt hat.[150] Bei seiner Ankunft fand er eine Bischofskirche aus dem späten 8./frühen 9. Jahrhundert[151] mit dem üblichen Ostchor vor, die von den Erzbischöfen Otgar sowie Hrabanus Maurus gegen Mitte des 9. Jahrhunderts umgebaut, mit einer (Hallen- ?) Krypta und mit einer neuen Chorschranke ausgestattet worden war.[152] Dicht vor ihrem Westportal stand vermutlich noch das Baptisterium des Bischofs Sidonius aus dem mittleren 6. Jahrhundert.

Kurz nach der Mitte des 10. Jahrhunderts scheint die Bischofskirche aber eine Ostapsis und eine Westapsis – also schon eine Doppelchoranlage wie der spätere Willigis-Dom – besessen zu haben. Diese konnte wegen tiefgreifender Bodenstörungen zwar nicht ausgegraben werden, ist aber aus dem St. Albaner Tropar zu erschließen, in dem die Stationen der Mainzer Palmprozession sowie der Prozession beim Begräbnis des Ottonen Liudolf († 6. 9. 957) in St. Alban detailliert beschrieben wurden.[153] Man darf deshalb vermuten, dass Hatto I. das längst baufällige Baptisterium abgerissen, statt dessen einen Westchor an das Langhaus des Doms angebaut (vgl. Abb. 78) – dessen Baustrukturen also dadurch veredelt – und zugleich das Patrozinium des Johannes Bapt. in die Bischofskirche St. Martin integriert hat. Zusätzlich könnte er den Dom noch durch den Anbau eines Paradieses sowie mit Wandmalereien, Skulpturen, bemalten Glasfenstern[154] und Tafelgemälden, vielleicht sogar mit Bodenmosaiken ausgeschmückt haben.

Größere Rätsel gibt die Bemerkung des Ekkehard IV. von St. Gallen auf, wonach Hatto I. die Stadt von ihrem alten Standort näher an den Rhein verlegt habe.[155] Da sich Ekkehard als Leiter der Mainzer Domschule (1024–1032)[156] kaum geirrt haben wird, deutete K. H. Esser sie als Hinweis auf eine fortifikatorische und rechtliche Stadterweiterung.[157] Bei seiner Ausgrabung „Am Brand" (1965–67; 1971–73) suchte er deshalb nach einer neuen Mauer, die Hatto I. gebaut haben müsse. In

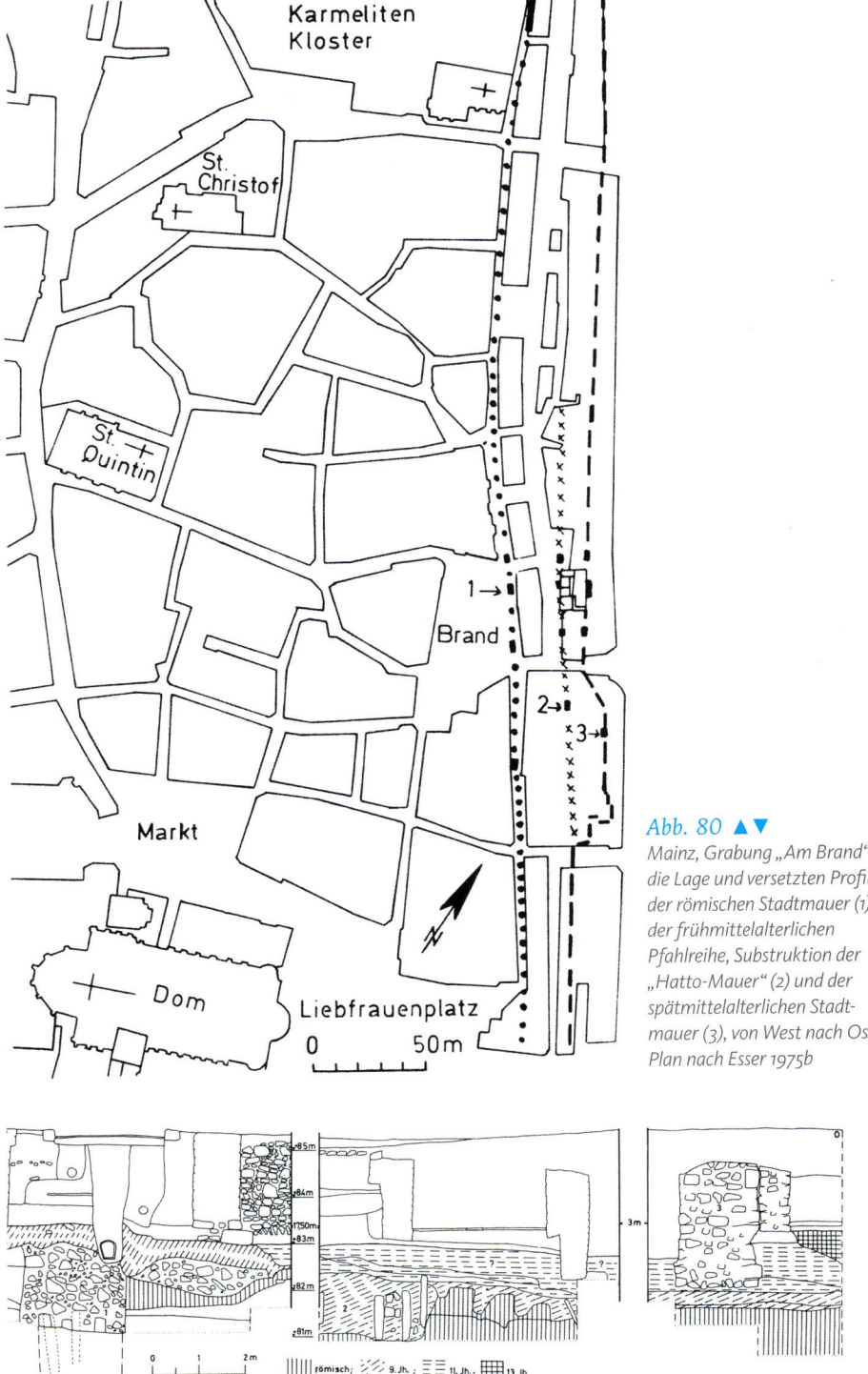

Abb. 80 ▲▼
Mainz, Grabung „Am Brand":
die Lage und versetzten Profile
der römischen Stadtmauer (1),
der frühmittelalterlichen
Pfahlreihe, Substruktion der
„Hatto-Mauer" (2) und der
spätmittelalterlichen Stadt-
mauer (3), von West nach Ost,
Plan nach Esser 1975b

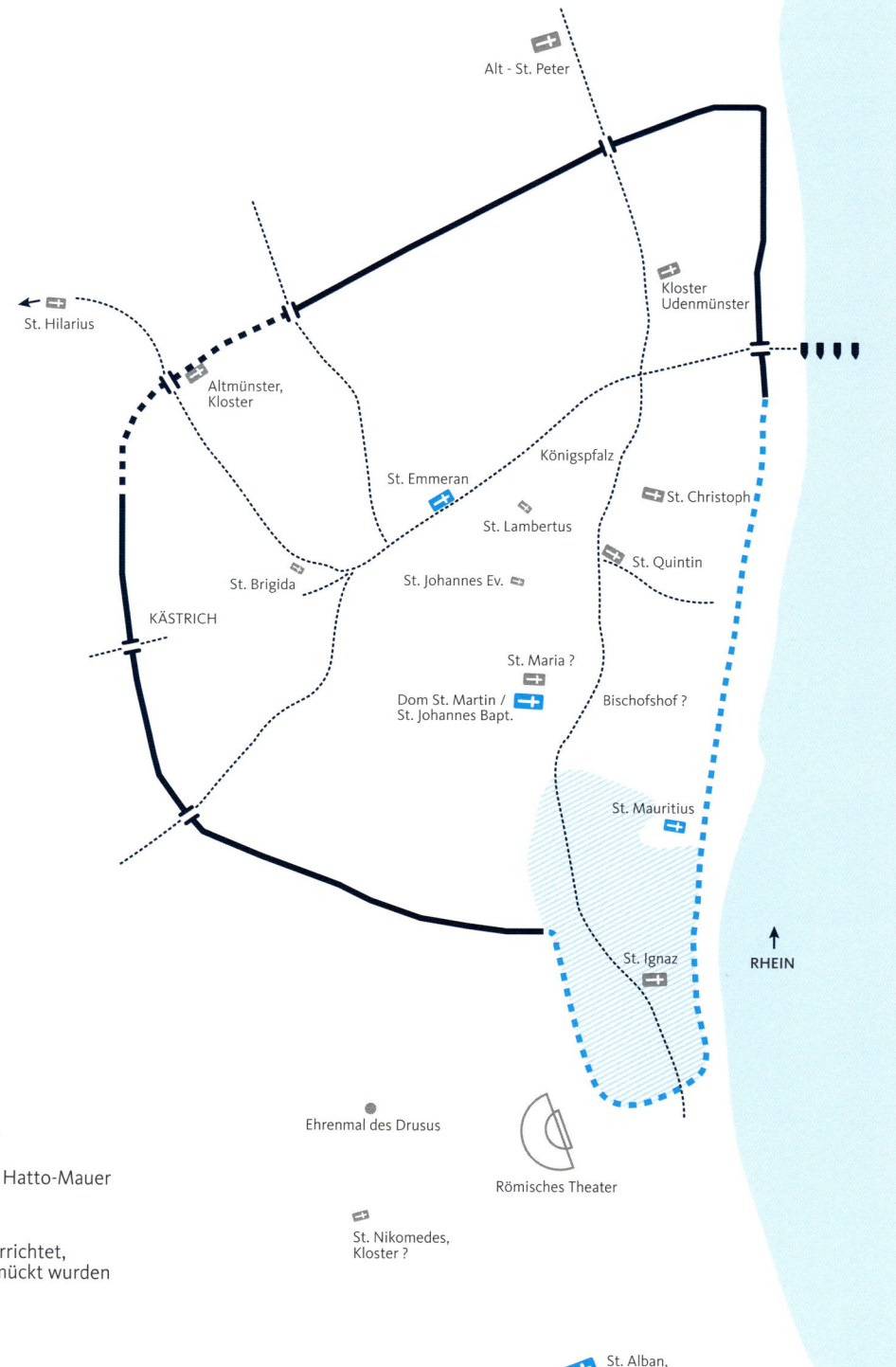

N

Alt - St. Peter

Kloster
Udenmünster

St. Hilarius

Altmünster,
Kloster

Königspfalz

St. Emmeran

St. Christoph

St. Lambertus

St. Brigida

St. Quintin

KÄSTRICH

St. Johannes Ev.

St. Maria ?

Dom St. Martin /
St. Johannes Bapt.

Bischofshof ?

St. Mauritius

St. Ignaz

RHEIN

Ehrenmal des Drusus

Römisches Theater

St. Nikomedes,
Kloster ?

St. Alban,
Kloster

0   50 100 150 200 250 m

Spätrömische Stadtmauer

Mutmaßlicher Verlauf der Hatto-Mauer

Pfarrei St. Ignaz

Kirchen, die von Hatto I. errichtet,
umgebaut oder ausgeschmückt wurden

Mutmaßliche
Straßenverläufe

Steinpfeiler der
römischen Rheinbrücke

einem ca. 31 m breiten Streifen am Rheinufer erfasste Esser die Fundamente von zwei Steinmauern – der spätrömischen sowie der nach 1244 wieder aufgebauten, spätmittelalterlichen Stadtmauer[158] – und dazwischen die Pfostenreihe einer dritten Befestigung, deren Aufgehendes nicht mehr erhalten war *(Abb. 80)*.[159] Da die Zerstörungsschicht der Römermauer als jüngste Funde Scherben von Badorfer Keramik[160] enthielt, glaubte Esser, dass sie nach der Mitte des 9. Jahrhunderts – also wohl von Hatto I. – abgerissen worden sei.[161] In seinem Grabungsareal ist die Stadtmauer im 13. Jahrhundert außerdem nicht mehr auf dem Fundament der Römermauer, sondern viel weiter östlich auf jungfräulichem Boden wiederaufgebaut worden. Deshalb hielt er die ca. 8 m hinter der spätmittelalterlichen Stadtmauer verlaufende, auf 70 m Länge erfasste Reihe aus Eichenpfählen für die Substruktion einer neuen Mauer, die Hatto I. aus den Steinen der abgebrochenen Römermauer habe errichten lassen.[162] Eine dendrochronologische Untersuchung ergab jedoch inzwischen, dass diese Pfähle nicht aus der Zeit um 900, sondern schon aus den Jahren von 651 bis 730[163] stammen. Sie gehörten demnach zu einer älteren Holz-Erde-Mauer, die östlich vor der Römermauer verlief und mehrfach erneuert worden ist.[164]

Die Hatto-Mauer wurde „Am Brand" also nicht direkt nachgewiesen, zumal aufgehendes Mauerwerk fehlte. Mit ihrer Existenz ist dennoch zu rechnen. Da die Stadt nach dem Abbruch der Römermauer vor Hochwasser geschützt werden musste, könnte Hatto I. die haltbaren Eichenpfosten aus der Merowingerzeit durchaus für seine neue Stadtmauer wiederverwendet haben.[165] Dass eine solche bis zum Abriss der gesamten Stadtmauer (1163) aufrecht gestanden haben muss, beweist die über die Pfostenreihe hinwegziehende Zerstörungsschicht mit Pingsdorfer Keramik des 12. Jahrhunderts.[166]

Nach Esser und Wamers[167] verlief die Hatto-Mauer von der Löhrstraße im Norden bis zur Mailandsgasse im Süden einige Meter hinter der Stadtmauer des Spätmittelalters, um ihr von da an, also zwischen Mailandsgasse

und Holzstraße, zu entsprechen (vgl. Abb. 80). Allerdings will das Landesamt für Denkmalpflege die Hatto-Mauer inzwischen an ganz anderer Stelle erfasst haben.[168] Die Veröffentlichung dieses Befundes muss ebenso abgewartet werden, wie die der neuesten Ausgrabung zwischen Ignaz- und Templergasse. Dort kam zwischen der spätmittelalterlichen Stadtmauer und der Römermauer ein Graben mit mittelalterlichen Holzsetzungen sowie karolingische Keramik zutage,[169] der an den Pfahlgraben unter der vermuteten Hatto-Mauer „Am Brand" erinnert. Sollte Hatto I. die Stadt also nicht nur in östlicher, sondern auch in südlicher Richtung an den Rhein „verlagert" haben, um den Vorort Selenhofen mit der Ignazkirche in den Schutz seiner neuen Stadtmauer einzubeziehen? Ein Indiz dafür könnte die Größe des Pfarrsprengels von St. Ignaz sein, der sich schon zur Karolingerzeit herausgebildet haben soll und im Norden nicht (an der valentinianischen Römermauer?) in der Holzstraße endete, sondern bis weit in die Altstadt hineinreichte *(Abb. 81)*.[170]

Der Tod von Erzbischof Hatto I. liegt schon 1100 Jahre zurück, doch sind Art und Umfang seiner Baumaßnahmen noch immer nicht genau bekannt. Aus archäologischer Sicht ist das frühmittelalterliche Mainz eine *Terra incognita*, die dringend erforscht werden muss. Durch neue Ausgrabungen im Innern und im Außenbereich von St. Johannis sollten endlich Alter, Standort, Größe und Grundriss der ältesten Mainzer Bischofskirche, ihres Baptisteriums sowie der zugehörigen Marienkirche geklärt werden. Längst überfällig ist auch die Publikation aller Befunde und Fundstücke aus den Altgrabungen „Am Brand", in St. Alban, St. Johannis und im Martinsdom. Dringend zu wünschen wären überdies Ausgrabungen im Bereich der karolingischen Königspfalz, also auch in der Ruine von St. Christoph und ihrem Umkreis, sowie die baldige Veröffentlichung der Grabungsergebnisse im Gelände des Dalberger Hofes. Erst dann wird Mainz aus dem Schatten von Köln heraustreten und ihren einstigen Rang als *Metropolis Germaniae* glaubhaft unterstreichen können.

1 Brühl 1990, S. 92; Wamers 1993, S. 147. **2** Falck 1988, S. 16; Wamers 1994, passim; Müller-Wille 2012, S. 215. **3** Falck 1969, S. 79; Staab 2000, S. 138f. **4** Falck 1969, S. 79; Falck 1972, S. 29; Jürgensmeier 1988, S. 40f. **5** Jürgensmeier 1988, S. 49f. **6** Widukind, Res gestae Saxon., I, 22, S. 34; Staab 2008, S. 55. **7** Jürgensmeier 1988, S. 50. **8** Haefele 1980, S. 36. **9** Büttner 1989, S. 17; Staab 2000b, S. 177; Staab 2008, S. 25. **10** Der letzte Jahresbericht der archäologischen Denkmalpflege betraf das Jahr 1980 (Stümpel 1984/85, S. 251ff.). **11** Clemens 2003, S. 56ff. **12** Heising 2008, S. 94, 157. **13** Heising 2008, S. 2f., 206, Abb. 2, 42,c. **14** Brühl 1990, S. 106f. **15** Zum Forschungsstand vgl. Heising 2008, Abb. 2 und 42. **16** Diese These, die Frenz (1982/83, S. 171) und Heising (2008, S. 36, 69f., 205f., Nr. FS 60, Abb. 42,c) vertreten haben, wird durch eine Ausgrabung im Grundstück zwischen Ignaz- und Templergasse bestätigt, wo kürzlich ein dendrochronologisch datiertes Stück der römischen Stadtmauer aus dem 3. Jahrhundert zutage kam (Pressemitteilung von Dr. Marion Witteyer, Direktion Archäologie der GDKE Mainz, in der Allgemeinen Zeitung Mainz vom 21.09.2012). **17** Brühl 1990, S. 101; Porsche 2001, S. 108. **18** Heising 2008, S. 169. **19** Heising 2008, S. 3, 203. **20** Rupprecht 1987, S. 10f.; Heising 2008, S. 4, 43, 62, FS 33, Abb. 14, Taf. 9. **21** Esser/Selzer/Büsing/Decker 1974, S. 282; Witteyer 1998, S. 1051; Heising 2008, S. 10, 169, 202, Taf. 9. **22** Annales Fuldenses. MGH SS I, S. 370; Diepenbach 1928, S. 23; Falck 1972, S. 37; Büttner 1989, S. 16; Clemens 2003, S. 60, Anm. 183. **23** Büttner 1989, S. 16; Falck 1972, S. 38; Staab 2000, S. 171; Porsche 2001, S. 108; Clemens 2003, S. 57. Vgl. dazu auch die Verbreitungskarte jener Orte des Karolingerreiches, die im 9. Jahrhundert von Wikingern angegriffen worden sind (Wamers/Brandt 2005, S. 107, Abb. 38). **24** Schulze-Dörrlamm 2006b, S. 43, Abb. 2. **25** Behrens 1953/54, S. 80f.; Weidemann 1968, S. 151, Abb. 4. **26** Panter 2007, Abb. 5–9, 82f. **27** Weidemann 1968, S. 150f. **28** Staab 1975, S. 196; Staab 1994, S. 148; Clemens 2003, S. 59 Anm. 179; Eismann 2004, S. 239ff., Nr. 40, Abb. 41. **29** Heising 2008, S. 69f., FS 60, 205f., Abb. 42, b–c. **30** Behrens 1953/54, S. 78; Weidemann 1968, S. 150, Abb. 3. **31** Neeb 1909, S. 34ff.; Behrens 1953/54, S. 78; Weidemann 1968, S. 151f., Abb. 5. **32** Schulze-Dörrlamm 2004, S. 571; Schulze-Dörrlamm 2010a, S. 633, Abb. 3. **33** Wamers 1993, S. 147; Wamers 1994, S.196; Porsche 2001, S. 108. **34** Dassmann 2000, S. 26f. **35** Büttner 1989, S. 15. **36** Vgl. dazu Falck 1988, S. 16; Brühl 1990, S. 109f.; Schmid 1996, S. 10, Anm. 40. **37** Schulze-Dörrlamm 2004, S. 571ff., Abb. 3–5, 8. **38** Die Rückenlehne des Marmorthrons von Karl dem Großen in der Aachener Pfalzkapelle hatte ursprünglich eine gerade Oberkante mit abgeschrägten Seiten besessen, die erst nachträglich abgerundet worden ist (Appuhn 1962/63, S. 127f., Abb. 4; Schulze-Dörrlamm 2004, S. 571, Abb. 1). **39** Brühl 1990, S. 92. **40** Schulze-Dörrlamm 2004, S. 580, Abb. 10. **41** Brühl 1990, S. 93; Staab 1998, S. 89, 94. **42** Vor der Zeit um 1000 sind außer Kirchen und Klöstern ausschließlich Bauten des Königs und der Adeligen aus Stein errichtet worden (Dietmar/Trier 2011, S. 206f.). **43** Ewig 1962, S. 123; Arens 1961, S. 131ff.; Weidemann 1968, S. 197. **44** Nitschke 1957, S. 28ff. Abb. 3; Arens 1961, S. 131ff., Abb. 80. **45** Brück 1946/48, S. 102, Abb. 1; vgl. Heising 2008, S. 36, Abb. 12. **46** Dietmar/Trier 2011, S. 206f. **47** Kessler 1931, S. 120, Abb. 22. **48** Für seine Angaben zur Lage des Grundstücks von J. A. Harth in der Bauerngasse 13 danke ich Herrn Diplom-Archivar Manfred Simonis (Stadtarchiv Mainz) sehr herzlich. **49** Lindenschmit 1903, S. 419f., Taf. 9, 9–12. **50** Die Fibel ist durch eine unsachgemäße Restaurierung leider stark beschädigt worden. Spuren von Feuervergoldung konnte die Diplomingenieurin Sonngard Hartmann (RGZM, Mainz) bei der chemischen Analyse der Kupferlegierung nicht nachweisen. Zum Fibeltyp vgl. Wamers 1994, S. 134, Nr. A 41, 138. **51** Imitationen aus gegossenem Glas galten zur Karolingerzeit als so wertvoll, dass man sie anstelle echter Kameen sogar zur Ausschmückung kostbarer Kreuze, Bucheinbände und Reliquiare benutzt hat (Gaut 2005, S. 545ff., 553, Liste 1, Abb. 4–6). Zu Alter und Wert der in der Bauerngasse aufgefundenen Fibeltypen vgl. Spiong 2000, S. 35ff., 119ff., Taf. 2. **52** Falck 1972, S. 31,72; Falck 1988, S. 16. **53** Falck 1972, S. 16. Im Jahre 831 schenkte ein Nanthar ein Wohngrundstück mit einem Turm und einem Baumgarten in Mainz dem Kloster Lorsch (Falck 1972, S. 39; Staab 1975, S. 125, Anm. 524). **54** Weidemann 1968, S. 197. **55** Ewig 1962, S. 124; Werle 1965, S. 476; Staab 1975, S. 394f.; Falck 1988, S. 15; Büttner 1989, S. 14. **56** Flug 2006, S. 285. **57** Falck 1969, S. 86. **58** Baatz 1962, S. 72; Clemens 2003, S. 58. **59** Baatz 1962, S. 31, 49, 72; Brühl 1990, S. 99. **60** Schulze-Dörrlamm 2011a, S. 273ff., Abb. 2. **61** Schulze-Dörrlamm 2009a, S. 17ff. **62** Schulze-Dörrlamm 2002a, S. 143f., Farbtaf. IV,4; Schulze-Dörrlamm 2009b, S. 179, Abb. 23,4; vgl. auch Wamers 1994, S. 30ff., Nr. 065–067, Abb. 17; Wamers 1998/99b, S. 271, Nr. 19, Abb. 11,19. **63** Lindenschmit 1902, S. 434, Taf. 11,21. **64** Schulze-Dörrlamm 2011a, S. 273ff., Abb. 1 und 2,1. **65** Brück 1946/48, S. 102, Abb. 1; Falck 1972, Faltplan. **66** Falck 1988, S. 14; Wamers 1994, S. 197. **67** Wamers 1994, S. 3. **68** Wamers 1994, S. 195, Abb. 115. **69** Wamers 1998/99b, S. 262. **70** Ellmers 1969, S. 187f.; Ellmers 1972, S. 180ff.; Wamers 1994, S. 194f. **71** Wamers 1994, S. 2, Abb. 1. **72** Dietmar/Trier 2011, S. 204ff., Abb. 148. **73** Ellmers 1969, S. 187. **74** Ellmers 1969, S. 187; Staab 1975, S. 108; Wamers 1993, S. 147. **75** Wamers 1994, S. 196; Staab 1998, S. 103. **76** Hollstein 1980, S. 92; Neyses 2000, S. 52. Zu den Ausgrabungen im Handelsplatz Dorestad vgl. Willemsen 2009. **77** Falck 1969, S. 92; Ellmers 1969, S. 189. **78** Falck 1969, S. 92. **79** Wamers 1994, S. 196. **80** Lindenschmit 1906, S. 73, Abb. 8a–b. **81** Zehetmayer 2007, S. 143, Nr. 6,7,6. **82** Stilke 2001, S. 265f., Taf. 311,3. **83** Ring/Wieczorek 1979, S. 355 Abb. 1–2. **84** Baumgartner/Krueger 1988, S. 59ff. **85** Wamers 1994, S. 171, Nr. 298, Abb. 298. **86** Wamers 1994, S. 196ff. Abb. 38, MO8, Abb. 73, 210; Schulze-Dörrlamm 2003, S. 479, Abb. 29,2. **87** Ellmers 1969, S. 189; Staab 1998, S. 92; Clemens 2003, S. 59. **88** Kubach/Verbeek 1989, S. 30ff., Abb. 20–21; Untermann 2000, S. 559f. **89** Untermann 2000, S. 558; Untermann 2006, S. 106ff., Abb. 94–102. **90** Weidemann 1994, S. 77ff., 81 Abb. 2. **91** Arens 1961, S. 33. **92** Falck 1972, S. 16; Falck 1988, S. 16; Staab 1998, S. 86; Dassmann 2000, S. 55. **93** Falck 1972, S. 39. **94** Ewig 1962, S. 123; Staab 2000, S. 97. **95** Staab 1998, S. 78; Staab 2000, S. 98. **96** Schmid 1996, S. 4; Ristow 2010, Sp. 1219. **97** Jacobsen 1992, S. 296f., Abb. 130. **98** Jacobsen 1992, S. 296ff., Abb. 130; Jacobsen 1999, S. 625f., Abb. 7; Untermann 2006, S. 112; Schulze-Dörrlamm 2010a, S. 633, Abb. 2. **99** Brühl 1990, S. 92, 110; Müller-Wille 2012, S. 211. **100** Schulze-Dörrlamm 2009b, S. 201, Nr. C22. **101** Schulze-Dörrlamm 2010a, S. 633ff., Abb. 3–4. **102** Schulze-Dörrlamm 2010a, S. 649ff., Abb. 15–16; Müller-Wille 2012, S. 214. **103** Schmid 1996, S. 9; Staab 1997, S. 202f. **104** Lindenschmit/Neeb 1908, S. 93; Neeb 1909, S. 47, Taf. V. **105** Schulze-Dörrlamm 2012b, S. 347f., Abb. 6. **106** Arens 1958b, S. 1, Nr. 1; Staab 1998, S. 81f. **107** Ewig 1962, S. 121; Weidemann 1968, S. 156, Abb. 6; Falck 1972, S. 4; Staab 1975, S. 21, 128. **108** Klassert 1994, S. 26. **109** Arens 1961, S. 125ff., Abb. 77–78; Ewig 1962, S. 119; Weidemann 1968, S. 159ff., Abb. 8. **110** Ristow 2010, Sp. 1220. **111** Falk 1988, S. 14; Büttner 1989, S. 14; Gauthier 2000, S. 35. **112** Nach freundlicher Auskunft von Dr. Marion Witteyer, Leiterin der Außenstelle Mainz, Direktion Landesarchäologie GDKE, und von Diana Ecker M.A., Kirchliche Denkmalpflege und Diözesanbauamt Mainz, wurden in St. Quintin, St. Peter und St. Ignaz noch keine Ausgrabungen durchgeführt. **113** Ewig 1962, S. 123; Weidemann 1968, S. 186, Abb. 18a. **114** Weidemann 1968, S. 186. **115** Falck 1972, S. 43; Falck 1988, S. 16. **116** Büttner 1989, S. 18;

Falck 1969, S. 87; Falck 1988, S. 16; Staab 2000, S. 175. **117** Arens 1957, S. 19ff., Abb. 4; Oswald/Schaefer/Sennhauser 1966, S. 198. Dazu ausführlich der Beitrag von W. E. Keil, S. 109f. **118** Heising 2008, S. 34, FS 27, Taf. 8. **119** Schneider 1875, S. 35ff. **120** Ewig 1962, S. 114f.; Weidemann 1968, S. 193f., Abb. 24; Falck 1988, S. 14; Gauthier 2000, S. 33ff.; Schulze-Dörrlamm 2005a, S. 338, Abb. 11; Schulze-Dörrlamm 2005b, S. 335, Abb. 40. **121** Falck 1969, S. 96. **122** Weidemann 1968, S. 194. **123** Becker/Sartorius 1936, S. 10f., Taf. III; Oswald/Schaefer/Sennhauser 1966, S. 192; Esser 1969a, S. 156ff.; Esser 1972, S. 225; Esser 1975a, S. 137ff. **124** Esser 1972, S. 224f.; Schulze-Dörrlamm 2005b, S. 331ff., Abb. 39b. **125** Arens 1958a, S. 21ff., Taf. 6, 9; Meyer-Barkhausen 1957, S. 77; Arens 1961, S. 437, Abb. 420–421; Schulze-Dörrlamm 2006d, S. 279ff., Abb. 1–3,9. Hinweise auf einen Eingang in eine Krypta unter dem Westchor haben A. De Filippo und W. E. Keil entdeckt (vgl. ihren Beitrag S. 112f. sowie S. 114–119). **126** Schulze-Dörrlamm 2009b, S. 201, Nr. C21. **127** Kautzsch 1909, S. 60; Arens 1958a, S. 25, Taf. 5. **128** Zur Form frühmittelalterlicher Baptisterien vgl. Ristow 1998. **129** Ewig 1962, S. 115f., Anm. 6; Weidemann 1968, S. 194, Abb. 24; Schulze-Dörrlamm 2005a, S. 337; Schulze-Dörrlamm 2005b, S. 331f. **130** Schulze-Dörrlamm 2005b, S. 331f. **131** Schulze-Dörrlamm 2005a, S. 323f.; Schulze-Dörrlamm 2005b, S. 305ff., 340ff., Abb. 44, Farbtaf. I–V; Schulze-Dörrlamm 2006c, S. 98ff., Nr. 8, Abb. 66–68; Kern 2010, S. 70ff. Nr. 16. **132** Kautzsch 1909, S. 56ff. Abb. 4; Arens 1961, S. 426f., Abb. 312; Oswald/Schaefer/Sennhauser 1966, S. 196f.; Wegner 1988, S. 100. **133** Arens 1961, S. 424; Oswald/Schaefer/Sennhauser 1966, S. 282f.; Jürgensmeier 1988, S. 50; Falck 1988, S. 18. **134** Untermann 2001, S. 170f. Abb. 161; Untermann 2006, F27, Farbtaf. XV. Vgl. dazu den Beitrag von W. E. Keil, S. 110f. **135** Untermann 2006, S. 114. **136** Jacobsen, in: Jacobsen/Schäfer/Sennhauser 1991, S. 264; Jacobsen 1992, S. 139. **137** Von Winterfeld 2010, S. 119f., Abb. 15. **138** Falck 1972, S. 31. **139** So fälschlich Decot 2011, S. 24. **140** Schneider 1875, S. 35f.; Becker/Sartorius 1936, S. 33f., Abb. 14; Arens 1958b, S. 2ff., Nr. 2; Schulze-Dörrlamm 2009a, S. 23ff., Abb. 4; Kern 2010, S. 75ff., Nr. 17. **141** Schulze-Dörrlamm 2009a, S. 26f., Abb. 5. **142** Staab 2000, S. 177; Staab 2008, S. 25. **143** Schulze-Dörrlamm 2009b, S. 201, Nr. C23. **144** Klingelschmitt 1925, S. 33, Nr. 9; Becker/Sartorius 1936, S. 3, Anm. 1; Arens 1958a, S. 21, Taf. 6; Schulze-Dörrlamm 2006d, S. 282, Abb. 4,3. **145** Wilhelmy 2006, S. 88f., Nr. 3. **146** Arens 1958a, S. 21ff., Taf. 5–6; Arens 1961, S. 437, Abb. 320–321; Schulze-Dörrlamm 2006d, S. 279ff., Abb. 1–3. **147** Esser 1975b, Abb. 25–28; Jacobsen, in: Jacobsen/Schaefer/Sennhauser 1991, S. 262. **148** Jacobsen/Schaefer/Sennhauser 1991, S. 262f.; zur Keramikdatierung vgl. Sanke 2001, S. 326ff. **149** Vgl. Anm. 6; Staab 2008, S. 55. **150** So auch Kautzsch 1909, S. 64; Staab 1998, S. 101. **151** So Untermann 2006, S. 114. **152** Arens 1961, S. 436f., Abb. 320–321; Schulze-Dörrlamm 2006d, S. 279ff. **153** Staab 2008, S. 55, Anm. 333 sowie Exkurs II, „Die Mainzer Palmprozession und das Begräbnis Liudolfs", S. 173; Hehl 2010, S. 69. **154** Der Kölner Dom besaß im 9. Jahrhundert schon Fenster aus Holzascheglas mit Schwarzlotmalerei. Wedepohl 2012, S. 125. **155** Vgl. Anm. 8. **156** Jürgensmeier 1988, S. 50. **157** Esser 1961, S. 18 und Plan; Esser 1969b, S. 133. **158** Esser 1969b, S. 140. **159** Esser 1969b, S. 132ff.; Esser 1975b, passim; Porsche 2001, S. 112, Abb. 7. **160** Sanke 2001, S. 299ff. **161** Esser 1969b, S. 134; vgl. dazu auch Heising 2008, S. 32, Nr. FS 25, Abb. 10. **162** Esser 1969b, S. 138. **163** Hollstein 1980, S. 90ff.; Neyses 2000, S. 49ff.; Porsche 2001, S. 112. **164** Wamers 1998/99b, S. 262 Anm. 120; Steuer 2002, S. 154. **165** Hollstein 1980, S. 92. **166** Esser 1969b, S. 138, Abb. S. 134 unten; Esser 1975b, Abb. 18. **167** Esser 1975b, Abb. 16; Falck 1988, S. 17; Wamers 1993, S. 148; Wamers 1994, Abb. 1. **168** Freundlicher Hinweis von Frau Dr. Marion Witteyer (Wamers 1998/99b, S. 262, Anm. 120). **169** Funke 2012, S. 12. **170** Vgl. Brück 1946/48, S. 104f., Abb. 1; Falck 1972, S. 19, 45f.; Heising 2008, S. 36 Abb. 12.

8

HATTOS KIRCHENBAUTEN IN MAINZ UND AUF DER REICHENAU

WILFRIED E. KEIL

DIE BAUTÄTIGKEIT ERZBISCHOFS HATTO I. UMFASST NACH HEUTIGEM FORSCHUNGSSTAND VIER KIRCHENBAUTEN.
DREI DIESER BAUTEN, ST. MAURITIUS UND ST. JOHANNIS IN MAINZ (VGL. M. SCHULZE-DÖRRLAMM, MAINZ, S. 100f.
SOWIE S. 114–119.) SOWIE ST. GEORG IN OBERZELL AUF DER BODENSEEINSEL REICHENAU SIND AUCH BAULICH FASSBAR.
DER VIERTE BAU, EINE ST. ALBANSKIRCHE AUF DER REICHENAU IST NUR ARCHIVALISCH ÜBERLIEFERT.[1]

ST. MAURITIUS, MAINZ

Das Mauritiusstift wurde nach spätmittelalterlicher Überlieferung von Erzbischof Liutbert (863-889) gegründet[2] und der Bau unter Hatto I. vollendet. Dies ist durch eine Bauinschrift belegt, die sich auf dem sogenannten Hatto-Fenster befindet (vgl. Kat.-Nr. 46). Die relevante Inschrift des Werkstückes ist erhaben gearbeitet und verläuft nach innen gerichtet, entlang der Bogenöffnung: *LVX ET SAL. HATTHO S[ACRA]NS DIVI[NI]QVE SACERDO[S] HOC TEMPLVM [STR] VXIT, PICTVRA COMPSIT ET AVRO +.*[3] Das Artefakt wurde 1861 in Zweitverwendung in der Ostwand des Gewölbekellers im Haus Weintorstraße 11 gefunden.[4] Diese Wand gehörte ehemals zur Mauritiuskirche. Der spätkarolingische Bau kann nur anhand von Notunter-

suchungen recht vage rekonstruiert werden *(Abb. 82)*.[5] Fritz Arens vermutete in dieser Wand die südliche Seitenschiffwand einer späteren Bauphase.[6] In der südlichen Mittelschiffwand waren noch Reste der spätkarolingischen Mauer vorhanden.[7] Arens rekonstruiert anhand der Befunde und aufgrund von Vergleichen unter Vorbehalt einen Saalbau, der wohl ein westliches Querhaus mit fast den gleichen Maßen wie das Langhaus hatte. Im Anschluss an den Triumphbogen könnte sich im Osten eine Apsis oder ein quadratischer Altarraum befunden haben.[8] Horst Reber konnte bei archäologischen Untersuchungen Reste einer nördlichen Mittelschiffwand feststellen.[9] Friedrich Oswald rekonstruierte anhand der Aussagen und den Zeichnungen von Arens und Reber unter Vorbehalt einen einschiffigen Saalbau mit einer

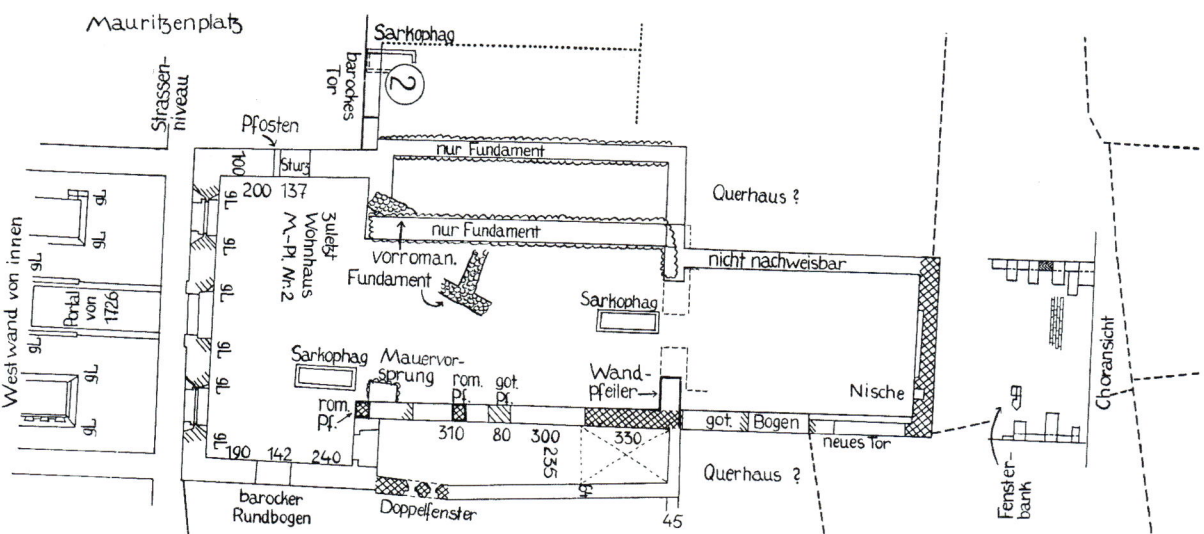

Abb. 82 ◄
Mainz, St. Mauritius, Grundriss der karolingischen Saalkirche mit späteren Anbauten, Plan nach Arens 1957

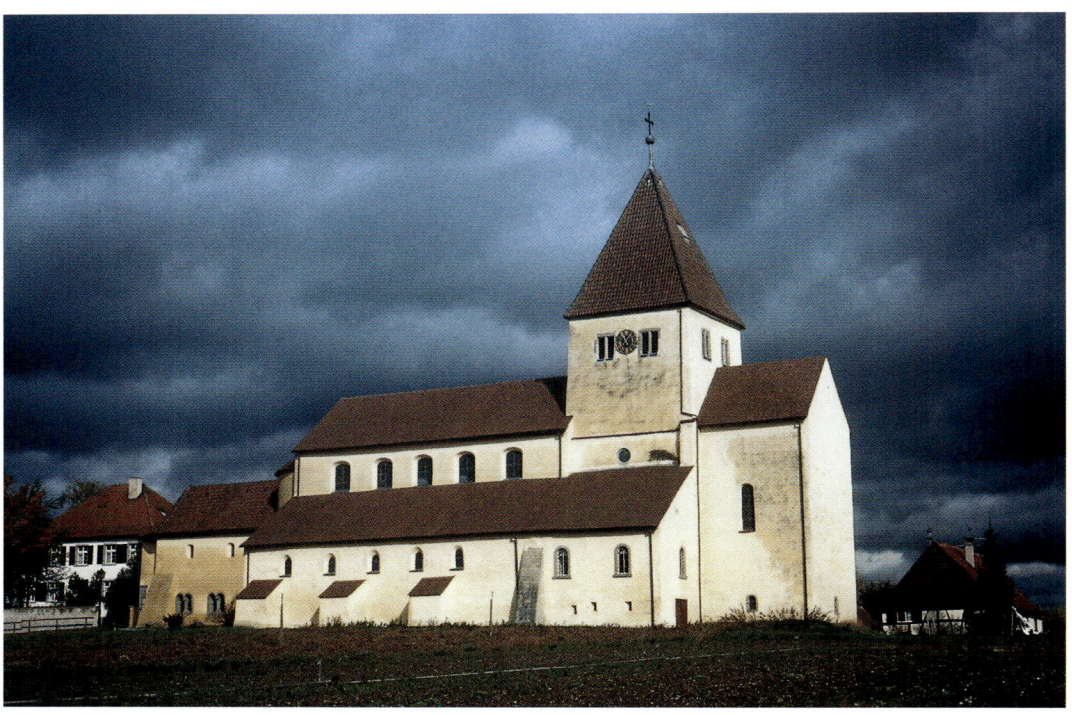

Abb. 83 ▲
*Reichenau, St. Georg,
Außenansicht von Südosten*

ten vor dem Querschiff eingezogene Apsiden und sind an der Außenseite bündig mit den Querarmen. Unter dem rechteckigen Sanktuarium liegt eine Vierstützenkrypta mit Zugangsstollen, der vom Mittelschiff aus zugänglich ist. Wie Peter Eggenberger in seiner Bauuntersuchung herausfand, war es während des Baus zu einer Reparatur aus statischen Gründen gekommen, die wohl auf strukturelle und/oder bautechnische Mängel zurückzuführen ist.[14] Es wurden vor allem Veränderungen in der erhöhten Vierung – zugleich Chorraum –, die durch eine Treppe aus dem Mittelschiff zu erreichen ist, vorgenommen. Hier wurden die Vierungspfeiler verstärkt und die Spannweite der Konchenbögen verringert, um das Auflager für den Vierungsturm zu stabilisieren (vgl. Abb. 84, orangefarbene Partien). Die Vierung ist somit gegenüber dem Mittelschiff eingezogen. Eventuell wurde in diesem Zusammenhang auch der Zugang zur Krypta umgebaut, die nun durch einen einzigen Stollen zu erreichen ist. Üblich war hingegen ein Stollensystem mit Eingang und Ausgang, um möglichst vielen Pilgern in kürzester Zeit den Zutritt zu den Reliquien zu ermöglichen.[15]

gerade geschlossenen Westwand. Im Osten behauptet er ein um Mauerstärke eingezogenes Sanktuarium mit dem Rest einer Pfeilervorlage.[10] Ein Rekonstruktionsversuch des spätkarolingischen Baus kann anhand der Befundlage nur hypothetisch bleiben.

ST. GEORG, REICHENAU-OBERZELL

Die heutige St. Georgskirche in Oberzell *(Abb. 83, vgl. auch Abb. 43)* ist in weiten Teilen noch die spätkarolingische Basilika. Zu dieser existierte ein Vorgängerbau in Form eines Zentralbaus mit drei Konchen.[11] Er wurde zur Basilika umgebaut, indem die unteren Teile der nördlichen und der südlichen Konche weiter verwendet wurden *(Abb. 84, rote Partien)*. Es entstand eine dreischiffige Säulenbasilika[12] mit Querschiff, dessen Arme Konchen bildeten. Im Osten endete die Kirche in einem viereckigen Altarhaus. Der Westen war hingegen gerade geschlossen. Die heutige Westapsis als Eingang und die davor befindliche Vorhalle sind später entstanden (vgl. Abb. 84, unkolorierte Partien).[13] Die Schiffe sind durch vier Arkaden getrennt. Die Seitenschiffe haben im Os-

Der St. Galler Mönch Notker berichtet in dem von ihm angelegten Martyrologium, dass Erzbischof Hatto von Mainz „in diesem Jahr" das Haupt und ein weiteres Gebein des hl. Georg vom Papst Formosus aus Rom in sein *novum monasterium* überführt hat (vgl. S. Scholz, S. 65).[16] Mit „diesem Jahr" ist hierbei das Jahr 896, das der Kaiserkrönung Arnulfs in Rom, gemeint.[17]

Alfons Zettler, der betont, dass der Bau eine Komposition zwischen Zentral- und Längsbau ist,[18] sah in der Überführung der Reliquien den Anlass für einen Umbau der Basilika.[19] Er ging hierbei allerdings noch davon aus, dass der erste Bau eine Basilika war, die wohl in einem Trikonchos endete und in die dann ein zentraler Chorraum mit darunterliegender Krypta ein- sowie ein viereckiges Altarhaus angebaut wurde.[20]

Die dendrochronologischen Untersuchungen von Bauhölzern sprechen nach Peter Eggenberger dafür, dass in der Zeit um 896, als die Reliquien überführt wurden, größere Bauarbeiten vorgenommen wurden. Allerdings ist unklar, an welchem der beiden Kirchenbauten, dem Zentralbau oder der Basilika, da beim Bau auch immer wieder Altholz verwendet wurde.[21]

Leider lassen die ermittelten dendrochronologischen Daten in Bezug auf die Bautätigkeit unter Hatto keine genaueren Schlüsse zu. So ergeben sich mehrere Möglichkeiten. Die drei Eckdaten sind: 888 wird Hatto Abt der Reichenau; 896 werden die Georgsreliquien überführt; 913 stirbt Hatto.

Der Zentralbau kann vor der Regentschaft Hattos,[22] zu seiner Regentschaft und vor der Reliquienüberführung oder im Zusammenhang mit der Reliquienüberführung erbaut worden sein. Der Umbau zur Basilika entstand entweder unter Hatto in Erwartung der Reliquien oder aus Anlass der Reliquienüberführung oder erst später nach Anstieg des Pilgerstromes während der Regentschaft Hattos oder nach seinem Ableben.[23]

Die Bezeichnung *novum monasterium* durch Notker legt nahe, dass Hatto bereits vor 896 einen Bau in Oberzell errichtet hatte.[24] Es muss also zumindest ein Bau begonnen worden sein. Dass Hatto Reliquien des hl. Georg, einem der meistverehrten Heiligen, für seinen neuen Bau in Oberzell und nicht ins Gründungskloster Mittelzell auf der Reichenau brachte, setzt ein besonderes Anliegen voraus.[25]

Matthias Untermann interpretierte den Zentralbaucharakter der Basilika als Hinweis für die Funktion des Baus als Grablege, die dann mit Reliquien ausgestattet wurde.[26] Den Bau der Krypta deutete er im Zusammenhang mit der Reliquientranslation.[27]

Peter Eggenberger bevorzugt zwei Entstehungsszenarien. Als erste Möglichkeit hat Hatto den Zentralbau als Grab- und Memorialbau um 896 geplant und hierfür die Georgsreliquien geholt. Der Grabbau hätte als Reliquiengefäß fungiert. Der Neubau entstand dann eventuell erst nach Hattos Tod wegen des Andrangs bei der Reliquienverehrung spätestens um 945, am wahrscheinlichsten im ersten Drittel des 10. Jahrhunderts. Die zweite Möglichkeit wäre, dass der Zentralbau vor der Regentschaft Hattos entstanden war und aufgrund der Reliquientranslation durch die Basilika ersetzt wurde. Die Übernahme des Zentralbaucharakters wäre in diesem Fall ikonographisch weniger überzeugend zu erklären.[28]

Es ist allerdings auch eine andere Variante möglich, nach der Hatto beide Bauten errichtet hätte. Hatto begann, nachdem er 888 Abt der Reichenau wurde, einen Zentralbau als Grablege. Als er 891 Erzbischof und Reichskanzler wurde, ist die Funktion seines Baus hinfällig geworden.[29] Daraufhin bemühte er sich um bedeutende Reliquien und begann hierfür den Umbau in eine Basilika. Diese könnte bereits bei Ankunft der Reliquien fertiggestellt oder zumindest so weit im Bau fortgeschritten gewesen sein, dass sie für Pilger benutzbar war.

Abb. 84 ▼
Reichenau, St. Georg, axonometrische Darstellungen der verschiedenen Bauphasen der karolingischen Basilika

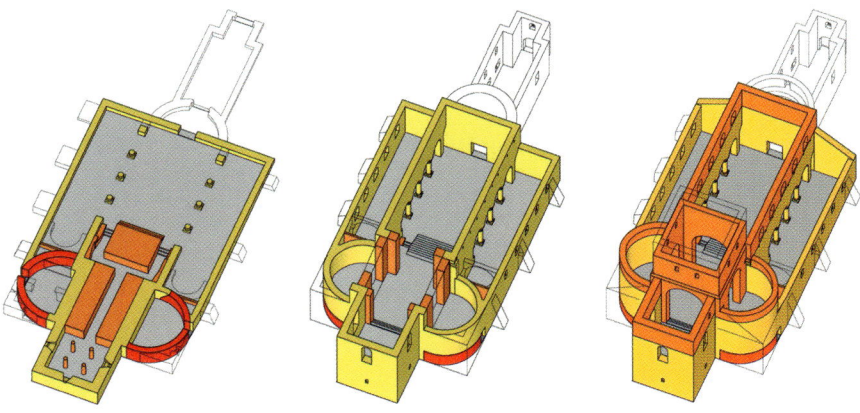

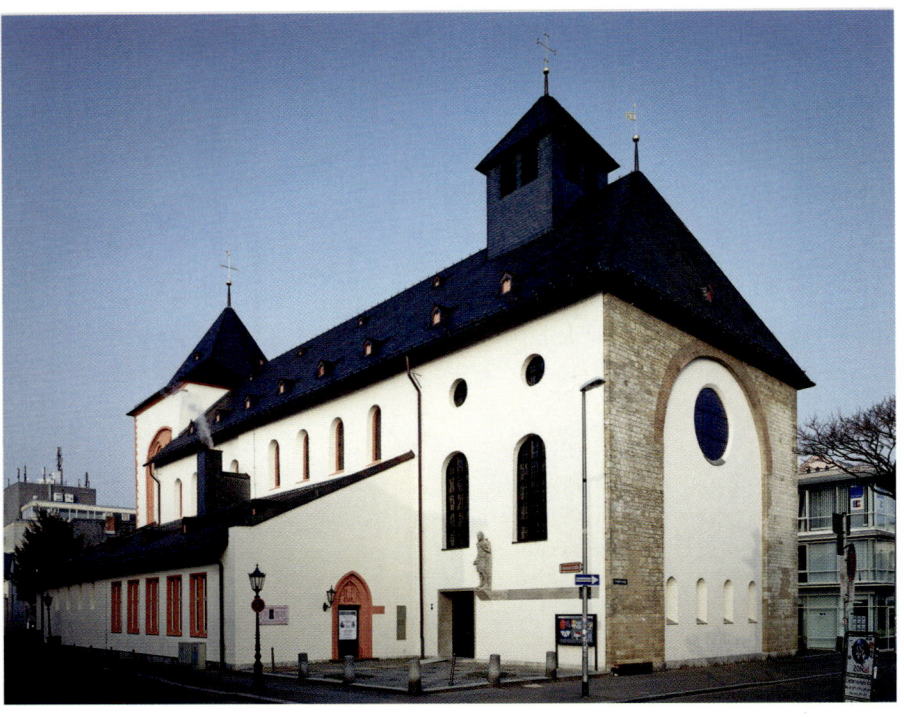

Abb. 85 ▲
Mainz, St. Johannis,
Außenansicht von Südosten

ST. JOHANNIS, MAINZ

Die Nachricht über einen Bau Hattos ist durch Widukind von Corvey überliefert: Hatto „schmückte den Tempel/Dom von Mainz durch ein edles Bauwerk".[30] Ob es sich nur um einen Umbau oder einen kompletten Neubau gehandelt hat, kann man aus dieser Quelle nicht exakt bestimmen. In der Forschung wird dieser Bau teilweise mit der Johanniskirche *(Abb. 85)* in Bezug gebracht und diese als alter Dom bezeichnet. Die umstrittene These basiert auf weiteren Quellen und auf dem stilistischen Vergleich mit St. Georg in Oberzell.

Die Johanniskirche war zur Zeit Hattos eine Pfeilerbasilika mit Westquerhaus, an das ein rechteckiger Altarraum anschloss *(Abb. 86, vgl. A. De Filippo/W. E. Keil, St. Johanniskirche)*. Im Osten befand sich eine Apsis.[31] Die Raumproportionen und die Ausgestaltung des Langhauses[32] sowie der Vierung und die Existenz einer Krypta sind St. Georg auf der Reichenau ähnlich. In den Quellen zur Domweihe und zum Dombrand des Willigisdoms 1009 wird explizit erwähnt, dass die alte Basilika

vom Feuer verschont blieb.[33] Hieraus lässt sich auf ein Weiterbestehen des alten Doms schließen.[34]

Für den alten Dom sind durch das sogenannte St. Albaner Tropar[35] zwei Patrozinien belegt. Die Prozession von St. Alban zum alten Dom hat am Dom zwei Haltepunkte, zuerst *in coro s(an)c(t)i Joh(annis)* und dann *ad cor(um) s(an)c(t)i martini*. Aus dem Prozessionsweg ergibt sich, dass die Prozession im Südosten des Baus ankam und somit ein Johannisaltar im Osten und ein Martinsaltar im Westen lag.[36] Durch das Hauptpatrozinium Martin ist eine Westung des Hatto-Doms gegeben, und zudem ist ein Johannispatrozinium für den Dom belegt. Franz Staab brachte als erster diese Quelle mit der Johanniskirche in Verbindung.[37]

Dethard von Winterfeld weist zu Recht die These des Baus der Johanniskirche als „vorläufige Ersatzkirche" des Willigisdoms von Werner Jacobsen[38] aus formalen und bautechnischen Gründen zurück.[39] Die Datierung von Jacobsen frühestens Ende des 10. Jahrhunderts ist abzulehnen. Er begründet diese anhand der Formen der Basen und „Kapitelle", die er mit gleich hoher Schräge und Platte, ähnlich wie bei den Osttürmen des Willigisdoms, beschreibt.[40] Dies trifft aber nicht zu. Die Schrägen der Kämpfer über den Pfeilern haben ein größeres Maß als die darüberliegenden Platten. Sie sind den Kämpfern der Pfeiler der um 822-827 erbauten Einhardsbasilika in Michelstadt-Steinbach im Odenwald ähnlich und in deren Nachfolge zu sehen.

Im Weihetag des Willigisdoms sieht Ernst-Dieter Hehl einen entscheidenden Hinweis dafür, dass es sich bei St. Johannis um den alten Dom handelt. Für eine Domneuweihe würde man den Namenstag des Patrons des Bistumsheiligen erwarten. Dies war aber nicht der Fall. Die Weihefeierlichkeiten waren für den 29. und 30. August festgesetzt. Der 29. August, an dem der Dom auch brannte, ist der Johannistag.[41] Nach Hehl wurde dieser Tag bewusst gewählt, um den Patroziniumswechsel vorzunehmen. Das Hauptpatrozinium des Doms wurde vom alten auf den neuen Dom übertragen und das Nebenpatrozinium des alten Baus wurde zum Hauptpatrozinium.[42]

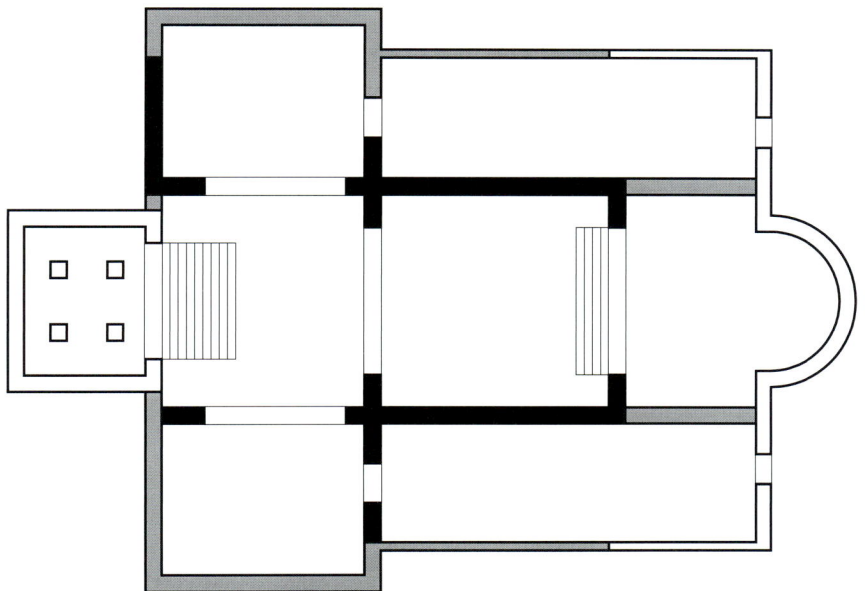

Abb. 86 ◄
Mainz, St. Johannis, Grundriss nach A. De Filippo/W. E. Keil, Zeichnung von Sebastian Dries, Maßstab 1:450

1 Haubrichs 1978, S. 15 und S. 17, dort auch Anm. 52a. Vgl. hierzu auch den Beitrag von Chr. Winterer. **2** BW Reg, S. 82, Nr. 63 und Wagner 1878, S. 393, Anm. 1. **3** „Licht und Salz, Hatto, Bischof und Priester Gottes, hat diesen Tempel errichtet, ihn mit Gemälden und Gold geschmückt", vgl. Kern 2010, S. 75–80, besonders S. 75 und Arens 1958b, S. 2–4, Nr. 2. **4** Arens 1957, S. 19 und Arens 1958b, S. 2. **5** Nach der Zerstörung der neuzeitlichen Häuser im Zweiten Weltkrieg war dieser Bereich für Fritz Arens und Horst Reber nur kurz vor und während des Wiederaufbaus zugänglich. **6** Arens 1957, S. 19, 21 und Arens 1958b, S. 2. **7** Arens 1957, S. 21. **8** Arens 1957, S. 23. **9** Reber 1957, S. 25f. **10** Oswald 1968b, S. 198. Die Befunddarlegungen des ältesten Baus von Oswald sind anhand der Publikationen der Notuntersuchungen von Arens und Reber nicht nachzuvollziehen. **11** Zu diesem Zentralbau vgl. Eggenberger 2005, S. 242–247. **12** Zur Basilika vgl. Eggenberger 2005, S. 229–242. **13** Die Westapsis ist nach Peter Eggenberger durch die dendrochronologischen Daten zwischen 925 und 945 einzuordnen. Vgl. Eggenberger 2005, S. 249 und auch S. 239. Auf weitere spätere Umbauten wie die Erhöhung des Vierungsturms und der Abbruch der Querkonchen kann hier nicht eingegangen werden. **14** Eggenberger 2005, S. 236. **15** Eggenberger 2005, S. 239–242. **16** St. Gallen, Stiftsbibliothek, Notker-Martyrologium, Cod. 456, pag. 110–111; vgl. Notker Balbulus, Martyrologium, Sp. 1070. Zu dieser Quelle und weiteren mittelalterlichen Quellen über St. Georg s. Jakobs 1999, Bd. 1, S. 17–22. **17** Dümmler 1885, S. 195–220. Vgl. hierzu auch: Koshi 1994, S. 176, Jakobs 1996 und Jakobs 1999, 1, S. 17. **18** Zettler 1989, S. 100. **19** Zettler 1989, S. 102. **20** Zettler 1988, S. 225 und Zettler 1989, S. 100. **21** Eggenberger 2005, S. 248–249. **22** Diese Möglichkeit hält Peter Eggenberger zu Recht für unwahrscheinlich, da hierzu die Daten von nur einem zweitverwendeten Holz mit Fälldatum in der Zeitspanne von 860 bis 880 vorliegen. Vgl. Eggenberger 2005, S. 251. **23** Eggenberger 2005, S. 249–251. **24** So auch schon Zettler 1989, S. 102. **25** Eggenberger 2005, S. 253. **26** Untermann 1989, S. 263. Zur Zentralbauform als Reliquien-, Memorial- und Grabkirche vgl. Untermann 1989, S. 147–166. **27** Untermann 1989, S. 155. Nach den neuen Erkenntnissen von Eggenberger nimmt Untermann die Entstehung des Zentralbaus vor der Regentschaft Hattos an. Vgl. Untermann 2006, S. 148. **28** Eggenberger 2005, S. 256. **29** Die Hinfälligkeit der Funktion des Baus hatte auch schon Eggenberger in Erwägung gezogen. Vgl. Eggenberger 2005, S. 253. **30** *Templum Maguntie nobili structura illustrabat.* Vgl. Widukind, Res gestae Saxon. I, 22 (Fassung A), S. 34. Vgl. auch: BW Reg, S. 95, Nr. 77 und Bauer/Rau 1977, S. 54f. **31** Zu einer genaueren Beschreibung vgl. den Beitrag von A. De Filippo und W. E. Keil. **32** Arens 1961, S. 424. **33** Annales Quedlinburgensis, S. 529. **34** Auf die Diskussion über eine Kathedralgruppe kann hier nicht näher eingegangen werden. Vgl. hierzu: Dassmann 2000, S. 51–53 und Schulze-Dörlamm 2005b, S. 331–336. – Um die Vorgängerbauten, die Kathedralgruppe und die spätkarolingische Johanniskirche genauer erforschen zu können, sind noch weitere Arbeiten zu leisten. Vor allem müsste die bisherige Grabung ausgewertet werden. Von den Grabungsunterlagen ist glücklicherweise mehr erhalten als bisher angenommen. Eine Bearbeitung war im Rahmen dieser Studie daher nicht möglich. Unverzichtbar sind allerdings weitere Grabungen und auch Bauuntersuchungen des aufgehenden Mauerwerks. **35** London, British Library, Add. 19768. **36** Staab 2008, S. 170–173. **37** Staab 2008, S. 55, Anm. 333. **38** Jacobsen 1991, S. 264. **39** Von Winterfeld 2010, S. 119f. und von Winterfeld 2011, S. 54. **40** Jacobsen 1991, S. 264 und Jacobsen 1992, S. 139, Anm. 133. **41** Es handelt sich hier um den Tag der Enthauptung von Johannes dem Täufer und nicht um den allgemein bekannteren Johannistag, den 24. Juni, den Tag seiner Geburt. – Ob es eine bewusste Entscheidung war, diesen Johannistag zu wählen, oder ob der Bau zum früheren Termin noch nicht entsprechend fortgeschritten war, sei dahingestellt. **42** Hehl 2010, S. 46f., 49, 68–70, 76 und 78, besonders S. 68f.

9

DIE JOHANNISKIRCHE ZU MAINZ UM 900

AQUILANTE DE FILIPPO
WILFRIED E. KEIL

DIE JOHANNES DEM TÄUFER GEWEIHTE KIRCHE LIEGT WESTLICH DES HEUTIGEN MARTINDOMS. SIE IST WOHL DIE ÄLTESTE ERHALTENE KIRCHE DER STADT UND SOLL UM 900 VON ERZBISCHOF HATTO ERBAUT ODER ZUMINDEST UMGEBAUT WORDEN SEIN. ES WIRD ANGENOMMEN, DASS SIE VOR DEM BAU DES WILLIGISDOMS DER ALTE DOM WAR.[1] SEIT 1830 IST SIE EVANGELISCHE PFARRKIRCHE.[2]

Aufgrund zahlreicher Umbauten ist eine Rekonstruktion des Hatto-Baus nicht einfach. Wichtige Erkenntnisse hierzu liefern die bisher erfolgten bauhistorischen Untersuchungen. Eine erste, umfangreiche Baudokumentation erfolgte durch Rudolf Kautzsch in den Jahren 1905–1907, im Rahmen umfassender Restaurierungsmaßnahmen.[3] 1950 fanden Grabungen in der Nordostecke und im Osten der Kirche unter der Leitung von Karl Heinz Esser statt.[4] Zuletzt wurden die Außenwände und die Bereiche unter den Seitenschiffdächern untersucht.[5] Die Johanniskirche der Zeit um 900 lässt sich als eine dreischiffige Basilika mit Westquerhaus rekonstruieren, nach den Vorbildern Alt-St. Peter in Rom und der Ratgarbasilika in Fulda. Sie hatte für die damalige Zeit beträchtliche Ausmaße, ihre Länge betrug etwa 40 m.[6] Die Mittelschiffwände sind die am besten erhaltenen Bauteile dieser Zeit. Vierbogige Arkaturen mit kräftigen rechteckigen Pfeilern trennten die Seitenschiffe vom Mittelschiff.[7] Sowohl die Pfeiler als auch die Bogen bestanden aus großen, flachen, gut bearbeiteten Kalksteinquadern mit glatt gestrichenen Fugen.[8] Die Kämpfer setzten sich aus Schräge und Platte zusammen und waren aus rotem Sandstein. Von den Sockeln konnte Kautzsch nur noch an einem Pfeiler der Nordarkade Reste nachweisen. Die ergrabenen Fundamente der Arkadenpfeiler sind auffällig niedrig.[9] Die Langhausobergaden bestehen aus Bruchsteinmauerwerk und waren mit einer Reihe von Rundbogenfenstern versehen, deren

Maße und Gestaltung heute nicht mehr zu ermitteln sind.[10] Die Außenseiten der Obergaden sind im Bereich unter den Seitenschiffdächern besonders gut erhalten und haben in großen Flächen noch die ursprünglichen Fugen *(Abb. 87).*[11] Das fast quadratische Mittelschiff ist nach Westen und Osten zu den anderen Bauteilen hin durch Wandpfeiler[12] abgetrennt. Diese bestanden aus roten Sandsteinquadern, hatten Kämpfer aus Schräge und Platte sowie einen 40 cm hohen Sockel. Die Pfeiler waren durch große Querbögen miteinander verbunden. Obwohl die oberen Teile der Pfeiler stark zerstört waren, konnten einige Anfängersteine dieser Bögen bei der Untersuchung 1905–1907 dokumentiert werden.[13]

Die Existenz von bauzeitlichen Seitenschiffen in der Johanniskirche ist durch dokumentierte Balkenlöcher für das Dach im spätkarolingischem Mauerwerk belegt.[14] Die Seitenschiffe erstreckten sich wohl bis zur Ostfassade und nicht, wie bisher vermutet, bis zu den östlichen Wandpfeilern. Die bisherigen Rekonstruktionen basierten auf der Annahme von Kautzsch,[15] dass die großen Fenster im Osten der Mittelschiffwände und die darüberliegenden Okuli bauzeitlich seien. Da diese Fenster unmöglich durch die Seitenschiffe hätten geschnitten werden können, wurden die Seitenschiffe kürzer, also nur bis zu den östlichen Wandpfeilern, rekonstruiert. Die neuen Untersuchungen ergaben, dass diese Fenster, wie die übrigen auch, nachträglich eingebaut wurden.[16]

Abb. 87 ▼

Mainz, St. Johannis, ursprüngliche Fugen aus der Zeit um 900, Außenseite des Obergadens unter dem nördlichen Seitenschiffsdach

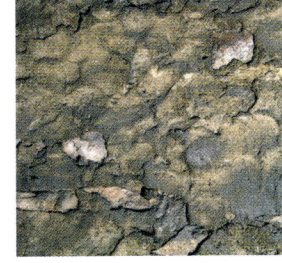

Abb. 88 ▶
Mainz, Stadtplan nach
Gottfried Maskopp, 1575

Abb. 89 ▼
Ansicht des Doms und der
Johanniskirche von Osten
(Detail aus Abb. 88)

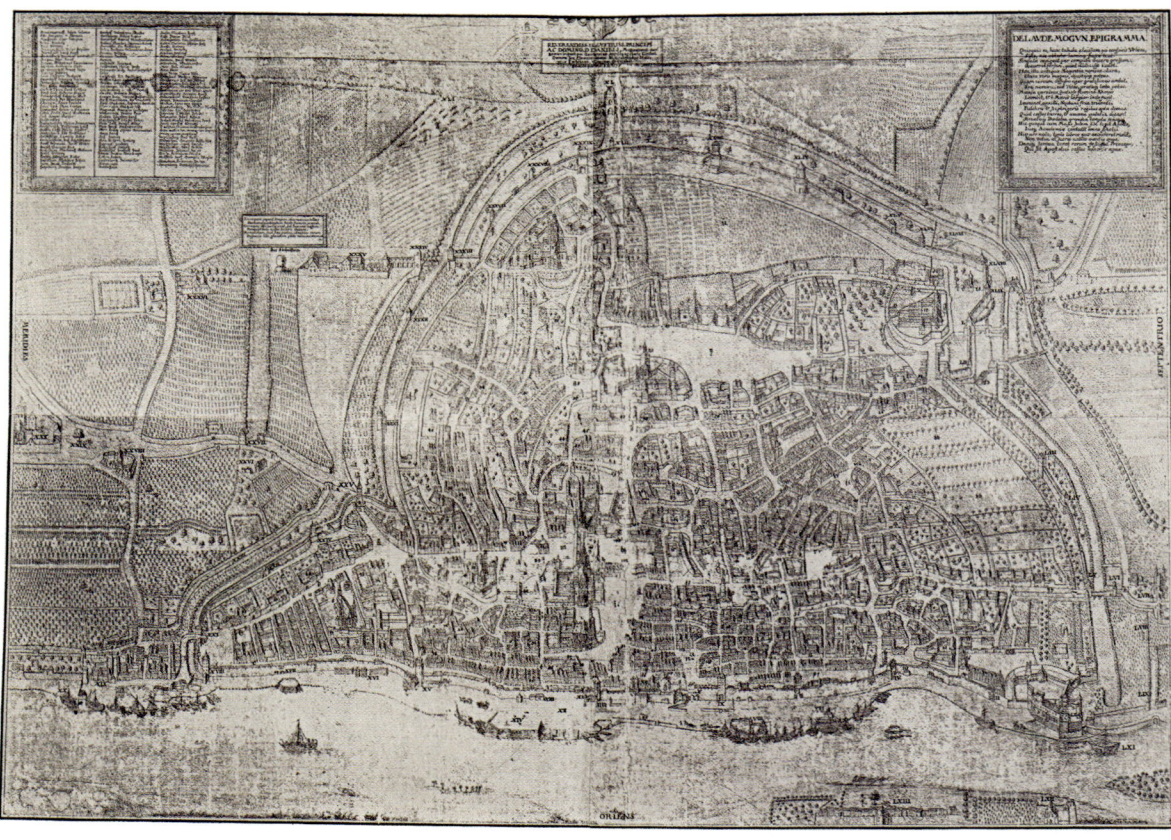

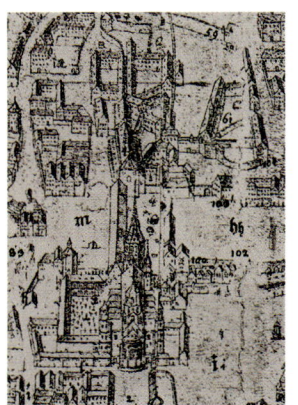

Außerdem konnte an den östlichen Abschlusswänden der Seitenschiffe kein positiver Befund einer bauzeitlichen Mauer aufgenommen werden.[17] Die Breite der Seitenschiffe entsprach vermutlich derjenigen der heutigen Nebenräume, ließ sich aber bis heute nicht näher bestimmen und könnte nur durch eine Grabung ermittelt werden.

Im Osten des Mittelschiffs befand sich östlich der Wandpfeiler ein wahrscheinlich erhöhtes rechteckiges Sanktuarium, das durch Abschrankungen von den Seitenschiffen abgetrennt war und in einer Apsis endete. Eine Darstellung der ursprünglichen Form des Ostabschlusses, eine Apsis mit Halbkegeldach, scheint der Stadtplan von Gottfried Maskopp von 1575 zu bieten *(Abb. 88, Abb. 89)*.[18]

Im Westen des Langhauses lag ein breites Querschiff mit Durchgängen zu den Seitenschiffen *(Abb. 90, Abb. 91)*. Die Vierung war von den Querarmen wie das Mittelschiff durch hohe, breite Bogen getrennt. Diese ruhten auf Pfeilern aus Bruchsteinmauerwerk, die an den Laibungen durch große Sandsteinquader verstärkt waren. Die Kämpferplatten bestanden aus rotem Sandstein *(Abb. 93, Abb. 94)*.[19] Der nördliche Vierungsbogen hat sich bis heute erhalten und ist im Innenraum sichtbar, da er nicht verputzt ist. Die Bogen zu den Querarmen wurden beim romanischen Umbau der Kirche mit einem Quadermauerwerk aus Sandstein verfüllt *(Abb. 92)*.[20] Im Zuge dieses Umbaus wurden vermutlich die Querhausarme in Teilen abgetragen.

Die Breite des Querschiffes ist im Gegensatz zur Reichweite der Querarme durch Befund gesichert. Die Reichweite ist anhand der damals üblichen Proportionen anzunehmen. Die Rekonstruktion von Kautzsch mit kurzen Querarmen, bündig mit den Seitenschiffen ist nicht überzeugend.[21]

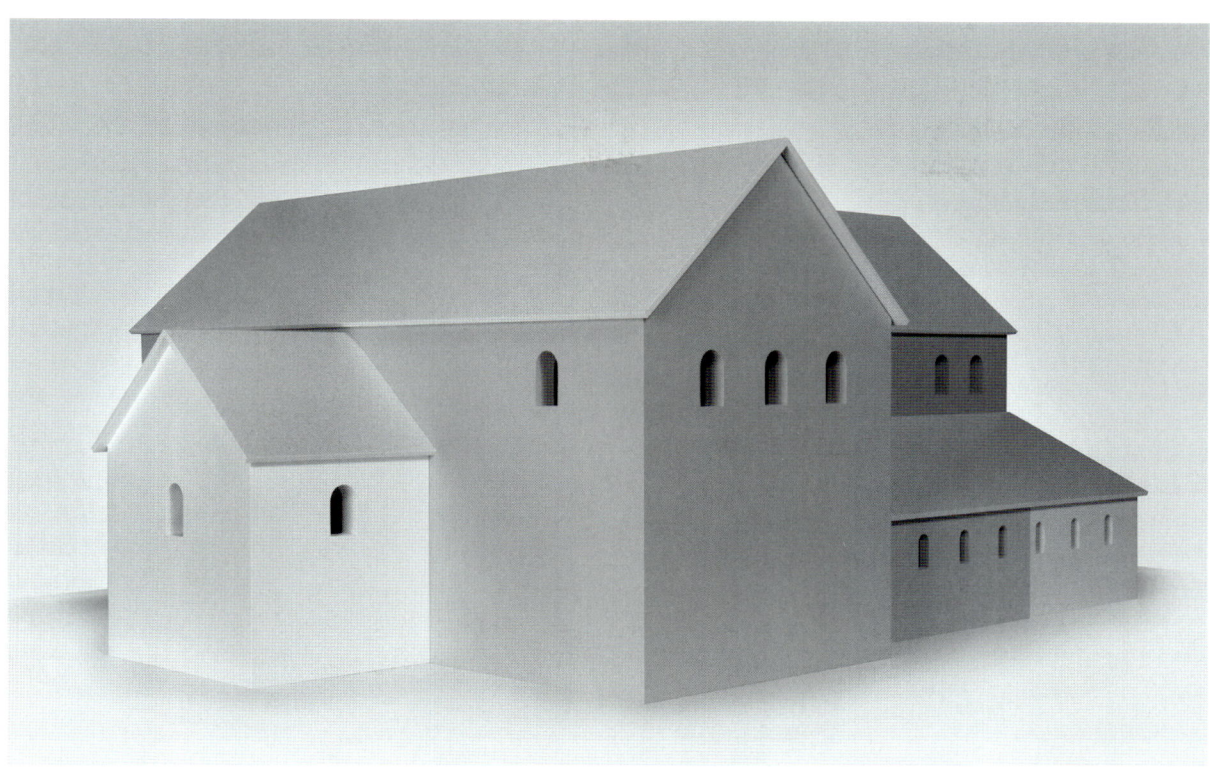

Abb. 90 ◄
Mainz, St. Johannis, um 900,
Modell nach A. De Filippo/W. E. Keil,
Modellbau: S. Dries,
Ansicht von Südwesten

Abb. 91 ◄
Mainz, St. Johannis, um 900,
Modell nach A. De Filippo/W. E. Keil,
Modellbau: S. Dries,
Ansicht von Südosten

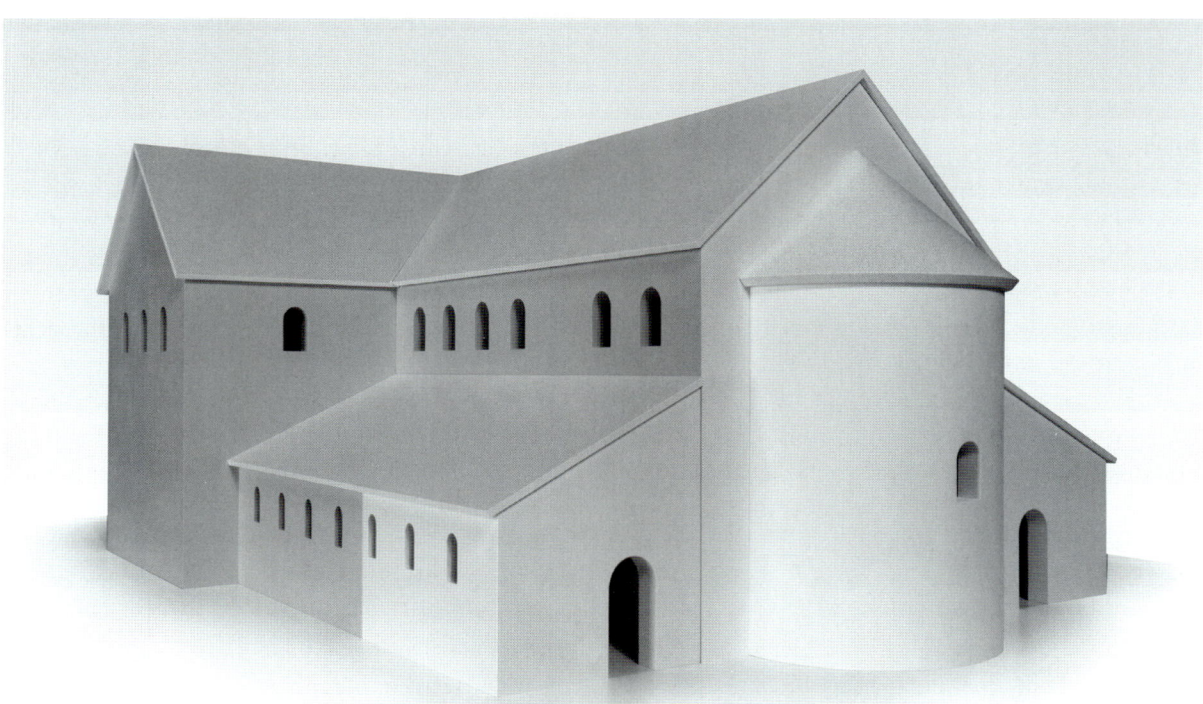

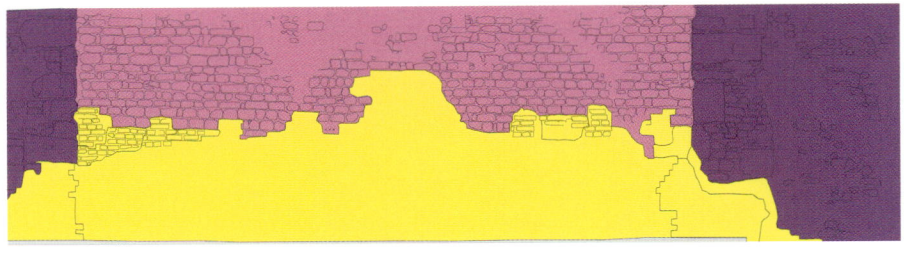

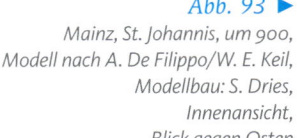

Abb. 92 ▲
*Mainz, St. Johannis,
romanische Verfüllung des
nördlichen Querhausbogens,
Zeichnung nach
A. De Filippo/W. E. Keil*

Abb. 93 ▶
*Mainz, St. Johannis, um 900,
Modell nach A. De Filippo/W. E. Keil,
Modellbau: S. Dries,
Innenansicht,
Blick gegen Osten*

Die Gestaltung des Westabschlusses zur Zeit Hattos als rechteckiger Bau lässt sich aufgrund des Grundrisses des gotischen Altarhauses[22] und durch den Vergleich mit der von Hatto erbauten Kirche St. Georg in Oberzell auf der Reichenau rekonstruieren (vgl. W. E. Keil, Abb. 84). Unterhalb des erhöhten Sanktuariums befand sich höchstwahrscheinlich eine Krypta, deren vertiefte Eingänge[23] von den Querarmen zugänglich waren. Der obere Teil des südlichen Eingangs ist heute noch im Keller der Kirche erhalten. Die Öffnungen, mit Bögen aus großen Sandsteinquadern, führten in einen tonnengewölbten Gang. Über die Gestaltung dieser Krypta ist nichts bekannt.

In Anlehnung an St. Georg in Oberzell kann hier eine rechteckige Vierstützenkrypta vermutet werden. Eine andere Möglichkeit wäre eine Winkelgangkrypta wie in St. Theodul in Sitten (um 800).[24] Oberhalb der Krypta war das Sanktuarium zum Querhaus hin durch eine Schrankenanlage abgegrenzt. Im Boden der Westwand des gotischen Abschlusses wurden Werkstücke gefunden, die wohl von dieser Schrankenanlage stammen.[25]

Die ursprünglichen Fußbodenniveaus der einzelnen Bauteile sind bis heute nicht ermittelt. Sie sind sicher deutlich tiefer als die heutigen anzunehmen. Auf Grund eines Estrichs nahm Kautzsch an, dass das ursprüngliche Bodenniveau 2,65 m tiefer als der damalige war.[26] Allein bei der Grabung von Karl Heinz Esser sind jedoch viele verschiedene Fußbodenniveaus festgestellt worden, die nicht genau zugeordnet werden können. Um die Frage der einzelnen Niveaus und damit das ursprüngliche Aussehen der Kirche besser klären zu können, wären Grabungen an verschiedenen Stellen erforderlich.

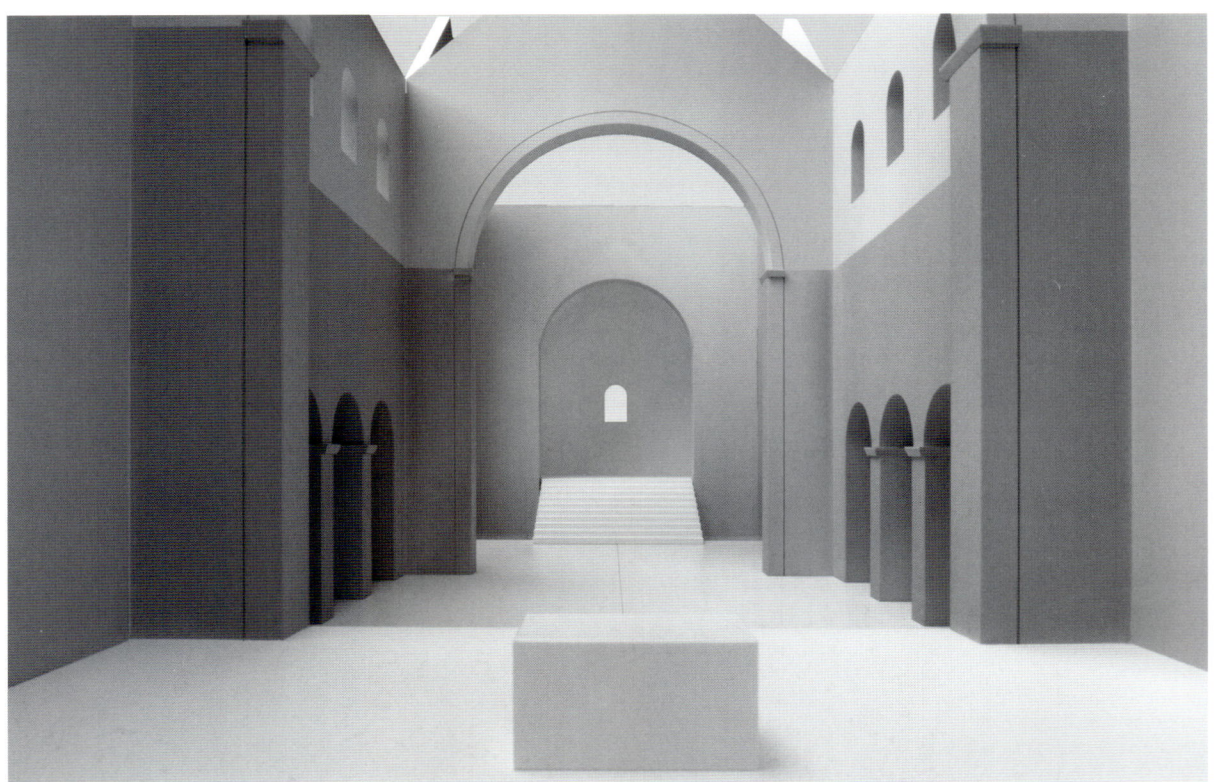

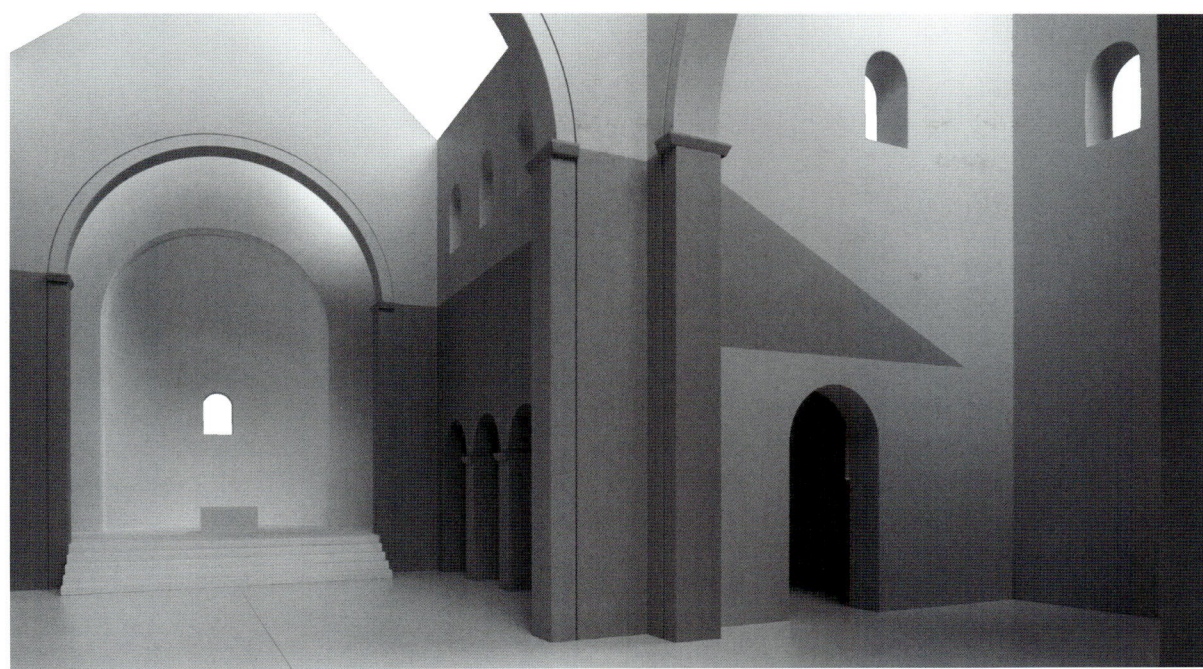

Abb. 94 ◄
Mainz, St. Johannis, um 900,
Modell nach A. De Filippo/W. E. Keil,
Modellbau: S. Dries,
Innenansicht,
Blick nach Südosten

1 Zu den wichtigen Quellen hierzu vgl. W. E. Keil, S. 112f. **2** Wegner 1988, S. 100. **3** Zu den Ergebnissen vgl. Kautzsch 1909. **4** Siehe hierzu den Grabungsbericht von Karl Heinz Esser. **5** In den Jahren 2009–2010 wurden die Außenwände der Kirche von Pia Heberer bauhistorisch untersucht, 2010–2011 der Bereich unter den Seitenschiffsdächern von den Verfassern, Institut für Europäische Kunstgeschichte, Universität Heidelberg, unter der Betreuung von Matthias Untermann. Herzlich gedankt sei der Evangelischen St. Johannisgemeinde, Pfarrerin Bettina Opitz-Chen; dem leitenden Architekten Alfred Holetzke, Evangelisches Dekanat Mainz, Leitung Bauabteilung; in der Generaldirektion Kulturelles Erbe Rheinland-Pfalz (GDKE), Direktion Landesdenkmalpflege, Landeskonservator Joachim Glatz und Pia Heberer, Referat Bauforschung. Das Planmaterial wurde vom Vermessungsbüro Manfred Buchholz, Koblenz und vom Büro für Bauforschung, Jutta Hundhausen, Mainz erstellt. **6** Die Mittelschiffbreite des spätkarolingischen Baus entspricht der heutigen und beträgt somit ca. 13,30 m. Vgl. Arens 1961, S. 428 und 430. **7** Die Arkaturen sind heute zugemauert. Die mittleren Pfeiler waren 1905–1907 nicht mehr vorhanden. Die zwei mittleren Bögen der Arkaturen wurden jeweils durch einen breiteren Segmentbogen ersetzt. Vgl. Kautzsch 1909, S. 56. Alle Pfeiler wurden in den 1950er Jahren aus statischen Gründen ausgetauscht. Vgl. Arens 1961, S. 430. **8** Die Maße der Pfeiler betragen im Grundriss 100 x 90 cm. Vgl. Kautzsch 1909, S. 56. **9** Kautzsch 1909, S. 57. **10** Kautzsch erwähnt für diese eine Größe von 2,5 x 1,2 m. Vgl. Kautzsch 1909, S. 57. Für eine Annahme dieser Maße scheint es heute keine Anhaltspunkte zu geben. Anhand der Befundfotos von Pia Heberer am Außenbau und der Beobachtungen der Verfasser an einem freigelegten Fenster im Innern sind alle Fenstergewände als barock oder jünger einzustufen. **11** Befunde aus der Untersuchung der Verfasser. **12** Die Pfeiler sind etwa 1,10–1,20 m breit und 2 m tief. Vgl. Kautzsch 1909, S. 57. **13** Kautzsch 1909, S. 57. **14** Dies konnte durch die Bauuntersuchung der Verfasser festgestellt werden. **15** Kautzsch 1909, S. 57. **16** Dies ist aus den Befundfotos von Pia Heberer ersichtlich. Vgl. zu den anderen Fenstern Anm. 10. **17** Siehe hierzu die Bauuntersuchung der Verfasser. Die Annahme von Fritz Arens, dass der Platz der im Zweiten Weltkrieg zerstörten barocken Bonifatiuskapelle vom 10. Jahrhundert bis zur Barockzeit nicht bebaut war, beruht auf den Ergebnissen der Grabung von Karl Heinz Esser im Jahr 1950, bei der weder spätkarolingisches noch anderes mittelalterliches Mauerwerk gefunden wurde. Vgl. Arens 1961, S. 424. Das Fehlen eines solchen Mauerwerkes sagt allerdings nichts darüber aus, ob nicht doch mittelalterliche Mauern vorhanden waren. In der Barockzeit könnten die Mauern für den Bau der Bonifatiuskapelle gänzlich abgerissen worden sein. Da das ursprüngliche Fußbodenniveau noch nicht geklärt ist, wäre dies durchaus möglich. Zum Fußbodenniveau siehe unten. **18** Vgl. Maskopp-Stadtplan von Mainz (1575); 95,5 x 112 cm, Staatsarchiv Würzburg, Mainzer Risse und Pläne 162. In späteren Nachzeichnungen des Plans ist die Apsis in leicht variierender Weise dargestellt. Eine alte Apsis wurde in den Jahren 1737–1738 abgerissen, als an deren Stelle ein Portal errichtet wurde. Vgl. Arens 1961, S. 412. Dabei könnte es sich noch um die ursprüngliche Apsis gehandelt haben. Heute ist der Ostabschluss eine gerade Wand aus dem Jahr 1956. Vgl. Arens 1969, S. 97. **19** Kautzsch 1909, S. 57f. **20** Erhalten ist zum Teil auch der charakteristische Fugenstrich. Dies konnte von den Verfassern bei der Untersuchung festgestellt werden. **21** So auch Oswald 1968a, S. 197. Die meisten Rekonstruktionen, bei denen das Querhaus bündig mit den Seitenschiffen endet, sind nicht durch Befund belegt. **22** Der gesamte Westabschluss wurde um 1320/25 neu erbaut. Vgl. Arens 1961, S. 425. **23** Schon Rudolf Kautzsch vermutete hier den Eingang einer Krypta. Vgl. Kautzsch 1909, S. 69f., Anm. 4. Diese These wurde nicht rezipiert. **24** Zu St. Theodul vgl. Jacobsen 1992, S. 113. **25** Vgl. Kautzsch 1909, S. 60 und Arens 1961, S. 437. Die Datierung der Chorschranke ist umstritten. Vgl. hierzu Arens 1958a und Schulze-Dörrlamm 2006d. **26** Kautzsch 1909, S. 56. Bei einem solchen ursprünglichen Bodenniveau wären die Arkaden im Vergleich mit anderen Kirchenbauten dieser Zeit extrem hoch. Die üblichen Proportionen dieser Zeit würden eher ein Bodenniveau vermuten lassen, dass etwa einen Meter unter dem heutigen liegt.

INCIPIT PREFATIO OPERIS SUBSEQUENTIS·

Scę moguntiacę sedis presuli· actonus germaniae prima
ti· hathoni· regino uree sublimatus deuotissimus clien
tulus· psentis uitae pspertiatem· et future beatitudinis
opat gtam; Suens magnitudine prudentiae ure· non
solum iuxta sacrorum canonum sanctiones totius puintiae
sollicitudinem gerere· uerum etiam totius regni utilitatibs
per ungili cura insudare· inysiure celsitudini libellum·
quem de fydalibus causis· æcclesiasticisq disciplinus· iussu
et oratu domni et reuerendissimi rathbodi archiepi summo
cum studio ex diuersis scoru patru conciliis atq decretis
collegi atq coadunaui·᛫ non temere arbitiatus· automnis
libroru copiam urisarmarius deesse· aut uri excellen
tis ingenii prudentiam quicquam latere· qui locu uree cel
situdini celitus comissum· dignitate nobilitatis famosis
pconus extollat·᛫ qui tantus in omni genere philosofie estis·
ut solus nobis represẽtetis hac decrepita etate ingenia
philosophoru· de quibus illa sollers latialis antiquitas
gloriata est; Sed quia ura sapientiae sup eminens celsitudo·
In disponendis rebus puspblicis assidue uersatur· for
tassis honerosu uidet· ut plurima conciliatiuru uolumina·
semper uobiscu longe lateq deferantur; Idcirco
hunc manualem codicellum uree dominationi direxi·᛫

KATALOG

Sendhandbuch
(Libri duo de synodalibus causis
et disciplinis ecclesiasticis)
des Regino von Prüm,
Vorrede an Erzbischof Hatto,
Trier, St. Maximin, letztes
Viertel 10. Jahrhundert
(vgl. Kat.-Nr. 44)

ES BEGINNT DIE VORREDE ZUM NACHFOLGENDEN WERK.
Für Hattho, den Bischof des heiligen Mainzer Stuhles
und Primas von ganz Germanien, erbittet Regino, Eurer
Erhabenheit ergebenster Diener, Wohlergehen im gegen-
wärtigen Leben und den Ruhm künftiger Glückseligkeit!
Im Wissen, dass die Größe Eurer Klugheit nicht nur ent-
sprechend den Bestimmungen der heiligen Kanones die
Geschäfte der ganzen Kirchenprovinz besorgt, sondern
dass sie sich auch mit überaus wachsamer Sorge zum
Nutzen des gesamten Königreichs plagt, habe ich Eurer
Exzellenz ein Büchlein geschickt, das ich auf Befehl und
Mahnung meines Herrn, des ehrwürdigen Erzbischofs
Radbod [von Trier], über die Rechtsfälle der Sendgerichte
und über die kirchliche Zucht mit höchstem Eifer aus
verschiedenen Konzilien und Dekreten der heiligen Vä-
ter gesammelt und zusammengestellt habe.

Dabei war ich nicht in dem unbesonnenen Glauben
befangen, dass entweder in Eurer Bibliothek die Fülle
aller Bücher fehle oder dass der Klugheit Eures hervor-
ragenden Geistes irgendetwas verborgen sei – der Ihr
doch den Eurer Exzellenz vom Himmel anvertrauten
Platz durch die Würde Eures Adels zu berühmter Verherrlichung erhebt, der Ihr auf jedem Gebiet der Gelehrsamkeit so bedeutend seid, dass Ihr allein uns in
dieser altersschwachen Zeit die geistigen Leistungen der
Philosophen vor Augen stellt, derer sich die schöpferi-
sche lateinische Antike rühmt!

Aber weil Eure an Weisheit überragende Exzellenz stän-
dig in der Verwaltung der öffentlichen Angelegenheiten
unterwegs ist, erscheint es vielleicht beschwerlich, dass
sehr viele Konzilsbände immer weit und breit mit Euch
herumgetragen werden. Deshalb habe ich Eurer Herr-
lichkeit dieses handliche Büchlein zukommen lassen,
(damit Ihr es als Handbuch bei Euch habt, wenn einmal
die Gesamtheit Eurer Bücher nicht verfügbar ist ...)
Übersetzung: Hartmann 2004, S. 21.

In der zweiten Hälfte des 19. Jahrhunderts ist das Mittelrheintal touristisch erschlossen. Mit Dampfschiff und Eisenbahn stehen den massenhaft strömenden Touristen die modernen Verkehrsmittel zur Verfügung, deren Technologie die romantisch verklärte Landschaft massiv verändert. Der Binger Mäuseturm wird zu einem beliebten Motiv von Postkarten und Sammelbildern. Der Turm, dessen Restaurierung im neugotischen Stil 1855 begonnen wurde, spielt eine Doppelrolle: als Signalturm für die Schifffahrt am Binger Loch und als romantisches Gemäuer, verbunden mit der Hatto-Sage. Beide Aspekte finden in den zeitgenössischen Bildern ihren Niederschlag. Ein dritter Aspekt tritt unter den Vorzeichen des europäischen Nationalismus hinzu: Zusammen mit dem 1883 eingeweihten Niederwalddenkmal, das in Sichtweite am rechten Rheinufer liegt, wird der Mäuseturm retrospektiv Teil der „Wacht am Rhein" im Antagonismus von Deutschland und Frankreich (vgl. Kat.-Nr. 2).

Weit häufiger jedoch sind jene Postkarten, in denen der Turm in Text und Bild explizit mit der Hatto-Sage verbunden wird. Nach den anspruchsvollen Karten der Zeit um 1900 mit ihrer interessanten drucktechnischen Umsetzung des mitternächtlich erscheinenden erzbischöflichen Geistes (vgl. Kat.-Nr. 5) verflacht die graphische Gestaltung des schaurigen Geschehens in ihrer Qualität. Stattdessen nimmt der Text der Sage – mal auf die Vorderseite, mal auf die Rückseite der Karten gedruckt – einen immer breiteren Raum ein.

Karte (A) wurde, laut der Signatur im unteren linken Bilddrittel, von dem Graphiker Max Saalfeld wohl in den 1950er Jahren kreiert. In die Landschaft des Binger Lochs, die einer um 1900 gestalteten Postkarte entlehnt ist, wurden überproportional große Mäuse hineinkomponiert, die einen Mäuseturm belagern, auf dessen Zinnen ein in reiche Pontifikalgewänder gekleideter Hatto mehr zu schweben denn zu stehen scheint. Seine harten Gesichtszüge erinnern an einen Bösewicht des expressionistischen Films. Die riesige Gestalt schwingt drohend den Krummstab, doch die

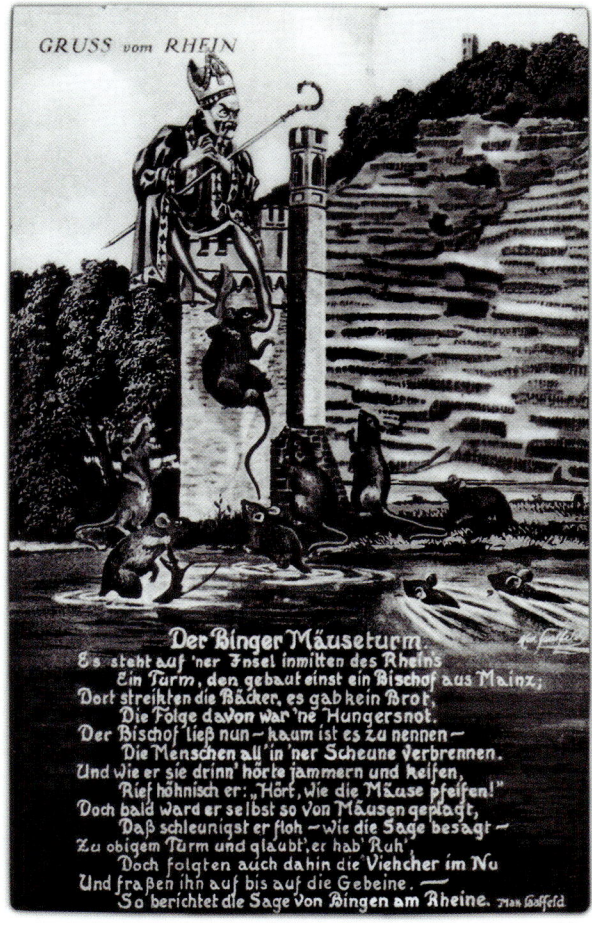

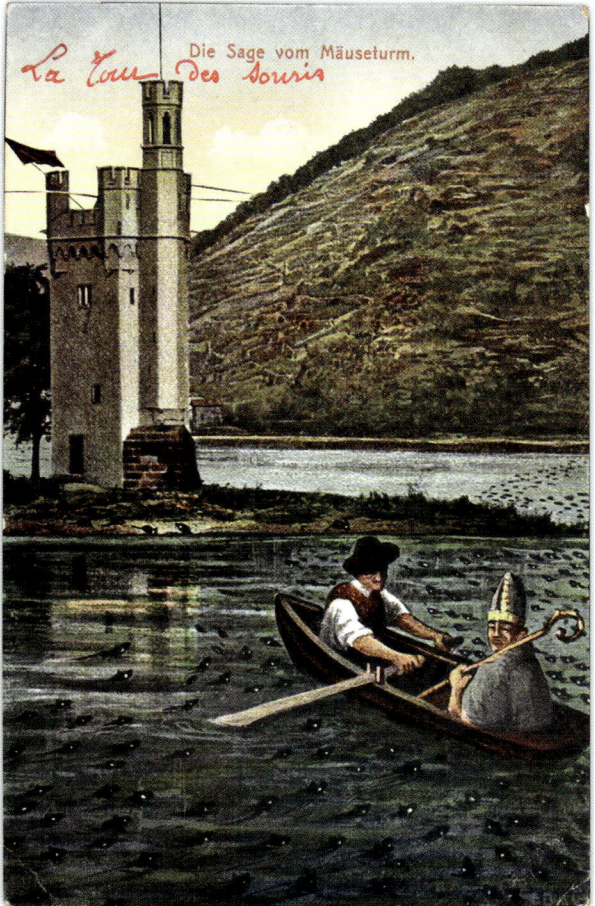

Mäuse haben bereits die Insel erreicht und die erste verbeißt sich schon in Hattos herabhängende Stola. Nirgends in der Ikonographie der Sage ist Hatto so schauerlich interpretiert, doch die grotesk übersteigerten Züge gehen zu Lasten der künstlerischen Qualität.

Karte (B) wirkt dagegen fast bieder. Sie ist nicht nur in ihrer künstlerischen Qualität, sondern auch in ihrem „Gruselfaktor" vergleichsweise bescheiden: Ein in seinem Boot kegelförmig wirkender Bischof, scheinbar ohne Unterleib, wird von einem Bauern zur Rheininsel gerudert. Hier tummeln sich einige wenige Mäuse, die aber mehr mit Nagen und Jagen denn mit dem Warten auf ihr Opfer beschäftigt sind. Von beiden Seiten des Rheins schwimmt zwar eine statt-

liche Zahl an Mäusen auf Boot und Insel zu, doch der respektvolle Abstand, in dem die Nager – zunächst – verharren, wirkt kaum bedrohlich. Um so drastischer gibt die auf der Rückseite abgedruckte Kurzfassung der Sage das Geschehen wieder. Im Mittelpunkt steht die „Schar hungriger Bettler", die auf Geheiß des „hartherzigen" und „grausamen" Hatto in einer Scheune „grässlich verbrannten". Vermutlich wurde der Text in diesem Falle jedoch kaum gewürdigt, denn laut Beschriftung der Rückseite wurde die Karte von einem „Roger" an seine Eltern im französischen Poissy versandt. Diese werden wohl des Deutschen nicht kundig gewesen sein, da Roger auf der Vorderseite den Mäuseturm handschriftlich als „La Tour des Souris" übersetzt.

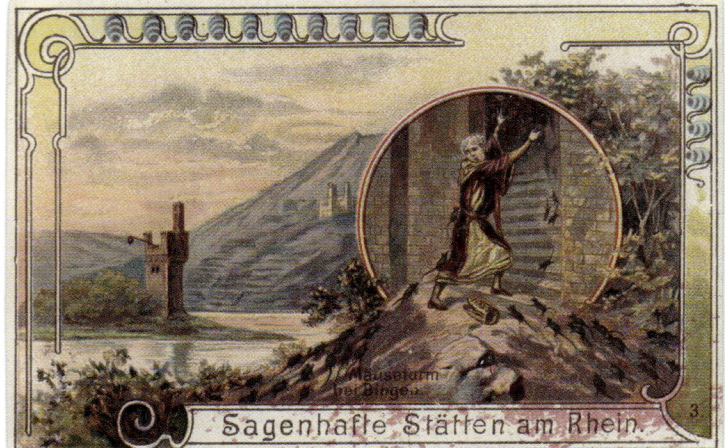

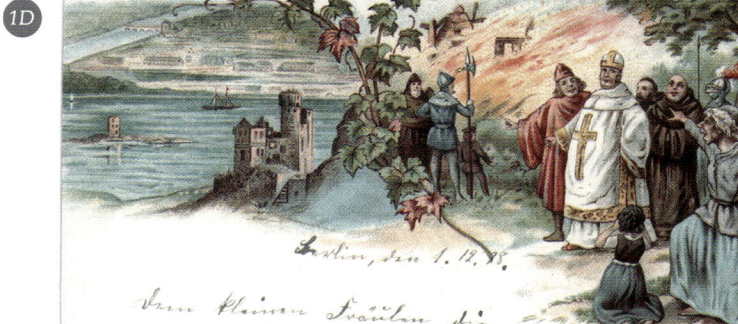

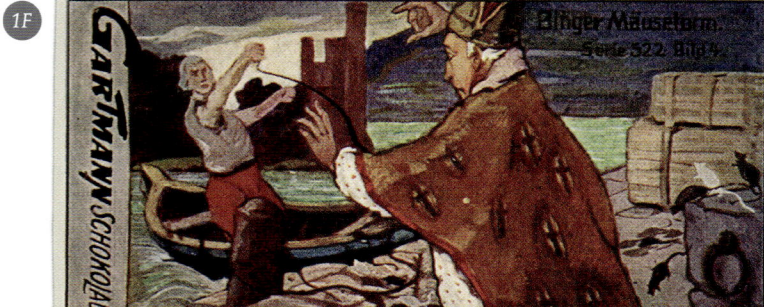

Die Trivialisierung Hattos fand nicht nur im Postkartenbild statt, sondern auch in der kommerzialisierten Tourismusreklame und sogar in der Produktwerbung. So taucht die Sage vom Mäuseturm gerne als Sammelbildmotiv auf, so etwa in der Produktion von Nahrungsmitteln, bei Schuhputzfirmen oder Färbereien.

In einem Sammelbildchen der Serie der „Sagenhaften Stätten am Rhein" (C) aus dem ersten Viertel des 20. Jahrhunderts wird das Geschehen zwar in bescheidener künstlerischer Qualität, dafür aber in ungemein lebendiger Erzählung wiedergegeben. So ist die Mitra des flüchtenden Hatto dramatisch zu seinen Füßen herabgefallen, während der von den Mäusen verfolgte Erzbischof verzweifelt die Arme emporreißt und schreiend die schier unüberwindlich steile Treppe des Turms zu erklimmen sucht. Hierbei helfen ihm vielleicht seine aus papalem (!) roten Leder gearbeiteten und offensichtlich sehr gut geputzten Schuhe, denn auf der Rückseite des Sammelbildchens begegnet man der ganzseitigen Werbung für „Diamantine, den feinsten Schuhputz mit Terpentin und Edelwachsen" der Firma Rudolf Starcke aus dem niedersächsischen Melle.

In einer um 1898 entstandenen kolorierten Lithographie (D) – auch diese Postkarte ist Teil einer Serie – fungiert Hatto ebenfalls als Werbefigur: Umringt von einer offensichtlich gut genährten, vorzugsweise monastischen Entourage tritt ein beleibter Erzbischof vor einem anklagenden Bettler und einer weinenden Magd auf. Obwohl im Hintergrund die Getreidescheune abbrennt – so wie es die Sage verlangt –, präsentiert sich das gesamte Personal nicht vom Rauch geschwärzt, sondern in stark buntfarbiger Gewandung, überstrahlt von einem majestätisch wirkenden Hatto in leuchtend-weißer, von Gold gesäumter Pontifikalkleidung. Für diese reinbunten Gewänder ist ganz offensichtlich Judlin's Färberei aus Berlin-Charlottenburg verantwortlich, wie der dezente, aber dennoch unübersehbare Schriftzug links unten kenntlich macht.

Besonders beliebt war die Hatto-Sage im Genußmittelbereich, allerdings nicht, wie man vielleicht erwarten könnte, in der Käseproduktion, sondern in der Süßwarensparte. Die Schokoladenproduzenten Gartmann (Hamburg) und Robert Berger (Pößneck/Thüringen) waren beide Herausgeber von graphisch hübsch gestalteten Sammelalben. Während die Firma Berger die Geistererscheinung auf dem Mäuseturm mit der Torpedoflotte auf dem Rhein kombiniert (Kat.-Nr. 1E, vgl. Chr. Klein, S. 29, Abb. 11), erblickt man auf der originellen Lithographie aus dem Hause Gartmann den flüchtenden Bischof in Nahsicht, im Hintergrund die charakteristische Silhouette des Mäuseturms (F). Namentlich die Firma Gartmann setzt bereits um 1900 auf moderne Vertriebsstrategien: Die Sammelbilder erhielt man als Zugabe zur Schoko-Rolle aus den entsprechenden Automaten.

Die hier gezeigten Bildbeispiele machen deutlich, wie sehr in Unkenntnis der historischen Persönlichkeit die „Leerstelle" Hatto nicht nur in der Frühen Neuzeit, sondern auch noch im 20. Jahrhundert als Projektionsfläche für die unterschiedlichsten Belange ikonographisch verwendet werden konnte. WW

Vgl. den Beitrag von Chr. Klein in diesem Band

KATALOG-NR. 02
LA TOUR DES SOURIS ET L'EHRENFELS UND
MÄUSETURM BEI BINGEN MIT SCHIFF „VATER RHEIN"
Bingen, La Tour des Souris et l'Ehrenfels
La Garde au Rhin – Chasseurs à Pied
Les Ateliers Joë Bridges, Paris, nach 1922
Postkarte, H. 14 cm, B. 9 cm
Mainz, Bischöfliches Dom- und Diözesanmuseum
Abb. 12, S. 30

Mäuseturm bei Bingen mit Schiff „Vater Rhein"
Werbepostkarte der Binger Personenschifffahrt,
Kapitän J. B. Schneider
Bingen, nach 1933
H. 13,7 cm, B. 9 cm
Bingen, Privatbesitz
Abb. 13, S. 31

1883 wurde das Niederwalddenkmal mit seiner Monumentalstatue der Germania und den in seinen Sockel eingemeißelten fünf Strophen von Max Schneckenburgers Gedicht „Wacht am Rhein" eingeweiht – Symbol des deutschen Nationalstaats und seines Anspruchs auch auf die linksrheinischen Gebiete. Der Rhein sollte ein deutscher Fluss sein, nicht die deutsche Grenze zu Frankreich. Die nationalistische Emphase bleibt seitdem der Subtext aller Publikationen zum Rhein – auf deutscher wie auf französischer Seite (ungeachtet der separatistischen und durchaus frankreichfreundlichen Tendenzen am Rhein nach 1918).

Eine Persiflage auf die „Wacht am Rhein" stellt die von der französischen Rheinarmee während der alliierten Besatzungszeit 1920–1929 herausgegebene Postkartenserie „La Garde au Rhin" dar (vgl. Abb. 12). Aus dieser Serie, die von dem Pariser Illustrator Joë Bridges (eigentlich Jean Barrez, New York 1886 – Paris 1967) entworfen und in seinem 1922 gegründeten Atelier produziert wurde, stammt die Postkarte mit dem Blick vom linksrheinischen Ufer auf den Mäuseturm und auf Burg Ehrenfels. Dem Chasseur à Pied (die leichte Infanterie), der statuenhaft aufrecht und übergroß im Vordergrund steht, bietet sich ein friedliches Bild. Auf dem spiegelglatten Wasser des Rheins verkehrt die Personenschifffahrt zwischen linkem und rechtem Ufer; der Mäuseturm dient wie gewohnt als Signalturm für die Rheinschifffahrt vor den Untiefen des Binger Lochs. Die Postkartenserie wurde entsprechend etwa für Mainz, Köln, Düsseldorf, St. Goar und Koblenz herausgegeben, jeweils für unterschiedliche Einheiten des französischen Militärs (in Mainz die Infanterie, in Koblenz die Artillerie usw.) und gratis an die Besatzungssoldaten verteilt. Sie existieren in einer farbigen und einer monochromen Version und sind den gleichzeitigen Sammelbildchen aus der Schokoladenfabrikation (vgl. Kat.-Nr. 1E und 1F) durchaus vergleichbar. Werbezwecken diente auch die interaktive Postkarte des Mäuseturms, die in den dreißiger Jahren des 20. Jahrhunderts von der Binger Personenschifffahrt des Kapitäns J. B. Schneider herausgegeben wurde (vgl. Abb. 13). Mäuse und Signale im und auf dem Mäuseturm lassen sich mittels einer Papierscheibe bewegen. Auf Hatto selbst (seit dessen Zeit im Turm „die Mäus' umgehn") verweisen die Verse auf der Kartenrückseite. Die Szenerie enthält dieselben Elemente wie die nur wenige Jahre zuvor publizierte Postkarte der Rheinarmee: den Mäuseturm, nun im Vordergrund, die Burg Ehrenfels und ein Ausflugsschiff, nämlich die „Vater Rhein" des Kapitäns Schneider, die zwischen Bingen und Koblenz verkehrte. Dieser passte sich – wie auch an den Veränderungen der von seinem Unternehmen 1934 und 1939 unter dem Titel „Fröhliche Rheinfahrt mit dem Salonschiff ‚Vater Rhein'" publizierten Werbeprospekte abzulesen – den gewandelten Verhältnissen an. Weinseligkeit im Querformat weicht dort einem kriegerisch-forschen Auftritt, gerahmt von stilisierter Frakturschrift im Hochformat. Auch die Postkarte zeugt von der Anpassung an die neuen Verhältnisse. Die „Vater Rhein" trägt die Binger Stadtfarben Rot und Weiß, die Kugeln auf dem Mäuseturm zeigen, wie in den ungelenken Reimen auf der Kartenrückseite erzählt wird, dass „jeder brave Schif-

fersmann ins Binger Loch einfahren kann". Scheinbar harmlos flattert auf dem Mäuseturm ein Fähnchen im Wind: das Hakenkreuz der Nationalsozialisten, eine Referenz an die nach dem Ermächtigungsgesetz des Jahres 1933 zur Staatspartei avancierte NSDAP. BS

Schüler-Beigang 2001, S. 154–164; Schneider o.J.; Schneider 1939, sowie den Beitrag von Chr. Klein in diesem Band

---

KATALOG-NR. 03
ANSICHT DES MÄUSETURMS IN ARABESKEM ZIERRAHMEN

Caspar Scheuren, Schlussblatt zu: Landschaft, Sage, Geschichte und Monumentales der Rhein-Provinz. In XXVII Blättern illustriert
Düsseldorf, 1865/1868
Farblithographie, H. 63 cm, B. 80 cm
Bingen, Museum am Strom, Inv.-Nr. G 2002/024

Die Ansicht des Mäuseturms von Caspar Scheuren (1810–1887) ist das Schlussblatt zu einer besonders prachtvollen Rheinfolge des 19. Jahrhunderts, einer Sammlung loser Farblithographien im Folio-Format, die Ansichten von Kleve bis Bingen zeigen. Die der preußischen Königin Auguste gewidmete Mappe geht auf Aquarellentwürfe von 1862 zurück (Köln, Wallraf-Richartz-Museum). Die Motivauswahl konzentriert sich auf geschichtsträchtige Orte und Gegenden der preußischen Rheinprovinz. Der Mäuseturm wird von Scheuren, im Gegensatz zur üblichen Bildtradition, nicht in der landschaftlichen Umgebung des Binger Lochs gezeigt, sondern erscheint im fokussierten Blick als monumentales Baudenkmal. Die Ansicht mutet zugleich retrospektiv an, denn bereits 1855 hatte die Restaurierung im neugotischen Burgenstil durch den Kölner Dombaumeister Ernst Friedrich Zwirner begonnen, und der Mäuseturm erhielt auf Anregung König Friedrich Wilhelm IV. einen markanten Zinnenkranz nebst Turmaufsatz. Die Lithographie gibt hingegen einen vergangenen, historischen Zustand des Gebäudes wieder, das in dieser Form wohl in der ersten Hälfte des 14. Jahrhunderts als Zollburg

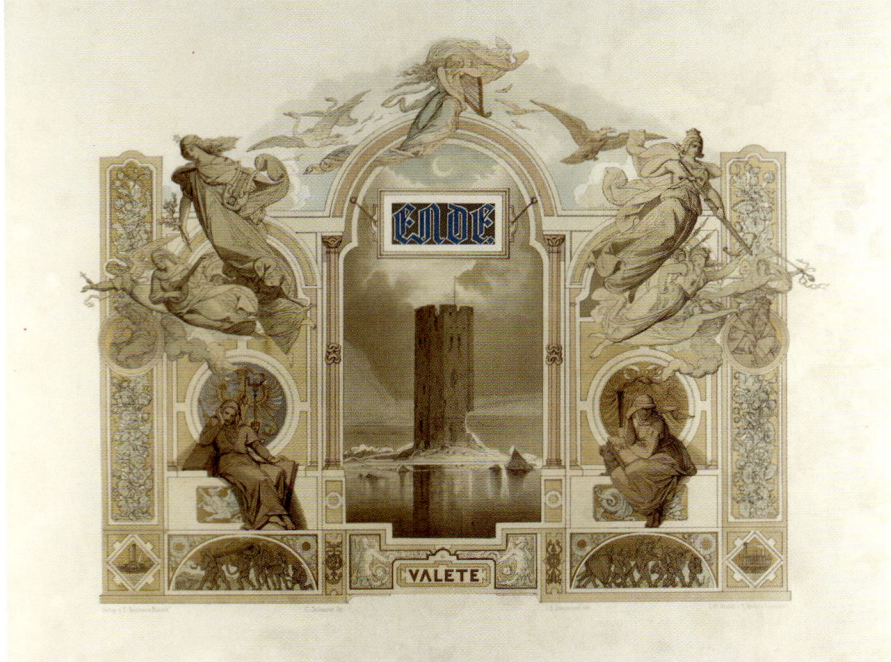

entstanden war und im Dreißigjährigen Krieg sowie im Pfälzischen Erbfolgekrieg schwere Verwüstungen erlitten hatte. Eine gut sichtbare Lücke im Mauerwerk rechts unten deutet dagegen Beschädigungen durch den häufig sehr starken Eisgang des Rheins an.

Die Ansicht ist in einen rundbogigen Fensterausschnitt und einen reichen Schmuckrahmen gesetzt, der neuromanische Architekturformen und renaissancehafte Flächenfüllungen mischt und von allegorischen Figuren belebt wird – ganz nach der Arabeskenmode des 19. Jahrhunderts, die in Scheuren, neben Künstlern wie Eugen Napoleon Neureuther oder August von Kreling, einen Hauptvertreter gefunden hatte. Bild und Rahmen sind dabei aus verschiedenen Realitäts- und Erzählebenen zu einer komplexen Einheit verschränkt. Die auf Tafeln angebrachten Titel „Ende" und „Valete" verleihen der Lithographie zudem den Charakter eines Abgesangs auf die Rheinromantik, und Scheuren selbst erläutert die Darstellung in diesem Sinne als „des Dichters Abschied von der Phantasie, welche, gleich dem Adler und dem Schwan, in die Ferne entschweben. Die Poesie mit dem Oelzweig, die Geschichte mit dem Schwerte, die Legende mit der Laute verlassen die trauernde Loreley, während die jugendlichen Kräfte des emporblühenden Handels und der Industrie die Romantik bestatten". Als Zeichen der neuen Zeit erkennt man unten in den beiden über Eck stehenden Quadraten Dampfschiff und Lokomotive, die den größtdenkbaren Kontrast zur zentralen, romantisch gestimmten Ansicht des Mäuseturms im Mondschein bilden. GK

Schmitt 1996, Nr. 209; Haberland 2005, S. 104–106; Vomm 2010, S. 282–291

KATALOG-NR. 04
BISCHOF HATTO AUF DEM MÄUSETURM ▶▶
Alfred Rethel, Illustration zu den „Rheinsagen"
der Adelheid von Stolterfoth
Frankfurt am Main, 1835
Stahlstich, H. 22 cm, B. 27 cm
Bingen, Museum am Strom, Inv.-Nr. B 2005/001

Ein Gemälde müsse eine dichterische Idee in Form und Farben sein, hatte Friedrich Wilhelm Schadow, seit 1826 Direktor der Düsseldorfer Kunstakademie, seine Schüler gelehrt. Daher mag es dem jungen Alfred Rethel (1816–1859), 1835/36 Meisterschüler bei Schadow in Düsseldorf, als günstige Gelegenheit erschienen sein, dass er 1835 Gelegenheit hatte, einen *Ciclus von Romanzen, Balladen und Legenden des Rheins, nach historischen Quellen bearbeitet* mit 21 Stahlstichen zu illustrieren. Zugleich bereitete er damit wohl seinen Wechsel von Schadow in Düsseldorf zu Philipp Veit vor, der am Städelschen Kunstinstitut in Frankfurt am Main lehrte; der Wechsel erfolgte 1836. Die Autorin jener 21 Rheinsagen in Gedichtform war nämlich die ehemalige Stiftsdame (Wilhelmine Julie) Adelheid von Stolterfoth (1800–1875), ein „adliges Urgestein der Rheinlyrik" (Cepl-Kaufmann/Johanning). Diese war 1815 mit ihrer Mutter aus Süddeutschland nach Langenwinckel bei Geisenheim zu ihrem vermögenden Onkel, dem Baron Hans Karl von Zwierlein, gezogen, den sie 1844 heiraten sollte. In dessen umfangreicher Bibliothek fand sie die historischen, literarischen und volkskundlichen Anregungen für ihre eigene Dichtung, in der sie regionale Sagen, romantische Landschaftswahrnehmung und nationalistische Verherrlichung des Rheins verband. Zugleich bediente sie mit einer bebilderten Sammlung von Rheinsagen ein wachsendes Publikum, das sich den Rhein mit Dampfschiff und Eisenbahn touristisch erschloss und mehr verlangte als die nur praktischen Rheinreiseführer, die zwanzig Jahre zuvor etwa Aloys Schreiber (1812/1818) oder Niklas Vogt (1817) herausgegeben hatten.

Mit ihrer Bearbeitung der Mäuseturmsage trafen Stolterfoth und Rethel den romantischen Zeitgeist: Stolterfoth bettete die Mäuseturmsage ein in einen Dialog zwischen einem lyrischen Ich und einem „alten Schiffer", der während einer nächtlichen Kahnfahrt die Ruine im Wasser erläutert, aus der „mit irrem Strahle" schwaches Licht leuchtet. Die Hatto-Sage selbst ergänzt die Dichterin um das Motiv der Traumgestalten der Ermordeten, die den Bischof „bleich und

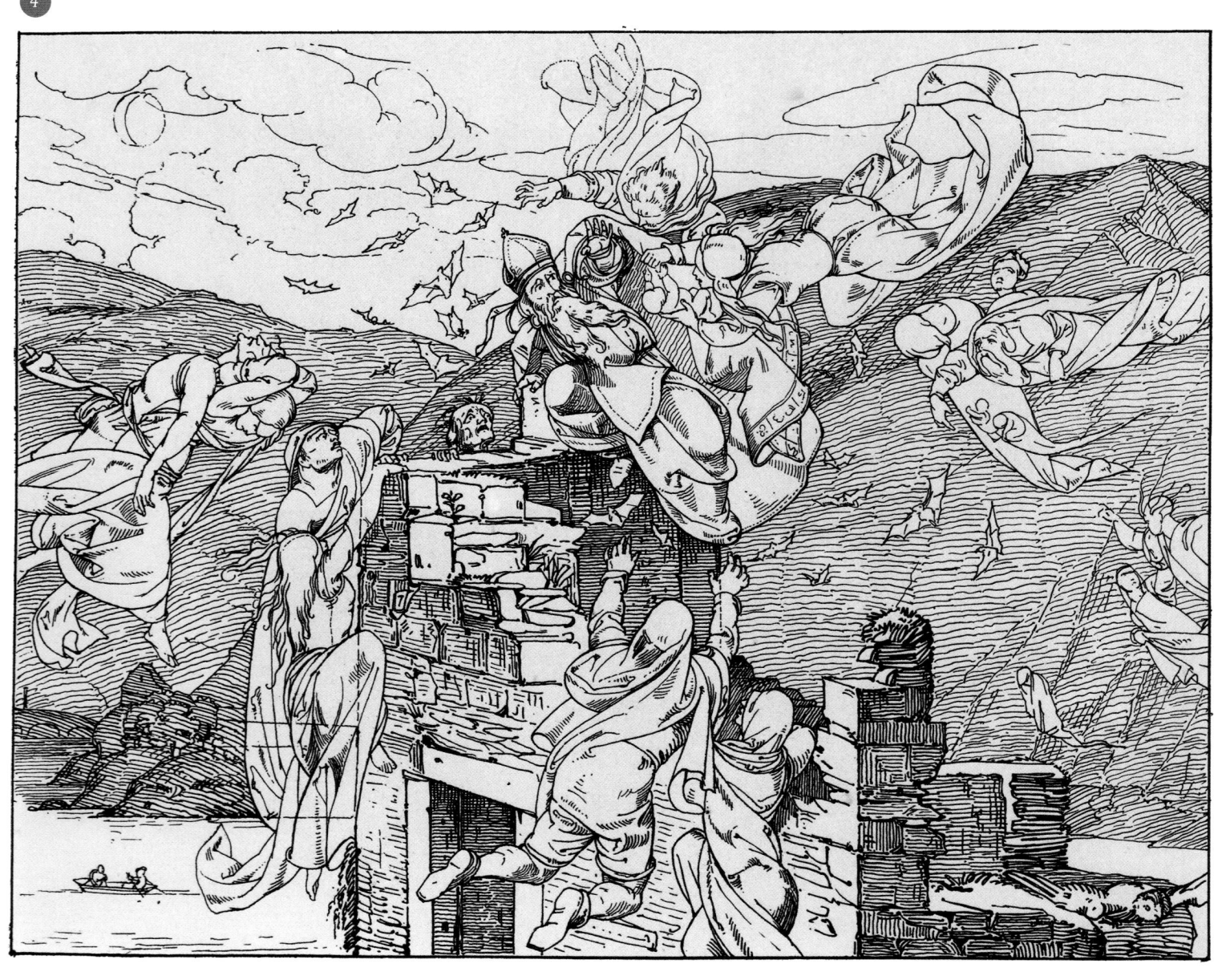

Der Maeusethurm.

A. Rethel del. J. Dielmann lith.

drohend / wie Nebel" im Schlaf bedrängen und ihn schließlich vor Kummer und Angst sterben lassen: Psychologisierung in Shakespearescher Manier statt realem Mäusefraß. Rethel nimmt diese Anregungen im Text auf und deutet die Rahmenhandlung durch einen Kahn mit zwei Personen am linken Bildrand an. Dort ist auch im Hintergrund die Nahemündung mit der Drususbrücke zu erkennen, die die Szene räumlich festlegt. Ansonsten ist die Spitze des Mäuseturms verfallener als sie es 1835 war, und auch das Geschehen ist dramatisch verdichtet: Hatto wehrt sich auf der Mauerkante gegen die halbrealen Gestalten, die ihn von allen Seiten bedrängen und statt Mäusen Fledermäuse zur Unterstützung erhalten: ein Strudel „umbraust vom Wogensturm", der Hatto mit sich fortreißen wird. CK

Bigler-Marschall 2000, Sp. 357f.; Cepl-Kaufmann/Johanning 2003, S. 244; Grosskinsky 2011, S. 153f.; Ponten 1911; Schmidt 1958; Verwiebe 2011, S. 325; Walcher 2011, S. 301f.

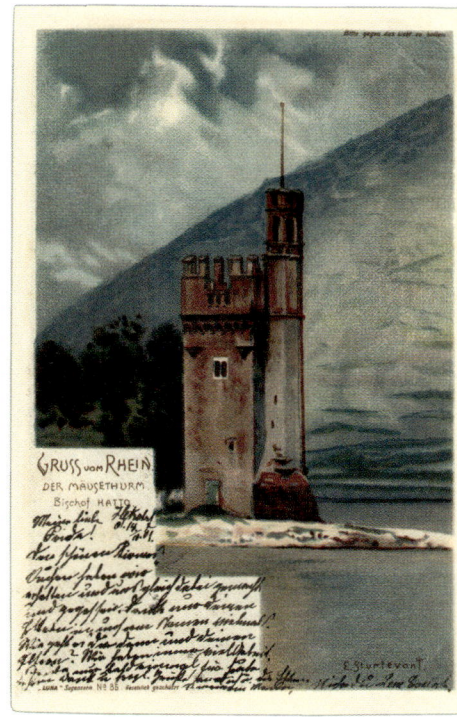

KATALOG-NR. 05
GRUSS VOM RHEIN – DER MÄUSETHURM –
BISCHOF HATTO
Erich Sturtevant
Berlin (?), um 1900
Hinterleuchtbare Postkarte
H. 14 cm, B. 9 cm
Privatbesitz

In den sagenhaften Schilderungen der Frühen Neuzeit wird vom Ende Hattos als Opfer der Mäuse erzählt. In der Romantik potenziert sich nun das Grauenhafte des Geschehens. Hatto tritt nicht mehr *ad personam*, sondern, wie es August Kopisch 1837 in seinem berühmten Gedicht schildert, als „Geist" auf (vgl. S. 19): „Am Mäuseturm, um Mitternacht, des Bischofs Hatto Geist erwacht." In der hier gezeigten Postkarte ist dieses Geisterhafte der romantischen Sage kongenial umgesetzt. Fahl vom Vollmond beleuchtet, sieht man den Mäuseturm in seiner neugotischen Baugestalt

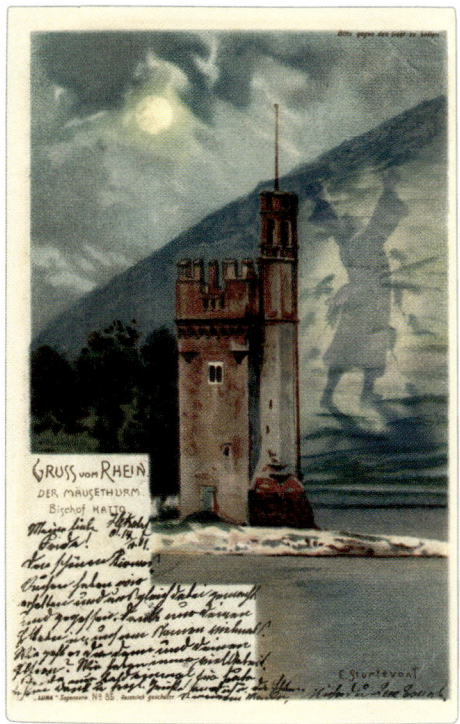

vor dem dunklen Hintergrund des rechtsrheinischen Rheingaugebirges. Von dem in der Bildlegende links unten genannten Hatto ist hingegen zunächst nichts zu sehen. Er tritt nur bei entsprechender Handhabung der Karte – im wahrsten Sinne des Wortes – in Erscheinung: Wird die Karte hinterleuchtet, dann ist die dunkle Gebirgsfläche der rechten Bildhälfte lichtdurchlässig und im Gegenlicht erscheint Hattos „Geist, gar gräßlich anzuschauen". Der von hinten gezeigte Erzbischof tritt nicht in Pontifikalkleidung, sondern in einer kurzen Tunika mit weiten Ärmeln auf und wird von beiderseits heranstürmenden Mäusen bedrängt. Kraftvoll springen sie bis zu seinem Kopf empor. Unter dem Ansturm reißt der Gepeinigte die Arme nach oben und der weit durchgebogene Rücken deutet auf ein unmittelbar bevorstehendes Straucheln hin. Der technische Kniff des Hinterleuchtens bzw. der holografischen Veränderungen von Postkarten ist im Verlauf des 20. Jahrhunderts eher bei erotischen Themen *en vogue*. Die "Geisterscheinung" Hattos ausserhalb von diesem Kontext ist bahnbrechend und zeigt, wie innovativ dieses Sagenmotiv auf die graphische Gestaltung des frühen 20. Jahrhunderts gewirkt hat.

Wie die Signatur rechts unten deutlich macht, stammt der Entwurf der Karte von dem Jüterboger Maler Erich Sturtevant (1869–1947). 1893 schloß Sturtevant seine Ausbildung an der Berliner Kunstakademie ab; unmittelbar danach dürfte die aquarellierte Vorlage für diese Postkarte als eine seiner ersten Erwerbsarbeiten entstanden sein. Ob der Künstler dafür vor Ort oder nach einer (photo-)graphischen Vorlage arbeitete, ist nicht bekannt. Wie die Handschrift im Schreibfeld links unten belegt, wurde die Karte am 1. April 1901 an eine „liebe Frida" als Dank für einen „schönen Kirmeskuchen" verschickt. Auch Fridas Eltern wird gedankt, die Empfängerin der schauerlichen Karte war wohl noch in jüngerem Alter. Damit ist der historisch so bedeutende Hatto nach einer tausendjährigen Rezeption von einer Stütze des spätkarolingischen Reiches zum Kinderschreck der wilhelminischen Epoche herabgesunken. WW

KATALOG-NR. 06
DER MÄUSETURM

C. S. T. v. H. (Autor), Kurzgefaßte Lebens-
Beschreibung Aller Bisch- und Erzbischofen /
wie auch Chur-Fürsten zu Maintz
Nürnberg, 1680
Kupferstich, H. 13,5 cm, B. 8 cm
Mainz, Martinus-Bibliothek, Mz 425, VD 17 12:123649F

Die neuzeitlichen Ansichten des Mäuseturms zeigen entweder dessen historisches Erscheinungsbild (also den mittelalterlichen Zollturm oder den „rhein-romantisch"-preußischen Bau) oder in freier phantasievoller Architekturgestaltung die „Bühne" für Hattos dramatischen Auftritt. In der vorliegenden Abbildung ist dies anders. Hier ist der Turm, dargestellt als schlichter Rund(?)-Bau mit Kegeldach, nicht Hattos Richtstätte. Dort ist eine Vielzahl von geißeltierartigen Schwärmen zu erkennen, die als stilisierte Mäuse begriffen werden müssen. Sie kennen nur eine Richtung: nach oben. Dementsprechend winden sie sich in wimmelnder Schar empor zur Turmspitze. Dort steht in anderen frühneuzeitlichen Darstellungen (vgl. Kat.-Nr. 4 und 9) der von den Nagern bedrängte Hatto, der in dieser Abbildung jedoch fehlt. Die Gründe für diese „Leerstelle" sind unklar. Ein möglicher Grund ist vielleicht die Entstehungszeit des Stiches in der Endphase der späten „Gegenreformation", d.h. in einer religionsgeschichtlich angespannten Epoche, in der es – zumindest für einen katholischen Leserkreis als Adressaten – sicherlich nicht opportun war, das vermeintlich schmähliche Ende eines Mainzer Erzbischofs auch noch *ad personam* ins Bild zu setzen. WW

6

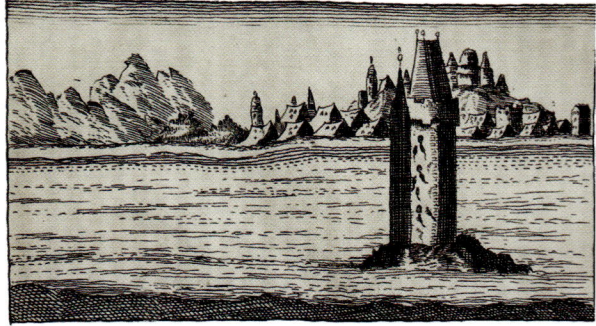

KATALOG-NR. 07

DIE EGYPTISCHEN PLAGEN

Johann Siegmund Stoy, Bilder-Akademie für die Jugend[1]
Tafel 14, Gottfried Chodowiecki (Zeichnung)
und Johann Friedrich Schleuen (Kupferstich)
Nürnberg, 1784
Kupferstich, H. 20 cm, B. 27 cm
Frankfurt am Main, Universitätsbibliothek J. C. Senckenberg,
Sq 5/32 (Tafelband), S 5/448 (Textband)

Johann Siegmund Stoys *Bilder-Akademie für die Jugend* erschien zwischen 1780 und 1784 in neun Einzellieferungen. Das pädagogische Propädeutikum, das in einem Tafelband mit 52 Kupferstichen (sowie einem Widmungsblatt und einem Frontispiz) und zwei Textbänden einen enzyklopädischen Überblick über alle Wissensgebiete gibt, ist ein Produkt der reformerischen Pädagogik der Aufklärung. Stures Auswendiglernen sollte durch einen spielerischen Wissenszugang abgelöst werden. Eine der Hauptquellen für Stoy war das *Elementarwerk* von Johann Bernhard Basedow (erschienen 1774), bei dessen Illustration der Berliner Kupferstecher Daniel Chodowiecki eine wichtige Rolle spielte. Ihn verpflichtete auch Stoy als künstlerischen Leiter seines Vorhabens. Methodischer Ausgangspunkt der Bilder-Akademie sind die Kupferstiche: Im Zentrum jedes Blatts steht eine Episode aus der Bibel, um die sich Darstellungen und Szenen aus Naturwissenschaften und Geschichte bzw. allgemeinem Weltwissen gruppieren. In den Textbänden werden die bildlichen Darstellungen und ihr – nicht immer unmittelbar offensichtlicher – Bezug zu der zentralen Bibelszene erklärt. Eine Möglichkeit, die Bilder-Akademie zu verwenden, war, die einzelnen Blätter zu zerschneiden, auf Karton aufzuziehen und in einen mit Fächern für das jeweilige Wissensgebiet unterteilten Kasten einzuordnen. So entstanden zugleich eine räumliche Ordnung und schier unendliche Kombinationsmöglichkeiten der einzelnen Szenen. Jedes Blatt folgt nämlich, wie das hier gezeigte 14te, einem festen Aufbau: Jedes ist horizontal in drei Register unterteilt und von links nach rechts durchnummeriert. Aus-

gangspunkt und einzige Unterbrechung dieser Abfolge ist die zentrale Bibelszene (1), hier die Plagen, die über Ägypten hereinbrechen, bevor der Pharao den Israeliten erlaubt, das Land zu verlassen. Die „kommentierenden" Abbildungen beginnen oben links mit der Nr. 2 (Taschenspieler, Feuer- und Schlangenfresser, Wasserspeier und Bauchredner), es folgen in diesem Register Nr. 3 – Hatto – und Nr. 4 – „Das Balanzieren". Das zweite Register beginnt mit den Insekten und dem „Gewürm" (5), die Mitte des Blatts besetzt, wie gesagt, die selbst in insgesamt elf Einzelbildchen unterteilte Darstellung der ägyptischen Plagen; das zweite Register wird abgeschlossen vom „Naturalienkabinett" (6) ganz rechts. Das dritte, unterste Register beginnt mit einer sagenhaften Szene aus der ägyptischen Götterwelt: „Der Mörder und Serapis" (7), gefolgt von den ägyptischen Gottheiten (8) und der Kunst des Wahrsagens (9 a und b). Diese scheinbar willkürliche Kombination besitzt eine assoziative und mnemotechnische Logik, die im Text zu den Bildern dargelegt wird. Die Geschichte von Erzbischof Hatto und dem Mäuseturm wird zunächst ins Reich der Märchen und Sagen verwiesen: Sie sei, so der Autor, von den Geschichtsschreibern „der vorigen Jahrhunderte [...] entweder selbst erdichtet, oder von solchen Personen

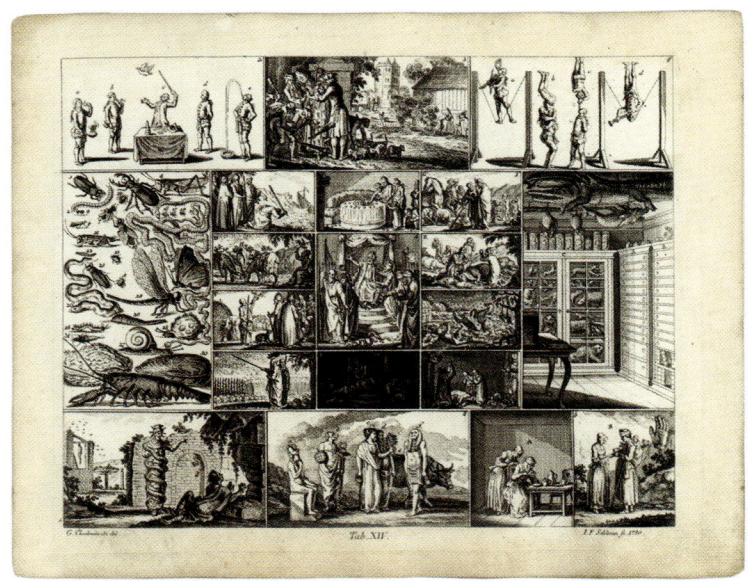

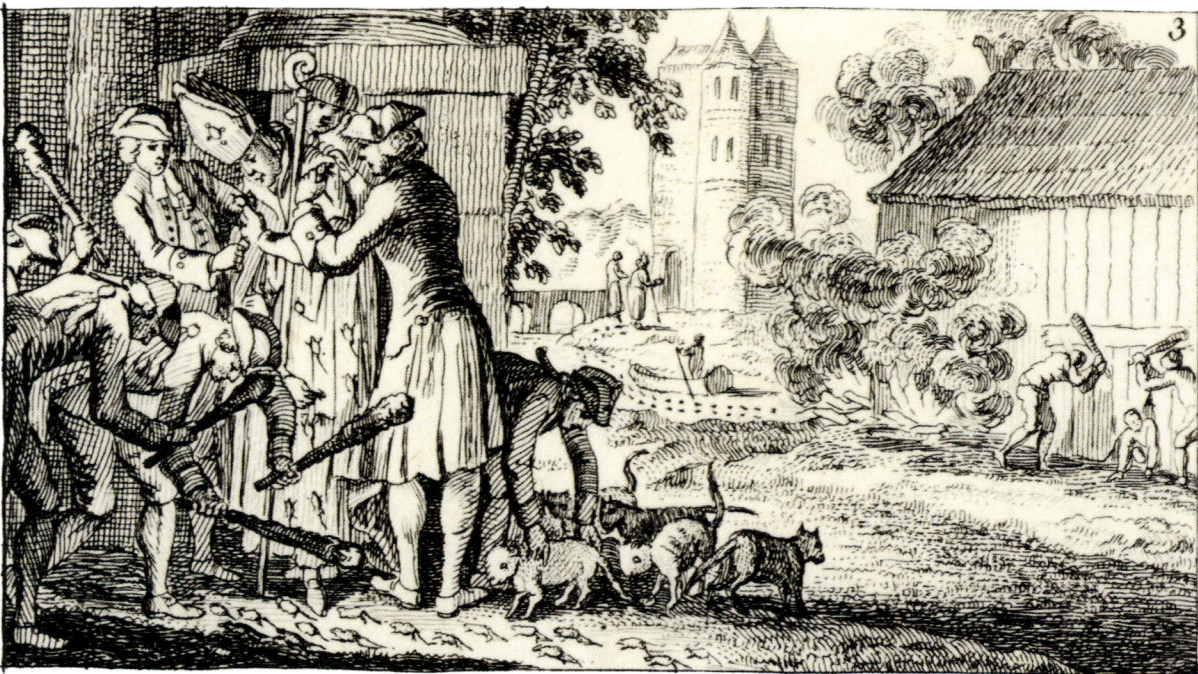

gehöret [...], die keinen Glauben verdienen". Dennoch sei es von Vorteil, auch solche allgemein verbreiteten Geschichten zu kennen, um nicht als unwissend dazustehen. Nach diesen kritischen Überlegungen wird die Hatto-Legende erzählt. Der Mäuseturm bei Bingen habe von ihr seinen Namen, „der ihm aber auch aus anderen Ursachen kann gegeben worden seyn". Die Lehre, die nun aus dieser Geschichte zu ziehen sei, ist, „dass Gott öffentliche Bosheiten und Unterdrückungen auch gemeiniglich öffentlich straft; und [...] über diesen oder jenen Verächter seiner Befehle, öfters augenscheinliche Ahndungen verhängt". Das Handeln Pharaos wider Gottes Gebot wird durch die ägyptischen Plagen geahndet; Hattos Missachtung des Gebots der Barmherzigkeit und Nächstenliebe durch die Mäuseplage samt Todesfolge für den Bischof. Die kleine Illustration zur Hatto-Legende (s. o.) erzählt die Geschichte ausführlicher als der Text. Um den von den Mäusen angefallenen Bischof im Vordergrund scharen sich diverse Katzen, die sich ebenso vergebens bemühen, der Mäuse Herr zu werden, wie Hattos Knechte, die versuchen, die Tiere mit Keulen zu erschlagen. Im Hintergrund sieht man weitere Elemente der Geschichte: die brennende Scheune und Hattos Schloss,

das eine gewisse Ähnlichkeit mit dem Mäuseturm besitzt. Die Bilderzählung stellt die assoziative Verbindung zu den ägyptischen Plagen über die Mäuseplage her, der Text betont den Aspekt der göttlichen Strafe für Ungehorsam, die Hatto ebenso wie den Pharao trifft. Die Sage von Hatto und dem Mäuseturm wird von Stoy als *exemplum* für Fehlverhalten und Strafe in sein Lehrgebäude integriert. Sie wird, nicht ohne hinterfragt zu werden, überliefert (geschichtswissenschaftlich erscheint sie unplausibel), bleibt aber mit ihrer kuriosen Handlung, der historischen Figur Hatto und dem tatsächlich existierenden Ort der Erzählung, dem Mäuseturm, leicht im Gedächtnis haften und ist damit für Stoys aufklärerische Kinderenzyklopädie bestens geeignet. BS

Te Heesen 1997

1 Der vollständige Titel lautet: Johann Siegmund Stoy, Bilder-Akademie für die Jugend. Abbildung und Beschreibung der vornehmsten Gegenstände der jugendlichen Aufmerksamkeit – aus der biblischen und Profangeschichte, aus dem gemeinen Leben, dem Naturreiche und den Berufsgeschäften, aus der heidnischen Götter- und Alterthums-Lehre, aus den besten Sammlungen guter Fabeln und moralischer Erzählungen – nebst einem Auszuge aus Herrn Basedows Elementarwerke. In vier und funfzig Kupfertafeln und zweyen Bänden Erklärung herausgegeben von J. S. Stoy, Prof. der Pädagogik in Nürnberg, Nürnberg 1784.

Johann Ludwig Gottfried, Historische Chronica[1]
Matthaeus Merian d. Ä. (Kupferstich)
Frankfurt am Main, 1743
H. 35,5 cm, B. 21,2 cm
Mainz, Privatbesitz
Abb. 8, S. 26 sowie S. 2 (Detail)

Das vielleicht eindrücklichste Bild von Hatto und der Mäuseturm-Sage ist ein Kupferstich, mit dem Matthaeus Merian d. Ä. (1593–1650) die entsprechende Passage in Johann Ludwig Gottfrieds (um 1584–1633) *Historische(r) Chronica* (hier in einer Ausgabe von 1743 präsentiert) illustrierte. Das gesamte Geschehen ist hier in ein Bild mit mehreren Zeitebenen zusammengezogen: Vorne links sieht man als dominierende Gestalt den Bischof in barock-theatralischer Geste mit liturgischem Gewand aus Albe, Rochett, Pluviale und Mitra, umringt von Anhängern, bei denen sich Erschrecken und Abwehrhaltungen mischen. Zugleich wird der Bischof, der bezeichnenderweise den Krummstab, das Symbol seines Hirtenamts, nicht trägt, bereits von einem Schwarm Mäuse angefallen. Er weist auf eine lichterloh brennende Scheune voller armer Menschen.

Die Szene mit den Flammen, den ineinander verschlungenen Leibern der Sterbenden und den handgreiflichen Henkersknechten erinnert an die Höllendarstellung auf Bildern der Apokalypse. In der Tat steht die Scheune auch genau dort, wo von der Bildaufteilung her die Hölle sein müsste. Anstelle des richtenden Christus in der Mitte findet sich allerdings auf Merians Stich das Werkzeug der göttlichen Gerechtigkeit, der Mäuseturm im Rhein, zu dem sich der Bischof gerade noch rudern lässt, um zugleich vor dem schwimmenden Mäuseschwarm in den Turm zu fliehen (vgl. Abb. rechts). Den Hintergrund nehmen Bingen mit Burg Klopp und Drususbrücke sowie das Nahetal ein, das sich in der Ferne verliert.

Der Autor des zugehörigen Textes war der reformierte Theologe, Übersetzer und Geschichtsschreiber Johann Ludwig Gottfried, mit dem Merian zusammenarbeitete, seit sich die beiden im Verlagshaus Johann Theodor de Brys 1619 in Frankfurt kennengelernt hatten. Er bietet eine *Historische Chronica, Oder Beschreibung der Fürnemsten Geschichten / so sich von Anfang der Welt / biß auff das Jahr Christi 1619. zugetragen,* die er nach mittelalterlicher Manier in die vier Weltreiche der Babylonier, Perser, Griechen und Römer einteilt. Damit macht er das Ziel seiner Arbeit deutlich: In der seit Hieronymus üblichen Auslegung des 4. Kapitels des alttestamentlichen Buches Daniel galten die Teile

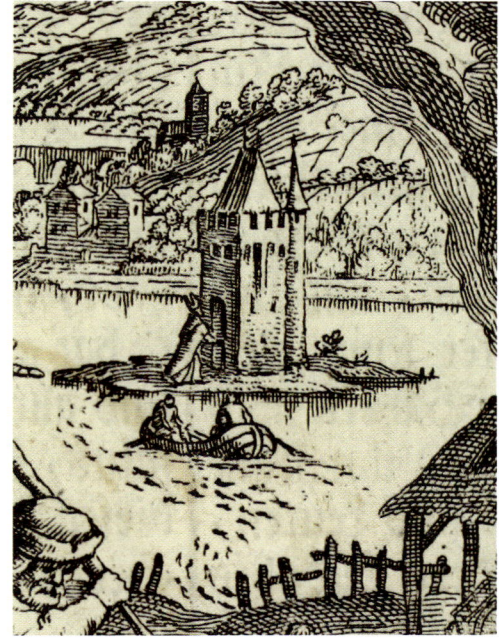

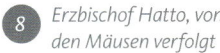
8 *Erzbischof Hatto, von den Mäusen verfolgt*

des dort beschriebenen Standbilds als die vier Weltreiche, die nach und nach durch einen heranrollenden Fels, Symbol des wiederkehrenden Christus, zerstört werden. Gottfrieds Werk ist also getragen von einer eschatologischen Grundstimmung, der es um die welt- bzw. heilsgeschichtliche Einordnung der Reformation ging. Gleichwohl zeigt sich bei ihm eine gründliche Sammeltätigkeit und philologisch-kritische Durchmusterung seiner Quellen.

Zusammengenommen wundert es daher nicht, dass er die Mäuseturmsage einerseits für wahr hält und sie andererseits gegen katholische Kritiker wie Serarius (vgl. Kat.-Nr. 10) mit dem Argument verteidigt: „Ein jeder mag davon halten / was er will / dann so viel einstimmende und alte fürtreffliche Historicos zuverwerfen / ist ein Ding / das sich so leicht nicht thun läst." CK

Pohlig 2007, S. 142–149; Wüthrich 1961, S. 189–195; Wüthrich 1964, S. 677f.; Wüthrich 1994, S. 135–138; Wüthrich 2007

[1] Vollständiger Titel: Historische Chronick, Oder Beschreibung Der Merckwürdigsten Geschichte, So sich von Anfang der Welt bis auf das Jahr Christi 1743 [recte: 1619] zugetragen, gedruckt bei Philipp Heinrich Hutter, Frankfurt am Main.

Johannes Wolf, Lectiones memorabiles
Lauingen, 1600
Holzschnitt, H. 32,5 cm, B. 20 cm
Mainz, Martinus-Bibliothek, 19/16,1
Abb. 5, S. 24

Erinnerungswürdige und geheime Lektionen aus sechszehn Jahrhunderten (*Lectionum memorabilium et reconditarum centenarii XVI*) verspricht Johannes Wolf (1537–1600) seinen Lesern im Titel seines 1600 erschienen zweibändigen Werks. Er geizt auch im barock-ausführlichen Untertitel nicht mit vermeintlich reißerischen Floskeln: Propheten, Politiker, Philosophen, Historiker und andere Weise und Gelehrte hätten Frommes, Schwerwiegendes, Wundersames, Geheimnisvolles, Staunenswertes, Angenehmes und Nützliches, überliefert durch Wort, Schrift und Tat, zu verkünden. Doch hier schreibt kein Marktschreier, sondern ein wissenschaftlich denkender Mann. Wolf, in Bergzabern geboren, hatte in Straßburg, in Wittenberg und in Tübingen Theologie und Philosophie studiert und

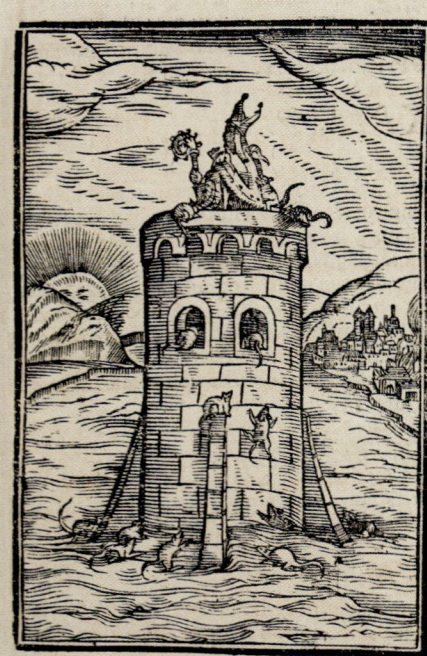

war – nach einem Rechtsstudium an mehreren französischen Universitäten – 1568 in Dôle zum Lizenziaten der Rechte promoviert worden. Als Gelehrter Rat hatte er einigen lutherischen deutschen Fürsten gedient, bevor er sich als badischer Amtmann 1574 in Mundelheim niederließ.

Was brachte einen umfassend gebildeten, streng lutherisch gläubigen Mann zur vermeintlichen Arkanwissenschaft? Der erste Jahrhundertwechsel seit Beginn der Reformation stand bevor, und Wolf versucht durch gründliches Durchmustern der bisherigen Kirchengeschichte zu erkennen, wie der große Plan Gottes wohl aussehen und welche Stellung das Reformationsereignis darin beanspruchen könnte. Aus diesem Ziel resultiert der Umstand, dass der erste, gut tausendseitige Band 15 Jahrhunderte abdeckt, während der gesamte zweite Band sich nur mit dem Reformationsjahrhundert beschäftigt. Daraus erklärt sich zudem auch Wolfs Vorliebe für absonderliche Details der Überlieferung und seine fast manische Sammeltätigkeit: Nichts durfte übersehen werden. Aus dem Gesagten wird klar, dass der Tod Hattos I. durch Blitzschlag oder gar Teufelssturz in den Ätna, besonders aber die Mäuseturmsage um Hatto II. seine Aufmerksamkeit finden mussten. Seiner kompilatorischen Arbeitsweise ist es geschuldet, dass beide Episoden zweimal, durch mehrere hundert Seiten getrennt, geschildert und mit Belegstellen versehen werden. Dabei hält der Autor die Geschichten zwar für merkwürdig, aber offensichtlich für wahr. So relativiert er die Mäuseturm-Überlieferung zwar durch ein *mirabile dictu* („wundersam") oder ein *dicitur* („man sagt"), verweist aber auf die Tatsache, dass der fragliche Turm ja bis heute im Rhein zu sehen sei, ein Argument, das auch schon die Begründer der lutherischen Kirchengeschichte, die Magdeburger Zenturiatoren, angeführt hatten.

Illustriert wird der Untergang Hattos durch einen Holzschnitt, der den Bischof auf einem stilisierten Turm stehend und in die Sonne blickend zeigt, während ziemlich große Mäuse den Turm gerade entern (vgl. Abb. 5). Allerdings ist das Bild so unkonkret gehalten, dass Wolf, wie links abgebildet, es auch als Illustration ähnlicher Ge-

schichten verwenden konnte. Dies betraf z. B. den Straß-
burger Bischof Widerold (s. Abb. links unten) – er wurde
aber in einem Kahn gefressen – oder die Geschichte vom
ebenfalls aufgefressenen polnischen Herzog (!) Popiel,
der, völlig sinnentstellend, von Wolf gleichfalls mit Mitra
dargestellt wurde. CK

Groh 1926; Irtenkauf 1977; Schmolinsky 2005, S. 89–110;
Schmolinsky 2008, S. 374–386

KATALOG-NR. 10
KRITISCHE LEBENSBESCHREIBUNG HATTOS I.
Nicolaus Serarius SJ, Moguntiacarum rerum ab initio
usque ad Reverendissimum et Illustrissimum hodiernum
Archiepiscopum, ac Electorem, Dominum
D. Ioannem Schwichardum, Libri quinque
Mainz, 1604
H. 23 cm, B. 17,4 cm
Mainz, Martinus-Bibliothek, Mz 284a
Abb. 29, S. 56

Der Jesuit Nicolaus Serarius wurde am 5. Dezember
1555 in Rambervillers im Elsass geboren, trat am 3.
März 1573 in den Orden ein, lehrte seit 1582 Philosophie in Würzburg und war ab 1595 am Jesuitenkolleg
in Mainz, wo er 1598–1603 und ab 1607 bis zu seinem
Tode am 30. Mai 1609 Professor für Exegese war.[1] Sein
Werk über die Mainzer Geschichte in fünf Büchern
(*Moguntiacarum rerum … libri quinque*) – gemeint sind
hier Teile oder Großkapitel – hat er wohl bald nach
1602 in Angriff genommen und 1604 in einem Band
vorgelegt.[2] Der evangelische Theologe Georg Christian
Joannis, geboren am 9. Dezember 1658 in Marktbreit
am Main, gestorben am 22. Februar 1735 in Zweibrücken, der sich bis 1718 in schwedischen Diensten
befand und hinterher von seiner historischen Arbeit
leben konnte,[3] hat die Arbeit des Jesuiten in den ersten
Band seines großen zweibändigen Werks zur Mainzer
Geschichte, erschienen 1722 in Frankfurt, vollständig
übernommen und darin lediglich die Notationes und
Beilagen ergänzt und verbessert.[4] Für die Beschäfti-

gung mit Hatto I. ist Buch IV, p. 669–674 einschlägig.
Dass Hatto vor seinem Amtsantritt Abt von Fulda gewesen sei, weist Serarius als Verwechslung mit Hatto II.
zurück (p. 670). Er überliefert die Adalbert-Geschichte
in der Version Ottos von Freising (p. 671) und geht
anschließend auf die Babenberger Fehde ein. Auch die
vergleichbare Passage bei Cicero, *De officiis* III,32 (113)
wird von ihm herangezogen (p. 672). Die Geschichte
von der goldenen Kette, die er für eine Erfindung hält,
und der Sturz in den Ätna stehen am Ende der Erörterung
(p. 673). Gleichsam als Exkurs, da ohne Zusammenhang
mit dem vorausgehenden Text, wird erwähnt, dass noch
zur Hatto-Zeit der Mönch Adalbero aus Hirsau, der später
als Abt von Bleidenstadt wirkte, Scholaster des Klosters
St. Alban wurde (p. 673 und 674 oben).
Interessant ist bei Serarius die Behandlung der Mäuse-
sage auf p. 691–710, die er bei Hatto II. einordnet. Dessen Amtsantritt setzt er nach einigen Überlegungen
auf 968 an, den Tod auf 970. Darauf folgt eine sechs
Kapitel umfassende Erörterung.
In Kapitel I trägt Serarius die Argumente für die Wahrheit der Behauptung zusammen, Hatto sei von Mäusen
gefressen worden (p. 692–693), in Kapitel II zitiert er
die Version der Geschichte in den Magdeburger Zentu-
rien, dem führenden Werk protestantischer Kirchen-
geschichtsschreibung, und eine Variante davon
(p. 693–694). In Kapitel III fragt er nach dem moralischen Nutzen für Katholiken und Protestanten, wenn
die Geschichte wahr sein sollte (p. 695–696). Dann
folgen in Kapitel IV Argumente, die für die Mäusegeschichte als bloße Sage sprechen (p. 696–704). Interessant ist hier vor allem die Erklärung der Bedeutung „Mäuseturm" als Spähturm (p. 702). Am Ende
der Erörterung steht in gut scholastischer Manier das
Kapitel V, in dem die Argumente für die Wahrheit der
Mäusegeschichte Punkt für Punkt widerlegt werden.
Kapitel VI klärt zum Abschluss, gleichsam als Exkurs,
die Frage, woher die Geschichte kommt – er weiß von
der polnischen Popielüberlieferung zu berichten! –
und stellt auch heraus, wie sehr eine unzutreffende
Volksetymologie, die sowohl „Hatto" als auch den
„Mäuseturm" falsch deutete, dazu beigetragen hat,

dass sich die fremde Überlieferung mit diesem Erzbischof und der Binger Gegend verbinden konnte (vgl. S. Haarländer, Bischof, S. 55 und Chr. Klein, S. 24f). SH

Haarländer 2005, S. 134–137; Jürgensmeier 2000b

1 Koch 1934, Bd. 2, Sp. 1642f.; Jürgensmeier 2000b. 2 Vgl. Haarländer 2005, S. 134–137. 3 Zu ihm Fuchs 1974. 4 Vgl. den langen Titel von Joannis 1722.

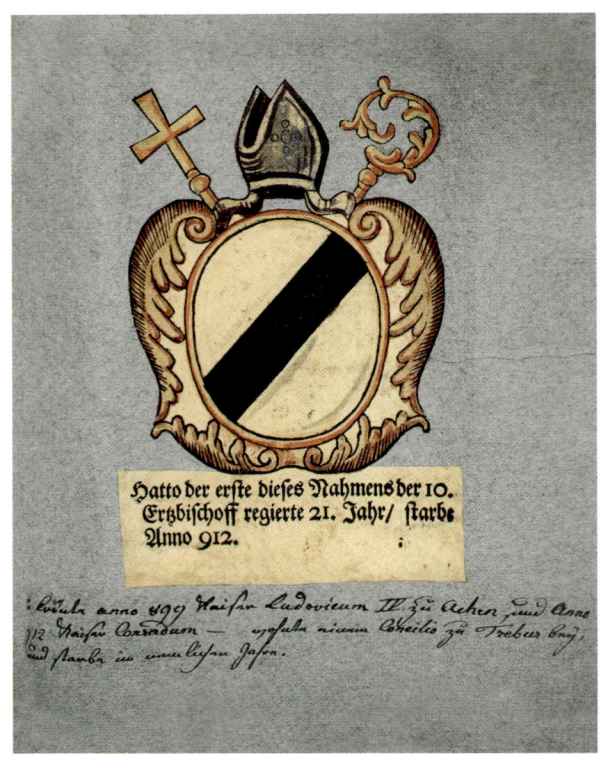

KATALOG-NR. 11 UND 12
FIKTIVE WAPPEN HATTOS I. UND HATTOS II.
Meyntzische Chronick / Von Anfang der Statt Mayntz
Erbawung biß auff die Regierung deß Hochwürdigsten
Herrn / Herrn Johann Schweickharden
Erzbischoffen und Churfürsten
Frankfurt am Main, 1613
Holzschnitt, koloriert,
H. 19,7 cm, B. 15,0 cm
Mainz, Martinus-Bibliothek, 442/13, VD17 23:238574K
Abb. 6, S. 24

Fragment einer Chronik
Druckort unbekannt, um 1613
Holzschnitt, koloriert,
H. 19,7 cm, B. 15,0 cm
Mainz, Martinus-Bibliothek, ohne Signatur

Im Jahr 1613 veröffentlichte Conrad Corthoys, Frankfurter Drucker und Verleger, eine *Meyntzische Chronick*, die im ersten Teil aus einem kurzen Abriss der Mainzer Stadtgeschichte, im zweiten aus einer Sammelbiographie der Mainzer Bischöfe und Erzbischöfe besteht. Inhaltlich ist der Text eine deutsche Kurzfassung des Werkes von Serarius (vgl. Kat.-Nr. 10). Dazu kann Corthoys mit einer Besonderheit aufwarten, die allerdings historisch unmöglich ist: Vor jeder Kurzbiographie bringt er das Wappen des betreffenden Mainzer Oberhirten vom legendenhaften Apostelschüler Crescens bis zum 1613 amtierenden Erzbischof Johann Schweikhard von Kronberg (vgl. Kat.-Nr. 11).

Die Wappen in der zeitgenössischen ovalen Kartuschenform werden von einem Spangenhelm mit Helmdecken und Mitra als Helmzier bekrönt und mit den gekreuzten Insignien Kreuz und Bischofsstab samt angehängtem Pannisellus („Fähnchen") hinterlegt. Dieses Muster wurde als Holzschnitt vor Beginn jeder Vita eingedruckt und dann mit Wasserfarben von Hand koloriert.

Unmöglich wird diese Heerschau der Mainzer Oberhirten deshalb, weil Wappen erst seit dem 11. Jahrhundert aufkommen und für geistliche Herrscher erst seit dem frühen 13. Jahrhundert belegt sind. Die Wappen der beiden Hattos sind daher sicher nicht von diesen geführt worden, sondern vielmehr Ausdruck der Entstehungszeit der *Meyntzische*(n) *Chronick* und der Intention ihres Autors. So findet sich etwa für Hatto II. ein historisch und heraldisch unmögliches Wappen mit Blumenranken, für Wilhelm (954–968), einen illegitimen Sohn Ottos des Großen, aber das niedersächsische Ross, was zwar anachronistisch ist, aber immerhin regional stimmte. Anscheinend waren auch die drei goldenen Lilien im Wappen Hattos I. (vgl. Abb. 6) als Anspielung gemeint, vielleicht auf seine fälschlich angenommene Abstammung aus dem westfränkischen, d.h. französischen Königshaus. Wichtiger ist aber, dass in der ganzen Serie Helm, Helmzier (Mitra) und Insignien stets dieselben bleiben und so bei aller ahistorischen Phantasie auf die ungebrochene apostolische Sukzession der Mainzer Kirche in einer Zeit der scharfen konfessionellen Gegensätze angespielt wird.

In Zusammenhang mit Corthoys' Werk steht wohl ein zweites Heftchen (Kat.-Nr. 12) mit Phantasiewappen der Mainzer Erzbischöfe, bei dem die Wappen technisch ähnlich gemacht, aber stilistisch etwas jünger sind. Der ursprüngliche Zusammenhang ist unklar, da die Wappen samt hinterlegtem Kreuz und Krummstab sehr sauber ausgeschnitten und auf anderes, bläuliches Papier aufcollagiert sind. Auch die Schrifttype, in der unter dem Wappen Namen und Regierungszeit angegeben sind, weist auf das mittlere 17. Jahrhundert. Zu einigen Bischöfen, unter anderem zu beiden Hattos, finden sich handschriftliche Notizen, wohl um 1800 geschrieben, die z.B. die Krönungen Ludwigs des Kindes und Konrads I. durch Hatto I. und seine Teilnahme an der Synode von Tribur, wenn auch mit chronologischen Ungenauigkeiten, vermerken. CK

Biewer 1998, S. 100f. und 131–133; Leonhard 1976, S. 30; Peter 2012; Scheibelreiter 2006, S. 152–154

KATALOG-NR. 13 UND 14

TITELBLATT DES SOGENANNTEN FROSCHMEUSELER
MÄUSETURM-SAGE ▶▶

Georg Rollenhagen, Der Frösch und Meuse
wunderbare Hoffhaltung (sogenannter Froschmeuseler)
Magdeburg, 1595
Holzschnitt
H. 15,0 cm, B. 8,5 cm
Mainz, Martinus-Bibliothek, 3/422
VD16 ZV 18795

Georg Rollenhagen, Der Frösch und Meuse
wunderbare Hoffhaltung
Magdeburg, 1608
H. 15,9 cm, B. 9,5 cm
Mainz, Martinus-Bibliothek, 3/422a
VD17 23:281328G
Abb. 7, S. 25

Wahrscheinlich seit dem ersten vorchristlichen Jahrhundert verbreitete sich unter dem Titel *Batrachomyomachia* eine griechische Epos-Parodie mit dem Umfang von etwa 300 Hexametern, deren Autor angeblich Homer sein sollte. Wie in dessen Ilias Griechen und Trojaner gehen hier Frösche (gr. *batrachoi*) und Mäuse (gr. *myes*) derart aufeinander los, dass nur das Eingreifen von Zeus selbst die vollständige Vernichtung der Frösche verhindert.

1595 veröffentlichte Georg Rollenhagen (1542–1609) nach diesem späthellenistischen Vorbild eine deutsche Fassung von knapp 20.000 paarweise gereimten Knüttelversen, versehen mit 16 Holzschnitten, die wesentliche Szenen illustrieren. Zu diesen ist die Kurzversion der Mäuseturm-Sage (26 Verse, vgl. S. 138) im Kontext des Werkes sicher nicht zu rechnen. Vielmehr dient sie dem Frosch-Helden Quadart, der sie erzählt, nur als ein Beispiel von mehreren, um die Schwimmfähigkeit der Mäuse zu demonstrieren. Rollenhagen als Autor dagegen erreicht mit diesem von ihm oft angewandten Verfahren der abgestuften Erzählebenen gleich mehrere Ziele: Er kann Geschichten, die wie die Hatto-Sage im 16. Jahrhundert Allgemeingut der Gebildeten waren, in unerwartetem Kontext einflechten; er demonstriert damit literarische und historische Bildung und kann aus der Fabel eine Moral folgern: „Darumb wenn Gott vns straffen wolt / An schwimmen es nicht mangeln solt." Es geht also nicht um einen historischen Hatto, sondern um die demütige Einsicht, dass Gott Sünden mit aller Konsequenz auch über natürliche Hindernisse hinweg bestraft.

Dass die Hauptfigur des Exempels aber ein „Gottloser Bischoff" war, kam Rollenhagen, der seit 1560 in Wittenberg studiert hatte und mit dem Magdeburger

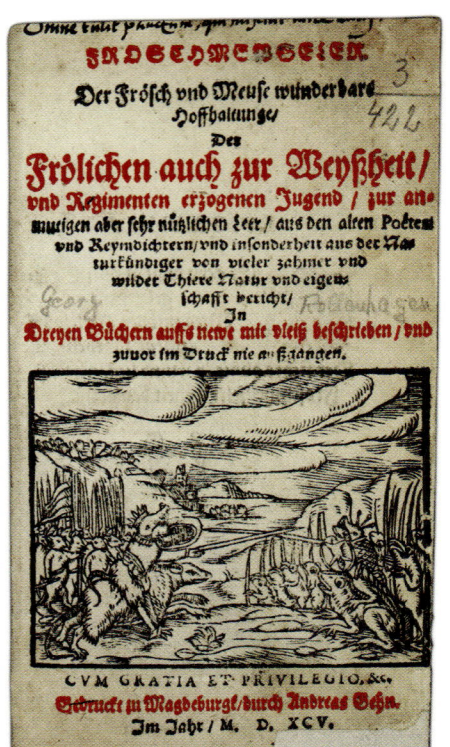
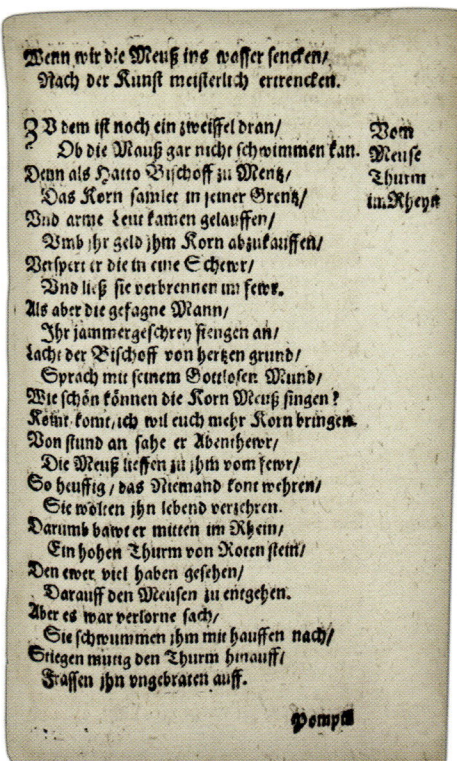

13

romantiker Clemens von Brentano oder Karl Simrock auf den *Froschmeuseler* zurück, wenn sie sich eigentlich zu Hatto und dem Mäuseturm äußern wollen. CK

Edition: Peil 1989 (mit den Holzschnitten der Erstausgabe)
Glei 1984; Glei 1997; Kühlmann 2010; Müller 1991; Peil 1989, S. 576f. und 721–748; Peil 1993, S. 567–570; Richter 1975, S. 36–41 und 65f.; Wölke 1978

KATALOG-NR. 15
LEBENSBESCHREIBUNG HATTOS I. –
SEIN ENDE IM VULKAN MONGIBELLO

Caspar Brusch/Johann Herold
Chronick oder kurz Geschichtbuch aller Erzbischouen zu Mayntz
Frankfurt am Main, 1551
H. 28,3 cm, B. 18,5 cm
Mainz, Privatbesitz
VD16 B 8783

„Eins rumplens rumpelst du darvon / Dein sünd fordern kein andern lohn." Mit diesem „Nachruf" werfen die Teufel Hatto I. lebendig in den „fewrspeyenden Berg Mongibello, bey Catanien in Sicilien gelegen", also in den Ätna. Zumindest erzählt es Johann Herold (1514–1567) so in einem Kurzbericht über die Regierung Hattos in seiner *Chronick oder kurz Geschichtbuch aller Erzbischouen zu Mayntz* aus dem Jahr 1551. Er übersetzt damit einen Vers, den lateinische Autoren den Teufeln ins Maul legen, seit ihn 1261 ein phantasievoller Erfurter Franziskaner zum Ätnasturz Hattos I. erfunden hatte: *Sic peccata lues, atque ruendo rues* (vgl. S. Haarländer, Bischof, S. 57f.). Um 1500 ist der Vers gängiger Bestandteil zahlreicher historischer Zusammenstellungen, die auf Hatto I., seine arglistige Täuschung Adalberts von Babenberg und sein versuchtes Attentat auf Heinrich I. Bezug nehmen. Daher wundert es auch nicht, dass der Dichter und Humanist Caspar Brusch (1518–1557) im ersten Band seines *Großen Werkes über alle Bistümer Deutschlands* (*Magnum opus de omnibus Germaniae episcopatibus*) von 1549 den Vers zum Ätnasturz Hattos I. ebenfalls referiert.

Gymnasium seit 1575 eine Kaderschmiede des deutschen Luthertums leitete, durchaus zupass. Er, der auch Dramen, Satiren und Schulbücher schrieb, war zwar weit mehr Pädagoge als konfessioneller Scharfmacher, aber die Gesellschaftskritik, die er im *Froschmeuseler* betrieb, ging doch von einem deutlich lutherischen Standpunkt aus. Er wollte damit eine „Contrafactur dieser unser zeit", also einen utopischen Entwurf, schaffen. Zugleich war das Werk ja „der Fröhlichen vnd zur Weyßheit vnd Regimenten erzogenen Jugend" gewidmet, hatte also pädagogischen und durch die Fülle der Beispielgeschichten auch literarischen, historischen, naturwissenschaftlichen und damit enzyklopädischen Anspruch.

Der historische Hatto war bei diesen hohen Zielen ein Bauernopfer, aber eines mit fatalen Folgen für seinen Ruf: Wie das Quartformat des Büchleins zeigt, war es für die private Lektüre bestimmt und fand reißenden Absatz. Allein bis 1637 wurden zehn Ausgaben nachgedruckt, und noch im 19. Jahrhundert greifen die Rhein-

Von dem Bißthumb

Raban. 22.

Dessen Vatterlandt was Fulden/vnd ward er von etlichen Magnentius Maurus genant. Ein wunderbarlicher Poet/in heiliger geschrifft hoch erfaren/Die gantz Bibel hat er mit außlegung erklärt/sonst auch gantz viel geschriben/Ein man eins gantzen reynen wandels/Christlicher sitten. Erstlich ward er in der hohen Schul zu Paryß/für ein Lerer auffgeworffen/da hatt er etliche zeit vorgelesen. Hernach ward er Apt zu Fulden/von dannen zu dem Ertzbißthumb Maynz erhaben/vnd durch Keyser Ludwigen ij. dahin verordnet/im jar obgemelt. Den Stul zu Maynz versahe er ir. jar/Die Aptey zu Fulden xxix. Jar. Die aller köstlichst Liberey daselbst/hat er erstmals zusamen zusamlen angefangen. Sanct Peters Closter vor der Statt Fulden/hat er auß dem berg gebauwen/Inn der versamlung der Priesterschafft/so er zu Maynz gehalten hat er den irr lerenden Gotschalck gedämpfft. Er starb im jar nach Christi geburt D.ccc.lvj. Ligt in seinem Vatterlandt zu Fulden begraben.

856

Carl. 23.

Dieser was ein Sohn Pipins des Franckreichischen Königs/vnd ein Hertzog in Gaschonien/besaß den Stul vij. Jar/starb auff den vierden Brachmonate/im Jar D.ccc.lxiij. ruhet bey Sanct Alban.

863

Lutprächt. 24.

Mit grossem lob/nach Carls todt/regiert dieser Bischoff xxvj. Jar nach seiner Wahl. Auß eigne seine Erbgut/hat er den Stifft zu S. Moritz zu Mentz gebawen/mit todt abgangen/bey S. Alban begraben/im jar D.ccc. lxxviij. Etlich nennen diesen Bischof Lindprächt/aber Bapst Steffan der fünfft/heißt ihn Huprecht.

888

Sunderholdt. 25.

Ein sonder heylig leben furt dieser mann/war von geburt ein Maynzer/zu Fulden aufferzogen vnd geleret. Hernach aus beuelch Arnolph des Keysers/zum Ertzbischoff zu Maynz auffgenommen. Ein kleine zeit / vnd wenig Monat vber das jar blieb er in seiner würden/ Dann als die Nortmänner die gräntzen des Rheyns/an allen orthen mit mord vnd brande anfochten/ward dieser Bischoff auff den xxvj. tag Brachmonats/im jar D.ccc. xcj. nit weyte von Wormbs/von ihnen in einer schlacht vmbbracht vnd gemartert. Sein begräbnuß ist in Sanct Albans Closter.

891

Hatto. 26.

Nächst erzälte Jars/kam an das Ertzbißthumb dieser Hatto/vonn Königklichem

zu Maynz / das Erste Ca.

nigklichem stammen auß Franckreich erboren/der Ludowicum den Sohn Arnolphes/auß der Tauff gehaben/Deßhalb der Keyser mit gefatterschafft verwandte was. Den Stul zu Maynz besaß er xxj. Jar. Die Abtey zu Elewangen/hat er ingehabt vij. jar. An der Richenaw ist er gewesen Abt xxvj. jar/etlich zeit lang ist er eyn Prelat zu Fulden gewest. Er trug sondern haß zu Albrechten dem Graffen von Bamberg/vnderstunde sich auch Heinrichen den Hertzogen in Sachsen/der der Vogler zugenant was/durch hinderlist vmbzubringen/ihm geriet aber. Er ist im jar nach Christi geburt/D.ccc. xiij. gestorben. Etlichen aber ist nit zu viel gewesen zuschreiben/ Die Teuffel haben ihne mit haut vnd haar/inn den fewr speyenden Berg Mongibello bey Catanen in Sicilien gelegen/also lebendig geworffen/mit erschröcklichem geschrey vnd disen worten.

913

Sic peccata lues, atq; ruendo rues.

Eins rumplens/rumplest du darvon
Dein sünd fordern kein andern lohn.

Etlich sagen der Donner hab ihne erschossen vnd gar verbrant/am dritten tag nach dem sein anschlag gegen hertzog Heinrichen kein auffgang gewonnen/Die andern sprechen/er sey sonst vor leyd gestorben.

Hörgher. 27.

Man nannt diesen den fromen Gotesfürchtigen Bischoff/kam auff Hatton/blieb in seiner dignitet xij. jar/er selbet Heinrichen Vogler den Keyser zu Römischen König. Er gab das Bißthumb auff Ruprechten der ihme im Bißthumb nachfolget/im Jar D.ccc. xxiiij. Starb im sechsten jar nach diser auffgab.

930

Ruprecht. 28.

Diesen rechnen etlich nit für ein Ertzbischoff/sonder wöllen er sey ein Statthalter/vnd mitgehülff von dem vorigen auffgenommen worden/fünffthalb jar allein da sein Statthalter ampt verwesen/vnd das widerumb auffgeben/im jar D.ccc. vnd xxviij.

928

Hüdlprecht. 29.

Ein Hertzog auß Franckenlande was dieser/vñ Abt zu Fulden/vnd ward im erst verzeihenwürdig zu einem Ertzbischoff erkhoren/sein stande behielt er ir. jar/krönet zu Aach Otthon den ersten diß namens Keyser/der des Voglers Keyser Heinriche sohn was/starb am vij. tag Herbstmonats/im Jar D.ccc. xxviij. Ligt in dem alten verrampten Closter Sanct Albans begraben/Etliche nennen ihne Hildebrante.

938

Fridenrych. 30.

Eben auff diesen Hildprächt/vnnd im selben Jar kam dieser Hertzog auß Lothringen an das Ertzbißthumb/vnd besaß den Stul achtzehen Jar/ Vnd

---

Literarisch schmucklos, aber in gepflegtem Latein bietet Brusch eine Aufstellung aller ihm namentlich bekannten deutschen Bischöfe nach Bistümern und Kirchenprovinzen sortiert, jeweils mit einer kurzen Beschreibung ihrer Regierungszeit. Herold wiederum nimmt daraus die größte Kirchenprovinz, nämlich Mainz mit all seinen Suffraganbistümern, und übersetzt den Brusch-Text ins Frühneuhochdeutsche. Zahlreiche Parallelen zwischen Autor und Übersetzer legen eine Zusammenarbeit nahe: Beide stammten aus einfachen Verhältnissen und schafften einen Aufstieg durch ihre Bildung und ihren literarischen Fleiß. Brusch wurde von Kaiser Karl V. 1541 zum Dichter gekrönt, Herold wurde 1556 Baseler Bürger und besorgte für die Stadt Geschäfte auf dem Reichstag von 1559. Beide hatten Sympathien für die Reformation, hielten aber auch Kontakt zu hochgestellten Vertretern des alten Glaubens. Beide waren darüber hinaus in den Jahren 1549 bzw. 1551 finanziell auf den Erfolg ihrer Schriften angewiesen. Vor allem aber vereinte beide ein beginnendes Nationalbewusstsein, das sie thematisch auf die Vergangenheit der deutschen Länder verwies und programmatisch für Kaiser und Reich Partei ergreifen ließ. Eine Erwähnung der – falschen – Abstammung Hattos I. von den französischen Königen lag da ebenso nahe wie die Betonung der beson-

15

deren Nähe beider Hattos zu den jeweiligen Königen und Kaisern. Herold allerdings schmückte Bruschs eher nüchternen Text nicht nur mit einigen blumigen Formulierungen aus, sondern ergänzte ihn auch um Varianten, z. B. zum Tod Hattos I., die er wohl selbst irgendwo gelesen hatte. CK

Holeczek 2009; Karg 2012; Kreuz 2011; Newald 1955; Pohlig 2007, S. 93–99; Richter 2001; Strauch 1999.

KATALOG-NR. 16
DER MÄUSETURM

Sebastian Münster, Cosmographia
Einzelblatt
Wohl Basel, nach 1545
Holzschnitt
H. 31,8 cm, B. 20,9 cm
Mainz, Privatbesitz
Abb. 4, Text vgl. Chr. Klein, S. 22

KATALOG-NR. 17
BRUSTBILD ERZBISCHOF HATTOS II. MIT MÄUSEN UND
KURZFASSUNG DER MÄUSETURMSAGE

Hartmann Schedel, Weltchronik[1]
Michael Wolgemut und Wilhelm Pleydenwurf (Holzschnitte)
Nürnberg, 1493
H. 44,3 cm, B. 28,5 cm
Mainz, Martinus-Bibliothek, Ink. 13, GW M40784
Abb. 1 und 2, S. 20 und S. 21 sowie Abb. 30, S. 57

Mit Hartmann Schedels Weltchronik, 1493 in lateinischer wie in deutscher Fassung erschienen, haben wir einen echten „Bestseller" der Zeit vor uns, der schon früh hohe Auflagen erreichte und auch später noch, zuletzt 2001, als Nachdruck auf den Buchmarkt kam.[2] Zum Erfolg werden wohl auch die über 1800 Holzschnitte nach Zeichnungen von Hans Pleydenwurff und Michael Wolgemut beigetragen haben.

Hartmann Schedel wurde am 13. Februar 1440 in Nürnberg geboren, nahm 1456 das Studium der *Artes* (der Sieben Freien Künste, eine Art Propädeutikum: Grammatik, Rhetorik, Dialektik sowie Arithmetik, Geometrie, Musik und Astronomie) an der Universität Leipzig auf, das er 1460 mit dem *Magister Artium*, der Lehrbefugnis für diese Fächer, abschloss.[3] 1463–1466 folgte das Medizinstudium an der Universität Padua. Nach einer größeren Reise ließ er sich als Stadtarzt in Nördlingen, 1477–1481 in Amberg, schließlich in Nürnberg nieder, wo er bis zu seinem Tod am 28. November 1544 blieb. Ohne die engen Kontakte Schedels zu italienischen und deutschen Humanistenkreisen, insbesondere zu denen seiner Heimatstadt Nürnberg, ist das großangelegte Werk freilich nicht denkbar.

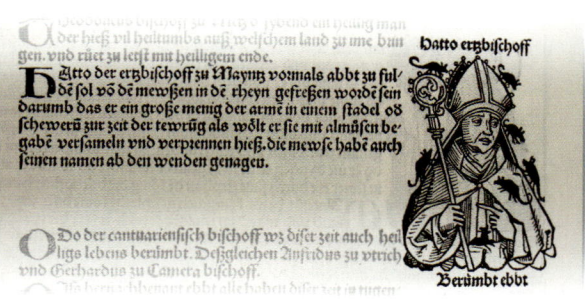

Mittelalterliche Chronistik im strengen Sinn, in deren Tradition auch die Schedelsche Chronik steht, nimmt ihren Anfang bei der Erschaffung der Welt, später auch mit der Gründung der Stadt Rom und reicht bis in die Gegenwart; als Gliederungsschema dienen die Weltalter, analog zu den Tagen der Schöpfungswoche. Die Reihen von Kaisern/Königen und Päpsten, die auf den meisten Seiten als Bildleisten neben dem Text angeordnet sind, folgen dem Vorbild der Papst-Kaiser-Chroniken in der Tradition des Martin von Troppau (Martinus Polonus † 1278).[4]

Innerhalb der Weltchronik erlangten auch die Geschichten über Hatto I. und Hatto II. weite Verbreitung. Sie sind mit Holzschnitten illustriert, von denen der erste (vgl. Abb. 1) ohne weitere typische Merkmale bleibt – hier ist nur „irgendein" Bischof ins Bild gesetzt (Blatt CLXXIIII r), während sich um den zweiten (vgl. Abb. 2 u. oben) die kletternden Mäuse tummeln (Blatt CLXXXII v).

Interessant ist auch, dass der betrogene Adalbert ein „Porträt" erhalten hat, das gleichsam als Gegengewicht erscheint (vgl. Abb. 30). Der Inhalt der beiden Texte ist der Folgende: Zu Hatto I.: „Zu den zeitten Ludwigs des dritten hat der edel Albrecht graff zu Francken hertzog otten zu sachßen enicklein [= Enkel] Cunraten könig Ludwigs sun erschlagen. demnach belegeret könig ludwig denselben Albrechten im schloß babenberg. Der wardt auß betriegnus und arglistikeit hattonis des mayntzischen ertzbischofs zum Kaiser gefu[e]rt und enthawbtet. Auß seinem plu[e]t sol ursprung gehabt haben der albrecht der darnach Österreich an des römisch kaiserthumb gebracht hat." Hier sind einige Verwechslungen geschehen: Kaiser Ludwig III. ist Ludwig von Vienne, der 905 im Kampf mit Berengar geblendet wurde, deshalb auch den Beinamen „der Blinde" hat. Konrad der Ältere, der bei der Babenberger Fehde umkam, ist kein Enkel Ottos des Erlauchten und auch kein Sohn König Ludwigs – hier wurden Konradiner und Liudolfinger verwechselt. Die Belagerung fand nicht in Bamberg, sondern in Theres statt. Ludwig das Kind, zu dem er geführt wurde, war nicht Kaiser. Adalbert, Urahn der jüngeren Babenberger, wie das Otto von Freising bereits behauptet, lässt in der veränderten, typisch habsburgischen Namensform Albrecht auch an diese Familie denken.

Es folgen zwei bekannte Geschichten: „Hatto ertzbischoff zu mayntz ist der, der graff albrechten von babenberg listiglich in den Tod gegeben hat. Dieser Hatto het auch auff könig Cunrats anregung ein guldeins halßpannd laßen machen in fu[e]rsatz [= mit der Absicht], hertzog Heinrichen von sachßen, dem König Cunrat feind was da mit zefahen [= zu fangen]. Aber hertzog heinrich wardt gewarnet und der bischoff seins argen anschlags berawbt und uber drey tag darnach mit eim donrslag geto[e]t, von den teufeln in einen fewrigen prunnen auff eim berg in Sicilia gestu[e]rzt."

Zu Hatto II.: „Hatto der ertzbischoff zu Mayntz vormals abbt zu fulden sol von den mewßen in dem rheyn gefreßen worden sein darumb das er eine große menig der armen in einem stadel oder schewernn [= in einer Scheuer, Scheune] zur Zeit der tewrung [= Teuerung], als wo[e]lt er sie mit almu[o]sen begaben versameln und verprennen hieß, die mewse haben auch seinen namen ab den wenden genagen."

Hier sind die Ursprungssage aus der *Chronica minor*, die Erweiterung durch Nikolaus von Siegen und die Ergänzung in den *Flores temporum* kombiniert worden (vgl. S. Haarländer, Bischof, S. 58). SH

Schedel 1493/2001; Füssel 1994; Füssel 1996

1 Vollständiger Titel: *Das buch der Cronicken vnd gedechtnus wirdigern geschichte[n] vo[n] anbegyn[n] d[er] werlt bis auf dise vnßere zeit.* 2 Stellvertretend für viele andere Titel: Füssel 1994 und 1996; auch: Schedel 1493/2001. 3 Zu ihm: Wendehorst 1995. 4 Zu ihm bes. von den Brincken 1987.

KATALOG-NR. 18
ERWÄHNUNG HATTOS I. IM LIBER ORDINARIUS DER MAINZER DOMKIRCHE ▶▶
Ordinarius sive registrum praesentiarum secundum chorum ecclesiae Moguntinae, sogenanntes Dompräsenzbuch oder Domsakristeibuch
Mainz, um 1547
Pergament, schwarze und rote Tinte
H. 31,4 cm, B. 18,5 cm
Mainz, Martinus-Bibliothek, Hs. 92

Das häufig zitierte lateinische Sprichwort, ein Fragment aus einem Lehrgedicht des Grammatikers Terentianus Maurus aus dem 2. Jahrhundert n. Chr., wonach Bücher ihre Schicksale haben (*Habent sua fata libelli*) trifft auf Hs. 92 der Martinus-Bibliothek ebenso zu wie auf Hs. 1, das Sakramentar von St. Alban und Hs. 3, das ältere Dompräsenzbuch (angelegt 1362, fortgeführt bis 1511). Alle drei Handschriften konnten von Johann Heinrich Juncker (1725–1807), Domvikar, (Ober-) Domsakristan und Kanonikus am Liebfrauenstift, beim Dombrand von 1793 wahrscheinlich erst

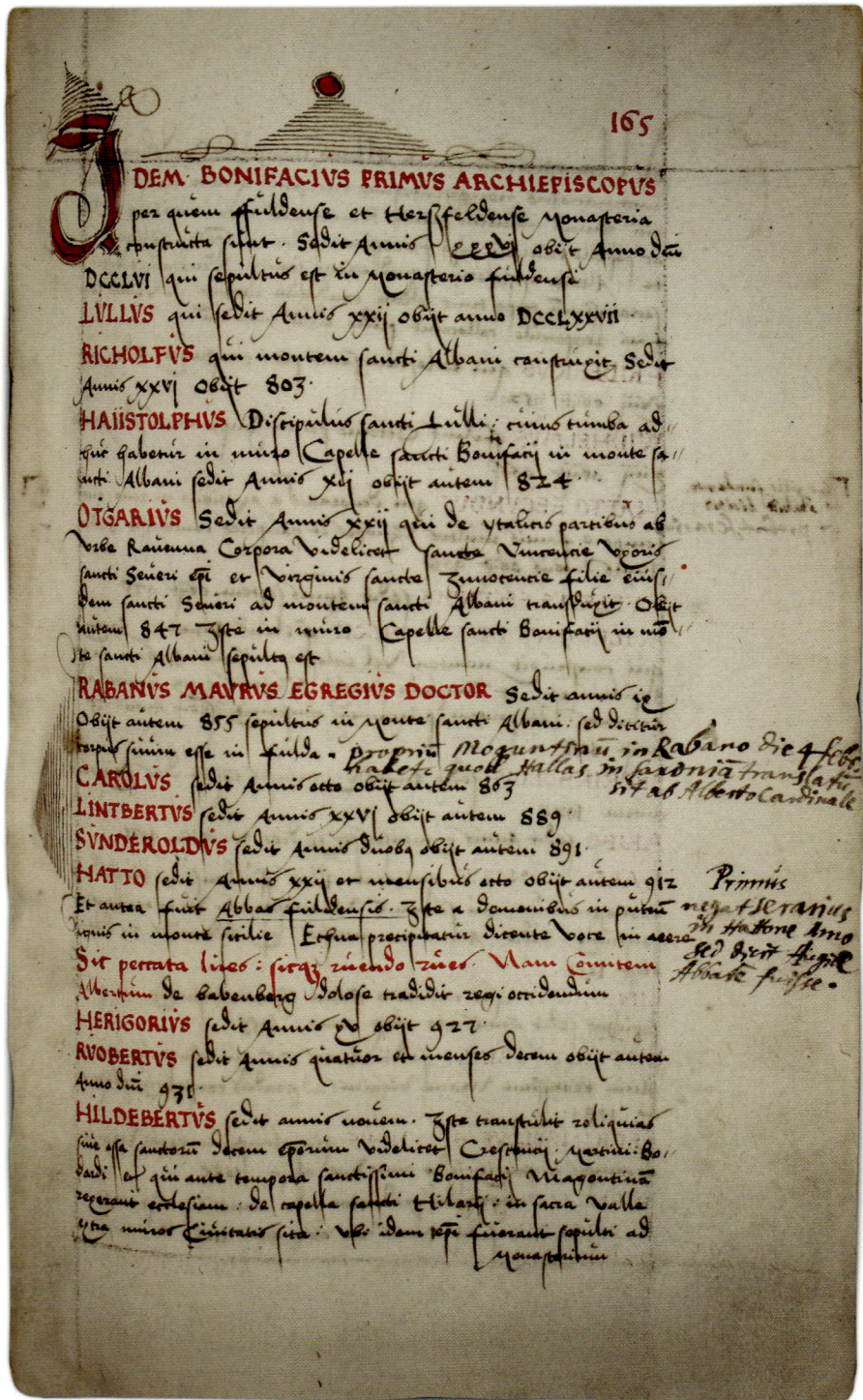

im letzten Moment gerettet und in die Bibliothek des Priesterseminars gebracht werden.[1]

Die hier vorzustellende Hs. 92 ist ein „Papier-Codex von 279 Blättern im Format 31 x 30 cm, in einem Ledereinband mit zwei Metallschließen gebunden. Das Opus ist von Hand mit abwechselnd schwarzer und roter Schreibfarbe geschrieben, gelegentlich von einer zweiten bzw. dritten Hand ergänzt. Die ersten vier Blätter sind ohne Paginierung; bis Folio 181 ist die Seitenzählung rot, die folgenden Seitenzahlen schwarz. […] Die Handschrift weist überall starke Gebrauchsspuren auf, sowie zahlreiche spätere Änderungen und Zusätze."[2] Angelegt wurde der Kodex vor dem Konzil von Trient, in der Zeit des Erzbischofs Albrecht von Brandenburg (1514–1545) und unter dem Nachfolger Sebastian von Heusenstamm (1545–1555) im Wesentlichen fertiggestellt.[3]

Fol. 1r–137v, der Liber Ordinarius der Mainzer Domkirche, wurde im Jahre 2008 von Dompfarrer Dr. Franz-Rudolf Weinert ediert,[4] wie zuvor schon fol. 228r–229v, wo die Einnehmung und Huldigung der Rheingauer gegenüber dem Erwählten Erzbischof Sebastian von Heusenstamm im Jahre 1545 geschildert wird.[5] In der später erschienenen Publikation hat der Verfasser auch eine Übersicht über den Inhalt der Handschrift vorgelegt, deren größter Teil liturgische Vorschriften und Inventare umfasst (Ausstattungsstücke des Doms, Schatz- und Reliquien- sowie Ornatverzeichnisse).[6] Ebenfalls gedruckt liegt das Ornat- und Kleinodienverzeichnis auf fol. 170r–173r in einem Aufsatz von Sigrid von der Gönna vor,[7] erst vor kurzem wurden Teile aus den Beschreibungen der Exequien Albrechts von Brandenburg (fol. 222r–224v), der Wahl (fol. 225r–227v) und der Weihe des Nachfolgers (fol. 240r–249v) für ein historisches Kochbuch von Mathilde Grünewald ausgewertet, die den Menülisten zu den drei Ereignissen im Detail nachgegangen ist.[8]

Für unsere Belange interessant ist der Katalog der Mainzer Bischöfe und Erzbischöfe (*Catalogus Episcopo-*

rum et Archiepiscoporum Ecclesie Magontine), fol. 164r–169r, der sehr knapp gehalten ist. Zu Hatto findet sich nun die folgende Notiz, die fast wörtlich (es fehlt die Angabe, dass er lebend (*vivus*) in den Ätna gestürzt worden sei) die Fassung der *Chronica minor* des Erfurter Minoriten von 1261 zitiert: *HATTO sedit annis xxii et mensibus octo obijt autem 912. Et antea fuit Abbas fuldensis.* [Randbemerkung: *Primus negat Serarius de Hattone 1mo sed dicit Aigill Abbatem fuisse.*] *Iste a demonibus in puteum ignis in monte sicilie Ethna precipitatur, dicente Voce in aeere Sic peccata lues: sicque ruendo rues. Nam Comitem Albertum de babenberg dolose tradidit regi occidendum.* Die Übersetzung lautet: „Hatto hatte den [Mainzer] Stuhl 22 Jahre und acht Monate inne. Er starb 912. Zuvor war er Abt von Fulda [Randbemerkung: Als erster bestreitet das Serarius in Bezug auf Hatto I., er sagt, Eigil sei der [damalige] Abt gewesen.] Dieser wurde von Teufeln in einen Feuerschlund, [nämlich] in den Berg Siziliens Ätna gestürzt. Dabei sprach eine Stimme in der Luft: So wirst du deine Sünden büßen, so wirst du im Sturz zugrundegehen. Denn er hat den Grafen A[da]lbert von Babenberg durch eine List an den König zum Töten ausgeliefert."9 (Vgl. S. Haarländer, Bischof, S. 56f.). SH

Grünewald 2012a; Grünewald 2012b; Von der Gönna 1999, S. 355–371; Weinert 2008; Winterer 2012, S. 37–39

1 So Hinkel 2001, S. 50 und Winterer 2012, S. 37–39, bes. S. 37. 2 Weinert 2008, S. 1 und 2. 3 Weinert 2008, S. 9. 4 Weinert 2008. 5 Weinert 2001. 6 Weinert 2008, S. 2 und 3. 7 Von der Gönna 1999, S. 355–371. 8 Grünewald 2012a; auch Grünewald 2012b. 9 Der Text steht jenem bei Wimpfeling 1515/2007, S. 190–193 nahe, in dem die Adalbert-Geschichte freilich ausführlicher erzählt wird.

KATALOG-NR. 19 UND 20
PFENNIG ARNULFS VON KÄRNTEN
PFENNIG LUDWIGS IV. DES KINDES
Mainz, nach 891/ Anfang 10. Jahrhundert
Silber, Dm. 24 mm/22 mm
Mainz, Stadtarchiv,
Mk 163 I 2 / Mk 163 J 2
Beschreibung der Münzen bei Chr. Stoess, S. 84–87

KATALOG-NR. 21
RIEMENDURCHZUG EINER KÖNIGLICHEN
SPORENGARNITUR
Angeblich Seeheim/Bergstraße, aber wohl Lorsch,
aus dem Pilastersarkophag König Ludwigs III. des
Jüngeren (876–882)
zweite Hälfte 9. Jahrhundert
Goldguss, aufgelöteter Goldperldraht
H. 3,0 cm, B. 2,3 cm, Gewicht 32,8 g
Darmstadt, Hessisches Landesmuseum (Original)
Mainz, Römisch-Germanisches Zentralmuseum,
Kopie Nr. 42700

Im Karolingerreich pflegten nur Herrscher ihre Gewänder und Waffen mit Beschlägen aus purem Gold zu schmücken,[1] an denen ihr hoher Rang für jedermann zu erkennen war. Da die Gräber der Karolinger geplündert oder völlig zerstört worden sind, blieb vom metallenen Zubehör ihrer Kleidung fast nichts erhalten. Um so wertvoller ist deshalb der massivgoldene Riemendurchzug einer Sporengarnitur, auf dessen fünfeckiger Schauseite zwei aufsteigende, rückblickende Löwen zu Seiten eines stilisierten Lebensbaums aus drei gebündelten Akanthusblättern zu sehen sind. Seine Form und sein Pflanzenrelief datieren ihn in die zweite Hälfte des 9. Jahrhunderts. Außer dem puren Gold weist auch die Löwensymbolik seines gegossenen Reliefs[2] darauf hin, dass dieser Riemendurchzug nur einem Kaiser oder König gehört haben kann.

In das Hessische Landesmuseum zu Darmstadt soll er angeblich aus Seeheim gelangt sein, wo zwar seit 1831/32 die Sommerresidenz des Großherzogs von Hessen stand, das aber zur Karolingerzeit völlig unbedeutend war. Der wahre Fundort dürfte Kloster Lorsch gewesen sein, in dessen Gruftkirche zwei Könige des Ostfrankenreichs bestattet worden sind. Dort befand sich u. a. ein überaus kostbarer, längst verschollener Porphyrsarkophag, die mut-

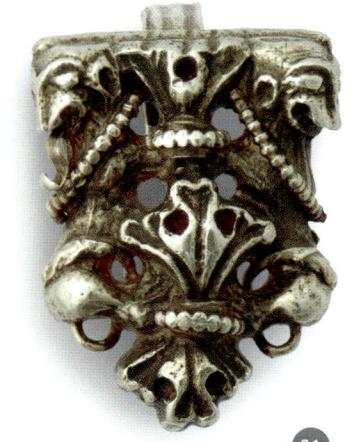

21

maßliche Grablege Ludwigs des Deutschen (840–876), sowie ein aus gelblichem Sandstein herausgehauener, mit Pilastern verzierter Sarkophag, der wegen seiner aufwändigen Machart und der antikisierenden Reliefs offenbar für einen Herrscher bestimmt war. In ihm hatte bei der Graböffnung (1800) noch ein Mann in einem Seidengewand mit Goldborten und mit gespornten Stiefeln gelegen, also wahrscheinlich König Ludwig III. der Jüngere (876–882). Seine Beigaben, darunter auch eine Schriftrolle aus Pergament sowie eine beschriebene Schiefertafel, wurden damals dem in Aschaffenburg residierenden Erzbischof von Mainz zugeschickt und sind seither verschollen. Nur ein mit zwei „heraldischen" Löwen verzierter, goldener Riemendurchzug der königlichen Sporen scheint dem Großherzog von Hessen geschenkt und in dessen Sommerresidenz aufbewahrt worden zu sein, bis er als „Seeheimer Fundstück" in das Darmstädter Museum gelangte. MSD

Werner 1969, S. 504f., Abb. 4; Schulze-Dörrlamm 2009b, S. 203, Liste 2, A24; Schulze-Dörrlamm 2011b, Abb. 7

1 Schulze-Dörrlamm 2009b, S.166f. 2 Schulze-Dörrlamm 2008, S. 387ff.

KATALOG-NR. 22
SEITENLEHNE DES MAINZER KÖNIGTHRONS
Mainz, Stadionerhofstraße (Fundort)
2. Hälfte 8. Jahrhundert
Oberlothringischer Kalkstein
H. 74 cm, B. unten 46 cm, oben 23 cm, T. 8,5 cm
Mainz, Landesmuseum, Generaldirektion
Kulturelles Erbe Rheinland-Pfalz,
Inv.-Nr. 10.6.1911

Die Seitenlehne eines steinernen Königthrons wurde 1911 bei Ausschachtungsarbeiten in der Stadionerhofstraße gefunden. Es handelt sich um das Fragment einer hochrechteckigen Kalksteinplatte von 8,5 cm Stärke mit viertelkreisförmig gekehlter Armlehne. Ihre gut geglättete Schauseite weist zwar nur eine profilierte Randleiste auf, doch tragen ihre sichtbaren Kanten

unterschiedliche Rankenreliefs (vgl. Abb. 64, S. 91), durch die sie in die zweite Hälfte des 8. Jahrhunderts datiert wird. Auf ihrer gekehlten Vorderkante sieht man eine Wellenranke mit spiraligen Zweigen sowie gestielten Kleeblättern, auf ihrer kurzen Oberkante eine Wellenranke mit spiraligen Zweigen sowie eingestreuten Kerbschnittdreiecken und auf ihrer rückseitigen Kante eine von oben herabhängende Weinranke. Sie war Teil eines Throns, dessen Lehne aus drei Steinplatten zusammengesetzt war und der aufgrund

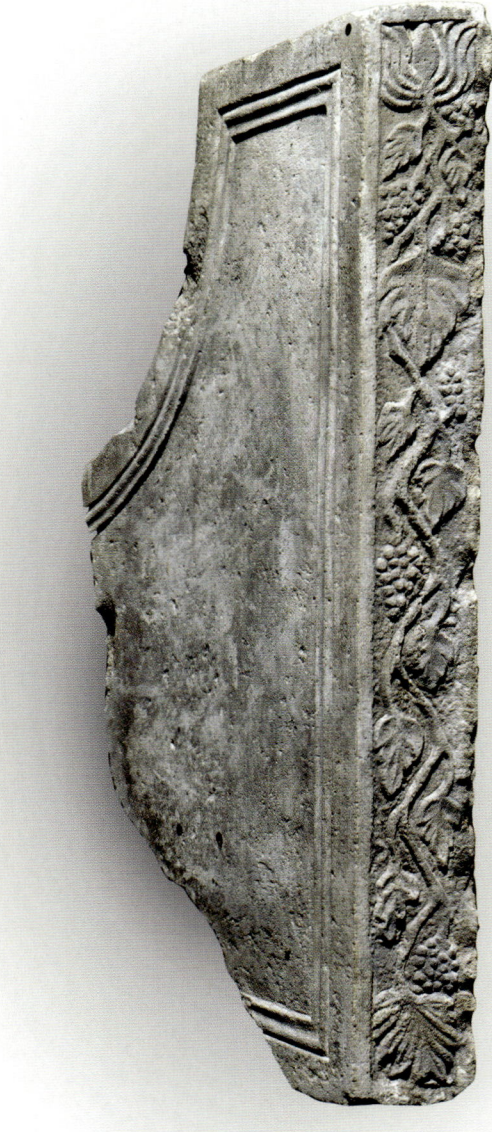

22

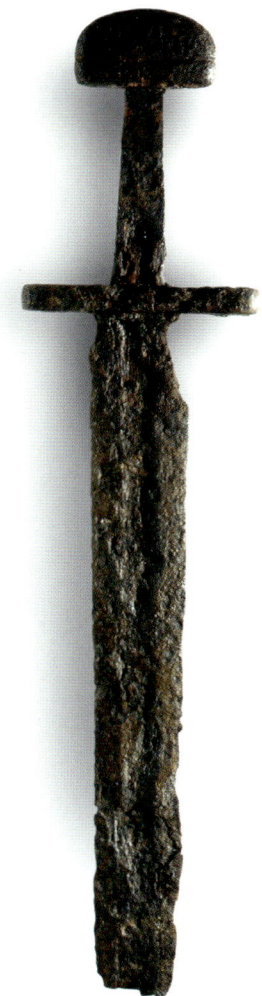

seines allseitigen Kantendekors frei im Raum gestanden haben muss. Vergleiche mit den erhaltenen sowie den von Künstlern dargestellten europäischen Thronen des frühen bis hohen Mittelalters führen zu dem Ergebnis, dass diese Lehne wegen ihrer charakteristischen Form nur von einem Herrscherthron stammen kann. Solche viertelkreisförmig gekehlten Seitenlehnen ohne Eckknäufe besitzen nur der aus drei Marmorplatten zusammengefügte Kaiserthron Karls des Großen in Aachen (um 800) und die dreiteilige Bronzelehne des Throns in der Kaiserpfalz zu Goslar (ca. 1060–1080). Sie sind jedoch weder bei den zahlreich erhaltenen Bischofssitzen noch bei den dargestellten Thronen Christi, der Gottesmutter oder anderer Heiliger nachweisbar, die sich durch andere Besonderheiten ihrer Form und ihres Dekors auszeichnen.

Der Mainzer Thron war also für Karl den Großen (768–814) bestimmt, der hier als erster karolingischer König ab 790 mehrfach Urkunden ausgestellt hat. Als typischer Herrschersitz kann er nur in einer Pfalz gestanden haben, deren Existenz durch ihn bezeugt wird. Die Fundstelle der Thronlehne deutet auf die Lage der Mainzer Königspfalz hin. Diese befand sich demnach auf dem höchsten Gelände der Innenstadt unweit des Rheins und im Kreuzungsbereich zweier Straßen, von denen eine auf die Pfeiler der römischen Rheinbrücke zuführte. MSD

Schulze-Dörrlamm 2004, S. 571ff., Abb. 3; Schulze-Dörrlamm 2009b, S. 155f., Abb. 1

KATALOG-NR. 23
SPATHA MIT RESTEN EINER INSCHRIFT
Rhein bei Mainz-Weisenau (Fundort),
9./10. Jahrhundert
Eisen
L. 51,7 cm, Gewicht 1,44 kg
Mainz, Landesmuseum, Generaldirektion
Kulturelles Erbe Rheinland-Pfalz,
Inv.-Nr. N 5948

Bei dem aus dem Rhein bei Mainz-Weisenau stammenden Schwert ist die Spitze der Klinge heute abgebrochen und verloren gegangen. Während die eine Klingenflachseite relativ wenig korrodiert ist, weist die andere Seite größere Substanzverluste und Materialausbrüche auf. Das fast vollständig erhaltene Gefäß (= Griff) zeigt ebenso eine flächige Korrosion. Die Knaufkrone ist halbkreisförmig, wobei die Oberlinie im Mittelteil etwas abgeflacht ist. Der Übergang zur Knaufstange ist durch eine horizontale Riefe betont. Ob diese ursprünglich mit einem Buntmetalldraht versehen war, ist nicht mehr feststellbar. Trotz der teilweise erheblichen Beschädigungen sind einige charakteristische Details an den Gefäßteilen und an der Klinge erkennbar. Am interessantesten sind hierbei Einlagentiefen auf einer Klingenseite, die jedoch durch Korrosion und Materialausbrüche sehr undeutlich sind. Dennoch kann davon ausgegangen werden, dass es sich um Spuren einer Inschrift handelt, wobei die erhaltenen Buchstaben unterschiedliche Erhaltungszustände aufweisen. Relativ zuverlässig ist ein Kreuz zu identifizieren, das den Abschluss der Inschrift bildet. Die übrigen Buchstaben können als B E R H T gelesen werden, so dass die Inschrift mit + V L F B E R H T + rekonstruiert werden kann. Damit gehört das Schwert zur Gruppe der sogenannten ULFBERHT-Schwerter, die mit einigen Exemplaren im fränkischen Reichsgebiet, ansonsten aber vor allem in Skandinavien und im nördlichen Osteuropa vorkommen. Es ist davon auszugehen, dass bei allen Vergleichsbeispielen die Einlagen aus damasziertem Eisendraht bestanden. Hinter diesem Synonym verbirgt sich nicht ein einzelner Schmied, sondern eher eine Produktionsstätte, da diese Klingen vom 9. bis ins 11. Jahrhundert hinein produziert wurden. Sie zeichneten sich durch eine hohe Stahlqualität und damit verbunden eine entsprechend gute Gebrauchsfähigkeit aus und wurden im niederfränkischen Reichsgebiet gefertigt und von dort aus weiträumig exportiert. BH

Geibig 1991, S. 116–123, Kat.-Nr. 114, Taf. 77; Westdeutsche Zeitschr. 17, 1898, S. 379, Taf. 9,14; Westphal 2002, S. 129–174

23

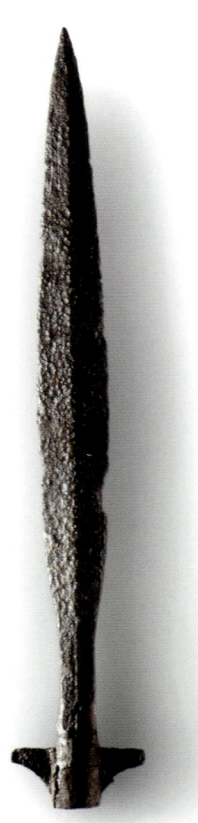

KATALOG-NR. 24
FLÜGELLANZENSPITZE

Aus dem Rhein (Fundort),
2. Hälfte 8. Jahrhundert / Anfang 9. Jahrhundert
Eisen
L. 43,5 cm
Mainz, Landesmuseum, Generaldirektion
Kulturelles Erbe Rheinland-Pfalz, Inv.-Nr. N 5889

Diese aus dem Rhein geborgene eiserne Flügellanzenspitze wurde 1898 vom Altertumsmuseum Mainz, dem heutigen Landesmuseum Mainz, angekauft. Die Lanzenspitze weist ein leicht geschwungenes Blatt mit der breitesten Stelle in der Mitte sowie einem rhombischen Querschnitt auf und ist nicht damasziert. Die Tülle beschreibt zunächst einen rechteckigen und dann runden Querschnitt und lässt ansatzweise noch eine Verzierung aus Riefenpaaren und Kehlen erkennen. Parallel zu den Schneiden sind die beiden Fortsätze angeschweißt, die deutlich über die Breite des Blattes hinausgehen und eine schwache rillenartige Verzierung aufweisen. Aufgrund ihrer Form ist die Flügellanzenspitze in die zweite Hälfte des 8. und das beginnende 9. Jahrhundert zu datieren.

Lanzen mit seitlichen Fortsätzen an der Tülle finden sich von der Spätantike bis in die frühe Neuzeit hinein und wurden zunächst wohl überwiegend als Jagdwaffen verwendet. Ab der Karolingerzeit sind sie als echte Flügellanzenspitzen ausgebildet und stellen einen typischen Bestandteil der fränkischen Bewaffnung dar. Über die Verwendung und Funktion von Flügellanzen und speziell der Flügel ist vielfach diskutiert worden, die Deutungen reichen von Verhinderung eines zu tiefen Eindringens in den feindlichen Körper, über eine Art Gepäckhalterung oder dem Parieren feindlicher Hiebe bis hin zur Verwendung als Jagdspieß, Reiterwaffe oder Fahnenlanze. Aufgrund zeitgenössischer bildlicher Darstellungen kann eine Nutzung als Jagdspieß, Stoßwaffe oder Fahnenlanze am wahrscheinlichsten angesehen werden, die sowohl von Fußsoldaten als auch Reiterkriegern genutzt wurde.

Interessanterweise treten die Flügellanzenspitzen wie bei dem hier vorliegenden Beispiel auffallend häufig als Einzel- oder Gewässerfunde auf, lediglich in den Randgebieten des karolingischen Reichs sind sie auch als Grabfunde vertreten. Die bei dieser Lanze vorliegende Fundsituation kann sowohl Zufall sein als auch profane oder sakrale Gründe haben. BH

Eichert/Mehofer/Baier 2011; Steinacker 1999; Westphal 2002, S. 249–252

KATALOG-NR. 25
REITERSPORN

Rhein bei Bacharach (Fundort)
1. Hälfte 9. Jahrhundert
Silber, vergoldet
L. 8,4 cm
Mainz, Landesmuseum, Generaldirektion
Kulturelles Erbe Rheinland-Pfalz, Inv.-Nr. 0,353

Das Sporenfragment stammt aus dem Rhein bei Bacharach und wurde 1895 vom Altertumsmuseum Mainz, dem heutigen Landesmuseum Mainz, angekauft. Die Bügelenden waren bereits zum Zeitpunkt des Ankaufs nicht mehr erhalten, so dass nicht mehr erkennbar ist, ob der Riemen, mit dessen Hilfe der Sporn am Schuh festgeschnallt wurde, durch Schlaufen am Bügelende oder mit Nieten befestigt war. Interessant ist jedoch, dass der Sporn eine alte Reparaturstelle aufweist: An der einen Bruchstelle sind noch ein Metallstift und ein Blechrest erkennbar, was darauf hindeutet, dass der Sporn von entsprechendem Wert gewesen sein muss.

Der massiv gegossene, dreikantige Sporn besteht aus vergoldetem Silber, die reliefierten Pflanzenornamente sind mit Niello-Einlagen versehen. Lediglich der in die Dornhülse eingelassene Stift wurde aus Eisen gefertigt und ragt als Dornspitze kegelförmig aus der Hülse heraus. Der gesamte Sporn ist mit Akanthusblättern verziert, die stilistisch der ersten Hälfte des 9. Jahrhunderts zugewiesen werden können. Die leicht unsymmetrischen Akanthusstauden von vereinfachtem Umriss sind entlang der Kantlinie der Sporenschenkel aufgereiht, wohingegen sie sich am zylindrischen Dorn aus zwei Mittelachsen entfalten.

In der Regel bestanden die Sporen der normalen fränkischen und karolingischen Reiter aus Eisen, nur gelegentlich waren der Bügel, die Schnallen oder der

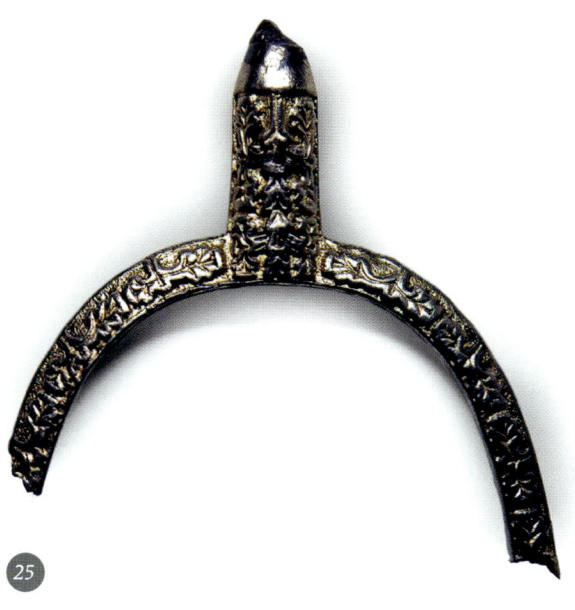

25

Dorn zusätzlich mit Bunt- oder Edelmetallen verziert. Sporen, die gänzlich aus Edelmetall gefertigt wurden, sind im karolingischen Kerngebiet vergleichsweise selten; lediglich in Ost- und Südosteuropa sind einige vergleichbare Exemplare aus Adelsgräbern bekannt. Insofern kann der Sporn aus dem Rhein bei Bacharach dem Reiterzubehör eines hochrangigen karolingischen Kriegers zugeordnet werden. Der Sporn ging möglicherweise bei einer Flussüberquerung verloren. Allerdings ist er auch als Votivgabe oder Zufallsfund denkbar. BH

Wamers 2005, S. 57–61; Werner 1969

KATALOG-NR. 26
PAAR VON OHRRINGEN

Regensburg, Frauengrab 33 beim karolingischen Niedermünster (Fundort)
spätes 9. / Anfang 10. Jahrhundert
Silber, H. jeweils 5,3 cm
München, Archäologische Staatssammlung (Original)
Mainz, Römisch-Germanisches Zentralmuseum,
Kopien-Nr. 41880

Südlich neben dem rechteckigen Chor des karolingischen Niedermünsters (Kirche II) zu Regensburg wurde im späten 9. bis frühen 10. Jahrhundert eine wohlhabende Frau in einem trapezförmigen Holzsarg bestattet. Als Schmuck trug sie noch zwei dekorative Halbmondohrringe aus Silber mit aufgelöteten Ornamenten aus Filigrandraht und je sieben Kettchen mit blechförmigen Anhängern. Ihre einzige Beigabe war ein Tierhorn, das man auf einem Stein vor dem Fußende des Sargs niedergelegt hatte. Da das Frauengrab 33 vom Horizont der um 950/55 erbauten Kirche III überdeckt wurde, kann es dort spätestens in der ersten Hälfte des 10. Jahrhunderts angelegt worden sein.

Halbmondohrringe dieser Form waren häufig kombiniert mit großen Schläfenringen aus Silberdraht sowie dicken silbernen Kugelknöpfen und gehörten während des fortgeschrittenen 9. bis frühen 10. Jahrhunderts zur Schmuckausstattung vornehmer Frauen im östlichen Mitteleuropa. Es handelt sich um einen Ohrschmuck, der stark von Vorbildern aus dem Byzantinischen Reich beeinflusst war. Als Beigaben gelangten solche Ohrringe und Kugelknöpfe in die Gräber wohlhabender Slawinnen, die im sogenannten „Großmährischen Reich" sowie in der Oberpfalz, aber vereinzelt auch in Regensburg lebten.
Ob vornehme Frauen im ostfränkischen Reich zu ihren Lebzeiten ebenfalls Silberschmuck dieses Typs getragen haben, ist unklar, da sie generell ohne Grabbeigaben beerdigt wurden. MSD

26

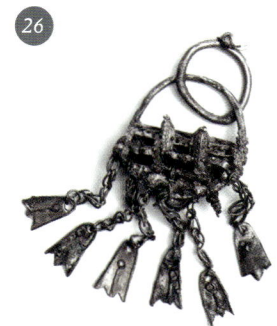

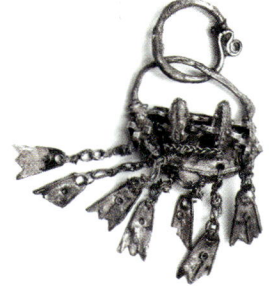

Konrad/Rettner/Wintergerst 2010; Schwarz 1975, S. 147f., Abb. 14,4 (Plan), 15,10a–b

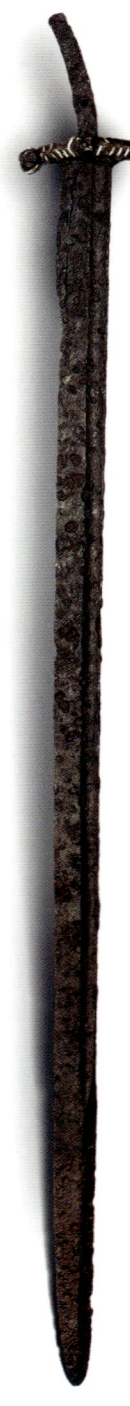

KATALOG-NR. 27
UNGARISCHER REITERSÄBEL

Augsburg, Südostrand der Stadt (Fundort)
erste Hälfte 10. Jahrhundert
Eisen, Parierstange mit Goldtauschierung
L. 77 cm
München, Archäologische Staatssammlung (Original)
Mainz, Römisch-Germanisches Zentralmuseum,
Kopie-Nr. 42739

Ungarische Reiterkrieger kämpften meistens mit Pfeil und Bogen, gelegentlich mit einer Streitaxt, und auch oft mit einem Reitersäbel einer für sie charakteristischen Form. Ihre Säbel kann man an der schmalen Klinge mit leicht geschwungener Schneide, dem abgewinkten Griff und der etwas nach unten gebogenen Parierstange mit einem Mittelbuckel und kugelig verdickten Enden gut erkennen.

In der ersten Hälfte des 10. Jahrhunderts haben die Ungarn, die im fortgeschrittenen 9. Jahrhundert aus den Steppengebieten Osteuropas in das Karpatenbecken eingewandert waren, ihre Toten noch nach althergebrachter Sitte beerdigt. Da sie verstorbene Krieger in ihrer Kleidung, mit allen Waffen und Teilen des aufgezäumten Reitpferdes zu bestatten pflegten, blieben zahlreiche Säbel erhalten. Deren Ausschmückung spiegelt Rang und Wohlstand ihres Besitzers wider. So steckten nur die Säbel der Anführer in Scheiden mit reichen Beschlägen aus Edelmetall, die mit gravierten oder getriebenen Pflanzenornamenten verziert waren. Leider ist die Scheide des bei Augsburg verlorenen Säbels verschollen. Immerhin deutet aber noch die sehr seltene Goldtauschierung der Parierstange darauf hin, dass sein Eigentümer ein ranghoher Ungar war.
Seit 908, also nach ihrem Sieg in der Schlacht bei Pressburg (heute Bratislava/SK), sind ungarische Reiterscharen fast alljährlich in das Reichsgebiet eingedrungen, um reiche Beute zu machen. Ihre Überfälle haben archäologische Spuren unterschiedlichster Art hinterlassen, z.B. die Gräber von Getöteten, seltener auch von gestorbenen Ungarn, weit verstreute Waffen-

und Zaumzeugfunde, vergrabene Münzschätze oder Burgen, die eigens zum Schutz vor den Attacken von Reiterkriegern ausgebaut waren. Dagegen lassen sich die in den Schriftquellen erwähnten Abwehrkämpfe archäologisch kaum nachweisen, weil Schlachtfelder immer systematisch nach verwertbaren Metallfunden abgesucht worden sind. Deshalb ist der ungarische Reitersäbel, der im Süden Augsburgs entdeckt worden sein soll, das bislang einzige vollständig erhaltene Exemplar aus dem Gebiet des Heiligen Römischen Reichs. Leider lässt sich nicht mehr feststellen, ob er bei ungarischen Angriffen auf die Stadt (910/926) oder erst bei der Schlacht auf dem – südlich von Augsburg gelegenen – Lechfeld (955) verloren ging, in der König Otto I. mit seinem Heeresaufgebot die Ungarn entscheidend besiegen und ihren Überfällen ein Ende setzen konnte. MSD

Schulze-Dörrlamm 2006b, S. 50, Abb. 11,1–2

KATALOG-NR. 28
NACHBAU EINES REITERNOMADISCHEN REFLEXBOGENS

Sino-Mandschurischer Reflexbogen aus der Quing-Dynastie
18. Jahrhundert
Holz, Knochen, Sehnen, Leim
L. 135 cm
Mainz, Römisch-Germanisches Zentralmuseum,
Inv.-Nr. 39018

Ebenso wie alle reiternomadischen Stämme Eurasiens kämpften und jagten die Ungarn im 9./10. Jahrhundert vor allem mit Pfeil und Bogen. Dazu benutzten sie einen sogenannten „Reflexbogen", der sich durch seine aufwändige Konstruktionsweise und die hohe Durchschlagskraft seiner Pfeilschüsse von den in Mitteleuropa üblichen Holzbögen unterschied. In den ungarischen Gräbern des Karpatenbeckens ist kein einziger dieser Reflexbögen vollständig erhalten geblieben, weil sie aus organischen, also vergänglichen Materialien bestanden. Finden kann man nur noch ihre

Versteifungen aus Beinplatten, die zum Teil sehr reich verzierten Metallbeschläge der zugehörigen Pfeilköcher mitsamt den eisernen Pfeilspitzen, die an ihrem flachen, rhombischen Blatt mit dünnem Schaftdorn leicht zu erkennen sind.

Reflexbögen wurden von allen Reiternomaden benutzt, die deren Form im Laufe der Jahrhunderte zwar in Details veränderten, aber nicht deren Konstruktionsprinzip,[1] das auf dem Zusammenleimen von unterschiedlichen Materialien basiert. Als Anschauungsmaterial dient hier deshalb ein nachgebauter, sino-mandschurischer Reflexbogen des 18. Jahrhunderts aus der Werkstatt des Bogenbauers Helmut Mebert.

Typisch für die Ungarn waren unsymmetrische Bögen mit elastischen Bogenschenkeln aus Ahorn, die sie mit Hilfe von Fischleim auf der Vorderseite mit Hirschsehnenbündeln und auf der Rückseite mit Hornplatten beklebten.[2] Den starren Griff und die Bogenenden pflegten sie auf beiden Seiten mit Hartholz oder Beinplatten zu versteifen. Als typische Reiterwaffen waren diese Reflexbögen recht kurz (Länge im Durchschnitt nur ca. 111 cm) und hatten eine Reichweite von 200–250 m, wobei gezielte Schüsse bis auf 60–70 m Entfernung möglich waren.

Da sich die Ungarn beim Reiten in ihren Steigbügeln aufstellen und umwenden konnten, setzten sie als Kampftaktik häufig sogenannte Scheinfluchten ein, die ihre Feinde in Sicherheit wiegen sollten, um sie dann beim Wegreiten mit einer dichten Folge rückwärts gerichteter Pfeilschüsse kampfunfähig zu machen.
Den Überraschungsangriffen, dem Tempo und der Wendigkeit ungarischer Reiter hatten die mit Schwert, Schild und Stoßlanze bewaffneten, stark gepanzerten Reiterkrieger des ostfränkischen Reiches zunächst keine adäquate Kampftechnik entgegenzusetzen.[3] MSD

AK Speyer 2007, Abb. S. 45; Riesch/Rutschke 2012, S. 78, 111, Anm. 10

1 Alles 2009; Bemmann 2012, S. 181ff. 2 Révész 2001 3 Szameit 2001, S. 254ff.

Aufgefunden nahe Arras, Dép. Pas de Calais (F)
9. Jahrhundert
Zinnbronze, gegossen und nachgedreht
H. 18,5 cm, Fassungsvermögen 300 ml
Mainz, Römisch-Germanisches Zentralmuseum,
Inv.-Nr. O.17814

Zu Anfang des vorigen Jahrhunderts wurde bei Arras in Nordfrankreich eine Bronzekanne ungewöhnlicher Form aufgefunden, die wegen ihres Alters und Dekors sowie ihrer Funktion einzigartig ist. Sie besitzt einen hohlen Kegelfuß mit eingesetztem, verlötetem Boden, einen eiförmigen Bauch mit scharf abgesetzter, schräger Schulter und einen schlanken Hals mit rundem, hochkantigem Rand. Als Henkel dient ein überschlanker Löwe mit spitzen Ohren, offenem Maul und hängendem Schwanz mit aufgerolltem Ende, der aus einem sich vor ihm öffnenden Blütenkelch trinken will. Die Schulter der Kanne ziert vorne ein eingraviertes Symbol des Paradieses, nämlich zwei Pfauen zu Seiten eines gleicharmigen Kreuzes mit gespaltenen Armen, deren ausbiegende Enden ein Christogramm bilden.

In allen Details unterscheidet sich diese zierliche Kanne von den Bronzekannen aus der Spätantike und dem frühen Mittelalter, die als Beigaben in Gräber gelangt und deshalb zeitlich gut bestimmbar sind. Sie selbst kann als Einzelfund nur durch den Vergleich mit ähnlichen Löwenfiguren, mit datierten Darstellungen von Metallkannen sowie mit Kreuzen desselben Typs dem 9. Jahrhundert zugewiesen werden.

Formgebung sowie Machart lassen auf ihre Herkunft aus Italien schließen, und das eingravierte Symbol weist auf ihre einstige Funktion. Das Christogramm zwischen zwei Pfauen oder Tauben ist ein spätantikes Sinnbild für die Hoffnung auf ewiges Leben im Paradies, weil Christus als Baum des Lebens den Geschöpfen des Paradieses Nahrung gibt. Da sie als einzige aller erhaltenen Bronzekannen dieses Symbol auf ihrer

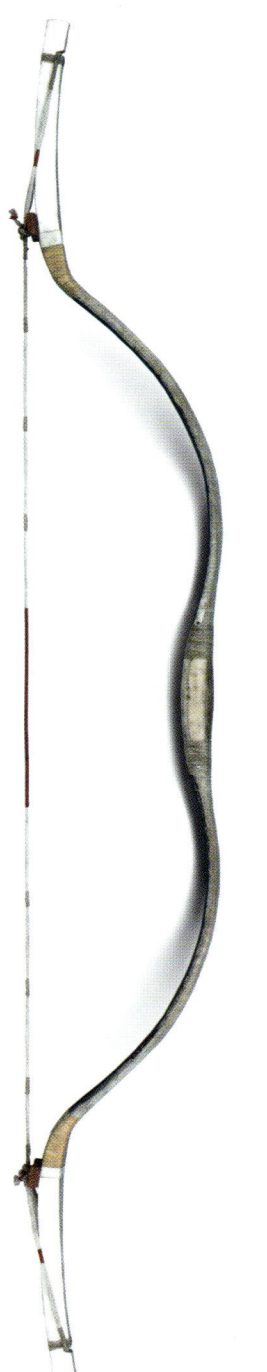

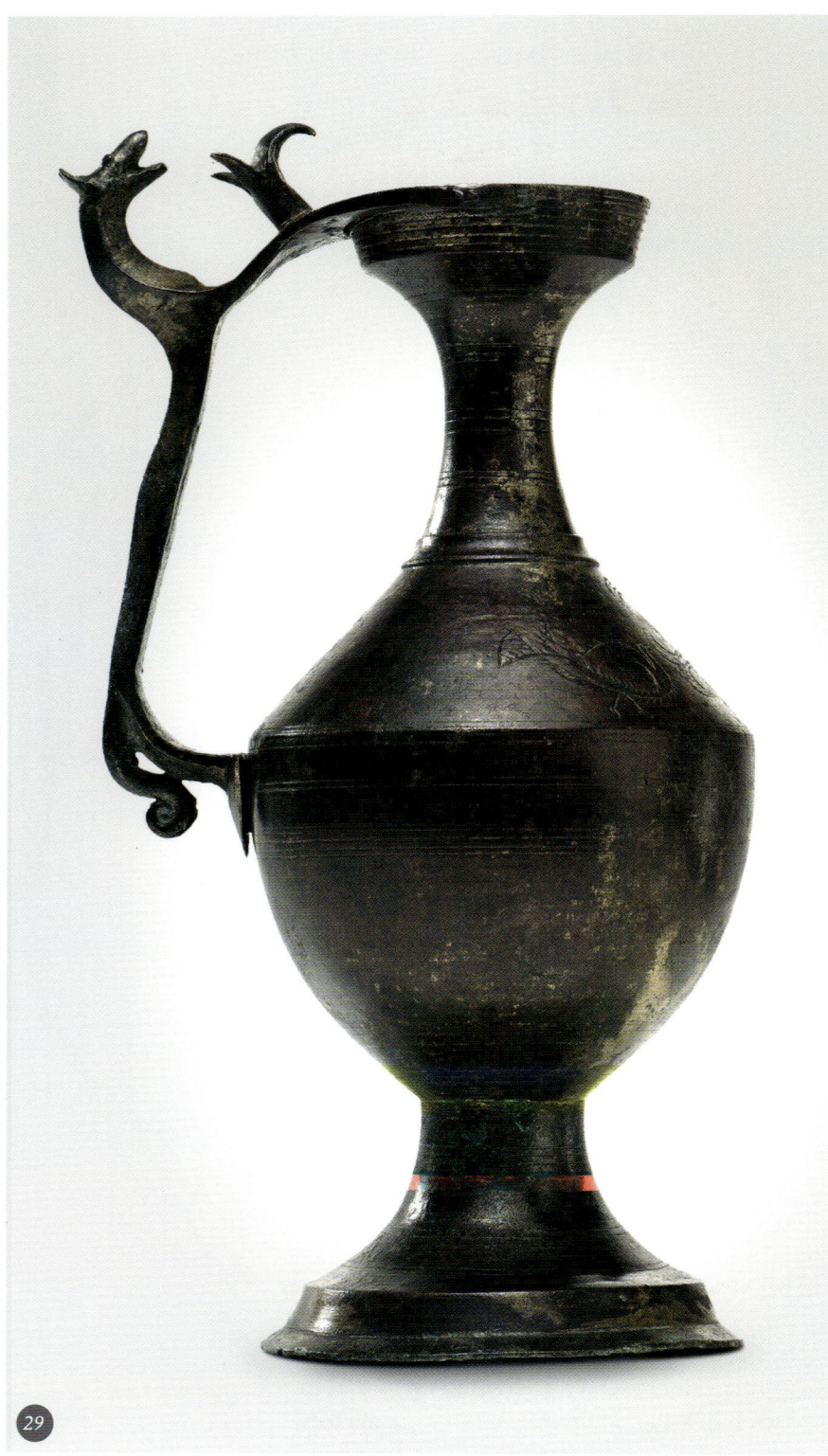

Schulter trägt, das in engem Bezug zum Sakrament der Taufe – dem Siegel des ewigen Lebens – steht, wird sie eine Taufkanne gewesen sein. Ebenso wie vereinzelte, bildliche Darstellungen bezeugt sie, dass man zur Karolingerzeit bei der Taufe schon Metallkannen verwendete, also die Täuflinge nicht mehr unbedingt im Wasser eines großen Taufbeckens untertauchte, sondern mit etwas Wasser übergießen konnte.

Ihre Erhaltung kann diese einzigartige karolingerzeitliche Taufkanne nur einem Zufall verdanken. Es wäre durchaus möglich, dass sie einst der Klosterkirche St. Vaast bei Arras gehörte und von den Mönchen rechtzeitig vor den Wikingern versteckt worden ist, die das reiche Benediktinerkloster in den Jahren 880, 881 oder 883 überfallen haben. MSD

Schulze-Dörrlamm 2006a, S. 605–620, Abb. 2–3

KATALOG-NR. 30
FRAGMENT EINES ILLUSTRIERTEN
APOKALYPSENKOMMENTARS
Nordfrankreich (?), Ende 9. Jahrhundert
Pergament
H. ca. 19 cm, B. 27 cm
Mainz, Wissenschaftliche Stadtbibliothek, Hs frag 18

Das vor wenigen Jahren entdeckte Fragment gehörte einst zu einer der sehr seltenen frühmittelalterlichen Handschriften, in denen die Apokalypse durch Bilder illustriert wird. Neben diesem Fragment sind bis Mitte des 10. Jahrhunderts nur vier Handschriften und ein weiteres Fragment erhalten; allein in Spanien ist zu diesem Zeitpunkt bereits mit einer Verbreitung der illustrierten Apokalypsenkommentare des Beatus von Liébana zu rechnen. Die Miniatur in Mainz entspricht ikonographisch so sehr der Darstellung auf fol. 3v der Trierer Apokalypse aus dem ersten Viertel des 9. Jahrhunderts, dass an eine direkte Kopie zu denken ist.[1] Auch die Anfang des 10. Jahrhunderts

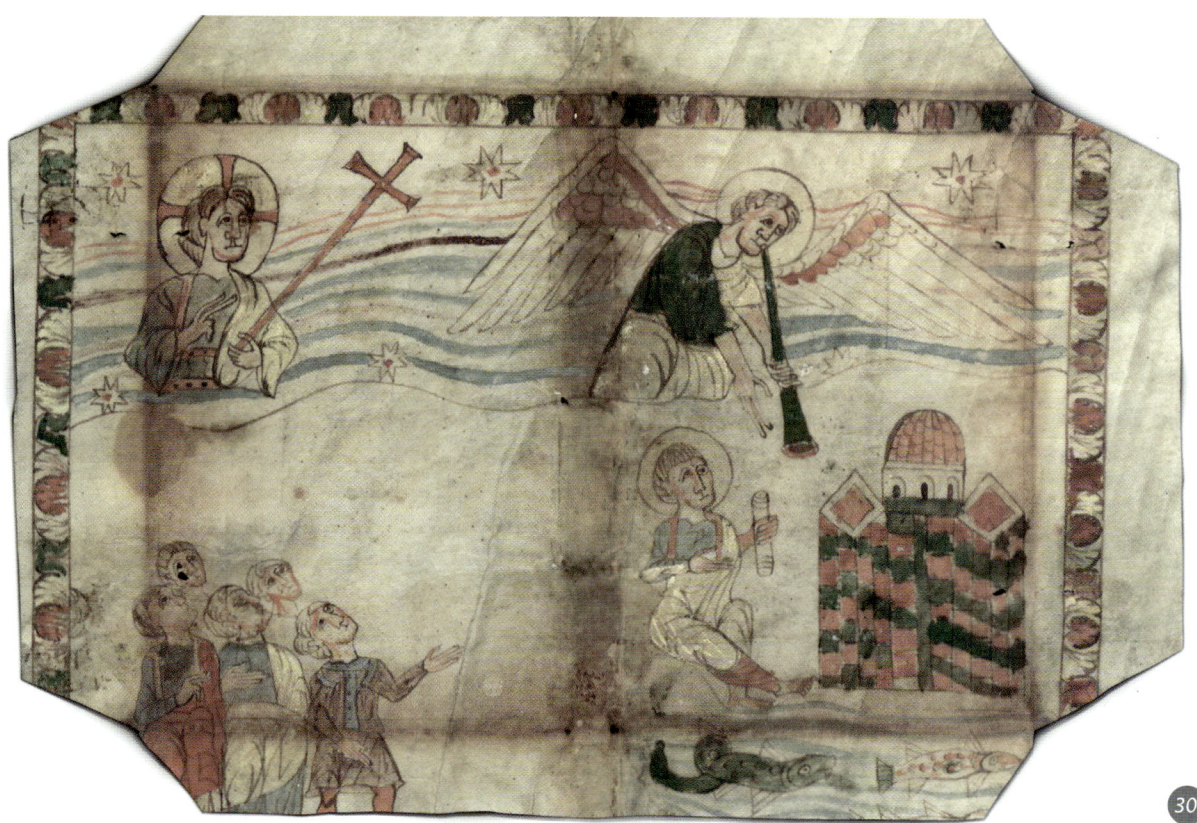

ebenfalls im heutigen Frankreich geschaffene Apokalypse in Cambrai ist eine direkte Kopie der Trierer,[2] in beiden befindet sich jeweils immer nur Text oder Bild auf einer Seite. Ähnlich umfangreich wie den Trierer Zyklus mit seinen 74 Bildern muss man sich auch denjenigen der makulierten Handschrift vorstellen. Gegenüber der Trierer Apokalypse besitzt das Mainzer Fragment aber auch besondere Eigenheiten: So sind die Textzeilen mit einem Zierrahmen eingefasst, und die Seitenbreite ist um mehr als ein Drittel gesteigert. Stilistische Neuerungen sind insbesondere die großen Köpfe und die im Interesse des gestischen Ausdrucks vergrößerten Hände, aber auch das noch geringere Verständnis für die eigentlich zugrundeliegende spätantike Perspektive.

Vor allem aber enthielt die Handschrift nicht den Apokalypsentext, sondern den Kommentar des angelsächsischen Gelehrten Beda Venerabilis (673–735).

Genauer gesagt: Sie enthielt vielleicht sogar beides, denn in Mainz folgt auf einen Abschnitt des Kommentars[3] ein längeres Stück unkommentierten biblischen Texts der Vulgata (erhalten: Offb 1,12-14). Diese für den Beda-Kommentar singuläre Mischung hätte liturgische Lesungen erleichtert – immer vorausgesetzt, es hat überhaupt eine solche Mischung gegeben und der Kommentar war nicht nur an dieser Stelle gekürzt, um den aus dem Trierer Kodex bekannten Wechsel von Schrift- und Bildseite sicherzustellen.[4] Es ist dabei aber sehr fraglich, ob entsprechend der Trierer Apokalypse unten auf der Bildseite kein Text mehr folgte, denn offensichtlich fehlt vom Bild heute nur ein sehr geringer Teil, und die Seite muss erheblich höher gewesen sein.

Dargestellt sind eigentlich zwei Szenen: auf der linken Seite Christus, der in den Wolken kommt, und die, die ihn sehen (vgl. Vulgata Offb 1,7), und auf der rechten der Seher Johannes auf der Insel Patmos, der von hinten „eine laute Stimme wie eine Posaune" hört – dargestellt durch den Posaunenengel, der ihm den Auftrag zum Schreiben erteilt. Patmos ist der Konvention entsprechend durch eine verkürzte Stadtarchitektur angedeutet, das Meer mit dem Seegetier zu Johannes' Füßen macht daraus eine Insel.

Folgt man der damaligen Auslegungspraxis der Johannes-Apokalypse, so wurde sie nicht hauptsächlich als Prophezeiung der Endzeit gelesen, sondern als eine verschlüsselte und aus mehrfachen Wiederholungen bestehende Ankündigung der Fährnisse der Kirche. Beda formuliert es so: „Nachdem die Kirche von den Aposteln gegründet worden war, war es [...] zuträglich, dass sowohl enthüllt würde, durch welchen Lauf sie erweitert, als auch, durch welches Ende sie vollendet werden wird."[5] Auch wenn damit die Eschatologie aus dem Zentrum rückte, lieferte die Offenbarung so einen Deutungsrahmen für die Zerstörungen und Überfälle zur Entstehungszeit der Buchmalerei als Prüfung der Christen. Auch Regino spielte gegenüber Hatto etwa zeitgleich darauf an, wenn er von „diesen unseren gefährlichen Zeiten" schreibt.[6]

Gefunden wurde das Fragment im Einband eines 1545 in Frankfurt am Main gedruckten Buches, das wohl zuerst einem W.S. gehörte und dann über die Heidelberger Bibliotheca Palatina in das 1648 nach Mainz verlegte Noviziat der oberrheinischen Jesuitenprovinz gelangte.[7] Wie das sicher französische Fragment nach Deutschland gelangte, ist ungeklärt. CW

Klein 2012; Ottermann 2012

1 Stadtbibliothek Trier, Ms. 31. Faksimile: Laufner/Klein 1975. 2 Médiathèque d'Agglomération de Cambrai, Ms. 386. Zu Datierung und Lokalisierung vgl. Bischoff 1998, S. 173. 3 Beda 2001, Cap. III,4–28. 4 Die erste Position wird vertreten von Michele C. Ferrari, die zweite von Peter K. Klein; vgl. Hedtke 2012. 5 Beda 2001, Cap. I,1. 6 Hartmann 2004, S. 21f. Ein Zitat aus 2 Tim 3,1. 7 Ottermann 2012, S. 6.

KATALOG-NR. 31
RELIQUIENKASTEN AUS ELLWANGEN

Westfränkisch, um 870–80
Original: getriebenes Kupferblech, Reste von
Vergoldung, Holzkern erneuert
H. 12 cm, B. 30 cm, T. 14 cm
Ellwangen, Katholische Pfarrkirche St. Vitus
(Replik; Original als Dauerleihgabe im Württembergischen
Landesmuseum in Stuttgart)

Der reich verzierte Kasten wurde 1959 bei Ausgrabungen in der Krypta von St. Vitus in Ellwangen gefunden, jenem Kloster, dem Hatto seit 889 vorstand. Da er wahrscheinlich einst zur Aufbewahrung von Reliquien diente, vermutet man deshalb an dieser Stelle einen Altar. Die Silberplatte des Schlosses dürfte erst später hinzugefügt worden sein.

Die Formen der Dekoration weisen enge Bezüge zu dem sogenannten Arnulf-Ziborium auf, so dass an einer Entstehung im Umfeld des Hofs von Karl dem Kahlen nicht zu zweifeln ist (vgl. Abb. 46). Auf dem Deckel bilden zwei symmetrische Diagonalkreuze eine zentrale Raute aus. In ihr erscheint in einem großen

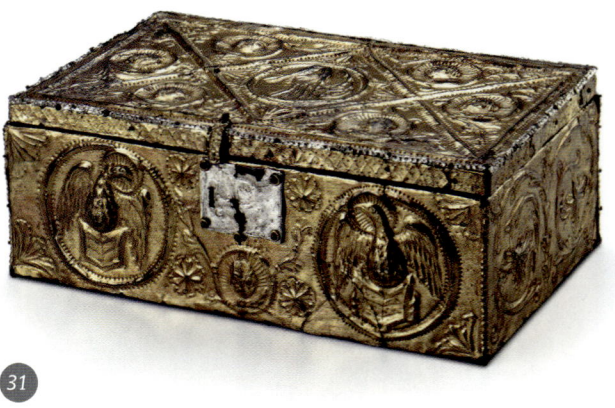

31

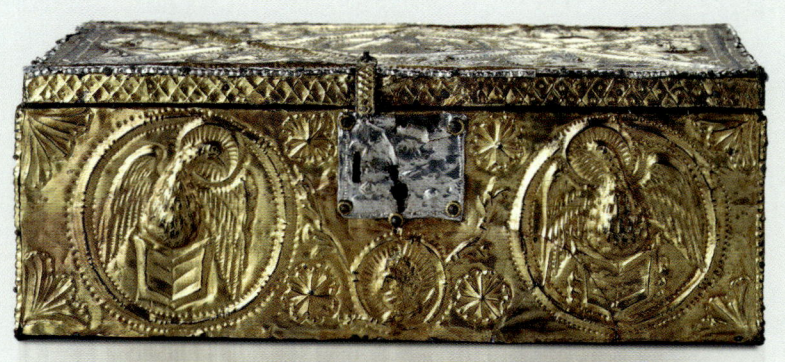
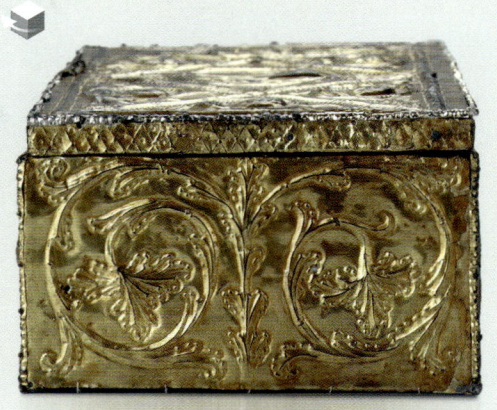
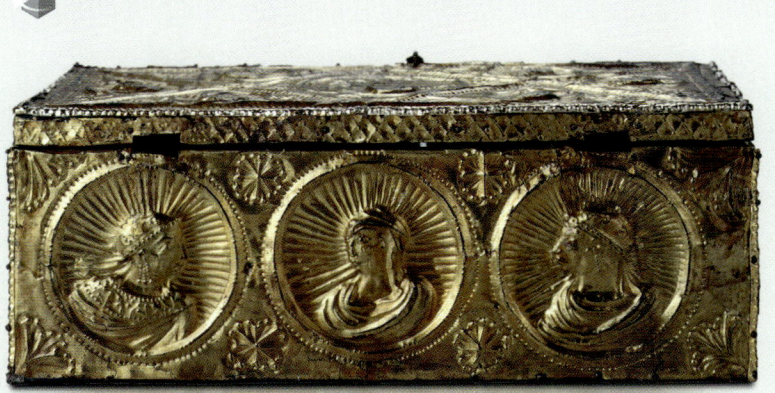
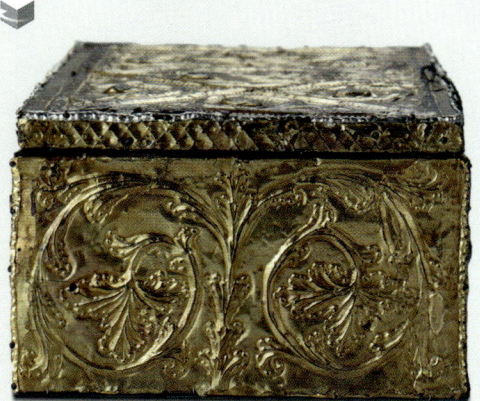

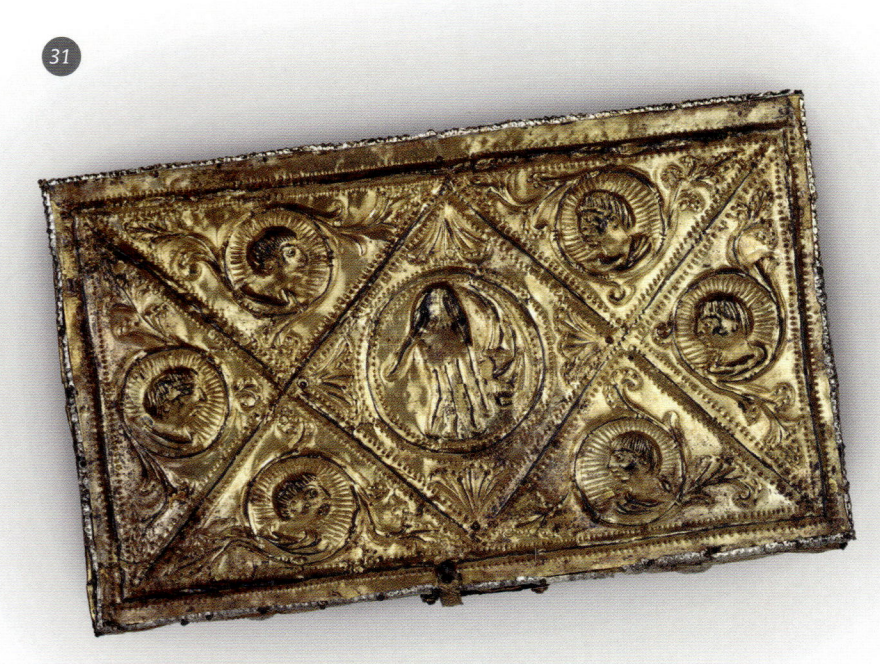

sammenhang mit astronomischen Himmelsbeschreibungen, die zumeist Bestandteil der Handbücher zur Kalenderwissenschaft *(computus)* sind. Dort sind stets in besonderer Weise Sonne und Mond hervorgehoben, deren Anwesenheit häufig auch in die Bilder der Kreuzigung eine kosmische Dimension einbringt. Die übrigen Planeten werden gleichfalls in ihrer Erscheinung grundsätzlich differenziert; zwei von ihnen – Venus und der Mond *(luna)* – sind zudem weiblich. Eine Folge gleichförmiger Männerbüsten kann von daher niemals die Planeten wiedergeben. Darüber hinaus fällt die Gleichartigkeit der Frisuren ins Auge. Die Haare sind durchweg oberhalb der Ohren in gerader Linie beschnitten, und zumindest bei der linken, oberen Figur lässt sich deutlich eine Tonsur erkennen. Wir haben es also mit einer Gruppe von Klerikern oder Mönchen zu tun, die in der gemeinschaftlichen Verehrung Gottes vereint sind.

Die Vorderseite des Kastens zeigt in symmetrischer Anordnung in großformatigen Medaillons zweimal das Symboltier des Evangelisten Johannes in Form eines nimbierten Adlers, welcher ein aufgeklapptes Buch in seinen Klauen hält. Ungewöhnlich ist hier die Verdoppelung sowie das Fehlen der übrigen, den anderen Evangelien zugeordneten apokalyptischen Wesen. Dies dürfte durch den programmatischen Anfang des Johannes-Evangeliums begründet sein, der die zentrale Rolle des Wortes Gottes betont: „Am Anfang war das Wort und das Wort war bei Gott und Gott war das Wort." Dort ist auch von dem wahrhaftigen Licht die Rede, das alle Menschen erleuchtet (Joh 1,9) und das offenbar in der strahlenförmigen Füllung der Medaillons wiedergegeben ist.

Medaillon die Hand Gottes, welche nach unten und damit vom Himmel zur Erde weist. In den sechs verbleibenden Dreiecksfeldern finden sich kleinere Medaillons mit gleichförmig gestalteten männlichen Bildnissen, die zur Mitte hin orientiert sind. Sie wenden sich demnach verehrend der Hand Gottes zu und sind zugleich das Ziel seiner Fürsorge. Ein entsprechendes siebtes Bildnis ist auf der Vorderseite unterhalb des Schlosses angebracht, doch ist der Zusammenhang mit den übrigen nicht wirklich ersichtlich. Im Unterschied zum zentralen Rundbild füllen diese Medaillons strahlenförmig angelegte Linien, die daran denken lassen, das von diesen Köpfen ein Leuchten ausgeht oder sie vom Glanz Gottes erfüllt sind, wie einst Moses auf dem Sinai.

Diese Strahlen und die Zahl Sieben haben Fritz Volbach, der den Neufund als Erster bearbeitet hat, an die sieben Planeten denken lassen. Percy Ernst Schramm hat das aufgegriffen, und alle späteren Autoren sind ihnen darin gefolgt. Doch kann diese Deutung einer Überprüfung nicht standhalten. Darstellungen der Planeten gibt es im 9. und 10. Jahrhundert nur im Zu-

Auf der Rückseite finden sich noch drei weitere Bildnisse, deren besondere Bedeutung an dem größeren Format und dem weiter gefassten Bildausschnitt zu erkennen ist. Da die Strahlen hier die gesamte Büste umgeben, wird deutlich, dass sie nicht als üblicher Heiligenschein zu verstehen sind. In der Mitte ist eine Frau mit Kopfschleier zu sehen. Sie wendet sich nach links zu einem gekrönten Mann, der sich emphatisch nach vorne, zu ihr hin beugt. Sein Gewand ist mit einer breiten Schmuckborte verziert. Rechts tritt ein weiterer Mann auf, der gleichfalls eine Krone trägt, dessen Gewand aber einfacher gehalten ist. Von den Kronen hängen seitlich sogenannte Pendilien herab. Dieses Motiv, das aus Byzanz übernommen wurde, kennzeichnet ausschließlich die Kaiserkrone. Deshalb haben wir hier offensichtlich den karolingischen Kaiser Karl den Kahlen vor uns (vgl. Abb. S. 186), gemeinsam mit seiner Frau und dem Thronfolger Ludwig den Stammler. Die kaiserliche Familie ist von daher im Bildprogramm dieses Kastens in die Gemeinschaft der Mönche eingebunden, die von der Gnade Gottes erleuchtet wird.

Da Karl der Kahle die Kaiserwürde schon länger anstrebte, kann das Datum seiner tatsächlichen Krönung in Rom am 25. Dezember 875 keinesfalls als Anhaltspunkt für die Datierung gewertet werden. Auffällig ist, dass er im Unterschied zu den übrigen Darstellungen aus seiner späteren Lebenszeit ohne Bart wiedergegeben ist. Mögliche Anlässe für die Anfertigung des prunkvollen Kastens könnten 846 die Geburt des Thronfolgers, 869 der Tod seiner ersten Frau Irmtrud oder 870 die Hochzeit mit Richildis gewesen sein. Auch für Ludwig wäre beim Tod des Vaters 877 ein derartiges Bildprogramm von Interesse, da es zugleich die Legitimität seiner Thronfolge vor Augen führt. DB

Blume/Haffner/Metzger 2012, S. 43–79; Büscher 1965/66; Elbern 1988, S. 64, 67, 89f., 94, 121, Abb. 40–41; Lasko 1994, S. 281, Anm. 66; Schramm 1969; Schramm 1983, Nr. 48; Staubach 1993, S. 97–104; Volbach 1964; Wamers/Brandt 2005, S. 101–103 (Michael Brandt); Westermann-Angerhausen 1973, S. 113–119

EPILOG: HATTO UND DAS ELLWANGER KÄSTCHEN

Der Weg des Kästchen aus dem Westfrankenreich in das Kloster Ellwangen ist nicht mehr aufzuklären. Als Zwischenträger kommt König Arnulf in Frage, der von Karl dem Einfältigen und Odo von Paris Geschenke erhielt, daneben aber auch Karl III., der 885–887 ein letztes Mal Ost- und Westfrankenreich vereinigte. Es ist wahrscheinlich, dass Hatto, der Vertraute Arnulfs und 891–905 Abt von Ellwangen, das Kästchen von seinem König erhielt und – vielleicht mit den enthaltenen Reliquien – der ihm anvertrauten Abtei zum Geschenk machte. CW

KATALOG-NR. 32
SARKOPHAGDECKEL DES MÖNCHS UND PRIESTERS GERHOH

Kloster Lorsch, Friedhof nördlich der Kirche
Ende 9. Jahrhundert
Original: Buntsandstein
H. 158 cm, B. 69 cm
Lorsch, UNESCO-Welterbestätte Kloster Lorsch (Original)
Mainz, Römisch-Germanisches Zentralmuseum,
Kopie Inv.-Nr. 34608

Von einem Sarkophag aus Buntsandstein, der 1819 auf dem Friedhof nördlich der Lorscher Klosterkirche aufgefunden wurde, blieb nur der wiederverwendete Deckel mit verzierter Innenseite erhalten. Seine obere rechte Ecke ist inzwischen abgebrochen, doch gibt die alte Kopie des Zentralmuseums noch den ursprünglichen Zustand des Flachreliefs wieder. In einem bandförmigem Rahmen steht ein leicht erhabenes lateinisches Vortragekreuz, dessen ausbiegende Enden in je drei Spitzen auslaufen. Eine zweizeilige lateinische Inschrift in karolingischer Kapitalis verläuft auf seinen Querarmen und endet mit ihrem letzten Wort auf dem unteren Kreuzstamm:

CHR(IST)E RESVSCITA ME / IN RESVRRECTIONE / IVSTORVM (Christus, lass mich auferstehen bei der Auferstehung der Gerechten).

Diese Worte sind teils dem 41. Psalm, teils dem Kapitel 14,14 des Lukasevangeliums der Vulgata entnommen. Durch eine Analyse ihrer Buchstabenformen ist die Inschrift in das letzte Viertel des 9. Jahrhunderts zu datieren. Bei seiner Auffindung soll der Sarkophag noch einen – längst verlorenen – Stein mit einem Kreuz und der lateinischen Inschrift GERHOH . MO(NACHVS) / ET PR(ES)B(YTER) enthalten haben. Demnach handelt es sich vermutlich um die Grablege des Mönchs und Priesters Gerhoh. Der Dekor seines Grabsteins vermittelt einen Eindruck davon, wie man die Gräber einiger Mönche und Priester im späten 9. Jahrhundert geschmückt hat. Sehr viel aufwändiger dürfte aber wohl das nicht erhaltene Grab des Mainzer Erzbischofs Hatto I. († 913) gestaltet worden sein. MSD

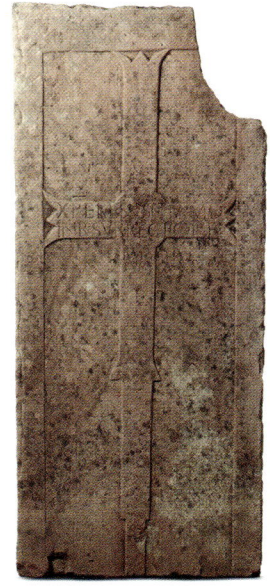

AK Lorsch 2011, S. 506, Nr. 44a–b; Nahrgang 1940, S. 34; Scholz 1994, S. 8–10, Nr. 4 und Nr. 6, Abb. 12a–b

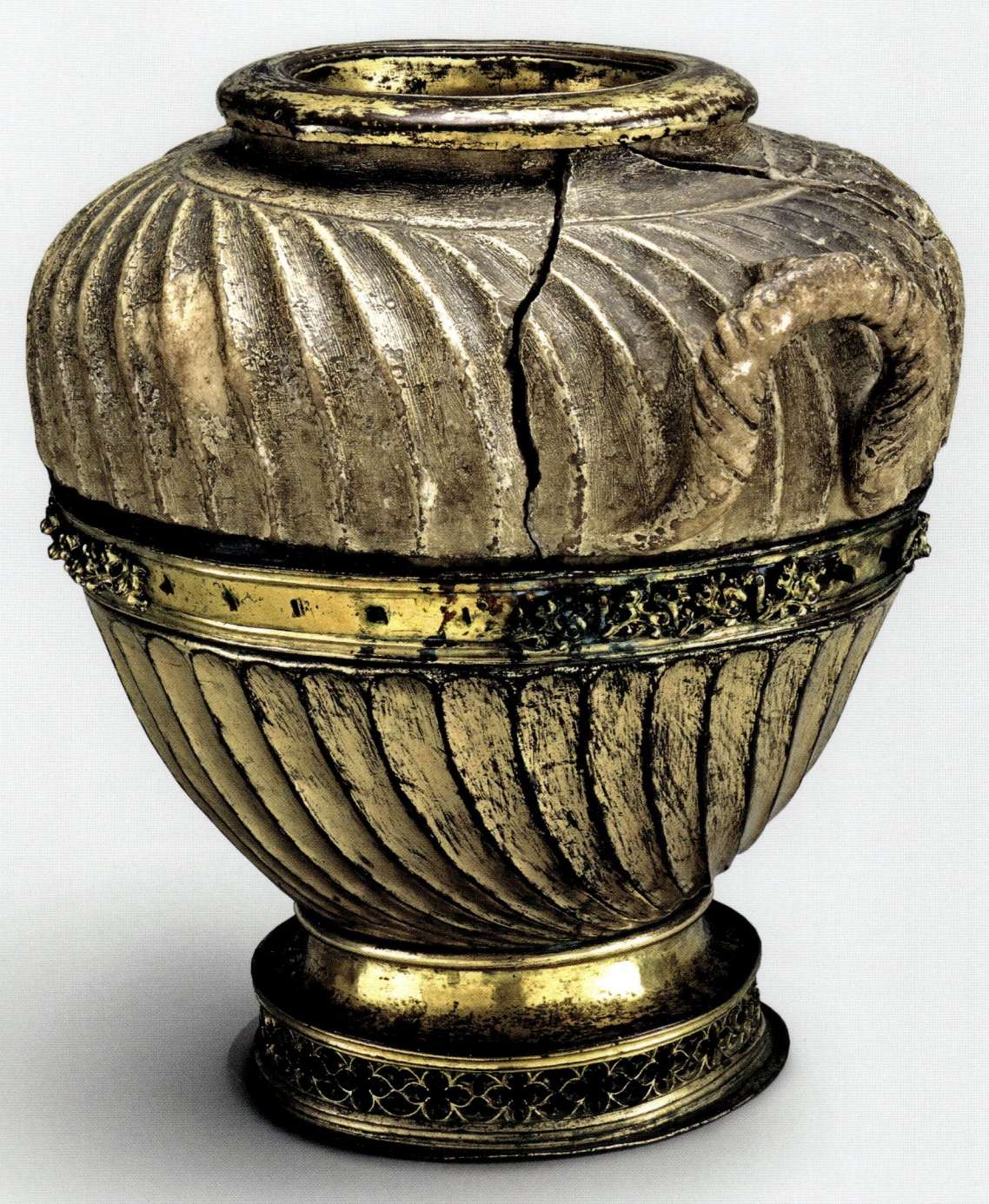

KATALOG-NR. 33

„KRUG VON DER HOCHZEIT ZU KANA"

Römische Kaiserzeit, Fassung 15. Jahrhundert
Marmor, Fassung und Fuß aus vergoldetem Kupfer
H. 44 cm, Dm. 16–45 cm
Reichenau, Katholische Seelsorgeeinheit Reichenau,
Inv. Nr. K64-6-8

Seit dem frühen 10. Jahrhundert befindet sich im Benediktinerkloster zu Reichenau-Mittelzell ein sogenannter „Kana-Krug", der im Mittelalter als Reliquie
vom Weinwunder Jesu verehrt wurde. Das bauchige
Marmorgefäß mit hoher Schulter und engem Hals ist
mit tordierten Schrägriefen verziert und besitzt zwei
waagerechte, kordelartige Traghenkel. Es handelt sich
um einen typischen *Stamnos* aus der römischen Kaiserzeit,[1] der einst zur Aufbewahrung von Wein oder
als Mischgefäß gedient hatte. Seit er im 15. Jahrhundert zerbrach, werden sein Rand und seine untere
Hälfte von einer Fassung aus vergoldetem Kupferblech
zusammengehalten.

Der Reichenauer Abt und Mainzer Erzbischof Hatto I.
übergab der Klosterkirche im Jahre 908 diesen Mar-
mor-*Stamnos*,[2] den er wohl aus Mittel- oder Süditali-
en mitgebracht hatte, wo es im 9. Jahrhundert üblich
war, römische Steingefäße als Reliquiare wiederzuver-
wenden.[3] Man deponierte den wertvollen Behälter zunächst auf dem Januarius-Altar des Marienmünsters.
Dort soll ihn wenig später der griechische Mönch Symeon gesehen und als denjenigen wieder erkannt haben, der ihm in Jerusalem gestohlen worden war. Der
„Kana-Krug" wurde um 993/994 zentral hinter dem
Hauptaltar aufgestellt und fand seinen endgültigen
Platz zu Anfang des 14. Jahrhunderts in einer Nische
der Nordwand des Marienchors.

Er erinnerte die Gläubigen an die Hochzeit zu Kana
in Galiläa, wo Jesus sein erstes Wunder wirkte, als er
sechs große Steingefäße mit Wasser füllen ließ, um es
in Wein zu verwandeln (Joh 2,2–11). Pilgerberichten
zufolge wurden „Kana-Krüge" im Heiligen Land schon

im 6. Jahrhundert als Reliquien verehrt. Erhalten blieben ca. 30 dieser legendären Krüge aus unterschiedlichen, besonders kostbaren Materialien (Marmor,
Onyx-Alabaster, Porphyr), von denen viele seit dem
10. Jahrhundert in die bedeutendsten Kirchenschätze
des Abendlandes gelangt sind.[4] Allein Kaiser Otto I.
soll 973 vier Gefäße aus Italien mitgebracht[5] und an
St. Servatius in Quedlinburg, St. Ursula in Köln, die
Domkirche zu Hildesheim sowie den Magdeburger
Dom verschenkt haben. Dank der von Abt Alawich I.
(934–958) verfassten Lebensbeschreibung des Mönchs
Symeon, der den Reichenauer Stamnos selbst gesehen
hatte, darf dieser als der älteste „Kana-Krug" im Raum
nördlich der Alpen gelten. MSD

Erdmann 1989, S. 322–325, Abb. 1; Hiller-König/Mueller 2003, S. 10

1 Die Datierung des Gefäßes ist noch umstritten und schwankt
zwischen dem 1./2. und dem 5. Jahrhundert (Erdmann 1989,
S. 323, Anm. 41; Berschin/Klüppel 1992, S. 18) **2** Berschin/
Klüppel 1992, S. 23. **3** Mitchell/Hodges 1996, S. 25, Abb.
4 Berschin/Klüppel 1992, S. 17, Anm. 26; Krug/Gudera 2001,
S. 154ff. **5** Kötzsche 1992, S. 39.

KATALOG-NR. 34

SAKRAMENTAR AUS ST. ALBAN

Wohl Reichenau, Ende 9. Jahrhundert
Deckfarben und Goldtinte auf Pergament
H. 29 cm, B. 22,5 cm
Mainz, Martinus-Bibliothek, Hs 1

Als während des Mainzer Dombrands am 28. Juni 1793
der Domsakristan Heinrich Juncker dieses Buch an sich
nahm, rettete er eine Handschrift, die schon im Kloster,
später Ritterstift St. Alban so hoch geschätzt wurde, dass
man sie durch die vielen Katastrophen der eigenen Geschichte hindurch stets bewahrt hatte. Die Wertschätzung war ästhetisch und historisch bedingt, denn schon
lange besaß dieses frühe Messbuch durch die Einführung
des umfassenderen Missales fast keinen Gebrauchswert
mehr. Ein Blick in das Sakramentar zeigt unmittelbar,
was an ihm so fasziniert: Die ersten sechs sowie mehr

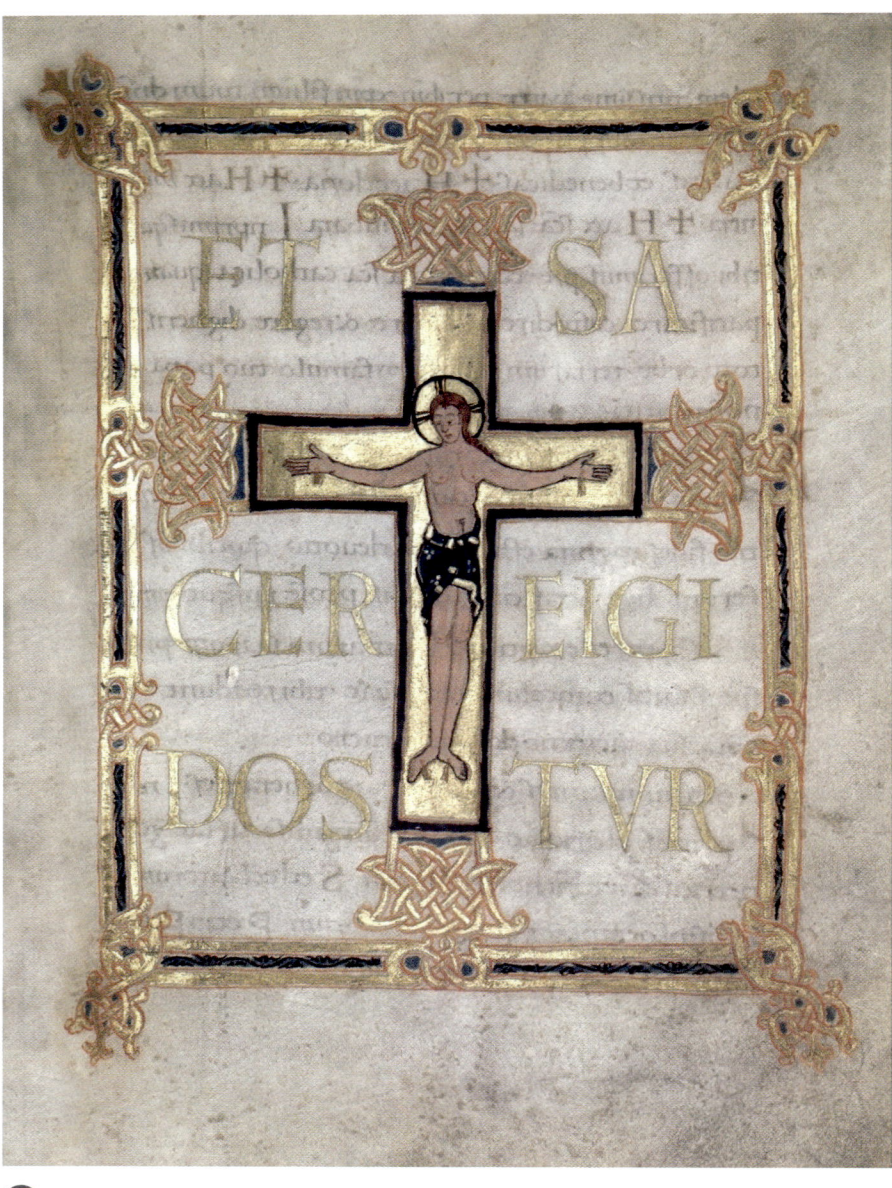

als 20 im Buch verteilte Seiten bieten Goldrahmungen und -schrift, und auch auf den ungerahmten Seiten sind über 200 Goldrankeninitialen verteilt (vgl. Abb. 41). Die T-Initiale am Anfang des Kanons ist zudem als Kreuz mit der Figur des lebenden Christus gestaltet – eines der frühesten und schönsten Beispiele dieser Kombination. Gut denkbar, dass auch der verlorene mittelalterliche Bucheinband sehr wertvoll war.

Textliche Besonderheiten zeigen zum einen, wie aktuell ein solches Sakramentar sein konnte, und zum anderen, dass es wohl kaum in St. Alban selbst entstand: Die Messen für die in Mainz verehrten hll. Alban, Sergius und Bacchus sind zwar enthalten, doch erst weit hinter dem Abschnitt mit dem Kirchenjahr. Noch isolierter ist die Messe des hl. Mauritius, dem gerade in Mainz eine Kirche geweiht worden war: Sie wurde noch einmal 35 Blätter weiter hinten von einem anderen Schreiber kopiert. Dass nun H. Hoffmann das Sakramentar zusammen mit dem Passauer Evangeliar (Kat.-Nr. 35) und weiteren Handschriften Hattos Heimatkloster Reichenau zuschreibt, indem er den gleichen Schreibstil in einem sicher von der Reichenau stammenden Kodex in Karlsruhe nachweist,[1] gibt der 100jährigen Forschungsgeschichte zu dieser Handschriftengruppe eine neue Wendung. Denn durch die Doppelfunktion Hattos wird erklärbar, wieso die Initialen der Gruppe, die A. Merton Produkte einer St. Galler „Zweigschule" nannte,[2] eng mit dem Bodenseeraum verbunden sind, der Inhalt des Sakramentars aber St. Alban zuzuordnen ist. Hatto I. erscheint damit auch als der wahrscheinliche Schenker des Kodex' an die große Mainzer Abtei. Wohl unter Hatto II. wurde die Handschrift von Fuldaer Schreibern gegen 968 ergänzt und an manchen Stellen überarbeitet. CW

AK Magdeburg 2001, Nr. IV-74 (Rainer Kahsnitz); Bischoff 2004, Nr. 2666; Hinkel 2001, S. 52–54; Hoffmann 1986, S. 159, 274f.; Winterer 2009, S. 115–118 u. ö.; Reudenbach 2009, Nr. 79 (Christoph Winterer)

1 Badische Landesbibliothek, Cod. Aug. perg. CXXVIII; vgl. Hoffmann 1999, S. 573–578. 2 Merton 1923, S. 88–90.

WEIMARER TEIL DES PASSAUER EVANGELIARS

Wohl Reichenau, Ende 9. Jahrhundert
Deckfarben und Goldtinte auf Pergament
H. 35,8 cm, B. 26,5 cm
Weimar, Herzogin Anna Amalia Bibliothek, Hs Fol 1

Die Weimarer Handschrift bildet den vorderen Teil eines Evangeliars, dessen zweiter Teil als Clm 11019 in der Bayerischen Staatsbibliothek in München liegt. Er besteht aus den Vorreden, den Kanontafeln mit der Evangelienkonkordanz und aus Matthäus- und Markusevangelium. Seit einiger Zeit gilt es als wahrscheinlich, dass die prachtvolle Handschriftengruppe um das Passauer Evangeliar und das Sakramentar von St. Alban (Kat.-Nr. 34) auf der Reichenau hergestellt wurde – unter dem Abbatiat Hattos.[1] Der Münchner Teil gehörte spätestens 1723 als eigenständiges Buch dem Passauer Dom, wo er in diesem Jahr einen neuen Einband erhielt. Aufschlussreich erscheint der Weg der Handschrift dorthin, der sich allerdings nicht ganz zweifelsfrei rekonstruieren lässt: Der Passauer Chorbischof Madalwinus hat 903 unter anderem ein Prachtevangeliar im Tausch an die Kathedrale von Passau gegeben, vermutlich die noch vollständige Handschrift.[2] Vielleicht erscheint der gleiche Madalwinus zuvor als leitender Notar der Kapelle Karlmanns, der 876–880 König in Bayern war.[3] Es ist nicht nachweisbar, aber gut denkbar, dass Madalwinus nach Karlmanns frühem Tod in den Dienst von Ludwig III. oder Karl III. wechselte und nach 888 in den von Arnulf von Kärnten. Dann wäre die königliche Kanzlei, die seit Karl III. enge Verbindungen zur Reichenau unterhielt und in der möglicherweise auch Hatto gedient hat,[4] der Ort gewesen, an dem Madalwinus an dieses herausragende Evangeliar gelangte. Wann der Kodex

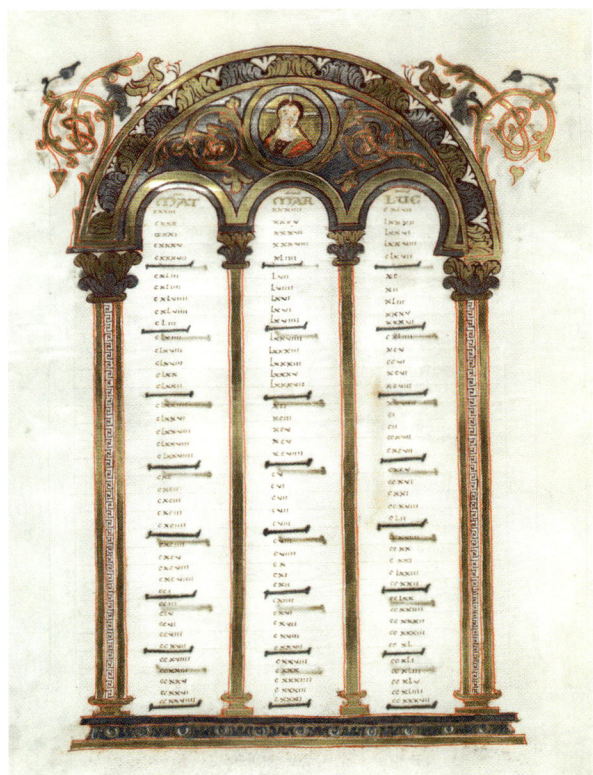

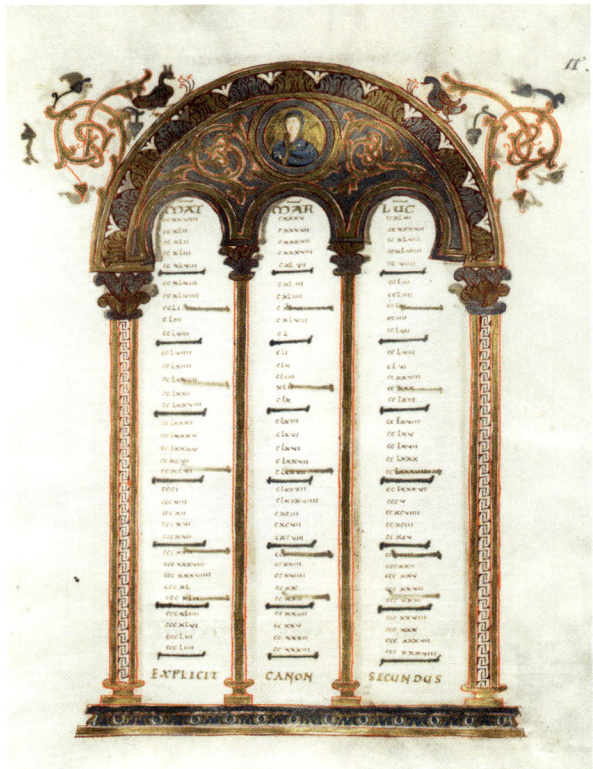

geteilt wurde und der ausgestellte Teil in die Sammlung von David Gottfried Schöber in Gera gelangte, aus der sie 1779 für Weimar erworben wurde, ist ungeklärt. Auch kann nicht belegt werden, dass die nur wenig ältere westfränkische Elfenbeintafel in den Weimarer Kunstsammlungen (vgl. Abb. 57) zu diesem Evangeliar gehört.

Leider ist der Weimarer Handschriftenteil seiner Evangelistenbilder beraubt worden; in München erscheinen die feingliedrigen Gestalten von Lukas und Johannes fast wie schwebend vor goldenen Phantasiearchitekturen und silbernem Hintergrund (vgl. Abb. 28). Begleitet von gezackten Wolkenformationen brechen die Symbolwesen der Evangelisten in deren Welt ein. In Weimar erhalten sind die goldgerahmten Initialzierseiten (vgl. Abb. 27), die einst wie in München den Evangelistenbildern gegenüberstanden; auf ihnen sind jeweils neben der großen Goldrankeninitiale auch die ersten Buchstaben als Initialen ausgeführt. Diese prachtvollen Zierbuchstaben, deren Erscheinung durch den Kontrast von Gold, Rot und hellem Pergament sowie zwischen kräftigen Initialstämmen und symmetrischen, fast klassizistischen Verknotungen aus dünnerem Goldband bestimmt ist, verbinden die St. Galler Traditionen mit denen der westfränkischen Hofschule Karls des Kahlen.

Ganz außergewöhnlich sind die eleganten, vor allem mit Silber, Gold und Rot gebildeten Architekturrahmungen der Kanontafeln. Die meisten werden von Paaren von Doppelbögen abgeschlossen, die an St. Galler Beispiele erinnern, doch fol. 10r–12r besitzen große Bögen, in denen Rundbilder mit dem Lamm Gottes, Christus (vgl. Abb. S. 159, links), Maria (vgl. Abb. S. 159, rechts), der Hand Gottes und der Geisttaube erscheinen. Vielleicht haben die an dieser Stelle unüblichen Ikonographien ihre Vorbilder in den Rundbildern über den Autorenbildnissen im Egino-Kodex,[5] der damals auf der Reichenau lag. CW

Online-Faksimile, vgl. München, Bayerische Staatsbibliothek, Clm 11019

AK München 2012, Nr. 13 (Karl-Georg Pfändtner/Elisabeth Wunderle); Bushey 2004, S. 55–59; Hoffmann 1986, S. 274f.; Merton 1923, S. 88–90

1 Hoffmann 1999, S. 573–578. 2 Vgl. Kastner 1992, Kat.-Nr. 1 (Christian Hecht). 3 Vgl. Fleckenstein 1959, S. 187. 4 Fleckenstein 1959, S. 194f, 199f. 5 Verona, zwischen 796 und 799. Staatsbibliothek zu Berlin-Preußischer Kulturbesitz, Phill. 1676, fol. 18v, 19r, 24r, 25v (Labusiak 2009, Abb. 124–127).

KATALOG-NR. 36
ERSTE STIFTUNGSURKUNDE FÜR
DAS STIFT LIMBURG AN DER LAHN
Frankfurt, 10. Februar 910, ausgestellt durch
Kanzler Bischof Salomon III. von Konstanz
Tinte auf Pergament mit durchgedrücktem
Siegel (neuzeitlich mit Fäden fixiert)
H. 36 cm, B. 56 cm
Wiesbaden, Hessisches Hauptstaatsarchiv,
Abt.40, Urk. 1

König Ludwig das Kind (900–911) schenkte am 10. Februar 910 einen Königshof in (Ober-)Brechen im Goldenen Grund zur beabsichtigten Gründung eines Stifts in Limburg seinem Verwandten, dem Niederlahngaugrafen Konrad Kurzbold († 948). Der kinderlose Graf wollte sich mit der Stiftung einer Klerikergemeinschaft eine Beter- und Gedächtnisgemeinschaft schaffen, die die fehlenden Nachkommen ersetzte, zumal Konrad, Ekkehard von St. Gallen zufolge, Frauen (und Äpfel) verabscheute und Nachwuchs also nicht zu erwarten war. Konrad selbst hat dies nach 910 gegründete Stift ohne eigene Stiftungsurkunde mit Eigengut in Camberg und Bergen (heute Wüstung Bergen) ausgestattet. Als Otto I. zusammen mit Konrad Kurzbold 940 eine Sühnestiftung nach der Niederschlagung eines Aufstandes mit dem Königshof Niederzeuzheim machte, waren Stift und Kirche eingerichtet. Die königliche Urkunde von 910 zeigt durch die handelnden Personen das Beziehungsgeflecht in der Endphase der Karolinger im ostfränkischen Reich. Intervenienten, d.h. Fürsprecher in der durch den königlichen Kanzler Bischof Salomon III. von Konstanz (890–919) ausgefertigten Urkunde, sind der Cousin Konrads, der Oberlahngaugraf Konrad,

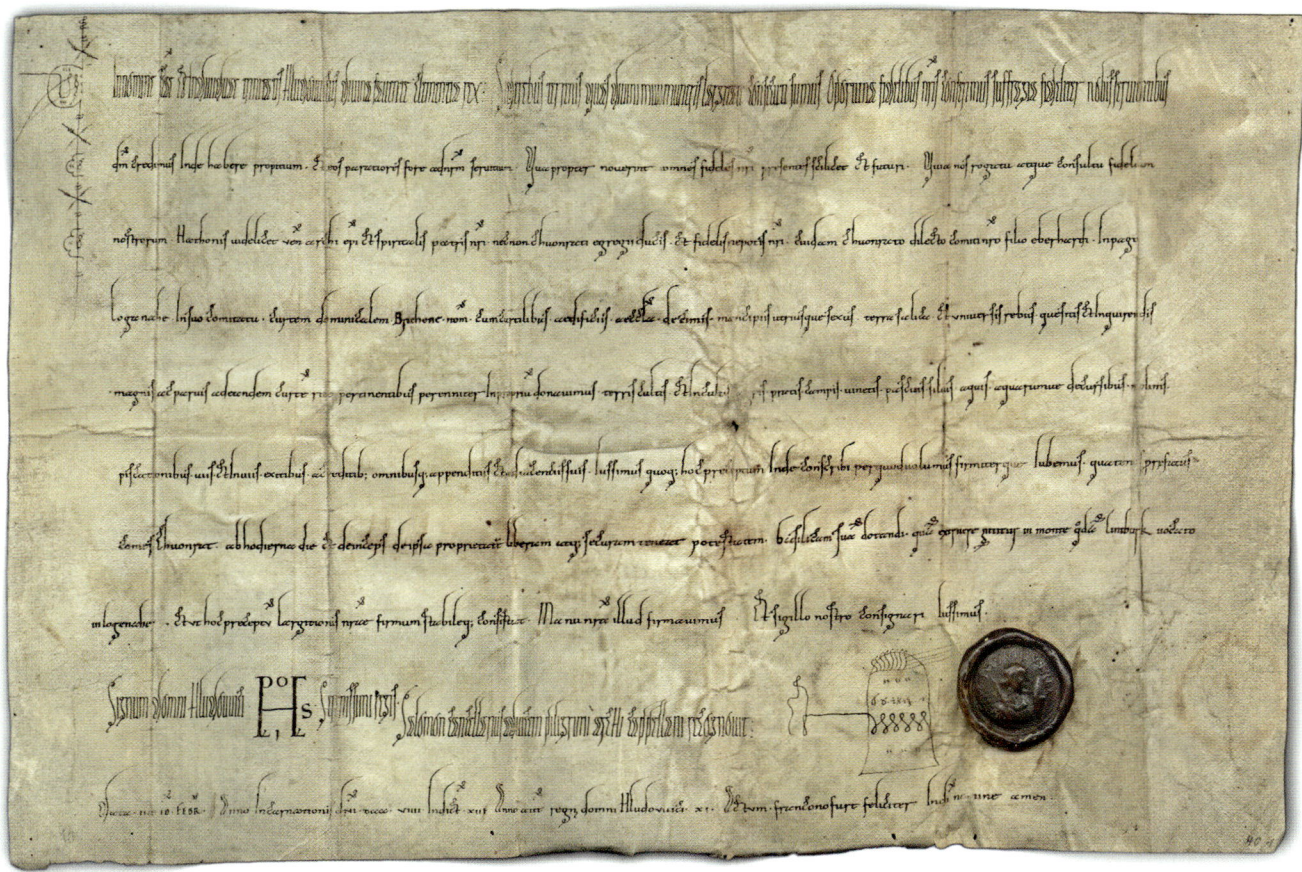

und Erzbischof Hatto I., der mächtigste Geistliche im Umfeld des Kindkönigs. Beide Intervenienten werden ausdrücklich ins familiäre Umfeld Ludwig des Kindes gesetzt. Konrad, der als *nepos* (= Neffe oder Onkel) bezeichnet wird, war wohl Geschwisterkind oder -enkel. Denn der Vater Konrads, Graf Konrad der Ältere († 906), Konrad Kurzbolds Vater, Graf Eberhard († 902), und die Mutter Ludwigs, Uda, waren Geschwister oder Geschwisterkinder. Aber auch der Mainzer Erzbischof Hatto wird als *pater spiritualis* des Kindes bezeichnet, wie übrigens wohl der namensähnliche (verwandte) Trierer Erzbischof Hetti (814–847) beim Lahngauer Stammahn, dem Konradiner Gebhard († nach 879). Normalerweise ist dies ein Hinweis für eine Patenschaft, die eigentlich wegen der geistlichen Verwandtschaft nur unter Verwandten eingegangen wurde.

Dafür spricht auch, dass Hatto im Folgejahr 911 maßgeblich bei der Erhebung des Oberlahngaugrafen Konrad zum ostfränkischen König Konrad I. (911–918) beteiligt war. In der Kurzboldstiftung Limburg vermittelte Hatto als Abt der Reichenau wohl auch das Patrozinium und die Reliquien des hl. Georg und sorgte dafür, dass der Propst des im Erzbistum Trier gelegenen Stifts bis ins Hochmittelalter vom Mainzer Erzbischof und nicht vom Ortsordinarius ernannt wurde.

Die Urkunde ist die älteste Urkunde des Hessischen Hauptstaatsarchivs in Wiesbaden und auch formal ein bedeutendes Zeugnis der politischen Situation am Beginn des 10. Jahrhunderts. MTK

Brower/Masen 1670, S. 445; Kremer 1779, Nr. 23, S. 38f.; Schieffer 2002, Nr. 72, S. 208–210; Struck 1956, Nr. 1, S. 1–3; Von Hontheim 1750, Nr. 138, S. 258f.; Waldecker 2010, dort auch die ältere Literatur

36

KATALOG-NR. 37
VITA VERENAE IM LEGENDAR VON ST. MAXIMIN

Trier, nach 1235
Pergament
H. 32,6 cm, B. 21,8 cm
Trier, Bibliothek des Bischöflichen Priesterseminars, Hs 35

Außer in den legendenhaften Erzählungen um sein Ende ist Hatto ausgerechnet als Autor einer wahrhaften Legende, einer Heiligenvita nämlich, der Nachwelt dauerhaft präsent geblieben. Allerdings ist in keiner Handschrift und keinem Druck des Mittelalters der spätkarolingische Gottesmann als Verfasser jener kurzen Lebensbeschreibung der hl. Verena von Zurzach vermerkt, die ihm – nach ersten Versuchen in der Aufklärung – erst wieder vor 65 Jahren von Adolf Reinle zugeschrieben wurde.[1] Die Vita, die schon 896 sicher belegt ist,[2] gibt selbst im Schlusskapitel die Hinweise auf den Autor und die Frau, für die sie bestimmt war. Danach wird die Empfängerin als *illustrissima* bezeichnet, also als hochadelige Dame. Da zudem von einem Keuschheitsgelübde dieser Dame die Rede ist, kann es sich bei ihr nur um Kaiserin Richardis handeln, die sich 887 von Karl III. scheiden ließ und sich ausdrücklich als Jungfrau in ihr Kloster Andlau zurückzog. Ihr unterstand auch Zurzach, das aber rechtlich gesehen beim Tod Karls 888 an das Kloster Reichenau, seinen Begräbnisort, fiel. Diese Verbindung mit der Reichenau und der Umstand, dass der Autor die Kaiserin *filia*, also Tochter nennen konnte, verweisen sicher auf Hatto, der 888 Abt der Reichenau geworden war. Gleichzeitig zeigt die Widmung Hattos Bemühen, als Unterstützer König Arnulfs von Kärnten zwischen dem von Arnulf gestürzten Karl und zu dessen Angehörigen und Anhängern zu vermitteln.

Die Vita wird in der Forschung für ihr klassisches und einfaches Latein gelobt. Sie berichtet von der Herkunft und der Wanderung der Heiligen in die heutige Schweiz und von ihrem Wirken unter den Alemannen. Der damals beliebte hl. Mauritius, dessen Kirche Hatto in Mainz vollendet hat (vgl. S. 109), soll sie auf wunder-

same Weise besucht haben. Wie er selbst schreibt, will Hatto mit der Legende auch eine Lebensregel für jungfräulich lebende Gottesdienerinnen geben.

Nur wenige Jahrzehnte nach Hatto wurde die Vita um einige erzählende Kapitel erweitert, die sie für einen volkstümlichen Verena-Kult geeigneter machten. Diese *Vita posterior* oder *amplior* ist unter anderem auch im Septemberband des einst wohl zwölfbändigen Legendars der Reichsabtei St. Maximin in Trier enthalten. Entstanden sein kann diese große Legendensammlung erst in der Zeit nach der Heiligsprechung der Elisabeth von Thüringen 1235. Mindestens acht der Bände sind noch erhalten, davon zwei in der Bibliothek des Trierer Priesterseminars. Sie bieten eine spätromanische Ausprägung der karolingischen Minuskel, rot-grüne Fleuronné-Initialen und oftmals mit Drachen und Tieren besetzte Rankeninitialen. Die Trierer Legendensammlung zeigt eindrücklich die große räumliche Verbreitung des auf Hatto zurückgehenden Textes. Zeitlich ist sie nicht einmal eines der spätesten Zeugnisse, denn noch in den im 15. Jahrhundert gedruckten Brevieren des Bistums Konstanz ist die Legende enthalten. Im Gegensatz zu den meisten anderen Sammlungen mit der *Vita posterior* ist in Trier auch Hattos ursprünglicher Prolog überliefert. Der Verena-Text dieser Handschrift wurde bei der Ausgabe der *Acta Sanctorum* für Korrekturen herangezogen.[3] CW

Berschin 1999, S. 7–10; Handschriftencensus Rheinland-Pfalz; Klüppel 1980, S. 60–81; Marx 1912, S. 1, 4f., 29–31; Phillipart 1985 (Trierer Handschrift, hier Nr. 17)

[1] Reinle 1948, S. 20–22. Edition dieser Vita prior ebd.: S. 26–31.
[2] Da sie im dann fertiggestellten Martyrologium Notkers von St. Gallen zitiert wird; vgl. Klüppel 1980, S. 60f. [3] Acta Sanctorum 41, S. 164–166.

Die aquarellierten Zeichnungen Giacomo Grimaldis aus dem frühen 17. Jahrhundert zählen zu den großen Schätzen der Vatikanischen Bibliothek. Sie bieten uns einige der wenigen verlässlichen Bildzeugnisse über das Aussehen der konstantinischen Basilika St. Peter in Rom, deren Schiff ab dem 16. Jahrhundert Stück für Stück abgerissen wurde. Die abgebildete Zeichnung zeigt die linke Hauptschiffwand von Alt-St. Peter. Nur Reste der Wandmalereien, die einen Zyklus des Leben Christi darstellen, waren 1605 noch sichtbar, dennoch ist Grimaldis Bild unser bestes Zeugnis für die Erscheinung des Baus, der Hatto und Kaiser Arnulf zweifellos tief beeindruckt hat.

Die Malereien sind in zwei Register verteilt unterhalb des Obergadens zu sehen. Der Gesamtzyklus umfasste wahrscheinlich Szenen aus der Kindheit, den Wundertaten und dem Leiden Christi und verlief vom Triumphbogen bis zur Eingangswand. Grimaldi überliefert Taufe, Anastasis (Höllenfahrt Christi) und zwei Szenen apostolischer Beauftragung: Christus erscheint den elf Aposteln (Mt 28,16–20; Lk 24,36–49) und die Segnung in Bethanien (Lk 24,50). Die Kreuzigung ist dadurch herausgehoben, dass sie auf die vierfache Fläche eines gewöhnlichen Bildfelds vergrößert ist. Unterhalb des erzählenden Zyklus' befand sich ein Fries mit Rundbildnissen von Päpsten, vergleichbar der Abtsreihe im Reichenauer Kloster (vgl. Abb. 43 und 45). Der Zeitgenosse Grimaldis, Domenico Tasselli, dokumentierte eine entsprechende Anordnung für die rechte Schiffwand mit einem Bildzyklus aus dem Alten Testament. Im Register darüber standen zwischen den Fenstern Propheten.

Die erste Ausschmückung des Schiffs dürfte unter Leo dem Großen (440–461) entstanden sein. Auch wenn die ursprüngliche Ikonographie nicht gesichert ist, kann für die linke Wand die Darstellung der Vita des hl. Petrus angenommen werden, entsprechend dem eng verwandten Programm aus dem 5. Jahrhundert in San Paolo fuori le mura mit einem Paulus- und einem alttestamentlichen Zyklus und Papstbildnissen. Die Leben-Christi-Folge – und darin besonders die vergrößerte

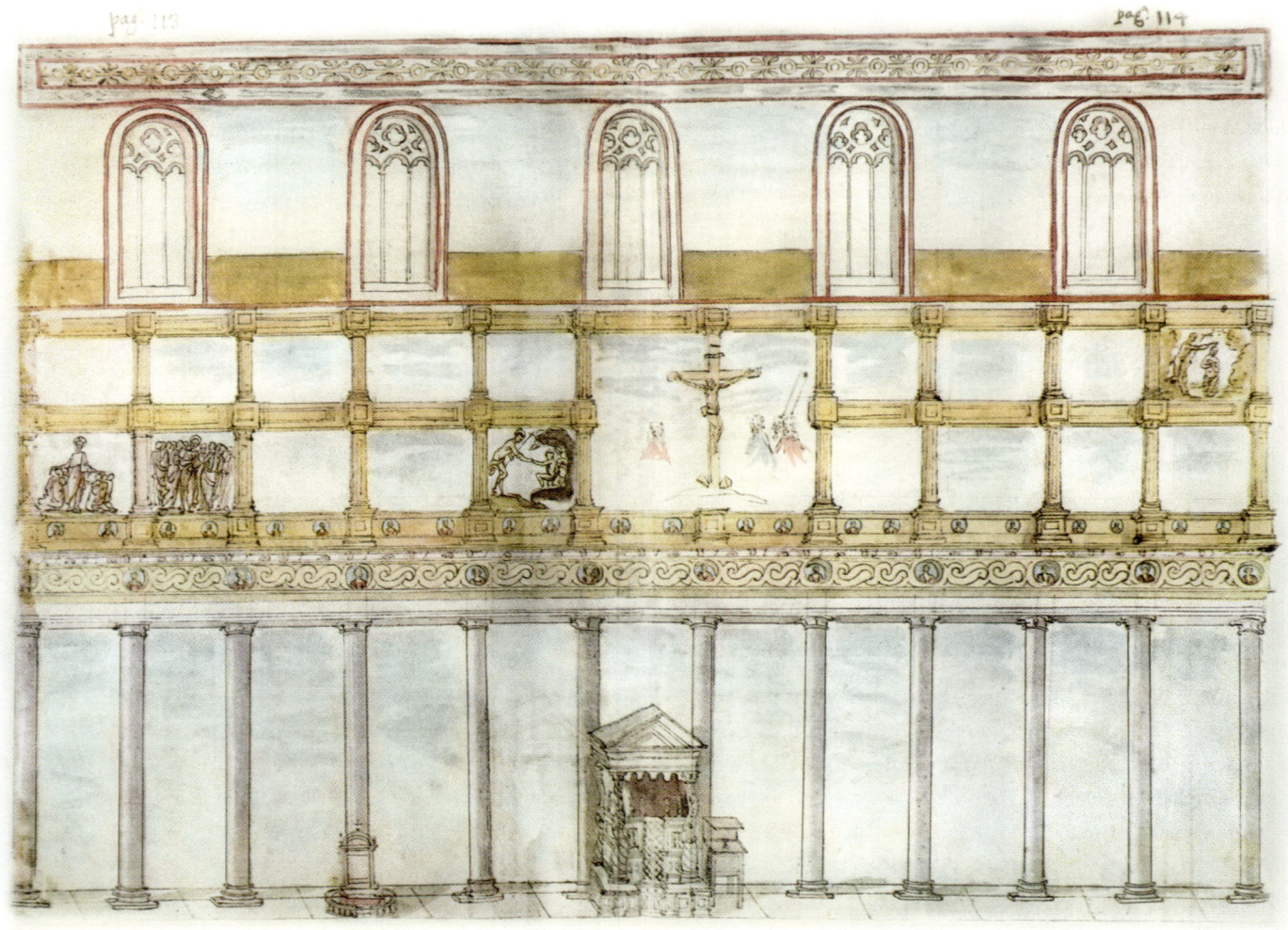

39 Kreuzigung – bildet eine große Neuerung, deren Quellen nicht genau bekannt sind. Zwei Quellen aus dem 10. Jahrhundert, die Chronik des Benedikt von S. Andrea auf dem Monte Soracte und die sogenannten *Invecta in Romam pro Formosus papa,* berichten, dass Papst Formosus alle Malereien *(pictura tota)* in St. Peter erneuert habe *(renovavit).*[1] Auch wenn unklar ist, wie weit diese Restaurierung ging, wurde Formosus die Einfügung von Kreuzigung und Anastasis mehrfach zugeschrieben.[2] Allerdings wurde auch argumentiert, dass eine vergrößerte Kreuzigung innerhalb eines christologischen Zyklus' eher auf Leo IV. (847–855) zurückgehen dürfte, der die Kirche nach dem Sa-razeneneinfall 847 instand setzte.[3] Die Platzierung der Kreuzigung an der Schiffwand ist eng mit dem darunter befindlichen Altar verbunden, der eine Kreuz-reliquie enthielt, weswegen auch vorgeschlagen wurde, das Ensemble aus Wandmalerei und Altar in Verbin-dung mit Veränderungen in der römischen Liturgie der Kreuzverehrung im 7. Jahrhundert zu sehen.[4] BK (ÜBERSETZUNG AUS DEM AMERIKANISCHEN VON CW)

Andaloro 2006; Andrieu 1936; De Blaauw 1994; Kessler 1989; Tronzo 1985

1 De Blaauw 1994, S. 523. 2 So von z. B. Andaloro 2006, S. 22. 3 Kessler 1989, S. 79f. 4 Andrieu 1936; Tronzo 1985.

KATALOG-NR. 40
NAGELRELIQUIAR

Trier (?), wohl Ende 9. Jahrhundert
Goldblech mit Goldfiligran, Zellenschmelzen,
Zelleneinlagen, Edelsteinen, einer antiken Kamee
und ehemals Perlen, barocke Reparaturen
L. 21,6 cm, B. 5 cm
Trier, Hohe Domkirche, Domschatz

Der Eisennagel vom Kreuz Christi, den das Reliquiar birgt, besitzt einen Stift mit quadratischem Durchmesser und einen Kopf in Form eines oben leicht und unten stark konkaven Quaders. Wegen der elaborierten Form dürfte der Nagel bereits von Beginn an als Passionsreliquie gefertigt worden sein, vermutlich im byzantinischen Reich.[1] Die Zierhülle nimmt die Form des Nagels auf und wird damit zu einem der ältesten „redenden Reliquiare". An dem sich wie der Nagel verjüngenden Stift sind die Seiten mit je drei langen Bändern aus transluzidem Zellenschmelzen (Emails) besetzt, die durch Steine und die Rosskamee unterbrochen werden. Dagegen bedecken blattförmige Glaseinlagen um einen zentralen Stein sowie ein heute leeres rechteckiges Feld jede der vier Flächen des abklappbaren Kopfteils, das in seinen Umrissen die auffällige Form des Nagelkopfs erahnen lässt. Die Ecken sowohl vom Stift als auch vom Kopf sind abgeschrägt, und die durch Filigrandraht gerahmten Schrägen sind mit Bändern aus Rauten und Kreisen mit roten und blauen Zelleneinlagen besetzt. Diese an beiden Teilen fast übereinstimmende Zierleiste schließt Kopf und Stift optisch zusammen. Die annähernd quadratische Deckplatte des Kopfs ist mit einem großen Edelstein zwischen Glaseinlagen und ehemals Perlen verziert.

Da Trier unter Erzbischof Egbert (977–993) eine herausragende Goldschmiedewerkstatt beheimatete, wurde bis vor gut 30 Jahren auch das Nagelreliquiar dieser Werkstatt zugeschrieben – zumal auch noch der Nagel ausdrücklich in der Inschrift des von Egbert gestifteten Andreas-Tragaltars erwähnt wird. Nachdem David Buckton Zweifel an der ottonischen Datierung

der Emails geäußert hatte,[2] arbeitete Hiltrud Westermann-Angerhausen heraus, dass die Emails sich nicht der Egbert-Werkstatt zuweisen lassen und die blattförmigen Zelleneinschlüsse sowie das Verhältnis von Besatz und Goldgrund weit besser in das 9. Jahrhundert passen.[3] Zudem ist der Nagel heute 2,3 cm zu kurz für das ansonsten passgenaue Reliquiar, was sie mit den zwei Teilungen der Reliquie in Verbindung brachte, die – zumindest nach späteren Quellen – vor der Zeit Egberts oder doch früh in seiner Amtszeit vorgenommen wurden. Entsprechend wird heute in der Forschung eine frühe Entstehung, meist im späten 9. Jahrhundert vorgezogen.[4]

Damit gerät die Datierung des Nagelreliquiars in die Nähe der Wiederaufbaumaßnahmen in Trier nach dem Normannensturm 882. In derselben Zeit entsteht auch mit dem Wandbild in der Krypta von St. Maximin, das in Verbindung mit der Kreuzigung die im lateinischen Westen sonst noch unbekannte Kreuzannagelung darstellt (Abb. 53), der erste erhaltene Hinweis auf die Verehrung der eigentlichen Herrenreliquie in Trier.[5] Vieles spricht dafür, dass Trier die Reliquie unter Erzbischof Radbod (883–915) erhalten oder erworben hat, um Klerus und Volk der Stadt nach den vorangegangenen Erschütterungen zu stärken und in der Zukunft zu schützen. Nicht nur im Frühmittelalter wurden Reliquien, insbesondere so bedeutenden Stücken wie diesem, ganz selbstverständlich eine große Wirkmacht zugesprochen; auch Hatto, der mit Radbod in einem einvernehmlichen Verhältnis stand, hat mit seinem Erwerb des Georgshaupts für das Gedeihen der Reichenau sorgen wollen. Es ist auch wahrscheinlich, dass Radbod die wertvolle Hülle des Nagels hat anfertigen lassen, da für ein solches Heiltum eine angemessene Aufbewahrung zwingend erforderlich war und man den Gläubigen damit den Rang der Reliquie umso deutlicher vor Augen führen konnte. Die genaue Anpassung an den Nagel und die Belege einer Trierer Goldschmiedetradition ab der Mitte des 10. Jahrhunderts sprechen zudem für eine Entstehung direkt vor Ort. CW

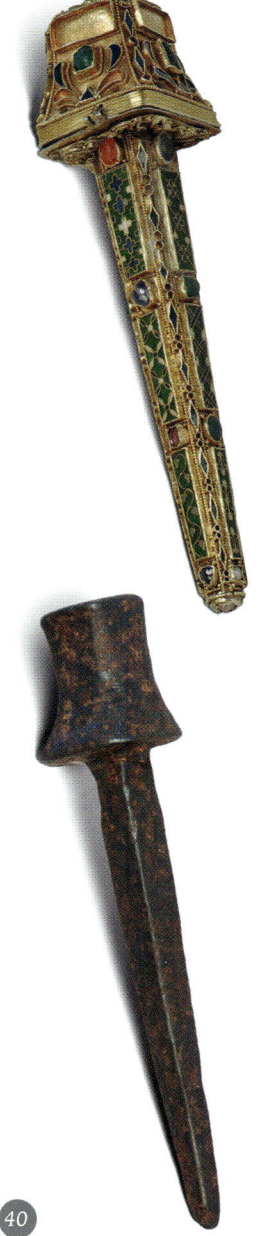

40

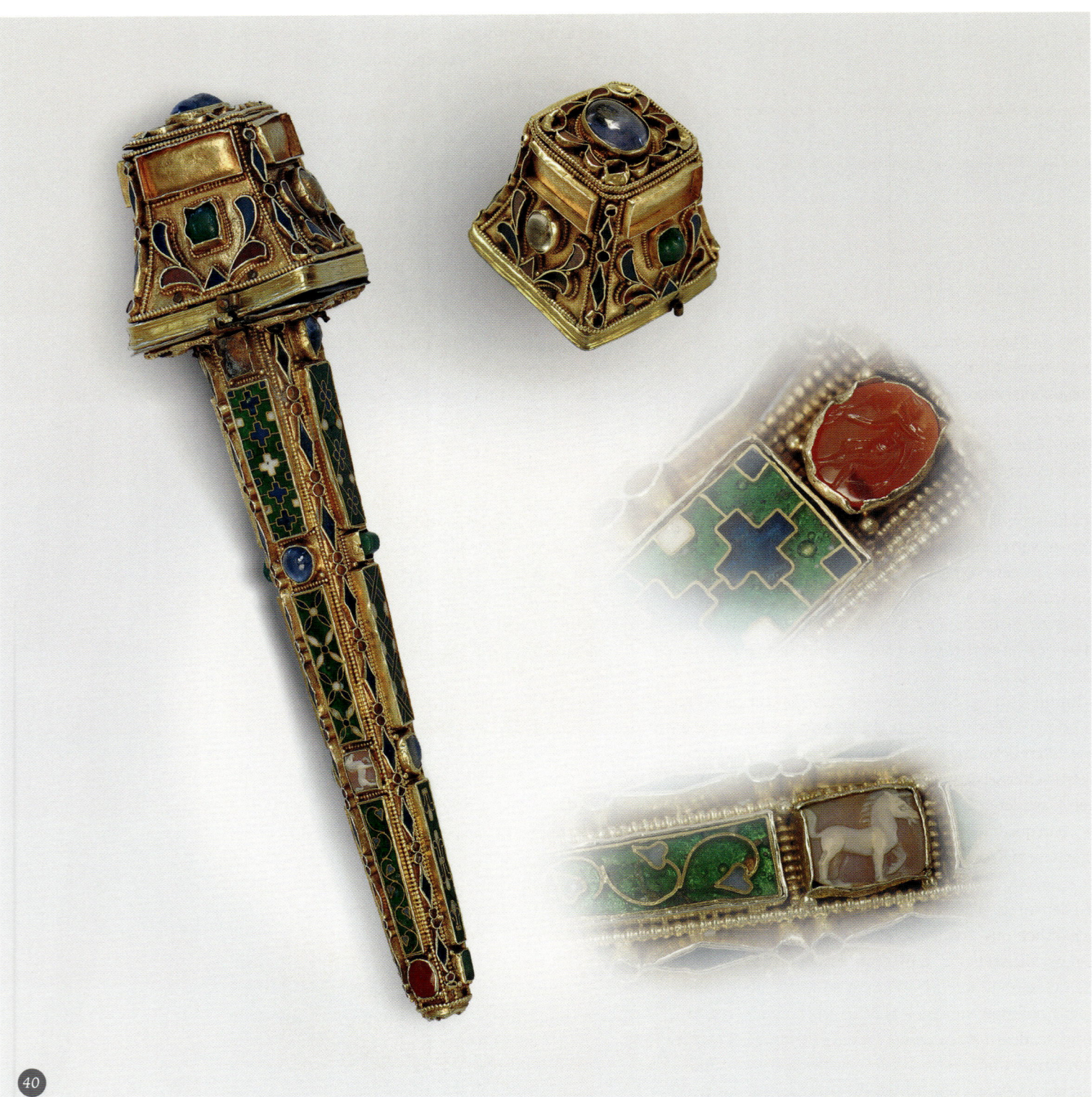

Reudenbach 2009, Kat. Nr. 120 (Andrea Schaller); Weiner 1993, Kat. Nr. 44

1 Vgl. Schulze-Dörrlamm 2010b, S. 100–103. **2** Vgl. Ronig 1991, S. 19, Nr. 24 (Norbert Jopek). **3** Westermann-Angerhausen 1990. **4** Kahsnitz 1998/99, S. 126f; Wamers 1998/99a, S. 108; Eckenfels-Kunst 2008, S. 40–42. Ablehnend: Michael Peter, in: AK Magdeburg 2001, Kat. Nr. IV.69. **5** Vgl. Ronig 1979, S. 357f (jedoch Datierung der Hülle in die Egbert-Zeit); Exner 1989, S. 120; Kann 1995.

KATALOG-NR. 41
PETRUSSCHLÜSSEL

Alzey, Kr. Alzey-Worms, wohl aus dem Römerkastell
9. Jahrhundert / frühes 10. Jahrhundert
Rotguss mit hellgrüner Patina
H. 9,5 cm
Mainz, Römisch-Germanisches Zentralmuseum,
Inv.-Nr. O.22749

Schlüssel, mit denen die Gitter am Grab des hl. Apostels Petrus verschlossen und die dadurch zu Berührungsreliquien geworden sind, gelten als „Petrusschlüssel". Sie wurden im Mittelalter gelegentlich vom Papst verschenkt, meistens aber von Pilgern in Rom als Devotionalien erworben und nach Hause mitgenommen. Ursprünglich scheinen diese Schlüssel noch keine bestimmte Form gehabt zu haben. Aus Mangel an zeitgenössischen Beschreibungen glaubten Archäologen bisher, besonders dekorative Exemplare aus Bronze oder Silber als Petrusschlüssel deuten zu können.[1] Neue Forschungen zeigen, dass deren Erkennungszeichen seit dem 9. Jahrhundert ein quadratischer Bart mit glatten Kanten und durchbrochenem Kreuzsymbol geworden ist.

Zu den ältesten Beispielen zählt ein Schlüssel, der wahrscheinlich aus den Römerkastell Alzey stammt. Dieser Drehschlüssel besitzt einen runden Schaft mit profiliertem Gesenk und quadratischem Bart mit rautenförmigem Kreuz sowie einen etwas längeren Rautengriff mit Tragöse, den man mit einem eingravierten, gleicharmigen Kreuz und einem Diagonalkreuz aus vier runden Löchern verziert hat. Er wurde nach dem Guss nicht

versäubert, also unsorgfältig gearbeitet, weist aber keine Abnutzungsspuren auf und ist demnach nie zum Schließen verwendet worden.

Als Einzelfund kann er nur aufgrund der Proportion seiner Griff- und Schaftlänge sowie der ungewöhnlichen Kombination von durchbrochenen mit gravierten Ornamenten in das 9. bis frühe 10. Jahrhundert datiert werden. Zeitlich steht er zwischen den Bronzeschlüsseln der frühen Karolingerzeit mit langem, oft punzverziertem, durchbrochenem Tropfengriff sowie kurzem Schaft einerseits[2] und den Schlüsseln des Hochmittelalters mit sehr langem Schaft sowie kurzem, rahmenförmigen Rautengriff andererseits.

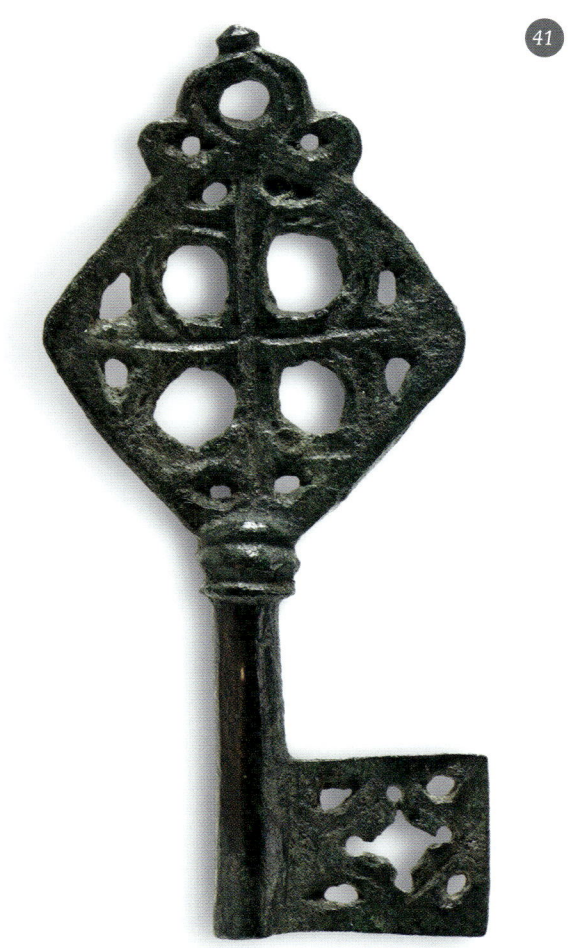

41

Sein Bart ähnelt aber schon den quadratischen, stets kreuzverzierten Bärten jener Schlüssel des hl. Petrus, die seit dem 12. Jahrhundert als Symbole seiner Schlüsselgewalt dargestellt wurden. Diese auffällige Übereinstimmung lässt darauf schließen, dass der nachweislich nie benutzte (!) Schlüssel aus Alzey ein echter „Petrusschlüssel" war. Als Berührungsreliquie könnte er in der frühmittelalterlichen St. Georgskirche aufbewahrt worden sein, die in der Nordostecke des Römerkastells Alzey stand.[3] MSD

Schulze-Dörrlamm 2012, S. 191–197, Abb. 4

1 Steuer 1982, S. 209. **2** Kessler 1932, S. 96ff., Abb. 2–3; Steuer 2007, S. 423ff., Abb. 53. **3** Böhner 1973, S. 61ff., Abb. 1.

KATALOG-NR. 42
VORROMANISCHES KREUZ
AUS DEM LIMBURGER DOM

Mittelrhein, 10. Jahrhundert (?),
aus dem Limburger Dom
Kupfer, mit Resten einer alten Vergoldung
H. 7,5 cm, B. 7,5 cm
Limburg, Diözesanmuseum, Inv.-Nr. 525

Das kleine Kupferkreuz folgt noch dem karolingischen Typus des Gottessohnes am Kreuz, das durch das Silberkreuz Karls des Großen für die Basilika Alt-St. Peter in Rom überliefert ist und in rechteckigen *tabellae* endete. Das Rechteck bei den Füßen nach dem Viernageltypus ist unten beschnitten und trug vielleicht noch ein Suppedaneum wie auf den frühmittelalterlichen Großkruzifixen. Für eine Herkunft des sehr einfach und archaisch gestalteten Kruzifixus aus dem Frühmittelalter sprechen auch das gleichschenkelige Kreuz und die überlang fast waagerecht ausgebreiteten Arme, während die Königskrone bei karolingischen Exemplaren noch fehlt. Sie taucht jedoch schon in dem nach 1000 entstandenen Uta-Evangelistar aus dem Regensburger Niedermünsterstift (München, Bayer. Staatsbibliothek Clm 13601, fol. 3v) auf, so dass

eine Datierung ins 10. Jahrhundert durchaus gerechtfertigt erscheint. In jüngerer Limburger Tradition wurde das Kreuz deshalb auch öfter mit dem Stiftsgründer Konrad Kurzbold († 948) verbunden. Dieser war bei seiner Stiftung von seinem Cousin König Konrad I. (911–918) und dem Mainzer Erzbischof Hatto unterstützt worden (vgl. Kat.-Nr. 36). Die kleine Skulptur gehört wohl noch in die Frühzeit des Stifts und ist spätestens seit dem 19. Jahrhundert immer mit der Herkunftsangabe Limburg dort bezeugt. Sollte sie ein Grabfund sein, wie Schenk von Schweinsberg ohne Angabe von Gründen angibt, könnte sie eigentlich nur aus dem Kurzboldgrab stammen, das 1777 und 1870 im Rahmen von Bauarbeiten geöffnet wurde. Sie könnte aber auch Teil eines liturgischen Gegenstandes (Kodex oder Reliquiar) gewesen sein. Verlorene mittelalterliche Handschriften werden zumindest im Inventar von 1749 noch erwähnt. Fehlende Spuren für eine Applikation (Nagellöcher) lassen dies jedoch fraglich erscheinen. MTK

Carlo Magno 2000, Nr. 12, S. 124–126; Kloft 2004a, S. 14; Kloft 2004b, S. 369; Kloft 2011, bes. S. 22 (Abb. mit falscher Standortangabe); Lütkenhaus 2009; Regensburger Buchmalerei 1987, Kat.-Nr. 17, S. 33 und Taf. 10; Schenk zu Schweinsberg 1967, Nr. 72, S. 20f.

KATALOG-NR. 43
EINBAND DES EVANGELIUM LONGUM ▶▶

St. Gallen, um 894–896
und Ergänzungen Ende 10. Jahrhundert
Goldschmiedearbeiten, Edelsteine, Elfenbeinreliefs
Buchdeckel: H. 39,8 und 39,9 cm, B. 23,2 und 32,9 cm
Elfenbeine: H. 32 cm, B. 15,5 und 15,4 cm
St. Gallen, Stiftsbibliothek, Cod. 53
vgl. auch Abb. 34 und 50

Die vom St. Galler Mönch Tuotilo geschaffenen Elfenbeinplatten gehören nicht nur zu den bekanntesten Kunstwerken des Frühmittelalters, sie sind auch bereits in der Mitte des 11. Jahrhunderts zu literarischen Ehren gekommen: Von Ekkehard IV. von St. Gallen wird in seiner novellistisch ausgestalteten Klosterge-

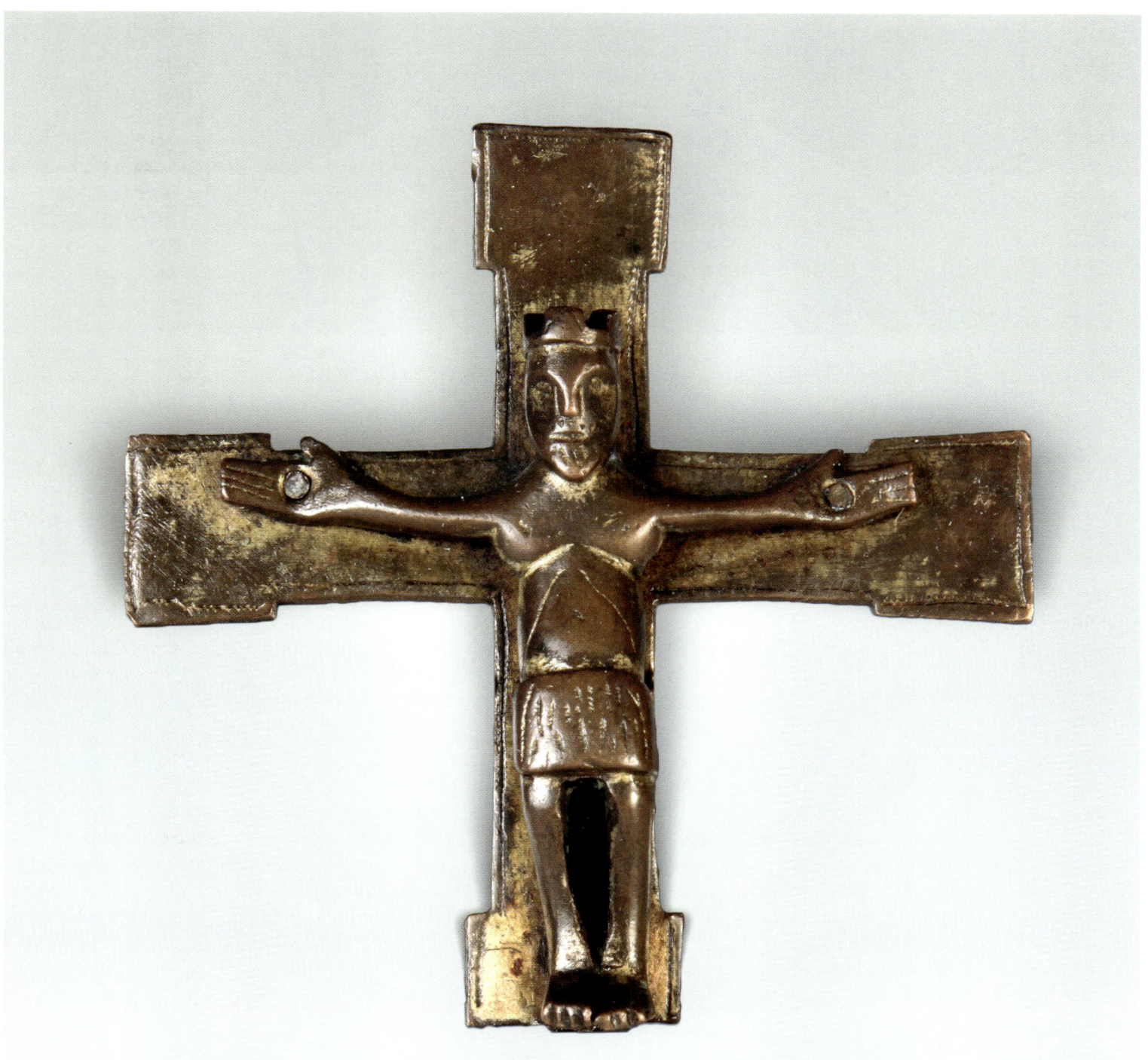

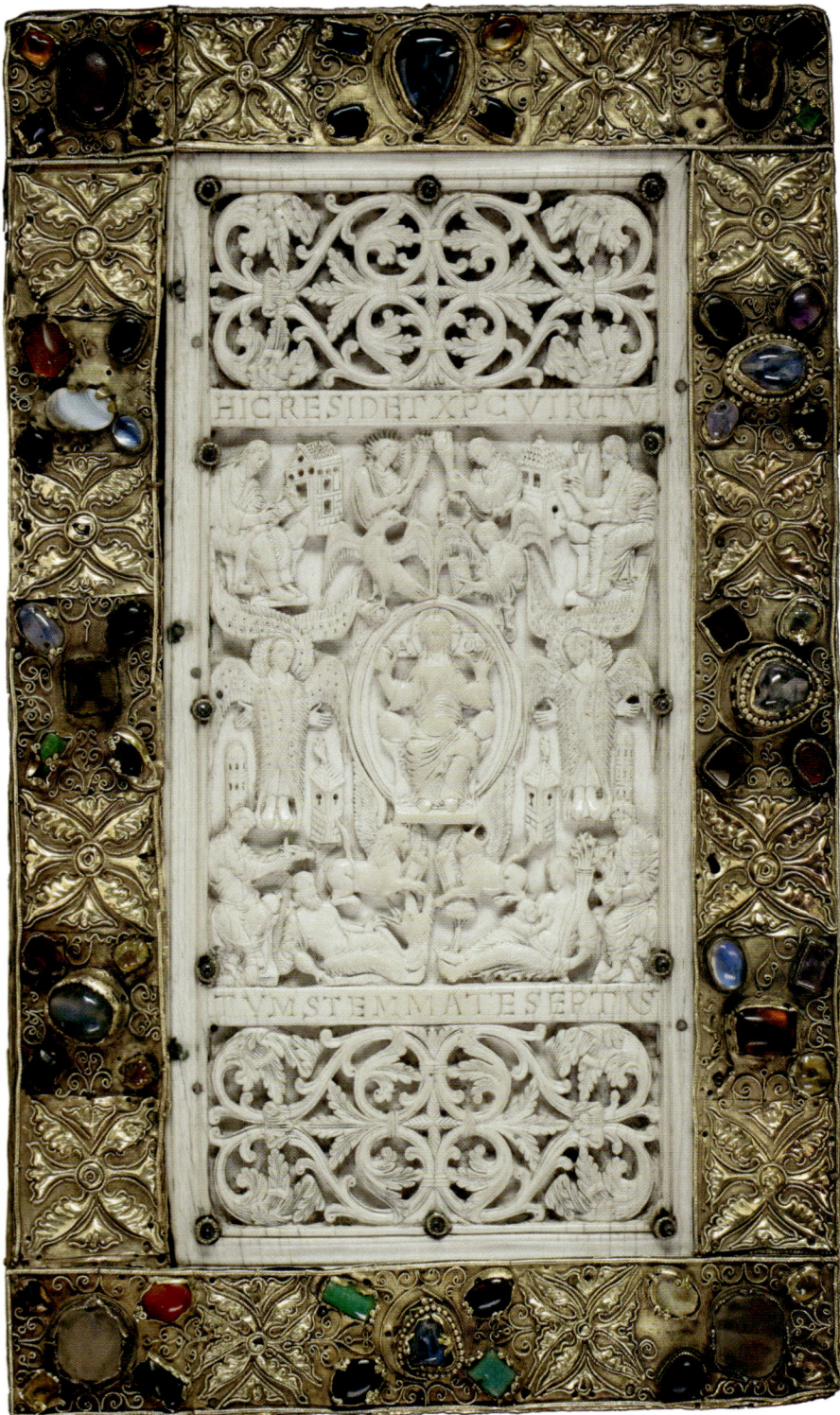

schichte, den *Casus Sancti Galli*,[1] so ausführlich über die Entstehung des Buchdeckels berichtet wie kaum je über ein anderes Objekt im Mittelalter (vgl. S. 67). Die ungewöhnliche Größe der Elfenbeintafel erstaunte schon damals, „als sei der mit solchen Zähnen bewaffnete Elefant unter seinesgleichen ein Riese gewesen". Zu recht schreibt Ekkehard auch, dass die Tafeln ursprünglich Schreibtafeln mit eingetieften Wachsflächen waren. Die Behauptung, dass es diejenigen seien, auf denen Karl der Große nachts das Schreiben übte, ergänzt Ekkehard aber um ein augenzwinkerndes „wie in seiner Lebensbeschreibung der Verfasser gesagt hat". Die Tafeln sollen nach derselben Quelle Erzbischof Hatto durch Betrug von seinem Freund Bischof Salomo III. von Konstanz abgenommen und an St. Gallen verschenkt worden sein; das wäre sogar im Einklang mit der dendrochonologischen Datierung des tragenden Holzdeckels in die Jahre 888 ± 6, und den Italienreisen Hattos, während denen diese „Umverteilung" geschehen sein soll, also zwischen 894 und 896.[2]

Fragen wirft Ekkehard mit der Aussage auf, dass von den zwei Tafeln „eine mit einzigartigen Schnitzereien verziert war und ist, während die andere durch Glättung sehr fein" sei und dass Tuotilo nur diese glatte *tabula* zur Bearbeitung erhalten habe. Die Deutung des Singulars *tabula* als Diptychon durch Duft und Schnyder, die erlauben würde, die beiden qualitätsvollen Elfenbeinplatten auf Cod. 60 (Abb. 51 und 52) als die bereits beschnitzte *tabula*, diejenigen auf Cod. 53 als die geglättete zu deuten, ist keineswegs vom Text gedeckt.[3] Allerdings hat sie den Weg dafür freigemacht, in den Tafeln von Cod. 60 nicht mehr weitere Werke Tuotilos zu sehen, sondern die (wahrscheinlich gut hundert Jahre) älteren Vorbilder für seine Ranken und Tierkampfdarstellungen.

Die Schnitzereien Tuotilos unterscheiden sich technisch erheblich von denen der kurz davor führenden Metzer Schule: Eine hintere Ebene dient als Grund, und das Relief der vorderen Ebene ist zumeist kaum mehr als nur eine Art Gravur, die Figuren und Pflanzen besitzen also keine faktische Plastizität. Das erinnert daran, dass Tuotilo auf der Basis ikonographischer und stilistischer Vorbilder der Hofschule Karls des Kahlen und der Platten von Cod. 60 die Elfenbeinschnitzerei an einem Ort ohne entsprechender Tradition eingeführt hat.

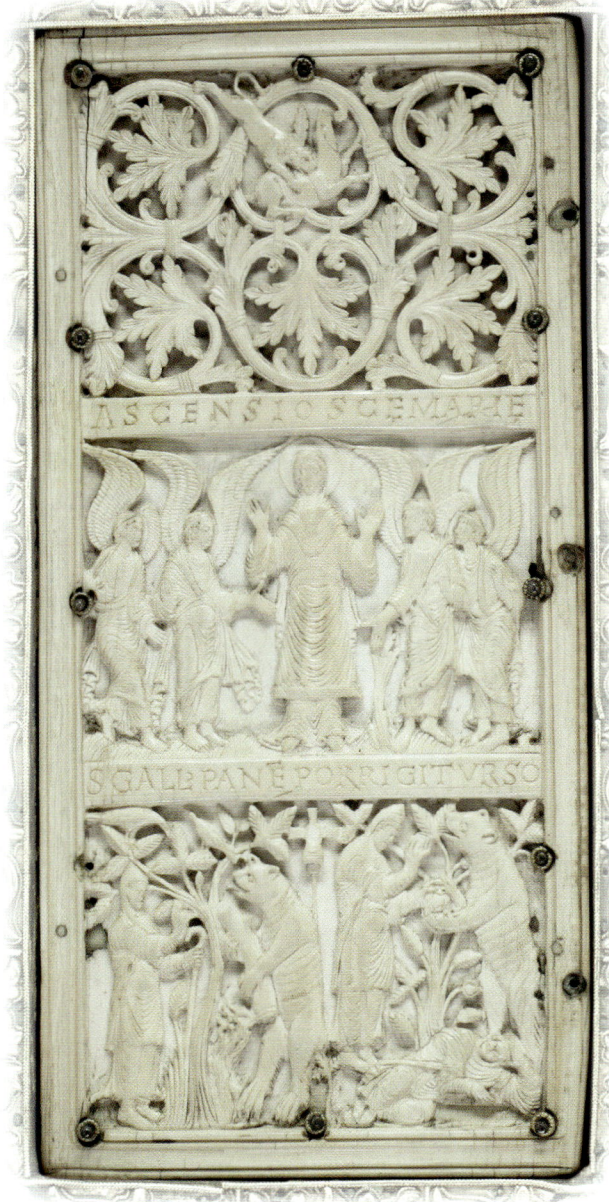

Die Vorderseite (Abb. S. 170) zeigt in ungewöhnlicher Weise die Majestas Domini, denn Christus präsentiert den Betrachtern mit seiner Rechten einen aufgeschlagenen Kodex. Umgeben ist er von den Personifikation von Sonne und Mond, Erde und Meer sowie den vier Evangelisten, die die Inschrift als Kräfte *(virtutes)* bezeichnet. Wie so oft zeigt die Rückseite (Abb. 34) „nur" die lokalen Patrone, nämlich mittig die zum Himmel auffahrende Maria und unten in einer bewusst untergeordneten Position Szenen aus der Gründungsgeschichte St. Gallens. Die dargestellte Indienstnahme eines Bären durch den hl. Gallus bietet einen gewollten Kontrast zur ungezähmten Natur des Löwen im oberen Rankenfeld (vgl. Abb. links).[4]

Der rahmende Deckel mit Goldtreibarbeiten und Edelsteinen ist eines der wenigen Beispiele der Goldschmiedekunst der Zeit Hattos (vgl. Detail rechts). Technisch besonders sind die getriebenen vegetabilen Ornamente, die mit Perldraht umzogen sind. Nur der Rückdeckel scheint dem Zustand kurz vor 900 zu entsprechen, viele Stellen des Vorderdeckels wurden im 10. Jahrhundert restauriert. Möglicherweise ist die Zwölfzahl der Edelsteine auf dem Vorderdeckel original, dann darf sie als Darstellung der zwölf Apostel gelten, mit denen auch die zwölf Tore des Himmlischen Jerusalem verbunden sind.

Umhüllt von diesem Einband wird ein Evangelistar, das wegen seiner Goldrankeninitialen und seiner vorbildlichen Schrift ebenso berühmt ist wie die Elfenbeine. Anscheinend wurde diese Handschrift, die die Evangelienlesungen des Kirchenjahrs in einer für St. Gallen spezifischen Anordnung enthält, eigens für den Einband mit den Elfenbeinen angefertigt und erhielt deswegen das auffällige oblonge Format. CW

Online-Faksimile, vgl. St. Gallen, Stiftsbibliothek, Cod. 53

Duft/Schnyder 1984, S. 7–9, 13–28, 55–93; Euw 2008, S. 154–167 und Nr. 108; Goldschmidt 1914, Nr. 163; Reudenbach 2009, Nr. 77 (Thomas Labusiak); Steenbock 1965, Nr. 23

1 *Casus* 22–23 (Ekkehard, Casus, S. 56–61). 2 Duft/Schnyder 1984, S. 70f. 3 Vgl. Duft/Schnyder 1984, S. 23ff. Widerspruch bei Ganz 2012, S. 109f. 4 Vgl. Ganz 2012, S. 101–107.

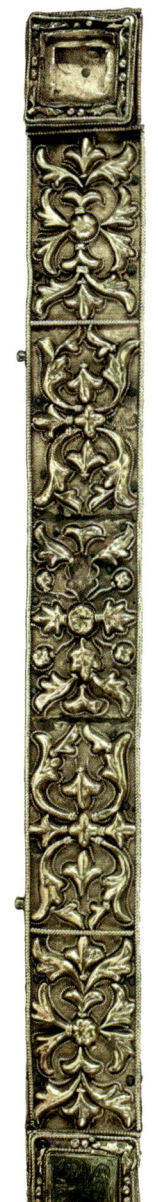

43

KATALOG-NR. 44
REGINO VON PRÜM: SENDHANDBUCH
(LIBRI DUO DE SYNODALIBUS CAUSIS ET
DISCIPLINIS ECCLESIASTICIS)
Trier, St. Maximin, letztes Viertel 10. Jahrhundert
Pergament
H. 21,5 cm, B. 16,3 cm, 207 Blätter, H. 20,5 cm, B. 15 cm
Trier: Stadtbibliothek, Ms 972/1882
Vgl. Abb. S. 120

Regino von Prüm hat sein Sendhandbuch um 906 auf Anweisung des Trierer Erzbischofs Radbod (883–915) zusammengestellt; noch heute sind elf Handschriften erhalten. Die Handschrift aus St. Maximin offenbart die Bedeutung des Werkes für die ostfränkische Kirche im frühen 10. Jahrhundert in besonderem Maße. Denn als einzige überliefert sie Reginos Vorrede an Erzbischof Hatto von Mainz (891–913), hier rühmt er Hattos Bildung und rastlose Tätigkeit für Kirche und Reich (vgl. S. 121).

Reginos Werk soll bei der Durchführung des Sendgerichts helfen. Um ein solches zu halten, durchreiste der Bischof oder sein Beauftragter die Diözese, um nach Missständen, kirchlich-religiösem Fehlverhalten und Missetaten zu forschen und dafür Buße aufzuerlegen. Hierzu stellt Regino Fragekataloge und für den jeweiligen Sachverhalt einschlägige kirchenrechtliche Vorschriften zusammen – auch neuere aus den karolingischen Synoden und Herrschererlassen. Damit will er sowohl regionalen Besonderheiten als auch neuartigen „Schandtaten" Rechnung tragen. Sein Werk führt deshalb in Alltagsleben und -probleme.
Regino gliedert seine Rechtssammlung in zwei Bücher. Das erste betrifft Lebensführung und Aufgaben der Geistlichkeit, Seelsorge, kirchliches Leben wie Fasten, Begräbnis und Sonntagsheiligung, das Kirchengut sowie die Kirchengebäude; das zweite die Laien. In dieses hat Regino ein Kapitel aufgenommen, das den Glauben an Hexen und Hexerei in seinen Grundlagen angreift, denn Gott ist als Schöpfer der Herr aller Dinge und ihrer Erscheinungsformen (II, 371).

Regino greift in hohem Maße auf die mit Mainz und seinen Erzbischöfen verbundene synodale Gesetzgebung zurück: von der Mainzer Reformsynode 813 bis zur Synode von Tribur, die Hatto 895 in Gegenwart Radbods und Kaiser Arnulfs geleitet hatte. Etwa Zweidrittel (40) ihrer Beschlüsse hat Regino übernommen. Burchard von Worms († 1025) hat Reginos Sendhandbuch für seine Kirchenrechtssammlung benutzt. Über ihn sind in der Mitte des 12. Jahrhunderts rund 20 Beschlüsse von Tribur in das *Decretum Gratiani* gelangt, das bis zum *Codex Iuris Canonici* von 1917 Teil des gültigen katholischen Kirchenrechts war.

Regino hat den Mainzer Erzbischof Hatto als „Primas von ganz Germanien" (*totius Germaniae primas*) angesprochen. Das bezeichnet keinen kirchenrechtlich definierten, an den Mainzer Bischofssitz gebundenen Vorrang (wie er in spezifischer Form für Trier im 9. und 10. Jahrhundert überliefert ist), sondern spiegelt die kirchliche und politische Bedeutung Hattos sowie der Mainzer Erzbischöfe im ostfränkischen Reich. EDH

Edition: Hartmann 2004 (lateinisch/deutsch).

Kentenich 1919, S. 45; Hellinger 1962 und 1963; Hoffmann 1986, S. 446, 491; Kéry 1999, S. 128ff.; Tschacher 1999; Schon 2006, S. 27; Hartmann 2008, S. 149ff.; Hartmann/Schmitz/Schröder 2012, S. 319ff. (Tribur 895).

KATALOG-NR. 45
FRAGMENT EINES SAKRAMENTARS ▶▶
Lorsch, 3. Viertel 9. Jahrhundert
Pergament, ein Doppelblatt
H. 24,5 cm, B. 21 cm bzw. 16 cm
Erlangen, Universitätsbibliothek Erlangen-Nürnberg,
Ms. 2000

Die Reste eines illuminierten Prachtsakramentars[1] enthalten die vom zelebrierenden Priester zu sprechenden Messgebete in der auf Papst Gregor den Großen zurückgeführten und von Papst Hadrian I. ins Frankenreich übersandten Textfassung.[2] Sie werden aufgrund der Ähnlichkeit der Schreiberhand mit der des *Lorscher Rotulus*[3] in das dritte Viertel des 9. Jahrhunderts datiert. Zwei zugehörige Blätter, die ebenfalls das innere Doppelblatt einer Lage gebildet hatten und nach der Makulierung als Bucheinband dienten, sind in der Universitätsbibliothek Augsburg[4] erhalten. Überliefert sind im Augsburger Fragment die Gebete zur Pfingstwoche, in Erlangen der Beginn des Kanons, des eucharistischen Hochgebets der Opfermesse.[5] Zur Hervorhebung wurden die Anfangsbuchstaben zu einzelnen Abschnitten des Kanons oder von Heiligennamen in Goldtinte geschrieben; der Name des Lorscher Klosterpatrons Nazarius ist im *Communicantes* (dem Heiligengedächtnis) komplett in goldenen Unzial-Majuskeln notiert.[6]

Während das Augsburger Fragment eine Initialzierseite zu Pfingstsonntag aufweist,[7] bietet das Erlanger Doppelblatt eine prachtvoll geschmückte Te-igitur-Seite mit den Eingangsworten des Kanons:[8] Der erste Buchstabe, das T, nimmt circa zwei Drittel der Seite ein, dahinter wurde auf dunkelblauem Grund das folgende, mit Flechtwerk verzierte E in Ligatur gesetzt. Der blaue Hintergrund, der von Außenrahmung und Initiale stark überschnitten wird, bildet ein Medaillon und ist durch einen Palmettenrahmen begrenzt. Schaft und Balken des T tragen fünf goldene Quadrate, von denen vier den Anfang des Kanons (*Te igitur clementissime pater*) in roter Unziale fortsetzen; das fünfte Quadrat, oben in der Mitte, zeigt ein Brustbild des segnenden Christus. Das T wird wiederum getragen von einem Engel mit zum Gebet ausgebreiteten Armen vor einem zweiten, kleineren Medaillon in Dunkelgrün. Eingefasst wird der Buchstabe von zwei Säulen mit zweigeteilten Palmettenkapitellen, die sieben Rahmenfelder mit weiteren Palmetten-, Schlüsselbart- und Rankenmotiven stützen. Unter den verwendeten, teilweise verblassten oder oxidierten Farben stechen besonders Gold, Purpur und Rot sowie Grün und Blau hervor. Der Beginn des Kanons wurde seit der Aufteilung des Hochgebets in Präfation (Eingangsworte) und Kanon im 8. Jahrhundert auf besondere Weise ausgezeichnet:[9] Bereits in der zweiten Hälfte des 8. Jahrhunderts formte man das T zu einem Kreuzigungsbild (vgl. Kat.-Nr. 34), diese Szenerie setzte sich jedoch erst seit dem 10. und 11. Jahrhundert allgemein durch. Als eine der wenigen Kanonillustrationen der Zeit davor bietet die Lorscher Zierseite nicht nur gesteigerte Pracht, sondern anscheinend auch ein theologisch durchdachtes Programm: Das T bildet mit dem mittleren Rahmenfeld auch hier ein Kreuz, das wie die Messe insgesamt und der Kanon im Besonderen an das Opfer Christi erinnert.[10] Anstelle des gekreuzigten erscheint aber der segnende Christus, der ebenso wie der Engel vom Text des Kanons inspiriert sein könnte; im *Te igitur* wird die Segnung der in der Eucharistie dargebrachten Gaben durch Christus erbeten, im *Supplices* die Annahme der Gaben, die ein Engel vor Gott tragen solle.[11] Einzelne Zierelemente dieser Kanonillustration lassen sich auf den Buchschmuck des Lorscher Evangeliars[12] zurückführen.[13]

Besonders interessant macht das Sakramentarfragment auch ein Nachtrag am linken Rand neben dem *Memento* (vgl. Abb. S. 174, links). In diesem Abschnitt des Messkanons konnten vom Zelebranten Fürbitten für einzelne Persönlichkeiten geleistet werden.[14] Der Nachtrag mit sieben Namen in goldener Minuskel, der in der ersten Hälfte des 10. Jahrhunderts scheinbar in zwei Schritten erfolgte und mit einem goldenen Schmuckrahmen umgeben wurde,[15] zeigt, dass im Kloster Lorsch[16] wie auch an anderen Orten – entgegen dem sich erst im 11. Jahrhundert fester etablierenden Brauch – an dieser Stelle des Gottesdienstes ausgewählter Verstorbener gemeinsam mit noch Lebenden gedacht wurde.[17] Unter den Namen von fünf Lorscher Äbten aus den Jahren 856–913 sowie eines vermutlichen Bischofs von Worms namens Theotolah(us)[18] und eines nicht identifizierten Fridagari(us) findet sich bereits an erster Stelle auch der des Erzbischofs Hatto von Mainz, der seit 901 bis zu seinem Tod 913 auch Abt in Lorsch gewesen war.[19] Dieser Memorialvermerk bezeugt trotz aller späteren Verzerrungen um seine Person die Fürsorge

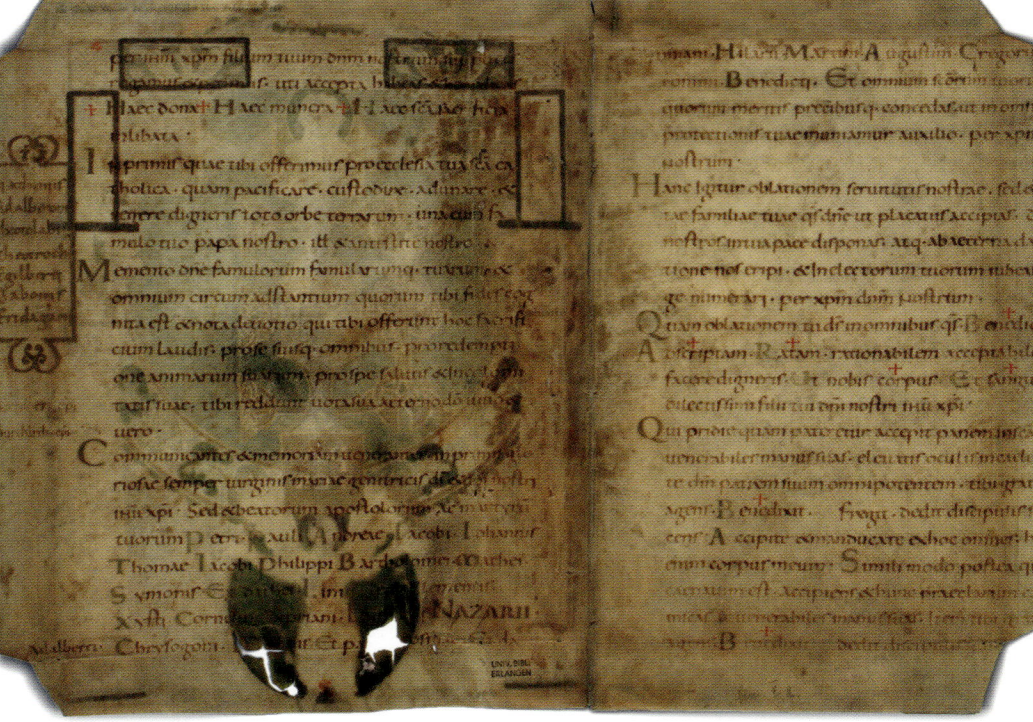

45

für Hattos Seelenheil durch eine von ihm geleitete Gemeinschaft. Im 11. Jahrhundert wurden unter dem Goldrahmen noch die Namen zweier Bischöfe von Merseburg bzw. Basel festgehalten; dem auf das *memento* folgenden Heiligengedächtnis hatte man bereits um 1000 den des erst kurz zuvor heiliggesprochenen Adalbert hinzugefügt. MK

Online-Faksimile, vgl. Erlangen, Universitätsbibliothek Erlangen-Nürnberg, Ms. 2000

AK Lorsch 2011; Aris/Engels/Schefers/Scholz 2004; Bischoff 1989; Bischoff 1998; Exner 2011; Fried 2004; Gamber 1968–88; Hilg 2007; Hoffmann 2004; Jungmann 1962; Lutze 1936; Schefers 2000; Suntrup 1980; Zucker 1891

1 Zur Handschrift siehe Zucker 1891; Lutze 1936, S. 172f.; Bischoff 1989, S. 54, 102f.; Bischoff 1998, Nr. 54, Hoffmann 2004, Textbd. S. 178; Hilg 2007, S. 27f. 2 Zu Besonderheiten des Textes in der vorliegenden Handschrift vgl. Gamber 1968–1988, Nr. 775 (mit weiterer Literatur). 3 Zur Heiligenlitanei mit Fürbitten für den ostfränkischen König Ludwig den Deutschen (Lorsch, vor 876; Frankfurt am Main, Universitätsbibliothek, Ms. Barth. 179) vgl. Fried 2004. 4 Cod. I.2.4° 1. 5 Zum Hochgebet siehe Jungmann 1962, S. 127–138. 6 Fol. [1] v. 7 Fol. 1r. 8 Fol. [1]r. 9 Jungmann 1962, S. 132f.; Suntrup 1980, S. 278–281 (zu dieser Handschrift: S. 335 Nr. 42). 10 Suntrup 1980, S. 282–289. 11 Zucker 1891, S. 38–39. 12 Zum Codex Aureus aus dem sogenannten Hofschule Karls des Großen, vor 814 (Alba Iulia, Biblioteca Documentară Batthyáneum, Ms R II 1 und Vatikanstadt, Biblioteca Apostolica Vaticana, Pal. lat. 50) vgl. Schefers 2000. 13 Siehe Exner 2011, S. 338–340, 343. 14 Jungmann 1962, S. 192f. 15 Fol. [1] v, am linken Rand, von oben nach unten: *Hathonis, Adalberonis, Theotolahi* und, wohl wenig früher, *Theotrochi, Egilberti, Babonis, Fridagarii.* 16 Zum Kloster Lorsch siehe Aris/Engels/Schefers/Scholz 2004 und AK Lorsch 2011. 17 Zur Entwicklung des Lebendengedächtnisses im *Memento* und der Einschaltung eines eigenen Totengedächtnisses an späterer Stelle des Kanons siehe Jungmann 1962, S. 199–213, 295–308. 18 Thietlach (?), Bischof von Worms 890/91–914. 19 Die Identifizierung der genannten Personen schon bei Zucker 1891, S. 40f.

Mainz, Stiftskirche St. Mauritius
891–913
Jurakalkstein aus Oberlothringen
Rahmen: H. 126 cm, B. 75,5 cm, T. 15–25 cm;
Öffnung: H. 90 cm, B. 37 cm
Mainz, Bischöfliches Dom- und Diözesanmuseum,
Inv.-Nr. PS 00114

1861 wurde in einem Mauerrest von St. Mauritius der Kalksteinrahmen eines Bogenfensters entdeckt,[1] der nicht nur die einzige erhaltene Stifterinschrift des Erzbischofs Hatto I. trägt, sondern sich auch durch besondere Schönheit auszeichnet. Auf seiner Schauseite findet sich Reliefdekor von unterschiedlichster Art sowie eine Fensterbank mit einem Akanthusblattfries.

Gegliedert wird das rechteckige Bildfeld durch eine schlanke Säulenarkade mit zwei kleinen Blattkapitellen, die beide ein gleicharmiges Vortragekreuz tragen. Sie unterteilen es in ein breites Mittelfeld mit der Fensteröffnung und lateinischen Inschriften sowie einen schmalen Rahmen mit pflanzlichen sowie figürlichen Reliefs. In den zwei Randstreifen streben kordelartig verdrehte Kreisranken in die Höhe, aus denen auf der linken Seite Dreiblätter emporwachsen und auf der rechten Seite Halbpalmetten herunterhängen. Die zwei oberen Eckquadrate enthalten die Büsten der Erzengel Michael und Gabriel, deren Namen abgekürzt unter den Kreuzarmen stehen. Zwischen ihnen erscheint im Randstreifen über dem Bogenscheitel die erhobene, rechte Hand Gottes in einem Tondo (vgl. Abb. S. 177) inmitten der Inschrift DEXTERA // D(OMI)NI F(ECIT) V(IRTVTEM) – Die Rechte des Herrn hat Großes getan (vgl. Psalm 118,16 der Vulgata).

Den Fensterbogen umzieht die Inschrift des Stifters, die zwei zentrale Begriffe aus der Bergpredigt Jesu aufgreift (Mt 5,13–14)[2]: LVX ET SAL. HATTHO S[ACRA] NS DIVI[NI]QVE SACERDO[S] HOC TEMPLVM [STR]

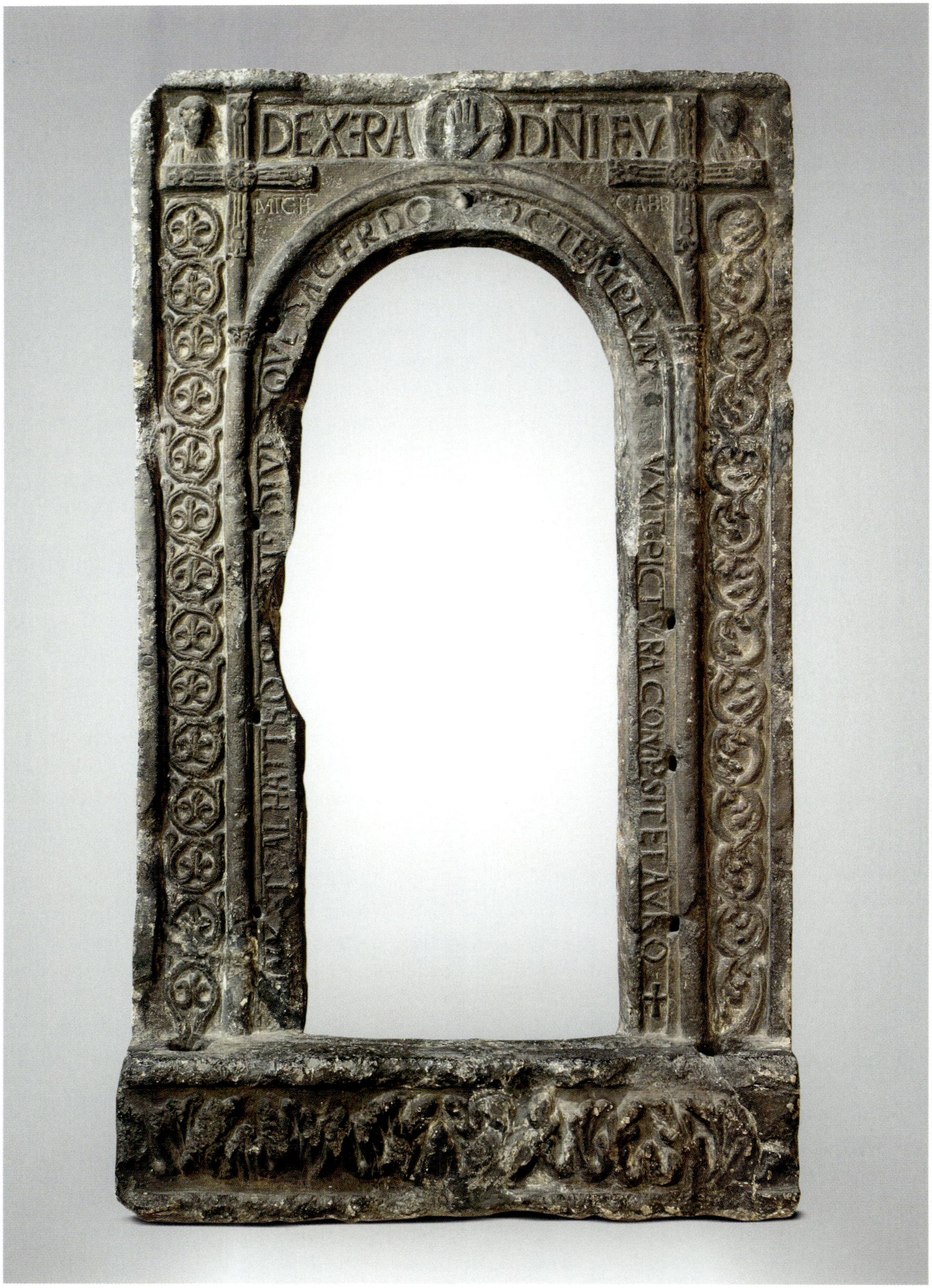

VXIT, PICTVRA COMPSIT ET AVRO + Licht [der Welt] und Salz [der Erde]. Hatto der Weihende und Priester des Göttlichen erbaute diesen Tempel, schmückte ihn mit Malerei und Gold +.

Im Raum nördlich der Alpen gibt es kein vergleichbares Fenster aus der Zeit um 900. Einzigartig ist das Hatto-Fenster wegen seines reichen Dekors, vor allem wegen seiner Inschriften aus erhabenen Buchstaben, die damals nur Skulpturen im Byzantinischen Reich sowie in Italien zierten, und wegen der erhobenen, offenen Hand Gottes, einem Symbol Gottvaters spätlangobardischen Ursprungs. Beide Details lassen vermuten, dass der Steinmetz des Fensters in Italien ausgebildet worden war.

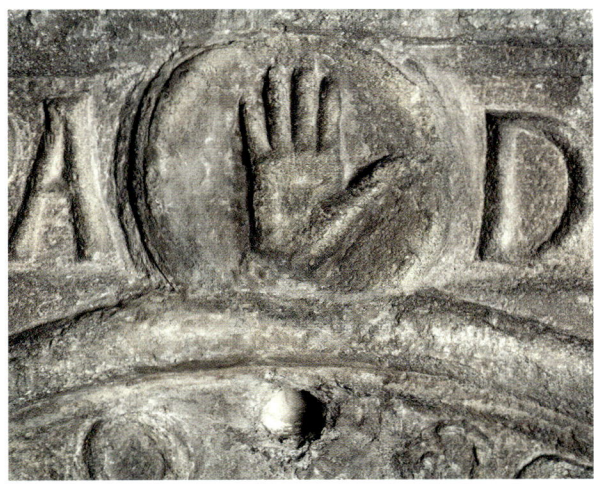

46 *Hatto-Fenster (Detail): Hand Gottes (Dextera Dei)*

Bei seiner Auffindung war das Fenster kein Bestandteil der spätkarolingischen Saalkirche mit Rechteckchor (vgl. Abb. 82), die wohl schon von Erzbischof Liutbert (863–889) um 888 gegründet worden war, sondern befand sich auf der Ostseite ihres südlichen Seitenschiffs aus gotischer Zeit.[3] Da die Stifterinschrift Hatto als Erbauer der Kirche rühmt und Widukind von Corvey bezeugte, dass Hatto I. den *Templum Maguntiae* mit edlen Strukturen ausgestattet habe, wurde vermutet, dass das Fenster aus der Bischofskirche stammen

müsse. Zwingend ist diese Folgerung aber keineswegs,[4] weil zur Karolingerzeit Kirchen unterschiedlichster Funktion und Größe als Tempel bezeichnet wurden. Die einstige Funktion des Hatto-Fensters, das durch den Ausbruch seines Metallgitters stark beschädigt wurde, ist unbekannt. Im Inneren des Alten Doms hätte es z. B. als Fenestrella den Blick in einen unzugänglichen Raum oder eine Krypta mit Heiligenreliquien ermöglichen können. Wegen der starken rückseitigen Schräge für den Lichteinfall und der wuchtigen Fensterbank wird es aber eher in einer Außenwand gesessen haben. Dabei deutet die Unheil abwehrende *Dextera Dei* zwischen den Erzengeln Michael und Gabriel als Sendboten göttlicher Macht auf den Eingangsbereich hin.[5] Da Kirchen zumeist von Ost nach West erbaut wurden, könnte es z. B. neben oder über dem Westportal von St. Mauritius angebracht worden und Beleg dafür gewesen sein, dass Erzbischof Hatto I. diese Kirche vollendet hatte. Für diese Annahme spricht, dass das Fenster wohl erst dann in die östliche Innenwand des gotischen Südschiffs eingesetzt wurde, nachdem es bei Errichtung des gotischen Westbaus von seinem alten Platz hatte entfernt werden müssen.

Eine Gesteinsanalyse des Landesamts für Geologie und Bergbau Rheinland-Pfalz ergab, dass das Hatto-Fenster aus lothringischem Jurakalkstein (Großraum Metz) besteht,[6] der sogar aus den römischen Steinbrüchen in Norroy-lès-Pont-à-Mousson an der oberen Mosel stammen könnte. Unklar bleibt dennoch, ob Hatto I. einen dieser qualitätvollen Jurakalksteine, die die Römer im 1. Jahrhundert nach Mogontiacum geholt hatten,[7] für sein neues Fenster wiederverwenden ließ. MSD

Arens 1958b, S. 2ff. Nr. 2; Schulze-Dörrlamm 2009a, S. 23–25, Abb. 4; Kern 2010, S. 75–80, Nr. 17

1 Schneider 1875, S. 35f. **2** Mt 5,13–14 „*vos estis sal terrae [...] vos estis lux mundi [...]*". **3** Oswald/Schäfer/Sennhauser 1966, S. 198. **4** Arens 1957, S. 20, Abb. 3. **5** Oswald/Schäfer/Sennhauser 1966, S. 198. **6** Die Gesteinsanalyse (Bestimmung der Dünnschliffe und der chemischen Spurenelemente) wurde durchgeführt von Herrn Direktor Dr. Friedrich Häfner, Landesamt für Geologie und Bergbau Rheinland-Pfalz in Mainz (Bericht vom 25. Februar 2013, LGB-Probe-Nr. 23385). **7** Frenz 1992, S. 6

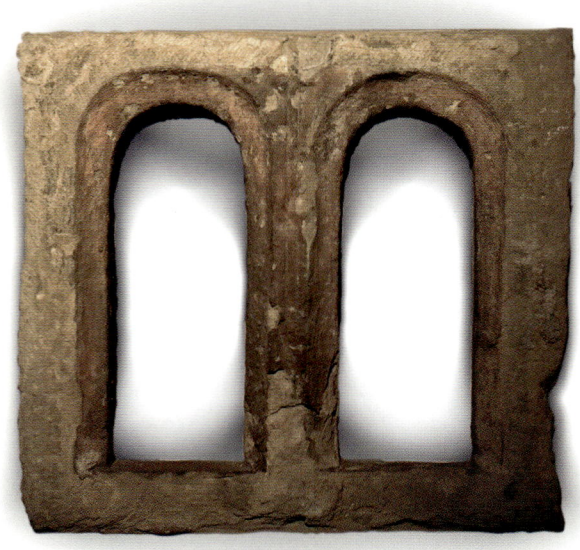

KATALOG-NR. 47
ZWILLINGSFENSTER

Mainz, St. Christoph, 2. Hälfte 9. Jahrhundert (?)
Pfälzer Sandstein
H. 60,7 cm, B. 67,5 cm
Mainz, Bischöfliches Dom- und Diözesanmuseum,
Inv.-Nr. PS 00115

Das aus einer einzigen Steinplatte gearbeitete Fenster besitzt zwei gleich große und gleich hohe Rundbogen-öffnungen. Lediglich die Laibungen der Öffnungen sind gekehlt; alle anderen Teile des Fensters sind gerade geschnitten gearbeitet. Zwischen den Laibungen befindet sich ein eingeritztes Vortragekreuz mit gleich langen Armen, dessen Stab bis zum unteren Rand des Fensters herabgezogen ist. Bedingt durch den schlechten Zustand des Fensters, vor allem die zahllosen, teils nur notdürftig geflickten Ausbrüche, lässt sich dieses schöne Zierelement, das sich in vergleichbarer, wenn auch im Schmuck sehr viel reicherer Form auch am sogenannten Hatto-Fenster (vgl. Kat.-Nr. 46) findet, jedoch leider kaum noch erkennen. Der Erhaltungs-grad ist nicht nur dem hohen Alter des Zwillingsfens-ters, sondern vor allem dem Zweiten Weltkrieg ge-schuldet. Bis 1942 war das Fenster als Spolie in eine Wand des Küsterhauses der Mainzer Pfarrkirche St. Christoph eingemauert. Beim ersten großen Flieger-angriff auf Mainz am 12. August jenes Jahres wurde St. Christoph schwer getroffen und brannte weit-gehend aus. Nach dem Brand wurde das Fenster auf Veranlassung von Fritz Arens ausgebaut und in der Domkrypta gesichert, bevor es nach Ende des Krieges ins Dommuseum gelangte. Arens, der wohl beste Ken-ner der Mainzer Kunstgeschichte, hat sich dem Stück zweimal wissenschaftlich genähert. In einem ersten, gemeinsam mit dem Studenten Heinrich Nitschke verfassten Beitrag zur Baugeschichte von St. Christoph hält er es „für sehr schwer, das Stück annähernd in ein Jahrhundert einzuordnen". In jedem Fall stamme es aus dem „Kirchenbau vor dem 13. Jahrhundert"; in der Bildlegende zum Fenster legt er sich auf die Be-zeichnung „romanisch" fest.[1] Vier Jahre später hält er

es unter Bezug auf ein Regest von 893 für einen Teil der „frühen Christophskirche" und damit für spätka-rolingisch.[2] Ihm folgt die spätere Literatur.[3]

In dem Regest des Jahres 893 wird eine Schenkung des Königs Arnulf von Kärnten an das Stift St. Maximin in Trier dokumentiert. Demnach schenkte Arnulf den Trierer Mönchen neben verschiedenen Dörfern auch eine – nicht namentlich bezeichnet – Kapelle in Mainz. Dies dürfte vermutlich St. Christoph gewesen sein, da belegt ist, dass Papst Innozenz II. im Jahr 1140 St. Maximin das Patronat über St. Christoph bestätig-te. Sofern man diese Gleichsetzung akzeptiert, muss es also bereits zur Zeit Hattos einen – vielleicht sogar unter ihm errichteten – Vorgängerbau der gotischen Christophskirche gegeben haben, zu dessen Ausstat-tung dieses Fenster gehört haben könnte. WW

Arens 1961, S. 131–169; Kotzur 2009, S. 25, Nr.16; Nitschke 1957

1 Nitschke 1957, S. 32f. **2** Arens 1961, S. 136.
3 Kotzur 2009, S. 25, Nr. 3.

Mainz, aus einer unbekannten Kirche, um 900
Gelblicher Marmor
Dm. 61 cm, H. 29 cm
Mainz, Landesmuseum, Generaldirektion
Kulturelles Erbe Rheinland-Pfalz, Inv.-Nr. S 3116

Aus einer unbekannten Mainzer Kirche stammt ein dickwandiges rundes Marmorbecken, das wegen seiner leicht einziehenden Unterwand einst auf einer Säule gestanden haben dürfte. Als einzige Verzierung verläuft dicht unterhalb seines beschädigten Randes eine lateinische Umschrift aus Großbuchstaben. Deren Formen datieren das Becken in die Zeit um 900, also in die Amtszeit des Erzbischofs Hatto I. Die etwas verstümmelte Inschrift enthält noch folgende Worte: + GERO ET POPVLO XPIANO A(qva)M BENEDIC-TAM [OSTendo] und kann unterschiedlich übersetzt

werden. Sie lautet entweder + ICH TRAGE UND [biete] DEM CHRISTLICHEN VOLK GEWEIHTES WASSER [dar] oder falls das erste Wort – wie vermutet wird – ein verhauenes CLERO sein sollte + DEM KLERUS UND DEM CHRISTLICHEN VOLK [biete] ICH GEWEIHTES WASSER [dar].

Im ersten Fall könnte die Marmorschale zwar ein Weihwasserbecken, aber auch einer jener Taufsteine gewesen sein, die zur Karolingerzeit erstmals in Kirchen aufgestellt wurden, nachdem sich die Kindertaufe durchgesetzt hatte. Im zweiten Fall kann sie aber nur als Weihwasserbecken gedient haben. Dieses wäre dann eines der ältesten und zugleich kostbarsten, die in Deutschland erhalten geblieben sind. Da die beweglichen Ausstattungstücke der Kirchen in den nördlich der Alpen gelegenen Regionen des Karolingerreiches fast alle verloren gingen,[1] hat es also einen besonderen, kulturhistorischen Wert.

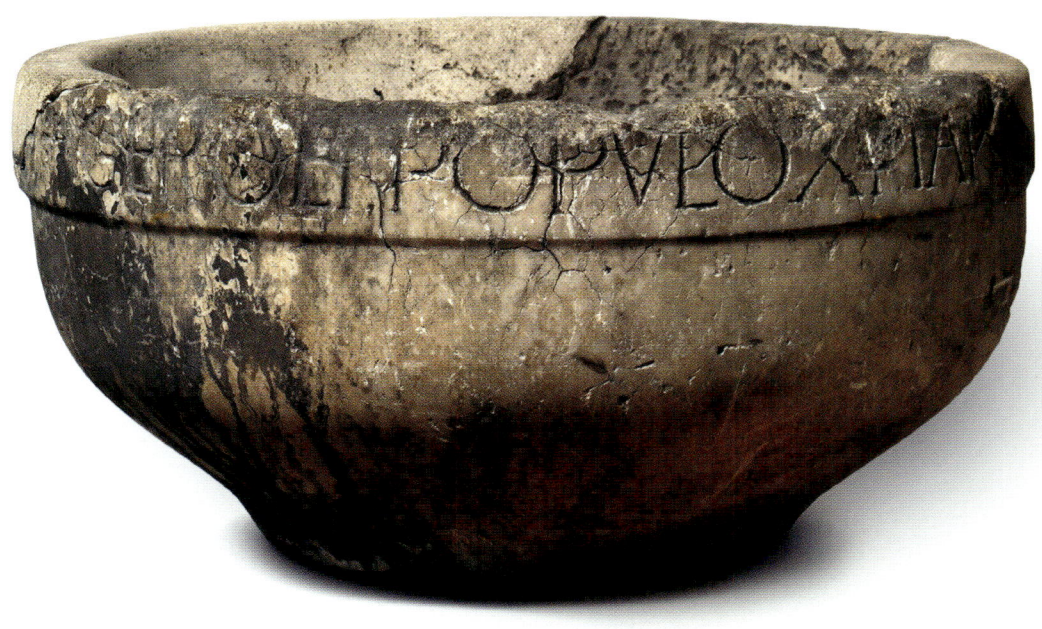

Wegen des kostbaren Marmors kann das Becken von keinem beliebigen Kleriker oder einfachen Adeligen, sondern nur vom Erzbischof selbst gestiftet worden sein. Deshalb wäre denkbar, dass es ursprünglich zu jenen „edlen Strukturen" gehörte, mit denen Hatto I. seine Bischofskirche St. Martin ausgestattet hatte. MSD

Neeb 1934, S. 75, Taf. XI, 3; Arens 1958b, S. 346f., Nr. 651; Schulze-Dörrlamm 2009a, S. 26f., Abb. 5

1 Ein Kalksteinkumpf (Kumpf = Gefäß) mit Wulstdekor, der in der frühkarolingischen Holzkirche von Barbing-Kreuzhof ausgegraben wurde und auf einer Säule gestanden hatte, könnte dort als Weihwasserbecken gedient haben (Codreanu-Windauer 2003, S. 463, Abb. 6).

KATALOG-NR. 49
MODELL VON ST. JOHANNIS, MAINZ

Zustand um 900
Maßstab 1:50; H. 42 cm, B. (Querhaus) 74 cm, L. 103 cm
Enwurf und wissenschaftliche Betreuung: Aquilante De Filippo,
Wilfried E. Keil, Heidelberg, Ruprecht-Karls-Universität
Ausführung: Anschauungsmodellbaumeister
Sebastian Dries, FH Mainz
Mainz, Bischöfliches Dom- und Diözesanmuseum
Farblegende: Dunkelgrau: gesicherter Befund
Hellgrau: wahrscheinliche Rekonstruktion
Weiß: ungesichert
Abb. 90–94, Text vgl. A. De Filippo/W. E. Keil, S.114-119

KATALOG-NR. 50
CHORSCHRANKENPLATTE

Mainz, nördliches Seitenschiff des Doms St. Martin, um 900
Roter Sandstein, moderne Rückenverstärkung
H. 94,4 cm, B. 35,3 cm, T. 5 cm
Mainz, Bischöfliches Dom- und Diözesanmuseum,
Inv.-Nr. PS 00116

In bedeutenden Kirchenbauten der Karolingerzeit war der Chor vom Schiff durch eine Schranke aus Pfeilern und Platten abgetrennt, deren Schauseiten unfigürliche

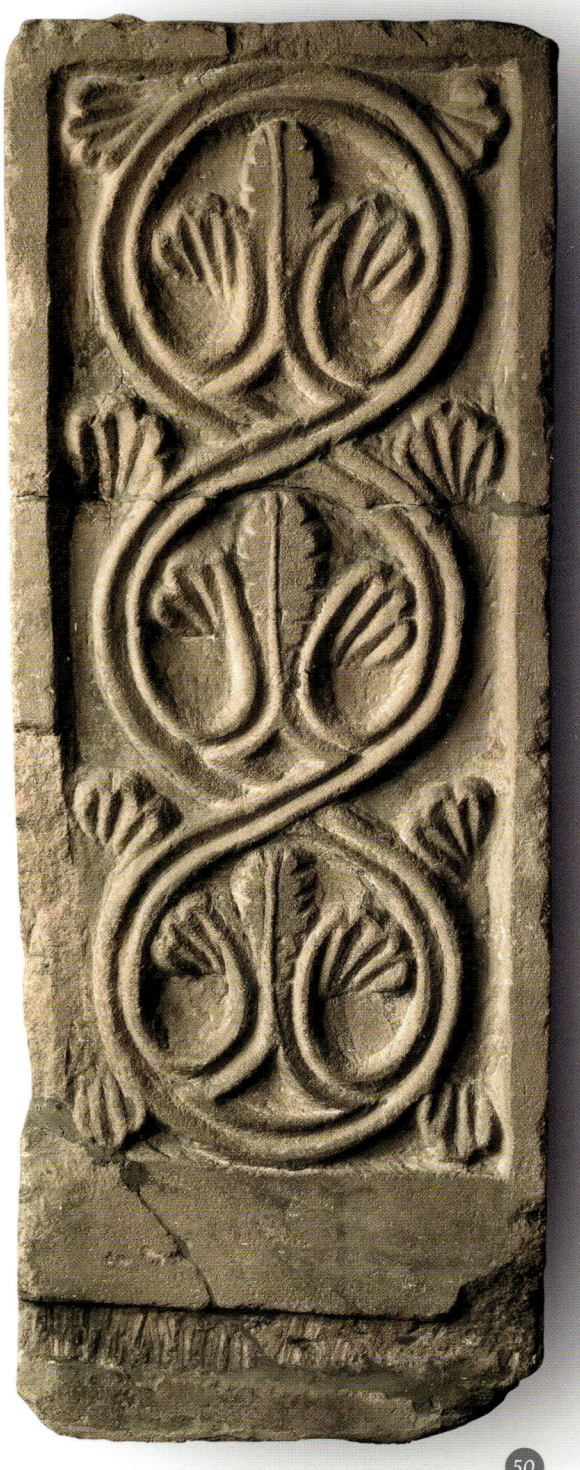

Reliefs aus Flechtbändern oder Blattranken trugen. Von einer solchen Chorschranke wurde bei Ausgrabungen im Martinsdom 1909–1912 noch eine hochrechteckige Sandsteinplatte mit Rankendekor auf der Vorderseite gefunden. Ihr Relief besteht aus drei Kreisen einer kordelartig verdrehten, zweizeiligen Ranke mit je einem Dreiblatt im Innern, das von zwei ausbiegenden, gefiederten Blättern beiderseits eines senkrechten „Eichenblatts" gebildet wird. Vier gefiederte, zumeist nach oben weisende Blattpaare desselben Typs füllen die Zwickel zwischen der Kreisranke und dem schmalen, glatten Randstreifen. Da die Seitenkanten der Platte sorgfältig geglättet sind, scheint sie nicht von zwei seitlichen Pfeilern, sondern von einem Querbalken (?) gehalten worden zu sein, für den die ausgearbeitete Querfurche in ihrem Sockel bestimmt war.

Durch ihre ungewöhnlichen Maße und ihre Blattranke unterscheidet sie sich so stark von den zwei dicken Platten mit dreizeiligem Flechtbanddekor einer Chorschranke des mittleren 9. Jahrhunderts aus der Mainzer St. Johanniskirche (vgl. Abb. 76), dass sie von einer anderen Schranke stammen muss. Da ihr Dekor größte Ähnlichkeit mit dem Kreisrankenrelief auf dem linken Rand des von Erzbischof Hatto I. gestifteten Fensters aus St. Mauritius hat (vgl. Kat.-Nr. 46), ist sie in das ausgehende 9. bis frühe 10. Jahrhundert zu datieren. Gemeinsam mit diesem „Hatto-Fenster" gehört sie zu den wenigen Steinmetzarbeiten mit Reliefdekor aus damaliger Zeit, die im Raum nördlich der Alpen erhalten geblieben sind. Beide dürften von demselben Meister geschaffen worden sein.

Die Fundstelle im nördlichen Seitenschiff des St. Martinsdoms gibt Rätsel auf. Vielleicht ist die Platte der Rest einer Chorschranke, die Hatto I. zwar in seiner Bischofskirche errichtet hatte, die jedoch später verlagert und vielleicht sogar von Erzbischof Willigis für seinen Domneubau wiederverwendet wurde. Theoretisch könnte aber auch schon Hatto I. auf dem späteren Domgelände einen bisher noch unbekannten Sakralbau errichtet und mit dieser Chorschranke ausgestattet haben. MSD

Arens 1958a, S. 21, Taf. 6; Wilhelmy 2006, S. 88, Nr. 3

KATALOG-NR. 51
FRAGMENT VON *DE RERUM NATURIS* DES
HRABANUS MAURUS ▶▶
Wohl Mainz, 3. Viertel 9. Jahrhundert (?)
Pergament
H. 36,2 cm, B. 53,5 cm
Mainz, Martinus-Bibliothek,
Fragment zu D/378

Das erst 2010 entdeckte Fragment stammt aus einem großformatigen karolingischen Kodex. Da dieser sehr umfangreich gewesen sein muss, ist es erstaunlich, dass daraus gerade die beiden benachbarten Doppelblätter des Mainzer Fragments überlebt haben – in Augsburg und, bis zum Zweiten Weltkrieg, in München. Das Doppelblatt ist mit einer guten karolingischen Minuskel von mindestens zwei Schreibern beschrieben worden; die roten Überschriften sind in *Capitalis rustica*, einer Auszeichnungsschrift, gehalten. Aufbauend auf den *Etymologiae*, der noch antikes Wissen enthaltenden Enzyklopädie des Isidor von Sevilla (ca. 560–636), behandelte Hrabanus in seiner Enzyklopädie[1] Themen aus Himmelreich, Bibel, Natur und Kultur. Vielbeschäftigte Mitchristen sollten nach dem Willen Hrabanus' in einem Band sowohl über die Dinge der Natur als auch über deren geistigen Sinn nachlesen können. Er deutete dabei die Phänomene stärker als sein Vorgänger Isidor christlich-allegorisch aus und ordnete sie, bei Gott beginnend, nach absteigender Wichtigkeit. Bei aller Spiritualisierung bietet die Enzyklopädie eine Vielzahl von Sachinformationen. Im Mainzer Fragment sind Abschnitte aus Buch 21 und 22 erhalten, die beispielsweise Bau- und Malkunst definieren, aber auch vom Schuhwerk handeln. Die erst kurz vor dem Amtsantritt als Mainzer Erzbischof 847 von Hrabanus im Exil auf dem Petersberg bei Fulda verfasste Enzyklopädie wurde schon bald mehrfach abgeschrieben. Es ist denkbar, dass die Augsburg-München-Mainzer Fragmente zu einem Kodex gehörten, dessen Herstellung der Erzbischof selbst veranlasst hat. Die Schriftvergleiche verweisen auf eine Datierung in die zweite Hälfte des 9. Jahrhunderts und

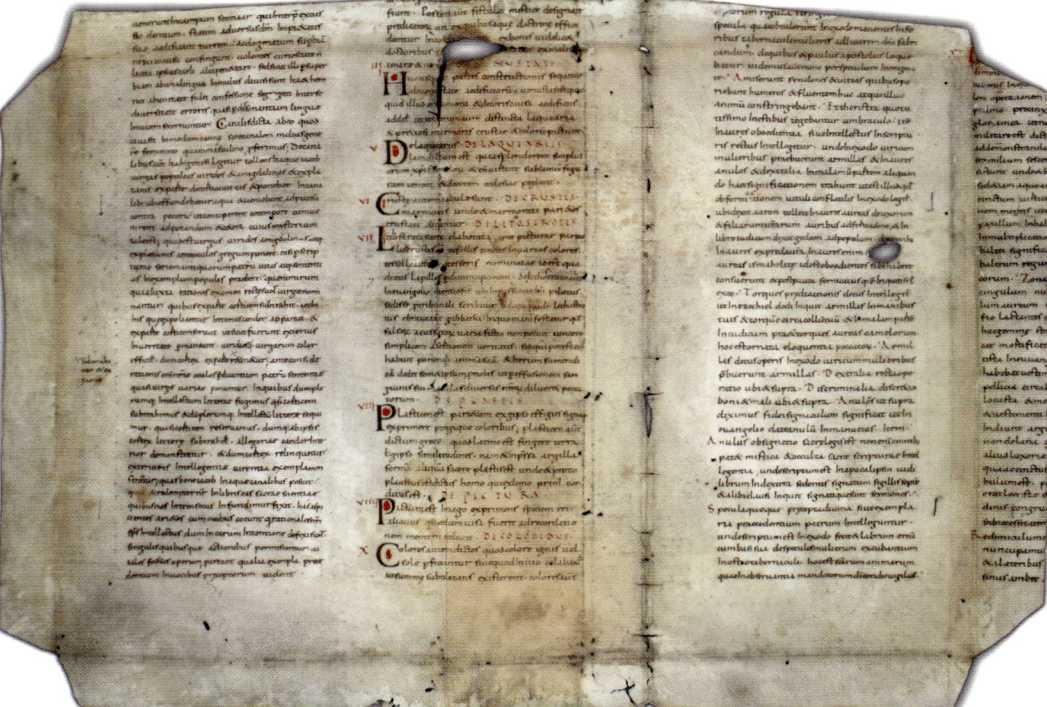

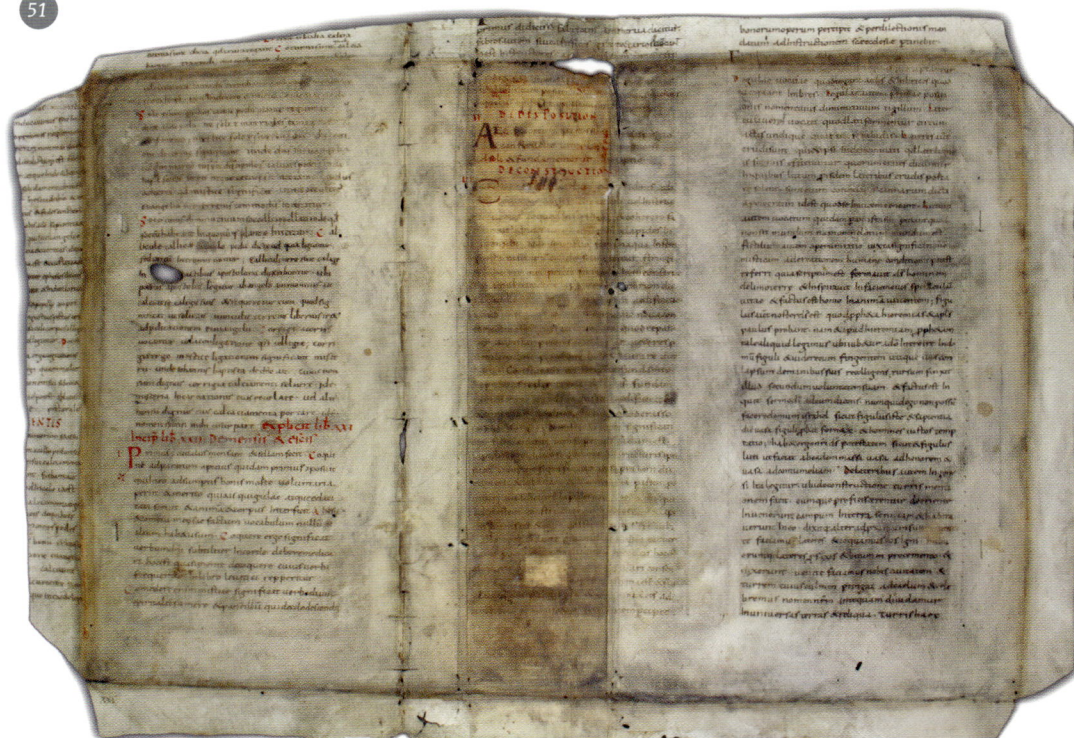

52

LIBER
CURIARUM
ECCLESIE SIE

zeigen eine Nähe zur Fuldaer Schrift der Jahrhundertmitte auf.[2] M. C. Ferrari hat eine Entstehung in einem Skriptorium in Mainz, das der ehemalige Fuldaer Abt Hrabanus gegründet haben könnte, zur Diskussion gestellt. Möglicherweise ist dies ein weiteres Indiz für den Niedergang des älteren Mainzer Skriptoriums. Das Mainzer Doppelblatt lag allerdings mit seinem Trägerband 1585 in Augsburg und im 19. Jahrhundert in Speyer, bevor es erst relativ spät nach Mainz gelangt ist. CW

AK Magdeburg 2012, Kat.-Nr. IV.36 (Christoph Winterer); Blänsdorf 2012, Nr. 10, S. 84–94; Schipper 2012

1 Edition vgl. Hrabanus 1852. **2** Briefliche Mitteilungen von Walter Berschin und Tino Licht vom 8. 4. 2011, Referat vom 7. 7. 2011 und E-Mail vom 25. 5. 2012 von Michele C. Ferrari.

KATALOG-NR. 52

EIN UNBEKANNTES BLATT AUS EINER TOURONISCHEN (?) BIBEL AUS MAINZ

Tours (?), wohl 840–850
Pergamentblatt, wiederverwendet,
unregelmäßig beschnitten
H. 35,4 cm, B. 47 cm
Mainz, Dom- und Diözesanarchiv,
Bestand Alte Kästen K 42, Nr. 6a

Zu den weniger bekannten kulturellen Errungenschaften Karls des Großen gehören seine Bemühungen, die zahlreichen unterschiedlichen Bibelfassungen zu vereinheitlichen. Während seiner Regierungszeit werden Pandekten, d.h. Bibeln mit sämtlichen Texten des Alten und des Neuen Testaments, in mehreren Klöstern des Frankenreichs hergestellt. Die bekannteste dieser Institutionen war die Abtei Tours im Westen des Reichs. Hier war der aus York in England stammende und später an der Hofschule tätige Alkuin Abt bis ins Jahr 804. Unter Alkuin und seinen Nachfolgern produzierte das Skriptorium in Tours jährlich etwa zwei Vollbibeln bis in die 850er Jahre, als die Tätigkeiten der Mönche durch häufige Normannenüberfälle immer wieder unterbrochen wurden.

Solche Kodices wurden systematisch an die bedeutendsten religiösen Zentren des Reichs verteilt. So gelangten auch mehrere Exemplare in die Rheinlande, wo sich etwa das Exemplar für die Kölner Domkirche bis heute vollständig erhalten hat. Auch die bedeutendsten und ältesten Abteien im Trierischen haben touronische Bibeln erhalten. So hat Prüm deren zwei besessen, während sich für Echternach und St. Maximin vor Trier jeweils ein Exemplar nachweisen lässt. Allerdings haben sich die letztgenannten vier Bibeln nur fragmentarisch erhalten. Dies ist darauf zurückzuführen, dass nach Erfindung der Buchdruckerkunst im 15. Jahrhundert, die als erstes Produkt die berühmte Gutenberg-Bibel hervorbrachte, die handgeschriebenen älteren Exemplare obsolet und als Material zum Einbinden der neuen Druckwerke genutzt wurden. Weiterhin gebrauchte man die stabilen Pergamentblätter gerne zum Einbinden von Rechnungen und sonstigem jüngerem Schriftgut in Kopertform.

Erst lange nach Auflösung der Klöster im Jahre 1802, als deren Bücherschätze in Öffentliche Bibliotheken gelangt waren, begann man, sich auch für die Fragmente zu interessieren und ihren Wert zu erkennen. Als wahre Entdecker der touronischen Fragmente aus Prüm und Maximin sind Carl Nordenfalk und Bernhard Bischoff zu nennen, während die Echternacher Blätter erst jüngst durch M. C. Ferrari exakt bestimmt werden konnten.

Dass es nicht nur in Köln und Trier, sondern auch in Mainz zumindest eine touronische Bibel gegeben hat, zeigt die überraschende Neuentdeckung eines Blatts im dortigen Dom- und Diözesanarchiv, das mehrere Jahrhunderte unerkannt als Umschlag um ein Amtsbuch aus dem Stift Mariengreden gedient hatte. Das Blatt ist inzwischen abgelöst, geglättet und gesichert worden und wird hiermit zum ersten Mal präsentiert. Es enthält Texte aus der 1. und 2. Chronik, also den beiden alttestamentlichen Büchern *Paralipomenon* (oder auch: *Verba Dierum*). Auf ihnen stehen folgende Texte:

I Par 22,10 *meo et ipse erit mihi in filium* – I Par 23,9 *Salomith et Ozihel.*

Die zweite Spalte und deren Rückseite sind nur mit Buchstabenresten erhalten.

I Par 24,23 *Jazihel tertius, Iecmaam quartus* – I Par 25,12 *et fratribus eius duodecim quinto.*

II Par 6,26 *et confessi nomini tuo* – II Par 7,9 *collectam eo quod dedicasset.*

Daran schließt auf der Rückseite unmittelbar an:

II Par 7,9 *altare septem diebus* – II Par 8,15 *ex omnibus quae praeceperat.*

Aus dem unmittelbaren Anschluss der beiden letzten Texte lässt sich leicht ersehen, dass die vorliegende Bibel einmal 40 Zeilen pro Seite umfasst haben muss, also nicht an die Normalgröße von etwa 52 Zeilen heranreichte. Dies könnte bedeuten, dass die vorliegende Bibel vielleicht in einem Skriptorium außerhalb von Tours entstanden ist. Beim vorliegenden Fragment dürfte es sich um das äußere Blatt einer Viererlage gehandelt haben.

Aus der Zeit der Wiederverwendung trägt das Blatt zwei neuzeitliche Titel, die auf den Inhalt des neuen Amtsbuchs hinweisen: *Liber curiarum ecclesiae B Mariae ad Gradus* und *Visitatio curiarum ecclesiae beatae Mariae ad gradus iam intra quam extra civitatem Maguntinam. 1588-1691.* Es ging also um die Erfassung und Beurteilung der Stiftshäuser.

Bleibt die Frage nach der Bibliotheksheimat dieser bislang unbekannten touronischen Bibel. Das Stift Mariengreden kommt hierfür wohl kaum in Frage, da sich seine sichere Existenz erst ab dem 11. Jahrhundert nachweisen lässt. Verbleiben das Domkapitel oder ein altes Benediktinerkloster in Mainz (St. Alban?) und Umgebung (Lorsch?). Doch kann die Frage in diesem Rahmen nur gestellt und nicht ohne weiterreichende Forschung beantwortet werden. RN

Ferrari 1999; Ferrari 2002; Mütherich 2002; Nolden 2002 (Faksimile); Nolden 2005

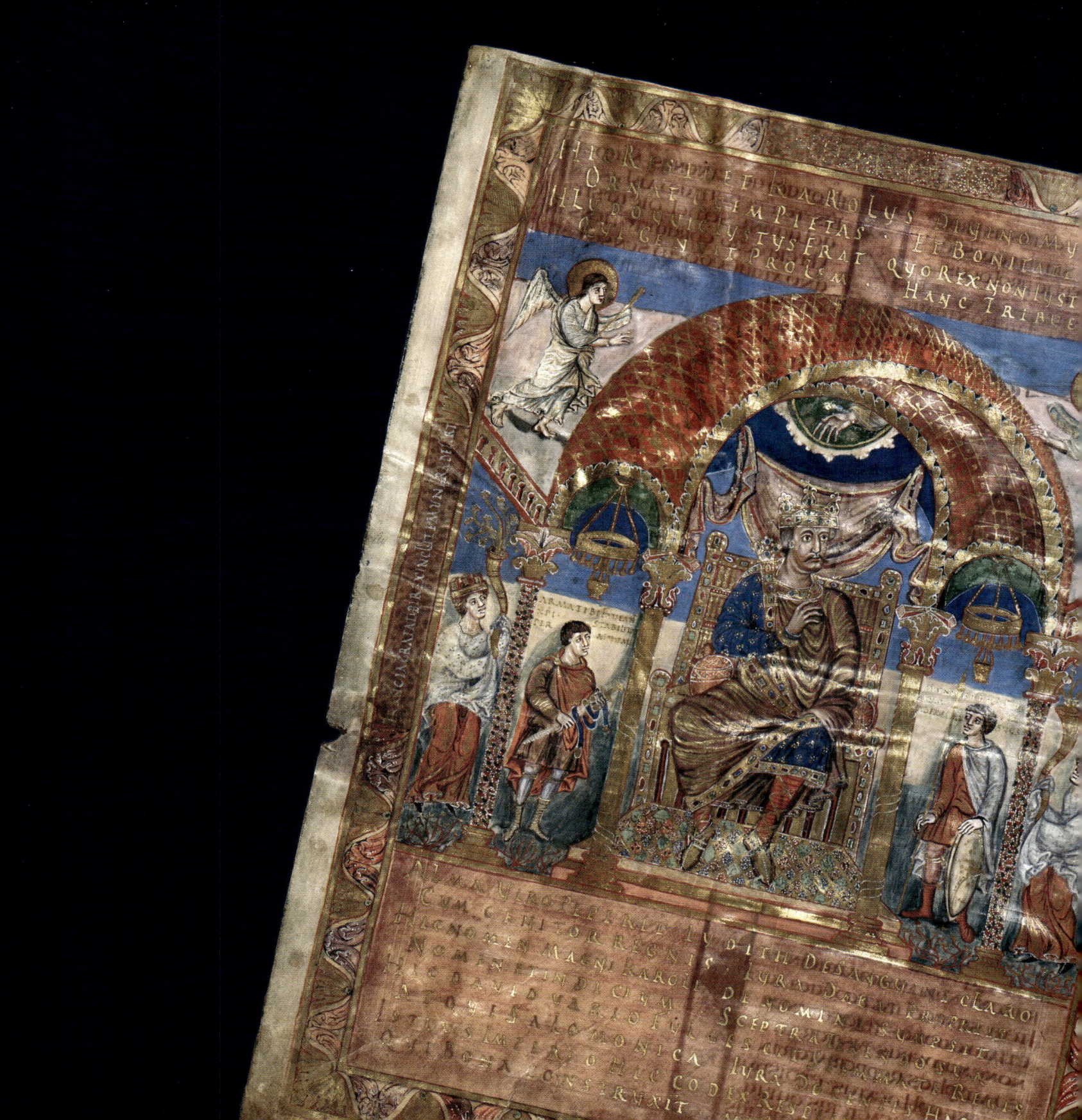

LITERATUR

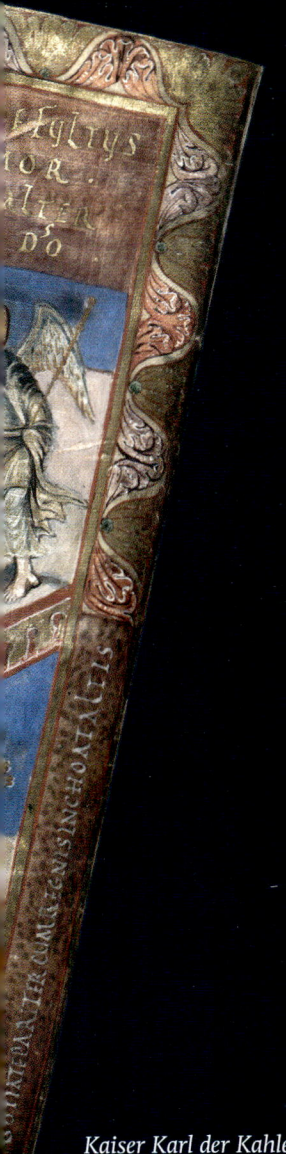

Kaiser Karl der Kahle,
Sakramentar, sogenannter
Codex Aureus von
St. Emmeram, um 870,
München, Byerische
Staatsbibliothek,
Clm 14000

ABKÜRZUNGEN

Abb. – Abbildung

ad a. – ad annum (zum Jahr) bei Annalen

AK – Ausstellungskatalog

c. – Kapitel (bei Quellen)

fol. – Blatt(-zählung) einer Handschrift

fol. 1r – Blatt 1 (recto) – Blatt 1 Vorderseite

fol. 1v – Blatt 1 (verso) – Blatt 1 Rückseite

FS – Festschrift

GW – Gesamtkatalog der Wiegendrucke

Hs. – Handschrift

p./pag. – Seiten(-zählung) einer Handschrift

ND – Nachdruck

VD 16 – Verzeichnis der im deutschen Sprachraum erschienenen Drucke des 16. Jahrhunderts

VD 17 – Verzeichnis der im deutschen Sprachraum erschienenen Drucke des 17. Jahrhunderts

LITERATUR

AfD – Archiv für Diplomatik, Schriftgeschichte, Siegel- und Wappenkunde

AHG – Archiv für hessische Geschichte und Altertumskunde

AMRhKG – Archiv für Mittelrheinische Kirchengeschichte

AKorrBl - Archäologisches Korrespondenzblatt

BJb – Bonner Jahrbücher

BW Reg – Böhmer-Will, Regesten der Mainzer Erzbischöfe

CCMed – Cahiers de civilisation médiévale

Cont. Altah. – Continuationes Altahenses (Annales Fuldenses) – Altaicher Fortsetzungen

Cont. Ratisbon. – Continuatio Ratisbonensis (Annales Fuldenses) – Regensburger Fortsetzung

DA – Deutsches Archiv für Erforschung des Mittelalters

FSGA – Freiherr-vom-Stein-Gedächtnisausgabe

HZ – Historische Zeitschrift

JbAC – Jahrbuch für Antike und Christentum

JbRGZM – Jahrbuch des Römisch-Germanischen Zentralmuseums Mainz

LexMA – Lexikon des Mittelalters

LThK – Lexikon für Theologie und Kirche

MGH – Monumenta Germaniae Historica

- Capit. – Capitularia regum Francorum

- DD – Diplomata

- Epp – Epistolae

- Fontes iuris – Fontes iuris Germanici antiqui in usum scholarum separatim editi

- Libri mem. – Libri memoriales

- Libri mem. N.S. – Libri memoriales et Necrologia, Nova Series

- Poetae – Poetae Latini

- SrG – Scriptores rerum Germanicarum in usum scholarum separatim editi

- SS – Scriptores

- StuT – Studien und Texte

MainzZ – Mainzer Zeitschrift

NDB – Neue Deutsche Biographie

N.S. – Nova Series

MIÖG – Mitteilungen des Instituts für Österreichische Geschichtsforschung

MzUB – Mainzer Urkundenbuch

ND – Neudruck

NDB – Neue Deutsche Biographie

QFIAB – Quellen und Forschungen aus italienischen Archiven und Bibliotheken

RGA – Reallexikon der Germanischen Altertumskunde

SC – Sources chrétiennes

ZBLG – Zeitschrift für Bayerische Landesgeschichte

Acta sanctorum 41 – Acta sanctorum 41, Septembris Tomus 1. Neuaufl. hg. v. Jean Baptiste Carnandet, Paris 1868.

Airlie/Pohl/Reimitz 2006 – Stuart Airlie/Walter Pohl/Helmut Reimitz (Hg.): Staat im frühen Mittelalter (Forschungen zur Geschichte des Mittelalters 11), Wien 2006.

AK Düsseldorf 2011 – Bettina Baumgärtel (Hg.): Die Düsseldorfer Malerschule und ihre internationale Ausstrahlung 1819–1918, AK Düsseldorf, 2 Bde, Petersberg 2011.

AK Lorsch 2011 – Hessisches Landesmuseum Darmstadt, Verwaltung der Staatlichen Schlösser und Gärten Hessen (Hg.): Kloster Lorsch. Vom Reichskloster Karls des Großen zum Weltkulturerbe der Menschheit, AK Lorsch, Petersberg 2011.

AK Magdeburg 2001 – Matthias Puhle (Hg.): Otto der Große, Magdeburg und Europa, 2 Bde., Mainz 2001.

AK Magdeburg 2012 – Matthias Puhle/Gabriele Köster (Hg.): Otto der Große und das römische Reich. Kaisertum von der Antike zum Mittelalter, Regensburg/Magdeburg 2012.

AK München 2012 – Claudia Fabian/Christiane Lange (Hg.): Pracht auf Pergament. Schätze der Buchmalerei von 780 bis 1180 (Bayerische Staatsbibliothek, Ausstellungskataloge 86), München 2012.

AK Paderborn 1999 – Christoph Stiegemann/Matthias Wemhoff (Hg.): 799. Kunst und Kultur der Karolingerzeit. Karl der Große und Papst Leo III. in Paderborn, 3 Bde., Mainz 1999.

AK Speyer 2007 – Bodo Anke (Hg.): Attila und die Hunnen, AK Speyer, Stuttgart 2007.

Alles 2009 – Volker Alles (Hg.): Reflexbogen. Geschichte und Herstellung, Ludwigshafen 2009.

Althoff 1992 – Gerd Althoff: Amicitiae und Pacta. Bündnis, Einung, Politik und Gebetsgedenken im beginnenden 10. Jahrhundert (MGH Schriften 37), Hannover 1992.

Althoff 1994 – Gerd Althoff: Verformungen durch mündliche Tradition. Geschichten über Erzbischof Hatto von Mainz, in: Hagen Keller/Nikolaus Staubach (Hg.): Iconologia sacra. Mythos, Bildkunst und Dichtung in der Religions- und Sozialgeschichte Alteuropas. FS für Karl Hauck (Arbeiten zur Frühmittelalterforschung 23), Berlin/New York 1994, S. 438–450.

Althoff 2008 – Gerd Althoff: Hinterlist, Täuschung und Betrug bei der friedlichen Beilegung von Konflikten, in: Oliver Auge/Felix Biermann/Matthias Müller/Dirk Schultze (Hg.): Bereit zum Konflikt. Strategien und Medien der Konflikterzeugung und Konfliktbewältigung im europäischen Mittelalter (Mittelalter-Forschungen 20), Ostfildern 2008, S. 19–29.

Althoff 2012 – Gerd Althoff: Funktionsweisen der Königsherrschaft im Mittelalter, in: Geschichte in Wissenschaft und Unterricht 63, 2012, S. 536–550.

Andaloro 2006 – Maria Andaloro: La pittura medievale a roma 312–1431. Atlante: Volume I., Viterbo 2006.

Andrieu 1936 – Michel Andrieu: La chapelle de saint Grégoire dans l'ancienne basilique vaticane, in: Rivista di archeologia Cristiana 13, 1936, S. 61–99.

Annales Fuldenses – Annales Fuldenses sive Annales regni Francorum orientalis, ed. Georg Heinrich Pertz, Friedrich Kurze (MGH SrG 7), Hannover 1891 (ND 1993).

Annales Quedlinburgensis – Die Annales Quedlinburgensis ad annum 1009, hg. v. Martina Giese (MGH SS rer. Germ. 72), Hannover 2004.

Anonymus Haserensis – Stefan Weinfurter: Die Geschichte der Eichstätter Bischöfe des Anonymus Haserensis. Edition – Übersetzung – Kommentar (Eichstätter Studien N.F. 24), Regensburg 1987.

Appel Tallone 2003 – Uta Appel Tallone: Das Arnulfziborium in der Schatzkammer der Münchener Residenz. Eine monographische Untersuchung, Herne 2003.

Appuhn 1962/63 – Horst Appuhn: Zum Thron Karls des Großen in Aachen, in: Aachener Kunstblätter 24/25, 1962/63, S. 127–136.

Arens 1957 – Fritz Arens: Die Mauerreste der St. Mauritiuskirche in Mainz, in: MainzZ 52, 1957, S. 19–24.

Arens 1958a – Fritz Arens: Funde in der St. Johanniskirche zu Mainz, in: MainzZ 53, 1958, S. 21–28.

Arens 1958b – Fritz Arens: Die Inschriften der Stadt Mainz von frühmittelalterlicher Zeit bis 1650, Stuttgart 1958.

Arens 1961 – Fritz Viktor Arens: Die Kunstdenkmäler der Stadt Mainz. Teil 1: Kirchen St. Agnes bis Hl. Kreuz (Die Kunstdenkmäler von Rheinland-Pfalz 4,1), München/Berlin 1961.

Arens 1969 – Fritz Arens: Das goldene Mainz. Ein Führer zu seinen Kunstdenkmälern, zweite, verbesserte Auflage, Schwäbisch Hall 1969.

Aris/Engels/Schefers/Scholz 2004 – Marc-Aeilko Aris/Peter Engels/Hermann Schefers/Sebastian Scholz: Lorsch, in: Friedhelm Jürgensmeier/Franziskus Büll (Bearb.): Die benediktinischen Mönchs- und Nonnenklöster in Hessen (Germania Benedictina 7), St. Ottilien 2004, S. 768–853.

Arnold 1971 – Klaus Arnold: Johannes Trithemius (1462–1516) (Quellen und Forschungen zur Geschichte des Bistums und Hochstifts Würzburg 23), Würzburg 1971.

Arnold 2005 – Dorothee Arnold: Johannes VIII. Päpstliche Herrschaft in den karolingischen Teilreichen am Ende des 9. Jahrhunderts (Europäische Hochschulschriften 23, Bd. 797), Frankfurt am Main 2005.

Baatz 1962 – Dietwulf Baatz: Mogontiacum. Neue Untersuchungen am römischen Legionslager in Mainz (Limesforschungen 4), Berlin 1962.

Bauer/Rau 1977 – Quellen zur Geschichte der sächsischen Kaiserzeit, hg. v. Albert Bauer und Reinhold Rau (Ausgewählte Quellen zur deutschen Geschichte des Mittelalters 8), zweite durchgesehene und berichtigte Auflage, Darmstadt 1977.

Baumgartner/Krueger 1988 – Erwin Baumgartner/Ingeborg Krueger: Phönix aus Sand und Asche, AK Bonn, München 1988.

Bautier 1990 – Robert-Henri Bautier: Le cheminment du sceau et de la bulle des origines méso-potamiennes au XIIIe siècle occidental, in: ders.: Chartes, sceaux et chancelleries. Etudes de diplomatique et de sigillographie médiévales (Mémoires et documents de l'École des Chartes), Bd. 1, Paris 1990, S. 123–166 (Wiederabdruck: Revue française d'héraldique et de sigillographie 54–59, 1984–1989, S. 41–84.

Becher 1996 – Matthias Becher: Rex, Dux und Gens. Untersuchungen zur Entstehung des sächsischen Herzogtums im 9. und 10. Jahrhundert (Historische Studien 444), Husum 1996.

Becher 2002 – Matthias Becher: Zwischen König und „Herzog". Sachsen unter Kaiser Arnolf, in: Fuchs/Schmid 2002, S. 89–121.

Becker/Sartorius 1936 – Ludwig Becker/Johannes Sartorius: Baugeschichte der Frühzeit des Domes zu Mainz IV.–XIII. Jahrhundert, Mainz 1936.

Beckman 1974 – Bjarne Beckman: Von Mäusen und Menschen. Die hoch- und spätmittelalterlichen Mäusesagen mit Kommentar und Anmerkungen, Zürich 1974.

Beda 2001 – Beda Venerabilis: Bedae Presbyteri expositio Apocalypseos, hg. und mit krit. Anm. und einer Einl. vers. v. Roger Gryson (Bedae Opera exegetica 5; Corpus Christianorum. Series Latina 121 A), Turnhout 2001.

Beer 1980 – Ellen Judith Beer: Überlegungen zu Stil und Herkunft des Berner Prudentius-Codex 264, in: Otto P. Clavadetscher/Helmut Maurer/Stefan Sonderegger (Hg.): Florilegium sangallense. FS für Johannes Duft, St. Gallen/Sigmaringen 1980, S. 15–70.

Behrens 1950 – Gustav Behrens: Das frühchristliche und merowingische Mainz (Kulturgeschichtliche Wegweiser des Römisch-Germanischen Zentralmuseums in Mainz 20), Mainz 1950.

Behrens 1953/54 – Gustav Behrens: Verschwundene Mainzer Römerbauten, in: MainzZ 48/49, 1953/54, S. 70–88.

Bemmann 2012 – Jan Bemmann (Hg.): Steppenkrieger. Reiternomaden des 7.-14. Jahrhunderts aus der Mongolei, AK Bonn, Darmstadt 2012.

Benedikt von S. Andrea, Chronicon – Benedikt von S. Andrea: Chronicon, hg. von Giuseppe Zucchetti (Fonti per la Storia d'Italia 55), Rom 1920.

Berschin 1987 – Walter Berschin: Eremus und Insula. St. Gallen und die Reichenau im Mittelalter – Modell einer lateinischen Literaturlandschaft, Wiesbaden 1987.

Berschin 1991 – Walter Berschin: Biographie und Epochenstil im lateinischen Mittelalter, Bd. 3: Karolingische Biographie 750–920 n. Chr. (Quellen und Untersuchungen zur lateinischen Philologie des Mittelalters 10), Stuttgart 1991.

Berschin 1999 – Walter Berschin: Biographie und Epochenstil im lateinischen Mittelalter, Bd. 4: Ottonische Biographie: Das hohe Mittelalter 920–1220 n. Chr., Halbband 1: 920–1070 n. Chr. (Quellen und Untersuchungen zur lateinischen Philologie des Mittelalters 12,I), Stuttgart 1999.

Berschin 2012 – Walter Berschin, unter Mitarbeit v. Ulrich Kuder: Reichenauer Wandmalerei 840–1120. Goldbach – Reichenau-Oberzell St. Georg –

Reichenau-Niederzell St. Peter und Paul (Reichenauer Texte und Bilder 15), Heidelberg 2012.

Berschin/Klüppel 1992 – Walter Berschin/Theodor Klüppel: Die Legende vom Reichenauer Kana-Krug (Reichenauer Texte und Bilder 2), Sigmaringen 1992.

Beumann 1977 – Helmut Beumann: Die Einheit des ostfränkischen Reichs und der Kaisergedanke bei der Königserhebung Ludwigs des Kindes, in: AfD 23, 1977, S. 142–163.

Beyerle 1925 – Konrad Beyerle (Hg.): Die Kultur der Abtei Reichenau. Erinnerungsschrift zur zwölfhundertsten Wiederkehr des Gründungsjahres des Inselklosters 724–1924, 2 Bde., München 1925.

Biewer 1998 – Ludwig Biewer (Bearb.): Handbuch der Heraldik, 19. Auflage, Insingen 1998.

Bigler-Marschall 2000 – Ingrid Bigler-Marschall, Art. „Stolterfoth", in: Heinz Rupp (Hg.): Deutsches Literatur-Lexikon. Biographisch-bibliographisches Handbuch, Bd. 20, Berlin 2000, Sp. 357f.

Birnbaum 1816 – Johann Michael Franz Birnbaum: Adalbert von Babenberg. Ein dramatisches Gedicht. Zweyter Band: Adalberts Tod, Bamberg/Leipzig 1816.

Bischoff 1989 – Bernhard Bischoff: Die Abtei Lorsch im Spiegel ihrer Handschriften (Geschichtsblätter Kreis Bergstraße, Sonderbd. 10), zweite, erweiterte Auflage, Lorsch 1989.

Bischoff 1998 – Bernhard Bischoff: Katalog der festländischen Handschriften des neunten Jahrhunderts (mit Ausnahme der wisigotischen), Bd. 1: Aachen – Lambach (Veröffentlichungen

der Kommission für die Heraugabe der mittelalterlichen Bibliothekskataloge Deutschlands und der Schweiz), Wiesbaden 1998.

Bischoff 2004 – Bernhard Bischoff: Katalog der festländischen Handschriften des neunten Jahrhunderts (mit Ausnahme der wisigotischen), Bd. 2: Laon – Paderborn (Veröffentlichungen der Kommission für die Heraugabe der mittelalterlichen Bibliothekskataloge Deutschlands und der Schweiz), Wiesbaden 2004.

Blänsdorf 2012 – Jürgen Blänsdorf: Die wiedergefundene Bibliothek. Antike und mittelalterliche Autoren in Pergamentfragmenten der Mainzer Martinus-Bibliothek (Aus der Martinus-Bibliothek 9), Mainz 2012.

Blume/Haffner/Metzger 2012 – Dieter Blume/Mechthild Haffner/Wolfgang Metzger: Sternbilder des Mittelalters. Der gemalte Himmel zwischen Wissenschaft und Phantasie, Bd. 1: 800–1200, Berlin 2012.

Böhner 1973 – Kurt Böhner: Vom Römerkastell zu Hof, Burg und Stadt, in: 1750 Jahre Alzey, Alzey 1973, S. 61–79.

Boppert 1971 – Walburg Boppert: Die frühchristlichen Inschriften des Mittelrheingebietes, Mainz 1971.

Brandt/Effenberger 1998 - Michael Brandt/Arne Effenberger (Hrsg.): Byzanz. Die Macht der Bilder, AK Hildesheim, Hildesheim 1998

Brower/Masen 1670 – Christoph Brower/Jakob Masen: Antiquitatum et annalium Trevirensium I, Lüttich 1670.

Brentano 1983 – Clemens Brentano: Die Mährchen vom Rhein, hg. v. Brigitte Schillbach. Text, Lesarten und Erläuterungen (Clemens Brentano, Sämtliche Werke und Briefe 17), Stuttgart u. a. 1983.

Breßlau 1910 – Harry Breßlau: Der angebliche Brief des Erzbischofs Hatto von Mainz an Papst Johann IX., in: Historische Aufsätze. FS für Karl Zeumer, Weimar 1910, S. 9–30.

Brück 1946/48 – Anton Philipp Brück: Die Emmerichspfarrei in Mainz 1773–1774, in: MainzZ 41/43, 1946/48, S. 100–105.

Brühl 1990 – Carlrichard Brühl: Palatium und Civitas: Studien zur Profantopographie spätantiker Civitates vom 3. bis zum 13. Jahrhundert, Bd. 2: Belgica I, beide Germanien und Raetia II, Köln/Wien 1990.

Brühl 1995 – Carlrichard Brühl: Deutschland – Frankreich. Die Geburt zweier Völker, Köln/Wien ²1995.

Bruschius 1549 – Magni Operis De Omnibvs Germaniæ Episcopatibvs Epitomes ... / Authore Gaspare Bruschio Poeta Laureato, Nürnberg: Montanus/Neuberus 1549 [http://diglib.hab.de/drucke/465-5-quod].

Budde 1998 – Michael Budde: Altare Portatile. Kompendium der Tragaltäre des Mittelalters 600–1600, 2 CD-Roms, Werne a. d. Lippe 1998.

Bührer-Thierry 1992 – Geneviève Bührer-Thierry: La reine adultère, in: CCMed 25, 1992, S. 299–312.

Büscher 1965/66 – Karl Jörg Büscher: Was wissen wir von dem karolingischen Ellwanger Kästchen?, in: Ellwanger Jahrbuch 21, 1965/66, S. 82–92.

Büttner 1989 – Heinrich. Büttner: Mainz im Mittelalter, in: Alois Gerlich (Hg.): Gestalten und Probleme: Mittelrhein und Hessen. Nachgelassene Studien v. H. Büttner (Geschichtliche Landeskunde 60), Wiesbaden 1989, S. 1–50.

Bushey 2004 – Betty C. Bushey, unter Mitwirkung v. Hartmut Broszinski: Stiftung Weimarer Klassik und Kunstsammlungen/Herzogin Anna Amalia Bibliothek: Die lateinischen Handschriften bis 1600, Bd. 1: Fol max, Fol und Oct. (Bibliographien und Kataloge der Herzogin Anna Amalia Bibliothek zu Weimar), Wiesbaden 2004.

BW Reg – Johann Friedrich Böhmer, Cornelius Will: Regesta archiepiscoporum Maguntinensium. Regesten zur Geschichte der Mainzer Erzbischöfe. Von Bonifatius bis Heinrich II. 742?–1288, in 2 Bänden, Band 1: Von Bonifatius bis Arnold von Selenhofen 742?–1160, Innsbruck 1877 (ND 1966).

Carlo Magno 2000 – Pontificio comitato de scienze storiche (Hg.): Carlo Magno a Roma, Rom 2000.

Cepl-Kaufmann/Johanning 2003 – Gertrude Cepl-Kaufmann/Antje Johanning: Mythos Rhein. Zur Kulturgeschichte eines Stromes, Darmstadt 2003.

Christian, Calamit. Mogunt. – Christian von Weisenau: Liber de calamitate ecclesiae Moguntinae, ed. Heinrich Reimer (MGH SS 25), Hannover 1880, S. 236–248.

Chron. min. – Cronica Minor Minoritae Erphordensis, in: Monumenta Erphesfurtensia saec. XII, XIII, XIV, ed. Oswald Holder-Egger (MGH SrG 42), Hannover/Leipzig 1899, S. 486–671.

Cicero, De officiis – Marcus Tullius Cicero: De officiis, ed. Karl Atzert, Leipzig 1963.

Clemens 2003 – Lukas Clemens: Tempore Romanorum constructa. Zur Nutzung und Wahrnehmung antiker Überreste nördlich der Alpen während des Mittelalters (Monographien zur Geschichte des Mittelalters 50), Stuttgart 2002.

Codreanu-Windauer 2003 – Silvia Codreanu-Windauer: Vorromanische Kirchenbauten in Altbayern, in: Hans Rudolf Sennhauser (Hg.): Frühe Kirchen im östlichen Alpengebiet von der Spätantike bis in ottonische Zeit, Bd. 2, München 2003, S. 457– 485.

Conc. Tribur. – Concilium Triburiense, in: Capitularia regum Francorum II, ed. Alfred Boretius, Victor Krause (MGH Capit. 2), Hannover 1897, S. 196–249.

Crivello 2007 – Fabrizio Crivello: Ein Name für das Herrscherbild des Ludwigspsalters, in: Kunstchronik 60, 2007, S. 216–219.

Czarnowski 2001 – Katja Czarnowski: Die Loreley, in: Etienne Francois/Hagen Schulze (Hg.): Deutsche Erinnerungsorte, Bd. 3, München 2001, S. 488–502 und 725f.

Dammert 1864/65 – Franz Leopold Dammert: Hatto I. Erzbischof von Mainz und seine Zeit. Nach den Quellen dargestellt, 2 Bde., Freiburg im Breisgau 1864/65.

D Arn – Die Urkunden der deutschen Karolinger. Dritter Band: Die Urkunden Arnolfs, ed. Paul Fridolin Kehr (MGH DD), Berlin 1940.

Dassmann 2000 – Ernst Dassmann: Das Bistum in römischer und fränkischer Zeit, in: Jürgensmeier 2000a, S. 19–86.

De Blaauw 1994 – Sible De Blaauw: Cultus et Decor. Liturgia e architettura nella Roma tardoantica e medievale, Vatikanstadt 1994.

Decima Centuria 1567 – Decima Centuria ecclesiasticae historiae, continens descriptionem amplissimarum rerum in regno Christi [...], Basel: Oporinus, Johann 1567.

Decot 2011 – Rolf Decot: Der Martinsdom in Mainz. Zeuge einer wechselvollen Geschichte, in: Kotzur 2011, S. 22–43.

Depeyrot 1998 – Georges Depeyrot: Le numéraire carolingien. Corpus des monnaies (Collection Moneta 8), zweite Auflage, Wetteren 1998.

Deutinger 2006 – Roman Deutinger: Königsherrschaft im ostfränkischen Reich. Eine pragmatische Verfassungsgeschichte der späten Karolingerzeit (Beiträge zur Geschichte und Quellenkunde des Mittelalters 20), Ostfildern 2006.

Deutsche Sagen 1816–1818/1981 – Deutsche Sagen hg. von den Brüdern Grimm (= Jacob Ludwig Karl Grimm und Wilhelm Karl Grimm). Mit den Illustrationen von Otto Ubbelohde, 2 Bde., Frankfurt am Main 1981 (Erstausgabe 1816–1818).

Dielhelm 1739 – Johann Hermann Dielhelm: Denkwürdiger und nützlicher Rheinischer Antiquarius [...], Frankfurt am Main 1739.

Diepenbach 1928 – Wilhelm Diepenbach: Die Stadtbefestigung von Mainz. Stadtmauern, Tore, Türme, Wälle und Bastionen, in: Mainz. Ein Heimatbuch 1, 1928, S. 21–28.

Dietmar/Trier 2011 – Carl Dietmar/Marcus Trier: COLONIA – Stadt der Franken. Köln vom 5. bis 10. Jahrhundert, Köln 2011.

D Karl – Die Urkunden der deutschen Karolinger. Zweiter Band: Die Urkunden Karls III., ed. Paul Fridolin Kehr (MGH DD), Berlin 1937.

D K I – Die Urkunden Konrad I. Heinrich I. Otto I. (sic!), in: Die Urkunden der deutschen Könige und Kaiser. Erster Band (MGH DD), Hannover 1879–1884, S. 2–36 (Konrad I.).

D LK – Die Urkunden Ludwigs des Kindes, in: Die Urkunden der deutschen Karolinger. Vierter Band: Die Urkunden Zwentibolds und Ludwigs des Kindes, ed. Theodor Schieffer (MGH DD), Berlin 1960, S. 73–238.

Donizo, Vita Math. – Donizo, Vita Mathildis, ed. Ludwig Bethmann (MGH SS 12), Hannover 1856, S. 348–409.

Dümmler 1885 – Ernst Dümmler: Das Martyrologium Notkers und seine Verwandten, in: Forschungen zur Deutschen Geschichte 25, 1885, S. 195–220.

Dümmler 1888 – Ernst Dümmler: Geschichte des ostfränkischen Reiches, 3. Band: Die letzten Karolinger. Konrad I. (Jahrbücher des deutschen Reiches), Leipzig 1888.

Duft/Schnyder 1984 – Johannes Duft/Rudolf Schnyder: Die Elfenbein-Einbände der Stiftsbibliothek St. Gallen (Kult und Kunst 7), Beuron 1984.

Dumont/Scherf/Schütz 1998 – Franz Dumont/Ferdinand Scherf/Friedrich Schütz (Hg.): Mainz. Die Geschichte der Stadt, Mainz 1998.

D Zw – Die Urkunden Zwentibolds, in: Die Urkunden der deutschen Karolinger, 4. Band: Die Urkunden Zwentibolds und Ludwigs des Kindes, ed. Theodor Schieffer (MGH DD), Berlin 1960, S. 3–71.

Eckenfels-Kunst 2008 – Sybille E. Eckenfels-Kunst: Goldemails. Untersuchungen zu ottonischen und frühsalischen Goldzellenschmelzen, Berlin 2008.

Eggenberger 2005 – Peter Eggenberger: Beiträge zur Baugeschichte der Kirche St. Georg in Oberzell auf der Reichenau, in: Südwestdeutsche Beiträge zur historischen Bauforschung 6, 2005, S. 215–327 u. Klapptafel.

Eichert/Mehofer/Baier 2011 – Stefan Eichert/Mathias Mehofer/Robert Baier: Archäologische und archäometallurgische Untersuchungen an einer karolingerzeitlichen Flügellanzenspitze aus dem Längssee in Kärnten/Österreich, in: AKorrbl 41, 2011, S. 139–154.

Eismann 2004 – Stefan Eismann: Frühe Kirchen über römischen Grundmauern. Untersuchungen zu ihren Erscheinungsformen in Südwestdeutschland, Südbayern und der Schweiz, Rahden 2004.

Ekkehard, Casus – Ekkehard IV.: Casus Sancti Galli – St. Galler Klostergeschichten, übers. von Hans F. Haefele (FSGA 10), Darmstadt 1980.

Elbern 1988 – Victor H. Elbern: Die Goldschmiedekunst im frühen Mittelalter, Darmstadt 1988.

Ellmers 1969 – Detlev Ellmers: Schiffahrt und Händlerviertel im Mittelalter, in: Führer Mainz 1969, S. 185–195.

Ellmers 1972 – Detlev Ellmers: Frühmittelalterliche Handelsschiffahrt in Mittel- und Nordeuropa (Offa-Bücher 28), erste Auflage, Neumünster 1972 (zweite Auflage, Neumünster 1984).

Engelhardt 1971 – Rudolf Engelhardt: Der Binger Mäuseturm und seine tausendjährige Geschichte und Sage, Bingen 1971.

Engelhardt 1978 – Rudolf Engelhardt: Neue Beiträge zur Mäuseturm-Forschung (Binger Annalen 17), Bingen 1978.

Erdmann 1941/43; 1968 – Carl Erdmann: Beiträge zur Geschichte Heinrichs I. (IV–VI), in: Sachsen und Anhalt 17, 1941/43, S. 14–61 (ND in: ders.: Ottonische Studien, hg. und eingel. von Helmut Beumann, Darmstadt 1968, S. 83–130).

Erdmann 1989 – Wolfgang Erdmann: Gefäße und deren Darstellung. Zu „Realitäts"-ebenen mittelalterlicher Bildquellen, in: Hammaburg NF 9, 1989, S. 319–340.

Erkens 2006 – Franz-Reiner Erkens: Konrad I. als Christus domini, in: Goetz 2006a, S. 111–127.

Esser 1961 – Karl Heinz Esser: Mainz, München/Berlin 1961.

Esser 1969a – Karl Heinz Esser: Der Mainzer Dom, in: Führer Mainz 1969, S. 155–170.

Esser 1969b – Karl Heinz Esser: Die mittelalterliche und neuzeitliche Stadtbefestigung, in: Führer Mainz 1969, S. 132–140.

Esser 1972 – Karl Heinz Esser: Mogontiacum, in: BJb 172, 1972, S. 212–227.

Esser 1975a – Karl Heinz Esser: Der Mainzer Dom des Erzbischofs Willigis, in: Anton Philipp Brück (Hg.): Willigis und sein Dom. FS zur Jahrtausendfeier des Mainzer Domes 975-1975 (Quellen und Abhandlungen zur mittelrheinischen Kirchengeschichte 24), Mainz 1975, S. 135–184.

Esser 1975b – Karl Heinz Esser: 10 Jahre Ausgrabungen in Mainz 1965–1974 (Mainzer Schriften zur Kunst und Kultur in Rheinland-Pfalz 3), AK Mainz, Mainz 1975.

Esser/Selzer/Büsing/Decker 1974 – Karl Heinz Esser/Wolfgang Selzer/Hermann Büsing/Karl-Viktor Decker: Untersuchungen an der römischen Stadtmauer von Mainz auf dem Kästrich, in: MainzZ 69, 1974, S. 277–288.

Euw 2008 – Anton von Euw: Die St. Galler Buchkunst vom 8. bis zum Ende des 11. Jahrhunderts (Monasterium Sancti Galli 3), St. Gallen 2008.

Ewig 1962 – Eugen Ewig: Die ältesten Mainzer Patrozinien und die Frühgeschichte des Bistums Mainz, in: Kurt Böhner/Victor H. Elbern u. v. a. (Hg.): Das erste Jahrtausend. Kultur und Kunst im werdenden Abendland an Rhein und Ruhr, Bd. 1, AK Essen, Düsseldorf 1962, S. 114–127.

Exner 1989 – Matthias Exner: Die Fresken der Krypta von St. Maximin in Trier und ihre Stellung in der spätkarolingischen Wandmalerei (Trierer Zeitschrift, Beiheft 10), Trier 1989.

Exner 2004 – Matthias Exner: Die ottonischen Wandmalereien der Reichenau. Aspekte ihrer chronologischen Stellung, in: Zeitschrift des Deutschen Vereins für Kunstwissenschaft 58, 2004, S. 9–115.

Exner 2011 – Matthias Exner: Buchmalerei im Kloster Lorsch. Frühmittelalterliche Miniaturen aus dem Skriptorium des Reichsklosters, in: AK Lorsch 2011, S. 330–356.

Falck 1969 – Ludwig Falck: Geschichte von Mainz im Mittelalter, in: Führer Mainz 1969, S. 58–100.

Falck 1972 – Ludwig Falck: Mainz im frühen und hohen Mittelalter (Mitte 5. Jahrhundert bis 1244) (Geschichte der Stadt Mainz 2), Düsseldorf 1972.

Falck 1988 – Ludwig Falck: Von der fränkischen Zeit bis zum Ende des 18. Jahrhunderts, in: Wegner 1988, S. 14–37.

Fees/Roberg 2008 – Irmgard Fees/Francesco Roberg, in Zusammenarb. mit Harald Winkel (Hg.): Die ältesten Urkunden der Erzbischöfe von Mainz (888–1109) (Digitale Urkundenbilder 3), Leipzig 2008.

Feist 1895 – Sigmund Feist: Die Sage vom Binger Mäuseturm in ihren geschichtlichen, literarischen und mythischen Beziehungen, in: Zeitschrift für den deutschen Unterricht 9, 1895, S. 505–549.

Felten 1980 – Franz J. Felten: Äbte und Laienäbte im Frankenreich. Studie zum Verhältnis von Staat und Kirche im früheren Mittelalter (Monographien zur Geschichte des Mittelalters 20), Stuttgart 1980.

Ferrari 1999 – Michele C. Ferrari: Der älteste touronische Pandekt: Paris, Bibliothèque nationale de France lat. 8847 und seine Fragmente, in: Skriptorium 53, 1999, S. 108–114. (Wiederabdruck in: Analecta Epternacensia. Beiträge zur Bibliotheksgeschichte der Abtei Echternach, Luxemburg 2000, S. 17–27).

Ferrari 2002 – Michele C. Ferrari: Bibelhandschriften im frühen Mittelalter, in: Nolden 2002, S. 185–204.

Fillitz 1958 – Hermann Fillitz: Die Spätphase des „langobardischen" Stiles. Studien zum oberitalienischen Relief des 10. Jahrhunderts, in: Jahrbuch der kunsthistorischen Sammlungen in Wien 54, N. F. 18, 1958, S. 7–72.

Fleckenstein 1959 – Josef Fleckenstein: Die Hofkapelle der deutschen Könige, Bd. 1, Grundlegung. Die karolingische Hofkapelle (Schriften der MGH 16/1), Stuttgart 1959.

Flores temporum – Flores temporum auctore fratre ordinis Minorum, ed. Oswald Holder-Egger (MGH SS 24), Hannover 1879, S. 228–250.

Flug 2006 – Brigitte Flug: Äußere Bindung und innere Ordnung. Das Altmünsterkloster in Mainz in seiner Geschichte und Verfassung von den Anfängen bis zum Ende des 14. Jahrhunderts (Geschichtliche Landeskunde 61), Stuttgart 2006.

Formosi Papae Epistolae – Formosi Papae Epistolae, hg. von Gerhard Laehr (MGH Epp. 7), Berlin 1912, S. 366–370.

Frank 2000/01 – Thomas Frank: Die ostfränkische Reichskirche zur Zeit Ludwigs des Kindes, in: Herbers/Vogel 2000/01, S. 67–83.

Frenz 1982/83 – Hans G. Frenz: Julianus Apostata? Ein kolossaler römischer Bildniskopf aus Mainz. Versuch einer Deutung, in: MainzZ 77/78, 1982/83, S. 173–181.

Frenz 1986 – Hans G. Frenz: Die Spolien der Mainzer Stadtmauer, in: JbRGZM 33/1, 1986, S. 331–368.

Frenz 1992 – Hans G. Frenz: Bauplastik und Porträts aus Mainz und Umgebung. Corpus Signorum Imperii Romani. Deutschland II,7 Germania Superior, Mainz 1992.

Fried 1982 – Johannes Fried: Der karolingische Herrschaftsverband im 9. Jahrhundert zwischen „Kirche" und „Königshaus", in: HZ 235, 1982, S. 1–43.

Fried 2004 – Johannes Fried (Hg.): Der Lorscher Rotulus. Vollständige Faksimile-Ausgabe der Handschrift Ms. Barth. 179 der Stadt- und Universitätsbibliothek Frankfurt am Main. Kommentar (Codices selecti 99), Graz 2004.

Fried 2005 – Johannes Fried: Um 900. Warum es das Reich der Franken nicht gegeben hat, in: Bernhard Jussen (Hg.): Die Macht des Königs. Herrschaft in Europa vom Frühmittelalter bis in die Neuzeit, München 2005, S. 83–89 und 374f.

Fuchs 1974 – Peter Fuchs: Art. „Joannis, Georg Christian", in: NDB 10, 1974, S. 443f.

Fuchs/Hedtke/Kern 2012 – Rüdiger Fuchs/Britta Hedtke/Susanne Kern: Deutsche Inschriften

online. Die Inschriften der Stadt Mainz. Teil 1: Die Inschriften des Domes und des Dom- und Diözesanmuseums von 800 bis 1350, Nr. 2; urn:nbn:de:0238-di002mz00k0000201 (zuletzt besucht: 04.12.2012)

Fuchs/Schmid 2002 – Franz Fuchs/Peter Schmid (Hg.): Kaiser Arnolf. Das ostfränkische Reich am Ende des 9. Jahrhunderts. Regensburger Kolloquium 9.–11.12.1999 (ZBLG Beiheft 19, Reihe B), München 2002.

Füssel 1994 – Stephan Füssel (Hg.): 500 Jahre Schedelsche Weltchronik. Akten des interdisziplinären Symposions vom 23./24. April 1993 in Nürnberg (Pirckheimer-Jahrbuch 9), Nürnberg 1994.

Füssel 1996 – Stephan Füssel: Die Welt im Buch. Buchkünstlerischer und humanistischer Kontext der Schedelschen Weltchronik von 1493, Mainz 1996.

Fuhrmann 1970 – Horst Fuhrmann: Der angebliche Brief Erzbischofs Hatto von Mainz, in: MIÖG 78, 1970, S. 51–62.

Führer Mainz 1969 – Führer zu vor- und frühgeschichtlichen Denkmälern, Bd. 11: Mainz, Mainz 1969

Funke 2012 – Bernd Funke: Von Hakenkreuz bis Römerholz. Allgemeine Zeitung Mainz vom 3. August 2012, S. 12.

Gamber 1968–1988 – Klaus Gamber: Codices liturgici Latini antiquiores (Spicilegii Friburgensis Subsidia 1), zweite Auflage, Freiburg (Schweiz) 1968; Klaus Gamber: Codices liturgici Latini antiquiores. Supplementum (Spicilegii Friburgensis Subsidia 1a), Freiburg (Schweiz) 1988.

Ganz 2012 – David Ganz: Im Revier des Bären. Die Schreibtafeln Karls des Großen und die Buchhülle Tuotilos, in: Philippe Cordez (Hg.): Charlemagne et les objets. Des thésaurisations carolingiennes aux constructions mémorielles (L'Atelier 5), Bern u.a. 2012, S. 87–114.

Gaut 2005 – Bjarne Gaut: A pseudo-cameo brooch-inlay from Kaupang, Southeast Norway. AKorrbl 35, 2005, S. 545–558.

Gauthier 2000 – Nancy Gauthier: Province ecclésiastique de Mayence, in: dies., Topographie chrétienne des cités de La Gaule des origines au milieu du VIIIe s.: XI. Mayence, Paris 2000, S. 21–43.

Geibig 1991 – Alfred Geibig: Beiträge zur morphologischen Entwicklung des Schwertes im Mittelalter, Neumünster 1991.

Geuenich/Oexle 1994 – Dieter Geuenich/Otto Gerhard Oexle (Hg.): Memoria in der Gesellschaft des Mittelalters (Veröffentlichungen des Max-Planck-Instituts für Geschichte 111), Göttingen 1994.

Glei 1984 – Reinhold F. Glei (Hg.): Die Batrachomyomachie. Synoptische Edition und Kommentar (Studien zur klassischen Philologie 12), Frankfurt am Main u. a. 1984.

Glei 1997 – Reinhold F. Glei: Art. „Batrachomyomachia", in: Der Neue Pauly, Bd. 2., Stuttgart/ Weimar 1997, Sp. 495f.

Goetz 1977 – Hans-Werner Goetz: Dux und Ducatus. Begriffs- und verfassungsgeschichtliche Untersuchungen zur Entstehung des sogenannten „jüngeren" Stammesherzogtums an der Wende vom 9. zum 10. Jahrhundert, Bochum 1977.

Goetz 1983 – Hans-Werner Goetz: Regnum. Zum politischen Denken der Karolingerzeit, in: Zeitschrift der Savigny-Stiftung für Rechtsgeschichte, Germanistische Abteilung 104, 1983, S. 100–187.

Goetz 1999a – Hans-Werner Goetz: Moderne Mediävistik. Stand und Perspektiven der Mittelalterforschung, Darmstadt 1999.

Goetz 1999b – Hans-Werner Goetz: Vergangenheitswahrnehmung, Vergangenheitsgebrauch und Geschichtssymbolismus in der Geschichtsschreibung der Karolingerzeit, in: Ideologie e pratiche del reimpiego nell'alto medioevo (Settimane di studio 46), Spoleto 1999, S. 177–225.

Goetz 2006a – Hans-Werner Goetz (Hg.): Konrad I. – Auf dem Weg zum „Deutschen Reich"?, Bochum 2006.

Goetz 2006b – Hans-Werner Goetz: Die Wahrnehmung von „Staat" und „Herrschaft" im frühen Mittelalter, in: Airlie/Pohl/Reimitz 2006, S. 39–58.

Goldschmidt 1914 – Adolph Goldschmidt: Die Elfenbeinskulpturen aus der Zeit der karolingischen und sächsischen Kaiser, VIII.–XI. Jahrhundert, Bd. 1, Berlin 1914.

Gottfried 1674 – Joh. Ludov. Gottfridi Historische Chronica, Oder Beschreibung der Fürnemsten Geschichten/so sich von Anfang der Welt/biß auff das Jahr Christi 1619 zugetragen […], Frankfurt am Main 1674: Matthias Merian 1674 [urn:nbn:de:hbz:061:1-19618].

Gregor, Dialogi – Gregor der Große, Dialogi = Grégoire le Grand, Dialogues, ed. Adalbert de Vogüé und Paul Antin (SC 260, 251, 265), Paris 1978, 1979, 1980.

Grierson/Blackburn 1986 – Philip Grierson/Mark Blackburn: Medieval European Coinage. With a Catalogue in the Fitzwilliam Museum, Cambridge, Bd. 1, The Early Middle Ages (5th – 10th centuries), Cambridge 1986.

Grimaldi 1972 – Giacomo Grimaldi, Descrizione della basilica antica di S. Pietro in Vaticano, Codice Barberini latino 2733, edizione e note a cura di Reto Niggl (Codices e Vaticanis selecti 32), Vatikanstadt 1972

Groh 1926 – Daniel Groh: Lizentiat der Rechte Johannes Wolff, Zweibrücken 1926.

Gross 1992 – Uwe Gross: „Terra sclavorum" in Süddeutschland, in: Ausgrabungen in Deutschland, H. 2, 1991, S. 32–37.

Grosskinsky 2011 – Manfred Grosskinsky: Zwei Kunststädte im Dialog. Düsseldorfer Maler in Frankfurt am Main und Frankfurter Maler in Düsseldorf in der ersten Hälfte des 19. Jahrhunderts, in: AK Düsseldorf 2011, Bd. 1, S. 151–159.

Grünewald 2012a – Mathilde Grünewald: Schmausende Domherren oder wie Politik auf den Tisch kommt. Mainzer Menüs 1545 und 1546, erzählt und aufgetischt von Mathilde Grünewald, mit Fotos von Klaus Baranenko, Lindenberg 2012.

Grünewald 2012b – Mathilde Grünewald: Schmausende Domherren oder wie sich Politik

zum Essen verhielt. Mainzer Menüs 1545 und 1546 aus dem Sakristeibuch des Mainzer Doms, in: Hinkel 2012, S. 215–240.

Haarländer 2000 – Stephanie Haarländer: Vitae episcoporum. Eine Quellengattung zwischen Hagiographie und Historiographie, untersucht an Lebensbeschreibungen von Bischöfen des Regnum Teutonicum im Zeitalter der Ottonen und Salier (Monographien zur Geschichte des Mittelalters 47), Stuttgart 2000.

Haarländer 2005 – Stephanie Haarländer: Bonifatius in Mainz. Die Überlieferung vom 8. bis zum 18. Jahrhundert, in: Nichtweiß 2005, S. 55–176, 261–276.

Haberland 2005 – Irene Haberland: Zwischen Kunst und Kommerz. Illustrierte Rheinbücher vom 17. bis 19. Jahrhundert. Aus Beständen der Rheinischen Landesbibliothek Koblenz, Koblenz 2005.

Haefele 1980 – Hans F. Haefele: Ekkehard IV. St. Galler Klostergeschichten (Ekkehardi IV. Casus sancti Galli) (Ausgewählte Quellen zur deutschen Geschichte des Mittelalters 10), Darmstadt 1980.

Haertle 1997 – Clemens Maria Haertle: Karolingische Münzfunde aus dem 9. Jahrhundert, Köln 1997.

Handschriftencensus Rheinland-Pfalz – Handschriftencensus Rheinland-Pfalz, URL: http://www.hss-census-rlp.ub.uni-mainz.de/ (01.02.2013)

Hannig 1982 – Jürgen Hannig: Consensus fidelium. Frühfeudale Interpretationen des Verhältnisses von Königtum und Adel am Beispiel des Frankenreiches (Monographien zur Geschichte des Mittelalters 27), Stuttgart 1982.

Hartmann, M. 2002 – Martina Hartmann: Lotharingien in Arnolfs Reich. Das Königtum Zwentibolds, in: Fuchs/Schmid 2002, S. 122–142.

Hartmann 1989 – Wilfried Hartmann: Die Synoden der Karolingerzeit im Frankenreich und in Italien, Paderborn u.a. 1989.

Hartmann 2002 – Wilfried Hartmann: Kaiser Arnolf und die Kirche, in: Fuchs/Schmid 2002, S. 221–252.

Hartmann 2004 – Wilfried Hartmann (Hg.): Das Sendhandbuch des Regino von Prüm (Ausgewählte Quellen zur deutschen Geschichte des Mittelalters. FSGA 42), Darmstadt 2004.

Hartmann 2008 – Wilfried Hartmann: Kirche und Kirchenrecht um 900. Die Bedeutung der spätkarolingischen Zeit für Tradition und Innovation im kirchlichen Recht (MGH Schriften 58), Hannover 2008.

Hartmann/Schröder/Schmitz 2012 – Wilfried Hartmann/Isolde Schröder/Gerhard Schmitz (Hg.): Die Konzilien der karolingischen Teilreiche 875-911 (MGH, Concilia 5), Hannover 2012

Hatto, epist. – Hatto, Brief an Papst Johannes IX., ed. Breßlau 1910, S. 27–30.

Haubrichs 1978 – Wolfgang Haubrichs: Neue Zeugnisse zur Reichenauer Kultgeschichte des neunten Jahrhunderts, in: Zeitschrift für die Geschichte des Oberrheins 126, N. F. 87, 1978, S. 1–43.

Heckmann 2012 – Marie-Luise Heckmann: Der Fall Formosus, in: Stefan Weinfurter (Hg.): Päpstliche Herrschaft im Mittelalter. Funktionsweisen – Strategien – Darstellungsformen, Ostfildern 2012, S. 222–238.

Hedtke 2012 – Britta Hedtke: Tagungsbericht „Das karolingische Fragment eines illustrierten Apokalypse-Kommentars in der Mainzer Wissenschaftlichen Stadtbibliothek (Hs frag 18)", Mainz 30.11.2011, in: H-Soz-u-Kult 04.07.2012 ‹http://hsozkult.geschichte.hu berlin.de/tagungsberichte/id=4292›.

Hehl 2000 – Ernst-Dieter Hehl: Die Mainzer Kirche in ottonisch-salischer Zeit (911–1122), in: Jürgensmeier 2000a, S. 195–280.

Hehl 2010 – Ernst-Dieter Hehl: Ein Dom für König, Reich und Kirche, in: Janson/Nichtweiß 2010, S. 45–78.

Heidemann 1865 – Julius Heidemann: Hatto I., Erzbischof von Mainz vom Jahre 891 bis 913 (Programm des Gymnasiums zum Grauen Kloster 1865), Berlin 1865.

Heidrich 2006 – Ingrid Heidrich: Das Adelsgeschlecht der Konradiner vor und während der Regierungszeit Konrads I., in: Goetz 2006a, S. 59–75.

Heising 2008 – Alexander Heising: Die römische Stadtmauer von Mogontiacum – Mainz. Archäologische, historische und numismatische Aspekte zum 3. und 4. Jahrhundert n. Chr., Bonn 2008.

Hellinger 1962/63 – Walter Hellinger: Die Pfarrvisitation nach Regino von Prüm, in: Zeitschrift

der Savigny-Stiftung für Rechtsgeschichte, Kanonistische Abteilung 48, 1962, S. 1–116 und 49, 1963, S. 76–137.

Herbers 2000/01 – Klaus Herbers: Ludwig das „Kind", am 4. Februar 900 in Forchheim erhoben, in: Herbers/Vogel 2000/01, S. 7–23.

Herbers/Vogel 2000/01 – Klaus Herbers/Bernhard Vogel (Hg.): An Regnitz, Aisch und Wiesent. Heimatkundliche Zeitschrift für Stadt und Landkreis Forchheim. Sonderheft 1: Ludwig das Kind (900–911), Forchheim 2000/01.

Herbers 2012 – Klaus Herbers: Geschichte des Papsttums im Mittelalter, Darmstadt 2012.

Herde 1969 – Peter Herde: Art. „Hatto I." bzw. „Hatto II.", in: NDB 8, 1969, S. 60f.

Hermann, Chron. – Hermann (der Lahme) von Reichenau, Chronicon, ed. Georg Heinrich Pertz (MGH SS 5), Hannover 1844, S. 67–133.

Heß 1962 – Wolfgang Heß: Geldwirtschaft am Mittelrhein in karolingischer Zeit, in: Blätter für deutsche Landesgeschichte 98, 1962, S. 26–63.

Hilg 2007 – Hardo Hilg: Lateinische mittelalterliche Handschriften in Quarto der Universitätsbibliothek Augsburg. Die Signaturengruppe Cod. I.2.4° und Cod. II.1.4° (Die Handschriften der Universitätsbibliothek Augsburg. Erste Reihe: Die lateinischen Handschriften 3), Wiesbaden 2007.

Hiller-König/Mueller 2003 – Werner Hiller-König/Carla Th. Mueller: Die Schatzkammer im Reichenauer Münster, Königstein 2003.

Hinkel 2001 – Helmut Hinkel: Der verbrannte Schatz. Reste der Dombibliothek in der Martinus Bibliothek, in: Domblätter. Forum des Dombauvereins Mainz e. V. 3, 2001, S. 49–54.

Hinkel 2011/12 – Helmut Hinkel: „Zu Mäntz eins Burgers Tochter was". Päpstin Johanna im Spiegel einer geistlichen Bibliothek, in: MainzZ 106/107, 2011/12, S. 157–196.

Hinkel 2012 – Helmut Hinkel (Hg.): Bibliotheca S. Martini Moguntina. Alte Bücher – Neue Funde (Neues Jahrbuch für das Bistum Mainz 2012, hg. von Barbara Nichtweiß), Mainz/Würzburg 2012.

Hinkmar, ord. pal. – Hinkmar von Reims: De ordine palatii, ed. und übers. von Thomas Groß und Rudolf Schieffer (MGH Fontes iuris 3), Hannover 1980.

Hlawitschka 1969 – Eduard Hlawitschka: Waren die Kaiser Wido und Lambert Nachkommen Karls des Großen?, in: QFIAB 49, 1969, S. 366–386.

Hlawitschka 1983 – Eduard Hlawitschka: Die Widonen im Dukat von Spoleto, in: QFIAB 63, 1983, S. 20–92.

Hlawitschka 1998 – Eduard Hlawitschka: Art. „Widonen", in: LexMA 9 (1998), Sp. 72–74.

Hlawitschka 2003 – Eduard Hlawitschka: Konradiner-Genealogie, unstatthafte Verwandtenehen und spätottonisch-frühsalische Thronbesetzungspraxis. Ein Rückblick auf 25 Jahre Forschungsdisput (MGH StuT 32), Hannover 2003.

Hoffmann 1986 – Hartmut Hoffmann: Buchkunst und Königtum im ottonischen und frühsalischen Reich (MGH Schriften 30,1–2), Stuttgart 1986.

Hoffmann 1999 – Hartmut Hoffmann: Bernhard Bischoff und die Paläographie des 9. Jahrhunderts, in: DA 55, 1999, S. 549–590.

Hoffmann 2004 – Hartmut Hoffmann: Schreibschulen des 10. und 11. Jahrhunderts im Südwesten des Deutschen Reichs. Mit einem Beitrag von Elmar Hochholzer, Text- u. Tafelbd. (MGH Schriften 53,1–2), Hannover 2004.

Holeczek 2009 – Heinz Holeczek: Art. „Herold, Johannes Basilius", in: Killy 2008ff., Bd. 5, 2009, S. 334f.

Hollstein 1980 – Ernst Hollstein: Mitteleuropäische Eichenchronologie (Trierer Grabungen und Forschungen 11), Mainz 1980.

Homburger 1962 – Otto Homburger: Die illustrierten Handschriften der Burgerbibliothek Bern. Die vorkarolingischen und karolingischen Handschriften, Bern 1962.

Hrabanus 1852 – Hrabanus Maurus : De universo (De naturis rerum), in: Patrologia latina 111, hg. v. Jacques-Paul Migne, Paris 1852, Sp. 9–614.

Hrabanus Maurus, epist. – Hrabanus Maurus: Epistolae, ed. Ernst Dümmler (MGH Epp. V: Epp. Karolini aevi III), Berlin 1899, S. 379–516.

Hucbald, Versus – Hucbald von St-Amand, Versus Calvorum laude canendi, in: Poetae latini aevi Carolini IV,1, ed. Paul von Winterfeld (MGH Poetae 4,1), Berlin 1899, S. 266f.

Hucbald, Ecloga de calvis – Hucbald von St-Amand, Ecloga de calvis, in: Poetae latini aevi Carolini IV,1, ed. Paul von Winterfeld (MGH Poetae 4,1), Berlin 1899, S. 267–271.

Irtenkauf 1977 – Wolfgang Irtenkauf: Johann Wolf, in: Lebensbilder aus Schwaben und Franken 13, 1977, S. 73–83.

Jackman 1990 – Donald C. Jackman: The Konradiner. A Study in Genealogical Methodology (Ius commune, Sonderheft 47), Frankfurt am Main 1990.

Jacobsen 1991 – Werner Jacobsen: Mainz (Rheinland-Pfalz). St. Johannis („Alter Dom"), in: Jacobsen/Schaefer/Sennhauser 1991, S. 263f.

Jacobsen 1992 – Werner Jacobsen: Der Klosterplan von St. Gallen und die karolingische Architektur. Entwicklung und Wandel von Form und Bedeutung im fränkischen Kirchenbau zwischen 751 und 840, Berlin 1992.

Jacobsen 1999 – Werner Jacobsen: Die Renaissance der frühchristlichen Architektur in der Karolingerzeit, in: Christoph Stiegemann/Matthias Wemhoff (Hg.): 799. Kunst und Kultur der Karolingerzeit, AK Paderborn, Bd. 3, Mainz 1999, S. 623–642.

Jacobsen/Schaefer/Sennhauser 1991 – Werner Jacobsen/Leo Schaefer/Hans Rudolf Sennhauser: Vorromanische Kirchenbauten, Katalog der Denkmäler bis zum Ausgang der Ottonen, Nachtragsband (Veröffentlichung des Zentralinstituts für Kunstgeschichte in München 3), München 1991.

Jakobs 1996 – Dörte Jakobs: Zum Weihedatum von St. Georg, Reichenau-Oberzell, in: Kunstchronik 49, 1996, S. 141–144.

Jakobs 1999 – Dörthe Jakobs: Sankt Georg in Reichenau-Oberzell. Der Bau und seine

Ausstattung. Bestand, Veränderungen, Restaurierungsgeschichte (Forschungen und Berichte der Bau- und Kunstdenkmalpflege in Baden-Württemberg 9), 2 Text- u. 1 Tafelbd., Stuttgart 1999.

Janson/Nichtweiß 2010 – Felicitas Janson/Barbara Nichtweiß (Hg.): Basilica nova Moguntina. 1000 Jahre Willigis-Dom in Mainz. Beiträge zum Domjubiläum 2009, Mainz 2010.

Jesse 1924 – Wilhelm Jesse: Quellenbuch zur Münz- und Geldgeschichte des Mittelalters, Halle/Saale 1924.

Joannis 1722 – Georg Christian Joannis: Rerum Moguntiacarum libri quinque, Frankfurt am Main 1722. [vollständiger Titel: Volumen Primum/Secundum rervm Mogvntiacarvm, quo continentur Nicolai Serarii, Societatis Iesv Theologi, Rervm Mogvntinensivm libri qvinqve, annotationibvs et schematibvs genearchicis tvm emendati tvm illvstrati, vna cum Svpplemento ad praesens vsqve tempvs, et indicibvs locvpletissimis, accvrante Georgio Christiano Ioannis, Francofvrti ad Moenvm apvd Ioannem Maximilianvm a Sande, Anno MDCCXXII.]

Jülich 2007–2009 – Theo Jülich: Die mittelalterlichen Elfenbeinarbeiten des Hessischen Landesmuseums Darmstadt, AK Berlin 2007–2008, AK Paderborn 2008–2009, AK Köln 2008–2009, AK Luxemburg 2009, Regensburg 2007.

Jürgensmeier 1988 – Friedhelm Jürgensmeier: Das Bistum Mainz von der Römerzeit bis zum II. Vatikanischen Konzil (Beiträge zur Mainzer Kirchengeschichte 2), Frankfurt am Main 1988.

Jürgensmeier 2000a – Friedhelm Jürgensmeier (Hg.): Handbuch der Mainzer Kirchengeschichte, Bd. 1: Christliche Antike und Mittelalter, Teil 1 (Beiträge zur Mainzer Kirchengeschichte 6), Würzburg 2000.

Jürgensmeier 2000b – Friedhelm Jürgensmeier: Art. „Nikolaus Serarius", in: LThK, Bd. 9, dritte Auflage, Freiburg im Breisgau 2000, Sp. 479.

Jungmann 1962 – Josef Andreas Jungmann: Missarum sollemnia. Eine genetische Erklärung der römischen Messe, Bd. 2, Opfermesse, fünfte Auflage, Wien u. a. 1962.

Kämpf 1956a – Hellmut Kämpf (Hg.): Die Entstehung des deutschen Reiches (Deutschland um 900). Ausgewählte Aufsätze aus den Jahren 1928–1954 (Wege der Forschung 1), Darmstadt 1956.

Kämpf 1956b – Hellmut Kämpf (Hg.): Herrschaft und Staat im Mittelalter (Wege der Forschung 2), Darmstadt 1956.

Kahsnitz 1998/99 – Rainer Kahsnitz: Ottonische Emails. Zum Stand der Forschung, in: Zeitschrift des deutschen Vereins für Kunstwissenschaft 52/53, 1998/99, S. 114–150.

Kahsnitz 2010 – Rainer Kahsnitz: „Die Elfenbeinskulpturen der Adagruppe". Hundert Jahre nach Adolph Goldschmidt. Versuch einer Bilanz der Forschung zu den Elfenbeinen Goldschmidt I,1–39, in: Zeitschrift des deutschen Vereins für Kunstwissenschaft 64, 2010, S. 9–172.

Kann 1995 – Hans-Joachim Kann: Der Trierer „Heilige Nagel". Geschichte und Verehrung im Spiegel unedierter Pilgerandenken, in: Kurtrierisches Jahrbuch 35, 1995, S. 69–87.

Karg 2012 – Andreas Karg: Art. „Herold, Basilius Johann (1514–1567)", in: Albrecht Cordes u.a. (Hg.): Handwörterbuch der Rechtsgeschichte, Bd. 2, Berlin 2012, Sp. 971f.

Kasten 1997 – Brigitte Kasten: Königssöhne und Königsherrschaft. Untersuchungen zur Teilhabe am Reich in der Merowinger- und Karolingerzeit (MGH Schriften 44), Hannover 1997.

Kastner 1992 – Jörg Kastner: Salvatoris Liber. Die Bibel und ihre Welt mit besonderer Berücksichtigung Niederbayerns. Handschriften und seltene Drucke vom 9. bis zum 18. Jahrhundert, AK Staatliche Bibliothek Passau, Passau 1992.

Kautzsch 1909 – Rudolf Kautzsch: Die Johanniskirche, der alte Dom zu Mainz, in: MainzZ 4, 1909, S. 56–70.

Keller/Althoff 2008 – Hagen Keller/Gerd Althoff: Die Zeit der späten Karolinger und der Ottonen. Krisen und Konsolidierungen (Gebhardt Handbuch der deutschen Geschichte 3), Stuttgart 2008.

Keller/Staubach 1994 – Hagen Keller/Nikolaus Staubach (Hg.): Iconologia sacra. Mythos, Bildkunst und Dichtung in der Religions- und Sozialgeschichte Europas. FS für Karl Hauck (Arbeiten zur Frühmittelalterforschung 23), Berlin/New York 1994.

Kentenich 1919 – Gottfried Kentenich: Beschreibendes Verzeichnis der Handschriften der Stadtbibliothek zu Trier, 9. Heft: Die juristischen Handschriften, Trier 1919.

Kern 2010 – Susanne Kern: Die Inschriften des Mainzer Doms und des Dom- und Diözesanmuseums von 800 bis 1350 (Mainzer Inschriften 1), Mainz 2010.

Kerner/Herbers 2010 – Max Kerner/Klaus Herbers: Die Päpstin Johanna. Biographie einer Legende, Köln 2010.

Kéry 1999 – Lotte Kéry: Canonical Collections of the Early Middle Ages (ca. 400–1140). A Bibliographical Guide to the Manuscripts and Literature, Washington D.C. 1999.

Kessler 1929/30 – Peter T. Kessler: Jahresberichte des Altertumsmuseums der Stadt Mainz für die Zeit vom 1. April 1928 bis 1. April 1930, in: MainzZ 24/25, 1929/30, S. 136–154.

Kessler 1931 – Peter T. Kessler: Ausgrabungen und Überwachung von Erdarbeiten, in: Ernst Neeb: Jahresbericht des Altertumsvereins der Stadt Mainz für die Zeit vom 1. April 1930 bis 1. April 1931, in: MainzZ 26, 1931, S. 113–120.

Kessler 1932 – Peter T. Kessler: Schlüssel aus spätmerowingisch-karolingischer Zeit, in: MainzZ 27, 1932, S. 96–101.

Kessler 1989 – Herbert Kessler: Old St. Peter's as the Source and Inspiration of Medieval Church Decoration, in: Herbert Kessler: Old Saint Peter's and Church Decoration in Medieval Italy, Spoleto 2002, S. 75–95 (erstmals publiziert unter: L'antica basilica di San Pietro come fonte e ispirazione per la decorazione delle chiese medievali, in: Maria Andaloro et al. (Hg.): Fragmenta picta. Affreschi e mosaici staccati nel Medioevo romano (Ausstellung Castel Sant'Angelo, Roma 1989–1990), Rom 1989, S. 45–64).

Kiewitz 2003 – Susanne Kiewitz: Mit Blick auf Bingen. Anfänge und Facetten der poetischen Rheinromantik in Deutschland, in: Bingen und die Rheinromantik (Binger Geschichtsblätter 22), Bingen 2003, S. 29–50.

Killy 2008ff. – Killy Literaturlexikon. Autoren und Werke des deutschsprachigen Kulturraumes, hg. von Wilhelm Kühlmann, Berlin u.a. 2008ff.

Klassert 1994 – Martin Ludwig Klassert: Das Mainzer Kollegiatstift St. Peter, in: AHG, NF 52, 1994, S. 11–138.

Klein 2012 – Peter K. Klein: Un fragment illustré d'époque carolingienne du commentaire de Bède sur l'Apocalypse, in: Bulletin Monumental 170/1, 2012, S. 43–45.

Klingelschmitt 1925 – Franz Theodor Klingelschmitt: Führer durch das Bischöfliche Dom- und Diözesanmuseum zu Mainz, Mainz 1925.

Kloft 2004a – Matthias Theodor Kloft: Dom und Domschatz in Limburg an der Lahn, Königstein 2004.

Kloft 2004b – Matthias Theodor Kloft: „Daß alle… bemerckte Sachen der Kirche fernerhin zum Gebrauch zu belassen seyen". Bemerkungen zum Mobilieninventar der Stiftskirche St. Georg und Nikolaus in Limburg zwischen Reformation und Säkularisation. Mit Edition der maßgeblichen Inventare (1569–1648), in: AMRhKG 56, 2004, S. 333–387.

Kloft 2011 – Matthias Theodor Kloft: Konrad I. und die Konradiner an der Lahn, in: Gregor K. Stasch/Frank Verse: 911 Konrad I. – Herrschaft und Alltag. Begleitband zur Ausstellung im Vonderau-Museum Fulda 2011/12, Petersberg 2011, S. 11–22.

Klüppel 1980 – Theodor Klüppel: Reichenauer Hagiographie zwischen Walahfrid und Berno. Mit einem Geleitwort von Walter Berschin (Reichenau-Bücherei), Sigmaringen 1980.

Kluge 1991 – Bern Kluge: Deutsche Münzgeschichte von der späten Karolingerzeit bis zum Ende der Salier (ca. 900 bis 1125), Sigmaringen 1991.

Knöpp 1973 – Friedrich Knöpp: Hatto, Abt von Reichenau, Ellwangen und Weißenburg, Erzbischof von Mainz 891–913, in: ders. (Hg.): Die Reichsabtei Lorsch. FS zum Gedenken an ihre Stiftung 764, 1. Teil, Darmstadt 1973, S. 261–267.

Koch 1934 – Ludwig Koch: Jesuiten-Lexikon: Die Gesellschaft Jesu einst und jetzt, 2 Bde. (1. A–J; 2. K–Z), Paderborn 1934 (ND 1962).

Koehler/Mütherich 1982 – Wilhelm Koehler/Florentine Mütherich: Die Hofschule Karls des Kahlen (Die karolingischen Miniaturen 5), Berlin 1982.

Kötzsche 1992 – Dietrich Kötzsche (Hg.): Der Quedlinburger Schatz wieder vereint, AK Berlin, Berlin 1992.

Konrad/Rettner/Wintergerst 2010 – Michaela Konrad/Arno Rettner/Eleonore Wintergerst: Die Ausgrabungen unter dem Niedermünster zu Regensburg 1. Grabungsgeschichte und Befunde, München 2010.

Koshi 1994 – Koichi Koshi: Zu baugeschichtlichen Fragen und architektonischen Analysen der St. Georgskirche von Oberzell auf der Bodensee-Insel Reichenau, in: Zeitschrift für Schweizerische Archäologie und Kunstgeschichte 51, 1994, S. 173–212.

Koshi 1998 – Koichi Koshi: Die frühmittelalterlichen Wandmalereien der St. Georgskirche zu Oberzell auf der Bodenseeinsel Reichenau, Text- u. Tafelbd., Berlin 1998.

Kotzur 2006 – Hans-Jürgen Kotzur (Hg.): Rabanus Maurus. Auf den Spuren eines karolingischen Gelehrten, AK Mainz, Mainz 2006

Kotzur 2009 – Hans-Jürgen Kotzur: Dommuseum Mainz. Führer durch die Sammlung, Mainz 2009.

Kotzur 2011 – Hans-Jürgen Kotzur (Hg.): Der verschwundene Dom. Wahrnehmung und Wandel der Mainzer Kathedrale im Lauf der Jahrhunderte, AK Mainz, Mainz 2011.

Kremer 1779 – Johann Martin Kremer, Originum Nassoicarum II (diplomatica), Wiesbaden 1779.

Kreuz 2011 – Kreuz, Gottfried: Art. „Gaspar Brusch“, in: Wilhelm Kühlmann u. a. (Hg.): Frühe Neuzeit in Deutschland 1520–1620. Literaturwissenschaftliches Verfasserlexikon, Bd. 1, Berlin u.a. 2011, Sp. 374–384.

Krug/Gudera 2001 – Antje Krug/Alice Gudera: „Sog. Kana-Krug“, in: AK Magdeburg 2001, S. 153–157, Nr. III.30.

Krüger 2006 – Karl Heinrich Krüger: Konrad I. im sächsisch-fränkischen Grenzraum, in: Goetz 2006a, S. 199–213.

Kubach/Verbeek 1989 – Hans Erich Kubach/Albert Verbeek: Vorromanische Baukunst, in: dies., Romanische Baukunst an Rhein und Maas, Bd. 4, Architekturgeschichte und Kunstlandschaft, Berlin 1989, S. 1–55.

Kühlmann 2010 – Wilhelm Kühlmann: Art. „Rollenhagen“ in: Killy 2008ff., Bd. 9, 2010, S. 708f.

Labusiak 2009 – Thomas Labusiak: Die Ruodprechtgruppe der ottonischen Reichenauer Buchmalerei. Bildquellen – Ornamentik – stilgeschichtliche Voraussetzungen (Denkmäler Deutscher Kunst), Berlin 2009.

Lasko 1994 – Peter Lasko: Ars sacra. 800–1200 (Pelikan History of Art), zweite, überarb. Auflage, Yale 1994 (erste Auflage 1972).

Latomus 1582 – Joannis Latomi: Collegii S. Bartholomaei apud Francofordiam Decani, Catalogus Episcoporum Archiepiscoporum Moguntinensium usque ad A. 1582, nondum hactenus editus, in: Io. Burchardus Mencken: Scriptores rerum Germanicarum, praecipue Saxonicarum ... Tomus III, Leipzig: Johannes Christian Martin, 1730, Nr. XIV, Sp. 406–564.

Laufner/Klein 1975 – Richard Laufner/Peter K. Klein (Kommentar): Die Trierer Apokalypse. Vollständige Faksimile-Ausgabe im Originalformat des Codex 31 der Stadtbibliothek Trier (Codices selecti 48), Faksimile- u. Kommentarband, Graz 1975.

Lechner 1953 – Karl Lechner: Art. „Babenberger“, in: NDB 1, 1953, S. 478–480.

Lechner 1985 – Karl Lechner: Die Babenberger. Markgrafen und Herzoge von Österreich 976–1246, Darmstadt 1985.

Leidinger 1921–25 – Georg Leidinger (Hg.): Der Codex Aureus der Bayerischen Staatsbibliothek in München, 6 Bde., München 1921–1925.

Leonhard 1976 – Walter Leonhard: Das große Buch der Wappenkunst. Entwicklung. Elemente. Bildmotive. Gestaltung, München 1976.

Liber mem. Romaric. – Liber memorialis von Remiremont, bearb. von Eduard Hlawitschka, Karl Schmid und Gerd Tellenbach, 2 Bde.: Text- und Tafelband (MGH Libri mem. I/1–2), Berlin 1970.

Lindenschmit 1902 – Ludwig Lindenschmit: Museographie, in: Westdeutsche Zeitschrift 21, 1902, S. 434.

Lindenschmit 1903 – Ludwig Lindenschmit: Museographie, in: Westdeutsche Zeitschrift 22, 1903, S. 419f.

Lindenschmit 1906 – Ludwig Lindenschmit: Die Vermehrung der vereinigten Sammlungen der Stadt und des Altertumsvereins aus dem Zeitraum von Mitte des Jahres 1904 bis Ende des Jahres 1905, in: MainzZ 1, 1906, S. 64–87.

Lindenschmit/Neeb 1908 – Ludwig Lindenschmit/Ernst Neeb: Bericht über die Ausgrabungen in der St. Albanskirche bei Mainz im Jahre 1907, in: MainzZ 3, 1908, S. 92–100.

Liudprand, Antapodosis – Liudprand von Cremona: Antapodosis, in: Die Werke Liudprands von Cremona, ed. Joseph Becker (MGH SrG 41), Hannover/Leipzig 1915 (ND 1993), S. 1–158.

Lošek 1997 – Fritz Lošek: Die Conversio Bagoariorum et Carantanorum und der Brief des Erzbischofs Theotmar von Salzburg (MGH StuT 15), Hannover 1997.

Lütkenhaus 2009 – Hildegard Lütkenhaus: Art. „Frühromanisches Kreuz", in: August Heuser/ Matthias Theodor Kloft (Hg.): Im Zeichen des Kreuzes – Die Limburger Staurothek und ihre Geschichte, AK Frankfurt am Main, Regensburg 2009, S.116, Nr.I.2.

Luther 1914 – D. Martin Luthers Werke. Kritische Gesamtausgabe, Tischreden 1531–46, Bd. 3, Tischreden aus den dreißiger Jahren, Weimar 1914.

Lutze 1936 – Eberhard Lutze: Die Bilderhandschriften der Universitätsbibliothek Erlangen (Katalog der Handschriften der Universitätsbibliothek Erlangen 6), Erlangen 1936.

MacLean 2003 – Simon MacLean: Kingship and Politics in the Late Ninth Century. Charles the Fat and the End of the Carolingian Empire (Cambridge Studies of Medieval Life and Thought, 4th Series, 57), Cambridge 2003.

Mainzer Chronik 1551 – Chronick oder kurz Geschichtbuch aller Erzbischouen zu Mayntz … Durch den fürtreflich gelerten Caspar Bruschen … durch den wolgelerten Johann Herolden/recte verteutscht, Frankfurt am Main: Cyriacus Jacobi zum Bock 1551.

Manitius 1911 – Max Manitius: Geschichte der lateinischen Literatur des Mittelalters. Bd. 1: Von Justinian bis zur Mitte des 10. Jahrhunderts (Handbuch der Altertumswissenschaft IX,2,1), München 1911 (ND 1974).

Marx 1912 – Jakob Marx: Handschriftenverzeichnis der Seminar-Bibliothek zu Trier (Trierisches Archiv, Ergänzungsheft 13), Trier 1912.

Merton 1923 – Adolf Merton: Die Buchmalerei in St. Gallen vom IX. bis zum XI. Jahrhundert, zweite Auflage, Leipzig1923.

Meyer-Barkhausen 1957 – Werner Meyer-Barkhausen: Die Versinschriften des Hrabanus Maurus als bau- und kunstgeschichtliche Quelle, in: Hessisches Jahrbuch für Landesgeschichte 7, 1957, S. 57–89.

MGH D Arnulf – MGH Diplomata regum Germaniae ex stirpe Karolinorum, Bd. 3: Die Urkunden Arnolfs, hg. v. Paul Kehr, Berlin 1940.

MGH DD O – MGH Diplomatum regum et imperatorum Germaniae, Bd. 2, Hannover 1893.

Mitchell/Hodges 1996 – John Mitchell/Richard Hodges: Portraits, the Cult of Relics and the Affirmation of Hierarchy at an Early Medieval Monastery: San Vincenzo al Volturno, in: Antiquity 70, 1996, S. 20–30.

Morrison/Grunthal 1967 – Karl F. Morrison, Henry Grunthal: Carolingian Coinage (Numismatic Notes and Monographs 158), New York 1967.

Müller 1991 – Reinhard Müller: Art. „Rollenhagen, Georg", in: Heinz Rupp (Hg.): Deutsches Literatur-Lexikon. Biographisch-bibliographisches Handbuch, Bd. 13, Berlin 1991, Sp. 230–232.

Müller-Wille 2012 – Michael Müller-Wille: Mogontiacum – Sliaswich. Kirchliches Zentrum – Missionsort der Karolingerzeit, in: Patrick Jung/ Nina Schücker (Hg.): Utere felix vivas. FS für Jürgen Oldenstein (Universitätsforschungen zur prähistorischen Archäologie 208), Bonn 2012, S. 211–221.

Münster 1545 – Cosmographia universalis. Beschreibung aller lender … durch Sebastianum Munsterum, Basel: Petri 1545 [urn:nbn:de:hbz:061:1-4685].

Mütherich 2002 – Florentine Mütherich: Der ornamentale Schmuck der Bibel von St. Maximin, in: Nolden 2002, S. 233–238.

MzUB I – Manfred Stimming (Hg.): Mainzer Urkundenbuch. Erster Band. Die Urkunden bis zum Tode Erzbischof Adalberts I. (1137), Darmstadt 1972.

Nahrgang 1940 – Karl Nahrgang: Germanische Baudenkmäler des frühen Mittelalters (Kulturgeschichtliche Wegweiser des RGZM 16), Mainz 1940.

NDB 1953ff. – Neue deutsche Biographie, hg. v. der Historischen Kommission bei der Bayerischen Akademie der Wissenschaften, 24 Bde., Berlin 1953ff.

Neeb 1909 – Ernst Neeb: Bericht über die Ausgrabungen der St. Albanskirche bei Mainz im Jahre 1908, in: MainzZ 4, 1909, S. 34–49.

Neeb 1934 – Ernst Neeb: Jahresbericht des Altertums-Museums der Stadt Mainz für die Zeit vom 1. April 1933 bis 1. April 1934, in: MainzZ 29, 1934, S. 66–76.

Newald 1955 – Richard Newald: Art. „Brusch(ius), Kaspar, in: NDB, Bd. 2, 1955, S. 690.

Neyses 2001 – Adolf Neyses: Die Baugeschichte der ehemaligen Reichsabtei St. Maximin bei Trier (Kataloge und Schriften des Bischöflichen Dom- und Diözesanmuseums Trier VI,1–2), Textbd. u. Tafelmappe, Trier 2001.

Neyses 2000 – Mechthild Neyses: Einsatz und Bedeutung der Dendrochronologie in der Stadtgeschichtsforschung, in: Bernhard Kirchgässer/Hans-Peter Becht (Hg.): Stadt und Archäologie (Stadt in der Geschichte 26), Stuttgart 2000, S. 45–56.

Nichtweiß 2005 – Barbara Nichtweiß (Hg.): Bonifatius in Mainz (Neues Jahrbuch für das Bistum Mainz 2005), Mainz 2005.

Nikolaus von Siegen, Chron. – Nikolaus von Siegen, Chronicon ecclesiasticum, ed. Franz Xaver Wegele (Thüringische Geschichtsquellen 2), Jena 1855.

Nitschke 1957 – Heinrich Nitschke: Untersuchungen zur Baugeschichte der St. Christophskirche (mit Ergänzungen von Fritz Arens), in: MainzZ 52, 1957, S. 28–37.

Nolden 2002 – Reiner Nolden (Hg.): Die Touronische Bibel der Abtei St. Maximin vor Trier. Faksimile der erhaltenen Blätter, Farbtafeln mit den Initialen, Aufsätze, im Auftrag der Gesellschaft für Nützliche Forschungen zu Trier, Trier 2002.

Nolden 2005 – Reiner Nolden: Spuren touronischer Bibeln aus Prüm und Berlin in Trier, in: Lothar I., Kaiser und Mönch in Prüm. Zum 1150. Jahrestag seines Todes, im Auftrag des Prümer Geschichtsvereins, hg. v. Reiner Nolden (Veröffentlichungen des Geschichtsvereins Prümer Land 55), Prüm 2005, S. 151–160.

Nona Centuria 1565 – Nona Centuria Ecclesiasticae Historiae, continens descriptionem amplissimarum rerum in Regno Christi [...], Basel: Oporinus, Johann und Herwagen, Joh. d. J. (Erben), 1565.

Notker Balbulus, Martyrologium – Notker Balbulus: Martyrologium, hg. von J.-P. Migne, in: Patrologiae cursus completus, Series Latina 131, Sp. 1025–1164.

Offergeld 2001 – Thilo Offergeld: Reges pueri. Das Königtum Minderjähriger im frühen Mittelalter (MGH Schriften 50), Hannover 2001.

Oswald 1968a – Friedrich Oswald: Mainz, St. Johannis (Alter Dom), in: Oswald/Schaefer/Sennhauser 1966, hier 1968, hier S. 196f.

Oswald 1968b – Friedrich Oswald: Mainz, St. Mauritius, in: Oswald/Schaefer/Sennhauser 1966, hier 1968, S. 198.

Oswald/Schaefer/Sennhauser 1966 – Friedrich Oswald/Leo Schaefer/Hans Rudolf Sennhauser: Vorromanische Kirchenbauten. Katalog der Denkmäler bis zum Ausgang der Ottonen (Veröffentlichung des Zentralinstituts für Kunstgeschichte in München 3), München 1966 (sowie 1968, 1971).

Otten 1977 – Fred Otten: Die Sage von Bischof Hatto von Mainz und dem Mäuseturm bei Bingen (Anmerkungen zur russischen Rezeption im 17. Jahrhundert), in: Zeitschrift für slavische Philologie 39, 1977, S. 233–250.

Ottermann 2012 – Annelen Ottermann: Das Fragment einer spätkarolingischen Apokalypse-Illustration in der Wissenschaftlichen Stadtbibliothek Mainz, in: Bibliotheken heute 8/1, 2012, S. 5f.

Otto von Freising, Chron. – Otto von Freising, Chronica sive Historia de duabus civitatibus, ed. Adolf Hofmeister (MGH SrG 45), Hannover 1912 (ND 1984).

Panter 2007 – Andreas Panter: Der Drususstein in Mainz und dessen Einordnung in die römische Grabarchitektur seiner Erbauungszeit (Mainzer Archäologische Schriften 6), Mainz 2007.

Patze 1987 – Hans Patze (Hg.): Geschichtsschreibung und Geschichtsbewußtsein im späten Mittelalter (Vorträge und Forschungen 31), Sigmaringen 1987.

Patzold 2008 – Steffen Patzold: Episcopus. Wissen über Bischöfe im Frankenreich des späten 8. bis frühen 10. Jahrhunderts (Mittelalter-Forschungen 25), Ostfildern 2008.

Peil 1989 – Dietmar Peil (Hg.): Georg Rollenhagen: Froschmeuseler. Mit den Holzschnitten der Erstausgabe (Bibliothek der frühen Neuzeit 12), Frankfurt am Main 1989.

Peil 1993 – Dietmar Peil: Georg Rollenhagen, in: Stephan Füssel (Hg.): Deutsche Dichter der frühen Neuzeit (1450–1600). Ihr Leben und ihr Werk, Berlin 1993, S. 561–574.

Penndorf 1974 – Ursula Penndorf: Das Problem der „Reichseinheitsidee" nach der Teilung von Verdun (843) (Münchener Beiträge zur Mediävistik und Renaissance-Forschung 20), München 1974.

Peter 2012 – http://www.dr-bernhard-peter.de/ Heraldik/seiten/fabelwappen.htm (18.02.2013).

Phillipart 1985 – Guy Phillipart: Les legendes latines de Sainte Vérène. Pour une histoire de leur diffusion, in: Analecta Bollandiana 103, 1985, S. 253–302.

Plassmann 2008 – Alheydis Plassmann: Die Normannen. Erobern – Herrschen – Integrieren (Kohlhammer Urban-Taschenbücher 616), Stuttgart 2008.

Pohl 2006 – Walter Pohl: Staat und Herrschaft im Frühmittelalter. Überlegungen zum Forschungsstand, in: Airlie/Pohl/Reimitz 2006, S. 9–38.

Pohlig 2007 – Matthias Pohlig: Zwischen Gelehrsamkeit und konfessioneller Identitätsstiftung (Spätmittelalter und Reformation, Neue Reihe, Bd. 37), Tübingen 2007.

Pokorny 1992 – Rudolf Pokorny: Die drei Versionen der Triburer Synodalakten von 895. Eine Neubewertung, in: DA 48, 1992, S. 429–511.

Ponten 1911 – Josef Ponten: Alfred Rethel. Des Meisters Werke (Klassiker der Kunst 17), Stuttgart/Leipzig 1911.

Porsche 2001 – Monika Porsche: Römische Stadtmauern im Früh- und Hochmittelalter in Süd- und Westdeutschland, in: Sabine Felgenhauer-Schmiedt/ Alexandrine Eibner/Herbert Knittler (Hg.): Zwischen Römersiedlung und mittelalterlicher Stadt. Archäologische Aspekte zur Kontinuitätsfrage (Beiträge zur Mittelalterarchäologie in Österreich 17), Wien 2001, S.103–132.

Postel 2006 – Verena Postel: Nobiscum partiri. Konrad I. und seine politischen Berater, in: Goetz 2006a, S. 129–149.

Rappmann 1998 – Roland Rappmann: Das Totengedenken der Abtei. Necrologien und kommemorierte Personen, in: ders./Alfons Zettler: Die Reichenauer Mönchsgemeinschaft und ihr Totengedenken im frühen Mittelalter (Archäologie und Geschichte 5), mit einem einl. Beitr. v. Karl Schmid, Sigmaringen 1998, S. 279–506.

Reber 1957 – Horst Reber: Zur Baugeschichte der St. Mauritiuskirche in Mainz, in: MainzZ 52, 1957, S. 25–27.

Regensburger Buchmalerei 1987 – Bayerische Staatsbibliothek München/Museen der Stadt Regensburg (Hg.): Regensburger Buchmalerei – Von frühkarolingischer Zeit bis zum Ausgang des Mittelalters, München 1987.

Regino, Chron. – Regino von Prüm: Chronicon cum continuatione Treverensi, ed. Friedrich Kurze (MGH SrG 50), Hannover 1890 (ND 1989).

Regino, Synod. – Regino von Prüm: Libri duo de synodalibus causis et disciplinis ecclesiasticis, ed. Friedrich Wilhelm Wasserschleben, Leipzig 1840.

Reichenauer Verbrüd. – Das Verbrüderungsbuch der Abtei Reichenau, hg. von Johanne Autenrieth, Dieter Geuenich und Karl Schmid (MGH Libri mem. N.S. 1), Hannover 1979.

Reichwald 1998 – Helmut F. Reichwald: Die Sylvesterkapelle in Goldbach am Bodensee. Bestand – Restaurierungsgeschichte – Maßnah-

men – Technologie, in: Matthias Exner (Hg.): Wandmalerei des frühen Mittelalters. Bestand, Maltechnik, Konservierung (Kolloquium Lorsch 1996; Hefte des deutschen Nationalkomitees, ICOMOS 23), München 1998, S. 191–218.

Reinle 1948 – Adolf Reinle: Die heilige Verena von Zurzach. Legende, Kult, Denkmäler (Ars docta 6), Basel 1948.

Reudenbach 2009 – Bruno Reudenbach (Hg.): Karolingische und ottonische Kunst (Geschichte der Bildenden Kunst in Deutschland 1), München 2009.

Reuter 2002 – Timothy Reuter: Der Uota-Prozeß, in: Fuchs/Schmid 2002, S. 253–270.

Révész 2001 – László Révész: Art. „Bogenenden aus Bein", in: AK Magdeburg 2001, Bd. 2, S. 249f, Nr. IV.42.

Révész 2006 – László Révész: Ungarn im Zeitalter der Landnahme und der Staatsgründung, in: Falko Daim (Hg.): Heldengrab im Niemandsland. Ein frühungarischer Reiter aus Niederösterreich (Mosaiksteine. Forschungen am Römisch-Germanischen Zentralmuseum 2), Mainz 2006, S. 7–14.

Richter 1975 – Roland Richter: Der Froschmeuseler Georg Rollenhagens. Ein rhetorisches Meisterstück (Europ. Hochschulschriften, Reihe 1: Deutsche Sprache und Literatur, Bd. 109), Bern/ Frankfurt am Main 1975.

Richter 2001 – Bernhard Richter: Kaspar Brusch. Ein gekrönter Dichter als Kirchenhistoriograph, in: Franz Brendle u.a. (Hg.): Deutsche Landesgeschichtsschreibung im Zeichen des Humanismus (Contubernium 56), Stuttgart 2001, S. 135–144.

Riesch/Rutschke 2012 – Holger Riesch/ Joachim Rutschke: Der hunnische Reflexbogen von Wien-Simmering. Archäologie, Rekonstruktion und Praxis einer spätantiken Reiterwaffe, in: Waffen- und Kostümkunde H. 1, 2012, S. 77–120.

Ring/Wieczorek 1979 – Edgar Ring/Alfried Wieczorek: Tatinger Kannen aus Mainz, in: AKorrBl 9, 1979, S. 355–362.

Ristow 1998 – Sebastian Ristow: Frühchristliche Baptisterien (Jahrbuch für Antike und Christentum. Ergänzungsbd. 27), Münster 1998.

Ristow 2010 – Sebastian Ristow: Art. „Mainz", in: Reallexikon für Antike und Christentum, Bd. 23, Stuttgart 2010, Sp. 1202–1222.

Ronig 1979 – Franz J. Ronig: Egbert, Erzbischof von Trier (977–993). Zum Jahrtausend seines Regierungsantritts, in: FS 100 Jahre Rheinisches Landesmuseum Trier (Trierer Grabungen und Forschungen 14), Mainz 1979, S. 347–365.

Ronig 1991 – Schatzkunst Trier, Bd. 2: Forschungen und Ergebnisse, hg. v. Franz J. Ronig, Red. v. Hans-Walter Stork (Treveris sacra 4), Trier 1991.

Rupprecht 1987 – Gerd Rupprecht: Das spätantike Stadttor in Mainz, in: Archäologie in Deutschland, H. 3, 1987, S. 10f.

Salomo, carm. – Salomo III. von Konstanz, Carmen ad Dadonem episcopum, in: Poetae latini aevi Carolini IV,1, ed. Paul von Winterfeld (MGH Poetae 4,1), Berlin 1899, S. 297–306.

Sanke 2001 – Markus Sanke: Gelbe Irdenware, in: Hartwig Lüdtke/Kurt Schietzel (Hg.): Handbuch zur mittelalterlichen Keramik in Nordeuropa, Bd. 1 (Schriften des Archäologischen Landesmuseums Schleswig 6), Neumünster 2001, S. 271–428.

Schaab 1995 – Rupert Schaab: Aus der Hofschule Karls des Kahlen nach St. Gallen. Die Entstehung des Goldenen Psalters, in: Peter Ochsenbein/ Ernst Ziegler (Hg.): Codices Sangallenses. FS für Johannes Duft, Sigmaringen 1995.

Schedel 1493 – Hartmann Schedel: Liber chronicarum, Nürnberg 1493.

Schedel 1493/2001 – Hartmann Schedel: Weltchronik. Kolorierte Gesamtausgabe von 1493. Einleitung und Kommentar von Stephan Füssel, Köln 2001.

Schefers 2000 – Hermann Schefers (Hg.): Das Lorscher Evangeliar. Biblioteca Documentară Batthyáneum, Alba Iulia, Ms R II 1. Biblioteca Apostolica Vaticana, Codex Vaticanus Palatinus Latinus 50. Kommentar (Codices e Vaticanis selecti. Series maior 44), Luzern/Vatikanstadt 2000; auch: Hermann Schefers (Hg.): Das Lorscher Evangeliar. Eine Zimelie der Buchkunst des abendländischen Frühmittelalters (Arbeiten der Hessischen Historischen Kommission , N.F., Bd. 18), Darmstadt 2000.

Scheibelreiter 2006 – Georg Scheibelreiter: Heraldik (Oldenbourg Historische Hilfswissenschaften), Wien/München 2006.

Schenk zu Schweinsberg 1967 – Schenk von Schweinsberg: Führer durch das bischöfliche Diözesan-Museum zu Limburg a. d. Lahn, zweite Auflage, Limburg 1967.

Schieffer 1992/2006 – Rudolf Schieffer: Die Karolinger (Kohlhammer Urban-Taschenbücher 411), Stuttgart 1992, vierte, ergänzte Auflage 2006.

Schieffer 1993 – Rudolf Schieffer: Karl III. und Arnulf, in: Karl Rudolf Schnith/Roland Pauler (Hg.): FS für Eduard Hlawitschka (Münchener Historische Studien. Abteilung Mittelalterliche Geschichte 5), Kallmünz 1993, S. 133–149.

Schieffer 1998 – Rudolf Schieffer: Der geschichtliche Ort der ottonisch-salischen Reichskirchenpolitik (Nordrhein-Westfälische Akademie der Wissenschaften, Vorträge G 352), Opladen 1998.

Schieffer 2005 – Rudolf Schieffer: Die Zeit des karolingischen Großreichs 714–887 (Gebhardt Handbuch der deutschen Geschichte 2), Stuttgart 2005.

Schieffer 2002 – Theodor Schieffer (Hg.): Die Urkunden Zwentibolds und Ludwigs des Kindes (MGH Die Urkunden der deutschen Karolinger 4), zweite Auflage, München 2002.

Schipper 2012 – William Schipper: The Mainz Martinus-Bibliothek Bifolium (D/378) of Hrabanus's 'de rerum naturis' and its Relatives, in: Bibliotheca S. Martini Moguntina. Alte Bücher – Neue Funde, hg. v. Helmut Hinkel (Neues Jahrbuch für das Bistum Mainz 2012), Mainz/Würzburg 2012, S. 87–103.

Schmandt 2002 – Matthias Schmandt: Rheinromantik. Bilder von Bingen 1780–1880. Eine kleine Geschichte der rheinromantischen Druckgrafik. Begleitheft zur Ausstellung im Historischen Museum am Strom – Hildegard von Bingen (Binger Museumshefte 2), Bad Kreuznach 2002.

Schmandt 2003 – Matthias Schmandt: Ruinen in der Landschaft. Burg Klopp, Mäuseturm und Ehrenfels in der Druckgrafik des 19. Jahrhunderts, in: Bingen und die Rheinromantik (Binger Geschichtsblätter 22), Bingen 2003, S. 51–78.

Schmid 1996 – Reinhard Schmid: Die Abtei St. Alban vor Mainz im hohen und späten Mittelalter (Beiträge zur Geschichte der Stadt Mainz 30), Mainz 1996.

Schmid/Wollasch 1984 – Karl Schmid/Joachim Wollasch (Hg.): Memoria. Der geschichtliche Zeugniswert des liturgischen Gedenkens (Münstersche Mittelalter-Schriften 48), München 1984.

Schmidt 1958 – Heinrich Schmidt: Alfred Rethel 1816–1859, Neuß 1958.

Schmitt 1996 – Michael Schmitt: Die illustrierten Rhein-Beschreibungen. Dokumentation der Werke und Ansichten von der Romantik bis zum Ende des 19. Jahrhunderts, Köln 1996.

Schmolinsky 2005 – Sabine Schmolinsky: Prophetia in der Bibliothek. Die Lectiones memorabiles des Johannes Wolff, in: Klaus Bergdolt/Walther Ludwig (Hg.): Zukunftsvoraussagen in der Renaissance (Wolfenbütteler Abhandlungen zur Renaissanceforschung 23), Wiesbaden 2005, S. 89–130.

Schmolinsky 2008 – Sabine Schmolinsky: Im Angesicht der Endzeit? Positionen in den Lectiones memorabiles des Johannes Wolff (1600), in: Wolfram Brandes/Felicitas Schmieder (Hg.): Endzeiten. Eschatologie in den monotheistischen Weltreligionen (Millenium-Studien 16), Berlin 2008, S. 369–417.

Schneider 1875 – Friedrich Schneider: Das Hattho-Denkmal im Mainzer Dom. Correspondenzblatt des Gesamtvereins der deutschen Geschichts- und Altertumsvereine 23, 1875, S. 35–38.

Schneider 1939 – J. B. Schneider: Fröhliche Rheinfahrt mit dem Salonschiff „Vater Rhein", Bingen am Rhein (Eigenverlag) 1939.

Schneider o.J. – Zur fröhlichen Rheinfahrt mit Salonschiff „Vater Rhein", Werbeprospekt und Fahrplan, Bingen (J. B. Schneider) o. J. (um 1934).

Schneidmüller 2000 – Bernd Schneidmüller: Konsensuale Herrschaft. Ein Essay über Formen und Konzepte politischer Ordnung im Mittelalter, in: Paul-Joachim Heinig/Sigrid Jahns/Hans-Joachim Schmidt/Rainer Christoph Schwinges/Sabine Wefers (Hg.): Reich, Regionen und Europa in Mittelalter und Neuzeit. FS für Peter Moraw (Historische Forschungen 67), Berlin 2000, S. 53–87.

Scholz 1992 – Sebastian Scholz: Transmigration und Translation. Studien zum Bistumswechsel der Bischöfe von der Spätantike bis zum Hohen Mittelalter (Kölner Historische Abhandlungen 37), Köln u. a. 1992.

Scholz 1994 – Sebastian Scholz: Die Inschriften des Landkreises Bergstraße (Die Deutschen Inschriften 38), Wiesbaden 1994.

Scholz 2006 – Sebastian Scholz: Politik – Selbstverständnis – Selbstdarstellung. Die Päpste in karolingischer und ottonischer Zeit (Historische Forschungen 26), Stuttgart 2006.

Schon 2006 – Karl-Georg Schon: Die Capitula Angilramni. Eine prozessrechtliche Fälschung Pseudoisi-

dors (MGH Studien und Texte 39), Hannover 2006.

Schramm 1969 – Percy Ernst Schramm: Neuentdeckte Bildnisse Karls des Kahlen, seiner Gemahlin und seines Sohnes (876/877). Ein Beleg für die den Byzantinern nachgeahmte Krone, in: ders.: Kaiser, Könige und Päpste. Gesammelte Aufsätze zur Geschichte des Mittelalters, Bd. 3: Beiträge zur allgemeinen Geschichte, 3. Teil: Vom 10. bis zum 13. Jahrhundert, Stuttgart 1969, S. 110–118 (Wiederabdruck: Otto Brunner/Hermann Kellenbenz/Erich Maschke/Wolfgang Zorn (Hg.): FS für Hermann Aubin, Bd. 2, Wiesbaden 1965, S. 615–624).

Schramm 1983 – Percy Ernst Schramm: Die deutschen Kaiser und Könige in Bildern ihrer Zeit 751–1190. Neuauflage unter Mitarb. v. Peter Berghaus/Nikolaus Gussone/Florentine Mütherich, hg. v. Florentine Mütherich, München 1983.

Schreiber 1818 – Aloys Schreiber: Handbuch für Reisende am Rhein. Anleitung auf die nützlichste und genußvollste Art den Rhein von Schafhausen [sic!] bis Holland, die Mosel von Coblenz bis Trier, und die Bäder am Taunus, so wie Aachen und Spa zu bereisen, zweite Auflage, Heidelberg 1818.

Schüler-Beigang 2001 – Das Rheintal von Bingen und Rüdesheim bis Koblenz. Eine europäische Kulturlandschaft, Bd. 1, hg. v. Landesamt für Denkmalpflege Rheinland-Pfalz, Schriftleitung: Christian Schüler-Beigang, Mainz 2001, S. 154–164.

Schulze 1978 – Hans Karl Schulze: Reichsaristokratie, Stammesadel und fränkische Freiheit. Neuere Forschungen zur frühmittelalterlichen Sozialgeschichte, in: HZ 227, 1978, S. 353–373.

Schulze-Dörrlamm 1988 – Mechthild Schulze-Dörrlamm: Untersuchungen zur Herkunft der Ungarn und zum Beginn ihrer Landnahme im Karpatenbecken, in: JbRGZM 35, 1988, S. 373–478.

Schulze-Dörrlamm 2002a – Mechthild Schulze-Dörrlamm: Verschollene Schmuckstücke aus dem spätrömischen und karolingischen Mainz, in: AKorrBl 32, 2002, S. 137–149.

Schulze-Dörrlamm 2002b – Mechthild Schulze-Dörrlamm: Die Ungarneinfälle des 10. Jahrhunderts im Spiegel archäologischer Funde, in: Joachim Henning (Hg.): Europa im 10. Jahrhundert. Archäologie einer Aufbruchszeit, Mainz 2002, S. 109–122.

Schulze-Dörrlamm 2003 – Mechthild Schulze-Dörrlamm: Eine goldene, byzantinische Senkschmelzfibel mit dem Bild der Maria Orans aus dem 9. Jahrhundert (T. p. 843). Zur Entstehung und Deutung karolingischer Heiligenfibeln, in: JbRGZM 50, 2003, S. 449–487.

Schulze-Dörrlamm 2004 – Mechthild Schulze-Dörrlamm: Der Mainzer Königsthron aus der zweiten Hälfte des 8. Jahrhunderts, in: AKorrBl 34, 2004, S. 571–587.

Schulze-Dörrlamm 2005a – Mechthild Schulze-Dörrlamm: Der Mainzer „Priesterstein". Das Bonifatius-Grabmal des Hrabanus-Maurus in der Marienkirche, in: Nichtweiß 2005, S. 319–341.

Schulze-Dörrlamm 2005b – Mechthild Schulze-Dörrlamm: Das steinerne Monument des Hrabanus Maurus auf dem Reliquiengrab des hl. Bonifatius († 754) in Mainz, in: JbRGZM 51, 2004 (2005), S. 281–347.

Schulze-Dörrlamm 2006a – Mechthild Schulze-Dörrlamm: Taufkannen der Karolingerzeit, mit einem Exkurs: die Bronzekanne aus Lissabon, in: JbRGZM 53, 2006, S. 605–629.

Schulze-Dörrlamm 2006b – Mechthild Schulze-Dörrlamm: Spuren der Ungarneinfälle des 10. Jahrhunderts, in: Falko Daim (Hg.): Heldengrab im Niemandsland. Ein frühungarischer Reiter aus Niederösterreich, AK Mainz, Mainz 2006, S. 43–62.

Schulze-Dörrlamm 2006c – Mechthild Schulze-Dörrlamm: Bonifatiusstein, in: Kotzur 2006, S. 98–101.

Schulze-Dörrlamm 2006d – Mechthild Schulze-Dörrlamm: Die Architekturdarstellung auf der Mainzer Chorschranke aus der Zeit um 845/50 – eine Innenansicht des karolingischen Martinsdomes?, in: AKorrBl 36, 2006, S. 279–298.

Schulze-Dörrlamm 2008 – Mechthild Schulze-Dörrlamm: Zur Herrschersymbolik von Löwenreliefs auf den Gürtelbeschlägen des späten 9. und 10. Jahrhunderts, in: Acta Archaeologica Hungarica 59, 2008, S. 387–404.

Schulze-Dörrlamm 2009a – Mechthild Schulze-Dörrlamm: Archäologische Denkmäler des karolingischen Mainz, in: Mechthild Dreyer/Jörg Rogge (Hg.): Mainz im Mittelalter, Mainz 2009, S. 17–33.

Schulze-Dörrlamm 2009b – Mechthild Schulze-Dörrlamm: Zeugnisse der Selbstdarstellung von weltlichen und geistlichen Eliten der Karolingerzeit (751–911). Bewertungsgrundlagen für isolierte Sachgüter aus dem Reichsgebiet Kaiser Karls des Großen, in: Markus Egg/Dieter Quast (Hg.): Aufstieg und Untergang (Monographien RGZM 82), Mainz 2009, S. 153–215.

Schulze-Dörrlamm 2010a – Mechthild Schulze-Dörrlamm: Die karolingische Chorschranke und die porta aurea der Klosterkirche St. Alban (787–805) bei Mainz, in: JbRGZM 54/2, 2007 (2010), S. 629–661.

Schulze-Dörrlamm 2010b – Mechthild Schulze-Dörrlamm: Heilige Nägel und heilige Lanzen, in: Falko Daim/Jörg Drauschke (Hg.): Byzanz – das Römerreich im Mittelalter, Bd. 1: Welt der Ideen, Welt der Dinge (Monographien RGZM 84,1), Mainz 2010, S. 97–171.

Schulze-Dörrlamm 2010c – Mechthild Schulze-Dörrlamm: Ungarneinfälle in die Schweiz im Spiegel archäologischer Funde, in: Helvetia archaeologica 41, 2010, H. 161, S. 13–29.

Schulze-Dörrlamm 2011a – Mechthild Schulze-Dörrlamm: Drei mittelalterliche Brettspielsteine aus Mainz, in: AKorrbl 41, 2011, S. 273–291.

Schulze-Dörrlamm 2011b – Mechthild Schulze-Dörrlamm: Goldschmuck um Kloster Lorsch, in: AK Lorsch 2011, S. 369–373.

Schulze-Dörrlamm 2012a – Mechthild Schulze-Dörrlamm: Zwei ungewöhnliche Bronzeschlüssel der Karolingerzeit – ein Amulettschlüssel aus Mainz und ein „Petrusschlüssel" aus Alzey, in: Niklot Krohn/Ursula Koch (Hg.): Grosso Modo. Quellen und Funde aus Spätantike und Mittelalter. FS für Gerhard Fingerlin (Forschungen zu Spätantike und Mittelalter 1), Weinstadt 2012, S. 189–202.

Schulze-Dörrlamm 2012b – Mechthild Schulze-Dörrlamm: Gräber mit Münzbeigabe im Karolingerreich, in: JbRGZM 57, 2010 (2012), S. 339–388.

Schwarz 1975 – Klaus Schwarz: Das spätmerowingerzeitliche Grab des heiligen Bischofs Erhard im Niedermünster zu Regensburg, in: Ausgrabungen in Deutschland, gefördert von der Deutschen Forschungsgemeinschaft, Bd. 2, Römische Kaiserzeit im Freien Germanien und Frühmittelalter 1. (Monographien RGZM 1,2.), Mainz 1975, S. 129–164.

Semmler 2000 – Josef Semmler: Vita religiosa und Bischof bis gegen 1200, in: Jürgensmeier 2000a, S. 579–670.

Sennhauser 1988 – Hans Rudolf Sennhauser: Das Münster des Abtes Gozbert (816–837) und seine Ausmalung unter Hartmut, St. Gallen 1988.

Serarius 1604 – Moguntiacarum rerum ab initio usque ad reverendissimum et illustrissimum hodiernum Archiepiscopum, ac Electorem, Dominum D. Ioannum Schwichardum, libri quinque Auctore Nicolao Sarario [...], Mainz 1604.

Series aepp. Mogunt. – Series archiepiscoporum Moguntinorum, ed. Oswald Holder-Egger (MGH SS 13), Hannover 1881, S. 308–315.

Simrock 1837 – Karl Simrock: Rheinsagen aus dem Munde des Volks und deutscher Dichter für Schule, Haus und Wanderschaft, Bonn 1837 [urn:nbn:de:hbz:061:1-7674].

Spiong 2000 – Sven Spiong: Fibeln und Gewandnadeln des 8. bis 12. Jahrhunderts in Zentraleuropa (Zeitschrift für Archäologie des Mittelalters, Beiheft 12), Bonn 2000.

Staab 1975 – Franz Staab: Untersuchungen zur Gesellschaft am Mittelrhein in der Karolingerzeit (Geschichtliche Landeskunde 11), Wiesbaden 1975.

Staab 1994 – Franz Staab: Heidentum und Christentum in der Germania Prima zwischen Antike und Mittelalter, in: Franz Staab (Hg.): Zur Kontinuität zwischen Antike und Mittelalter am Oberrhein (Oberrheinische Studien 11), Sigmaringen 1994, S. 117–152.

Staab 1997 – Franz Staab: Die Königin Fastrada, in: Rainer Berndt (Hg.): Das Frankfurter Konzil von 794. Kristallisationspunkt karolingischer Kultur, Bd. 1: Politik und Kirche (Quellen und Abhandlungen zur mittelrheinischen Kirchengeschichte 80), Mainz 1997, S. 183–217.

Staab 1998 – Franz Staab: Mainz vom 5. Jahrhundert bis zum Tod des Erzbischofs Willigis (407–1011), in: Dumont/Scherf/Schütz 1998, S. 71–107.

Staab 2000 – Franz Staab: Die Mainzer Kirche im Frühmittelalter, in: Jürgensmeier 2000a, S. 87–194.

Staab 2008 – Franz Staab: Das Erzstift Mainz im 10. und 11. Jahrhundert. Grundlegung einer Geschichte der Mainzer Erzbischöfe. Von Hatto I. (891–913) bis Ruthard (1089–1109), Habilitationsschrift v. Franz Staab, hg. v. der Vereinigung der Heimatfreunde am Mittelrhein e.V. Bingen am Rhein, Bruchsal 2008.

Staubach 1993 – Nikolaus Staubach: Rex Christianus. Hofkultur und Herrschaftspropaganda im Reich Karls des Kahlen, Teil II: Die Grundlegung der „religion royale" (Pictura et poesis 2,II), Köln/Weimar/Wien 1993.

Steenbock 1965 – Frauke Steenbock: Der kirchliche Prachteinband im frühen Mittelalter von den Anfängen bis zum Beginn der Gotik (Jahresgabe des Deutschen Vereins für Kunstwissenschaft), Berlin 1965.

Steinacker 1999 – Christoph Steinacker: Die Flügellanze der Karolingerzeit. Jagdspieß, Fahnenlanze oder Reiterwaffe?, in: Sebastian Brather/Christel Bücker/Michael Hoeper (Hg.): Archäologie als Sozialgeschichte. Studien zu Siedlung, Wirtschaft und Gesellschaft im frühgeschichtlichen Mitteleuropa. FS für Heiko Steuer, Rahden 1999, S. 119–126.

Stein-Kecks 2002 – Heidrun Stein-Kecks: „Totus palatii ornatus". Das Ziborium aus dem Schatz Arnolfs von Kärnten, in: Franz Fuchs/Peter Schmid (Hg.): Kaiser Arnolf. Das ostfränkische Reich am Ende des 9. Jahrhunderts (Regensburger Kolloquium, 9.–11.12.1999. ZBLG Beiheft 19 – Reihe B), München 2002, S. 389–415.

Sternberg 1991 – Thomas Sternberg: Orientalium more secutus. Räume und Institutionen der Caritas des 5. bis 7. Jahrhunderts in Gallien (JbAC Ergänzungsband 16), Münster 1991.

Steuer 1982 – Heiko Steuer: Schlüsselpaare in frühgeschichtlichen Gräbern. Zur Deutung einer Amulettbeigabe, in: Studien zur Sachsenforschung 3, 1982, S. 185–247.

Steuer 2002 – Heiko Steuer: Art. „Mogontiacum. §6. Frühes Mittelalter", in: RGA, Bd. 20, 2002, S. 153f.

Steuer 2007 – Heiko Steuer: Art. „Verschlüsse", in: RGA, Bd. 35, 2007, S. 406–433.

Stilke 2001 – Henning Stilke: Tatinger Kannen, in: Hartwig Lüdtke/Kurt Schietzel (Hg.): Handbuch zur mittelalterlichen Keramik in Nordeuropa 1, Neumünster 2001, S. 257–270.

Störmer 2006 – Wilhelm Störmer: Die konradinisch-babenbergische Fehde um 900. Ursachen, Anlaß, Folgen, in: Goetz 2006a, S. 169–183.

Stoess 1994 – Christian Stoess: Die Münzen, in: Egon Wamers: Die frühmittelalterlichen Lesefunde aus der Löhrstraße (Baustelle Hilton II) in Mainz (Mainzer Archäologische Schriften 1), Mainz 1994, S. 177–189.

Stoess 2003 – Christian Stoess: Das Mainzer Münzwesen des Mittelalters bis zum Beginn der Prägungen – ein Überblick, in: Die Münzstätten Mainz und Wiesbaden. FS der Numismatischen Gesellschaft Mainz-Wiesbaden von 1921 e.V. zum 38. Süddeutschen Münzsammlertreffen vom 5. bis 7. September 2003 in Mainz, Speyer 2003, S. 31–40.

Stolterfoth 1835 – Adelheid von Stolterfoth: Rheinischer Sagen-Kreis. Ein Ciclus von Romanzen, Balladen und Legenden des Rheins, nach historischen Quellen bearbeitet v. Adelheid v. Stolterfoth, Stifts-Dame. Mit Ein und Zwanzig Umrissen, nach Zeichnungen v. A. Rethel in Düsseldorf, lithographirt v. Dielmann, Frankfurt am Main 1835 [http://www.goethezeitportal.de/wissen/illustrationen/legenden-maerchen-und-sagenmotive/adelheid-von-stolterfoth-rheinischer-sagen-kreis.html].

Strauch 1999 – Dieter Strauch: Art. „Herold(t), Johannes Basilius", in: RGA, Bd. 14, 1999, S. 427f.

Stroh 1954 – Armin Stroh: Die Reihengräber in der Oberpfalz, Kallmünz 1954, S. 29f., Taf. B,B,1–11.

Struck 1956 – Wolf-Heino Struck (Bearb.): Das St. Georgenstift, die Klöster, das Hospital und die Kapellen in Limburg an der Lahn. Regesten 910–1500 (Quellen zur Geschichte der Klöster und Stifte im Gebiet der mittleren Lahn bis zum Ausgang des Mittelalters 1 (Veröffentlichungen der Historischen Kommission für Nassau 12,1) Wiesbaden 1956.

Stümpel 1984/85 – Bernhard Stümpel: Bericht der Bodendenkmalpflege Mainz für 1980, in: MainzZ 79/80, 1984/85, S. 251–267.

Suntrup 1980 – Rudolf Suntrup: Te-igitur-Initialen und Kanonbilder in mittelalterlichen Sakramentarhandschriften, in: Christel Meier/Uwe Ruberg (Hg.): Text und Bild. Aspekte des Zusammenwirkens zweier Künste in Mittelalter und früher Neuzeit, Wiesbaden 1980, S. 278–382.

Surmann 1990 – Ulrike Surmann: Studien zur ottonischen Elfenbeinplastik in Metz und Trier. Nordenfalks Sakramentar- und Evangeliargruppe (Beiträge zur Kunstgeschichte 5), Witterschlick/Bonn 1990.

Szameit 2001 – Erik Szameit: Fränkische Reiter des 10. Jahrhunderts, in: AK Magdeburg 2001, Bd. 1, S. 254–256.

Te Heesen 1997 – Anke te Heesen: Der Weltkasten. Die Geschichte einer Bildenzyklopädie aus dem 18. Jahrhundert, Berlin 1997.

Thietmar, Chron. – Thietmar von Merseburg, Chronicon, ed. Robert Holtzmann (MGH SrG N.S. 9), Berlin 1935.

Trithemius 1690 – Joannis Trithemij Spanheimensis, Et Postea Divi Jacobi apud Herbipolim Abbatis, Viri suo aevo doctissimi. Tomus ... Annalivm Hirsavgiensivm: Opus nunquam hactenus editum, & ab Eruditis semper desideratum. Complectens Historiam Franciae Et Germaniae, Gesta Imperatorum, Regum ..., S. Gallen: Monasterium S. Galli 1690 [urn:nbn:de:hbz:061:1-15131].

Tronzo 1985 – William Tronzo: The Prestige of St. Peter's. Observations on the Function of Monumental Narrative Cycles in Italy, in: Herbert Kessler/Marianne Shreve Simpson (Hg.): Pictorial Narrative in Antiquity and the Middle Ages (Studies in the History of Art 16), Washington D. C. 1985, S. 93–112.

Tschacher 1999 – Werner Tschacher: Der Flug durch die Luft zwischen Illusionstheorie und Realitätsbeweis. Studien zum sog. Kanon Episcopi und zum Hexenflug, in: Zeitschrift der Savigny-Stiftung für Rechtsgeschichte, Kanonistische Abteilung 85, 1999, S. 225–276.

Tümmers 1994 – Horst Johannes Tümmers: Der Rhein. Ein europäischer Fluß und seine Geschichte, München 1994.

Untermann 1989 – Matthias Untermann: Der Zentralbau im Mittelalter. Form, Funktion, Verbreitung, Darmstadt 1989.

Untermann 2000 – Matthias Untermann: Art. „Kirche und Kirchenbauten", in: RGA, Bd. 16, 2000, S. 556–561.

Untermann 2001 – Matthias Untermann: Die ar-chäologische Erforschung der Insel Reichenau, in: Klosterinsel Reichenau im Bodensee (Landes-denkmalamt Baden-Württemberg, Arbeitsheft 8), Stuttgart 2001, S.157–171.

Untermann 2006 – Matthias Untermann: Archi-tektur im frühen Mittelalter, Darmstadt 2006.

Verwiebe 2011 – Birgit Verwiebe: „Der Erste, der den wahren, neu belebten Genius erkannt". Die Düsseldorfer Malerschule und ihre Berliner Sammler Joachim Heinrich Wilhelm Wagener, in: AK Düsseldorf 2011, Bd. 1, S. 321–327.

Vogel 2000/01 – Bernhard Vogel: Iuvenis domi-natio regis. König Ludwig „das Kind" im Spie-gel der Quellen seiner Zeit, in: Herbers/Vogel 2000/01, S. 25–41.

Vogt 1817 – Niklas Vogt: Rheinische Geschichten und Sagen, Bd. 3, Frankfurt am Main 1817.

Volbach 1964 – Fritz Volbach: Das Ellwanger Reliqui-enkästchen, in: Viktor Burr (Hg.): Ellwangen 764–1964. Beiträge und Untersuchungen zur Zwölfhun-dert-Jahrfeier, 2 Bde., Ellwangen 1964, S. 767–774.

Vomm 2010 – Wolfgang Vomm: Caspar Scheu-rens Universum der Druckgraphik. Eine Be-standsaufnahme, in: Caspar Scheuren. Leben und Werk eines rheinischen Spätromantikers, hg. v. Wolfgang Vomm, AK Bergisch Gladbach, Petersberg 2010, S. 245–368.

Von den Brincken 1987 – Anna-Dorothee von den Brincken: Martin von Troppau, in: Patze 1987, S. 155–193.

Von der Gönna 1999 – Sigrid von der Gönna: Der Mainzer Domschatz im späten Mittelalter. Zwei Inventare aus dem 14. und 15. Jahrhundert, in: AMRhKG 51, 1999, S. 323–381.

Von Hontheim 1750 – Nikolaus von Hontheim, Historia Trevirensis diplomatica et pragmatica I, Augsburg/Würzburg 1750.

Von Winterfeld 2010 – Dethard von Winterfeld: Willigis und die Folgen. Bemerkungen zur Bauge-schichte des Mainzer Domes, in: Janson/Nicht-weiß 2010, S. 105–135.

Von Winterfeld 2011 – Dethard von Winterfeld: Zur Baugeschichte des Mainzer Domes, in: Kot-zur 2011, S. 44–97.

Wagner 1878 – G. J. Wilhelm Wagner: Die vor-maligen Stifte im Großherzogthum Hessen 2, Provinz Rheinhessen, unter Mitwirkung von Fr. Al. Falk, bearb. und hg. v. Friedrich Schneider, Darmstadt 1878.

Walcher 2011 – Bernhard Walcher: Art. „Stolter-foth", in: Killy 2008ff., Bd. 11, 2011, S. 301f.

Waldecker 2010 – Christoph Waldecker: … in monte quondam Lintburk vocato in Logenahe. Die erste urkundliche Erwähnung Limburgs 910, in: Stadt Limburg (Hg.), Limburg im Fluss der Zeit (Beiträge zur Geschichte der Kreisstadt Limburg a.d. Lahn 1), Limburg 2010, S.1–10.

Wamers 1985 – Egon Wamers: Insularer Metall-schmuck in wikingerzeitlichen Gräbern Nord-europas. Untersuchungen zur skandinavischen Westexpansion, Neumünster 1980.

Wamers 1993 – Egon Wamers: Mainz im 9. und 10. Jahrhundert, in: Michael Brandt/Arne Egge-brecht (Hg.): Bernward von Hildesheim und das Zeitalter der Ottonen, AK Hildesheim, Bd. 2, Mainz 1993, S.147–149.

Wamers 1994 – Egon Wamers: Die frühmittelal-terlichen Lesefunde aus der Löhrstraße (Baustel-le Hilton II) in Mainz (Mainzer Archäologische Schriften 1), Mainz 1994.

Wamers 1998/99a – Egon Wamers: Karolingi-sches Email nördlich der Alpen. Ein archäologi-scher Überblick, in: Zeitschrift des deutschen Vereins für Kunstwissenschaft 52/53, 1998/99, S. 93–108.

Wamers 1998/99b – Egon Wamers: Weitere Le-sefunde aus der Löhrstraße (Baustelle Hilton II) in Mainz, in: Mainzer Archäologische Zeitschrift 5/6, 1998/99, S. 241–273.

Wamers/Brandt 2005 – Egon Wamers/Michael Brandt (Hg.): Die Macht des Silbers. Karolingi-sche Schätze im Norden, AK Frankfurt am Main und Hildesheim 2005, Regensburg 2005.

Wandalbert 1997 – Wandalbert von Prüm: Das Reichenauer Martyrologium für Kaiser Lothar I. Codex Reginensis latinus 438 (Codices e Vati-canis selecti 83), Kommentarbd. v. Hans-Walter Stork, Stuttgart 1997.

Wedepohl 2012 – Karl Hans Wedepohl: Beispiele von Soda-Kalk-Glas, Soda-Asche-Glas und Holzasche-Glas, in: Lukas Clemens/Peter Steppuhn (Hg.): Glasproduktion. Archäologie und Geschichte, Trier 2012, S. 123–129.

Wegner 1988 – Ewald Wegner (Bearb.): Stadt Mainz. Altstadt (Denkmaltopographie Bundesrepublik Deutschland/Kulturdenkmäler in Rheinland-Pfalz 2,2), Düsseldorf 1988

Weidemann 1968 – Konrad Weidemann: Die Topographie von Mainz in der Römerzeit und im frühen Mittelalter, in: JbRGZM 15, 1968, S. 146–199.

Weidemann 1994 – Margarete Weidemann: Urkunde und Vita der heiligen Bilhildis aus Mainz, in: Francia 21/1, 1994, S. 17–84.

Weiner 1993 – Andreas Weiner: Katalog der Kunstwerke um Erzbischof Egbert, in: Egbert. Erzbischof von Trier 977–993, hg. v. Franz Ronig unter Mitarbeit v. Andreas Weiner u. Rita Heyen (Trierer Zeitschrift, Beiheft 18), 2 Bde, Trier 1993, Bd. 1, 17–48.

Weinert 2001 – Franz-Rudolf Weinert: Die Einnehmung des Rheingaues durch den erwählten Mainzer Erzbischof Sebastian von Heusenstamm im Jahre 1545, in: Rheingau-Forum 1, 2001, S. 19–21.

Weinert 2008 – Franz-Rudolf Weinert: Mainzer Domliturgie zu Beginn des 16. Jahrhunderts. Der Liber Ordinarius der Mainzer Domkirche (Pietas Liturgica Studia), Tübingen/Basel 2008.

Weinert 2009 – Franz-Rudolf Weinert: Mainzer Domliturgie zu Beginn des 16. Jahrhunderts. Der Liber Ordinarius der Mainzer Domkirche (Pietas Liturgica Studia 20), zweite, erweiterte Auflage, Tübingen/Basel 2009.

Wendehorst 1995 – Alfred Wendehorst: Art. „Schedel, Hartmann", in: LexMA, Bd. 7, 1995, Sp. 1444f.

Werle 1965 – Hans Werle: Eigenkirchenherren im bonifatianischen Mainz, in: Ferdinand Elsener/Wilhelm Heinrich Ruoff (Hg.): Rechtsgeschichte, Rechtssprache, Rechtsarchäologie, rechtliche Volkskunde. FS für Karl Siegfried Bader, Zürich u. a. 1965, S. 469–484.

Werner 1969 – Joachim Werner: Sporn von Bacharach und Seeheimer Schmuckstück, in: Karl-Heinz Otto/Joachim Herrmann (Hg.): Siedlung – Burg – Stadt. Studien zu ihren Anfängen. FS für Paul Grimm, Berlin 1969, S. 497–506.

Westermann-Angerhausen 1973 – Hiltrud Westermann-Angerhausen: Die Goldschmiedearbeiten der Trierer Egbertwerkstatt (Trierer Zeitschrift für Geschichte und Kunst des Trierer Landes und seiner Nachbargebiete, Beiheft 4), Trier 1973.

Westermann-Angerhausen 1990 – Hiltrud Westermann-Angerhausen: Das Nagelreliquiar im Trierer Egbertschrein. Das „künstlerisch edelste Werk der Egbertwerkstätte"?, in: FS für Peter Bloch, hg. v. Hartmut Krohm/Christian Theuerkauff, Mainz 1990, S. 9–23.

Westphal 2002 – Herbert Westphal: Franken oder Sachsen? Untersuchungen an frühmittelalterlichen Waffen (Studien zur Sachsenforschung 14), Isensee 2002.

Widukind, Res gestae Saxon. – Widukind von Korvei (Widukindi monachi Corbeiensis rerum gestarum Saxonicarum libri tres), hg. v. Paul Hirsch und Hans Eberhard Lohmann (MGH SrG 60), Hannover 1935.

Wilhelmy 2006 – Winfried Wilhelmy: Art. „Chorschrankenplatte", in: Kotzur 2006, S. 88f.

Will 1875 – Cornelius Will: Der Mäusethurm bei Bingen, in: Monatsschrift für rheinisch-westfälische Geschichtsforschung und Altertumskunde 1, 1875, S. 205–216.

Willemsen 2009 – Annemarieke Willemsen: Dorestad, een Wereldstad in de Middeleeuwen, AK Leiden, Zutphen 2009.

Williamson 2010 – Paul Williamson: Medieval Ivory Carvings. Early Christian to Romanesque, Victoria and Albert Museum, London 2010.

Wimpfeling 1515/2007 – Jakob Wimpfeling: Catalogus archiepiscoporum Moguntinorum. Geschichte der Mainzer Erzbischöfe. Kommentierte Ausgabe mit Übersetzung und Einleitung von Sigrid von der Gönna (Jacobi Wimpfelingi Opera selecta II,2) [nach der Handschrift von 1515], München 2007.

Winterer 2009 – Christoph Winterer: Das Fuldaer Sakramentar in Göttingen. Benediktinische Observanz und römische Liturgie (Studien zur internationalen Architektur- und Kunstgeschichte 70), Petersberg 2009.

Winterer 2012 – Christoph Winterer: Die mittelalterlichen Handschriften der Martinus-Bibliothek, in: Hinkel 2012, S. 31–46.

Witteyer 1998 – Marion Witteyer: Mogontiacum – Militärbasis und Verwaltungszentrum. Der archäologische Befund, in: Dumont/Scherf/Schütz 1998, S. 1021–1058.

Wölke 1978 – Hansjörg Wölke: Untersuchungen zur Batrachomyomachia (Beiträge zur klassischen Philologie 100), Meisenheim am Glan 1978.

Wolfius 1600 – Johan. Wolfii Lectionum memorabilium et reconditarum centenarii XVI [...], Lauingen: Leonhard Reinmichel 1600.

Wüthrich 1961 – Lucas Heinrich Wüthrich: Der Chronist Johann Ludwig Gottfried (ca. 1584–1633) – nicht identisch mit Johann Philipp Abele, in: Archiv für Kulturgeschichte 43, 1961, S. 188–216.

Wüthrich 1964 – Lucas Heinrich Wüthrich: Art. „Gottfried, Johann Ludwig", in: NDB 6, 1964, S. 677f.

Wüthrich 1994 – Lucas Heinrich Wüthrich: Art. „Merian, Matthaeus der Ältere", in: NDB 17, 1994, S. 135–138.

Wüthrich 2007 – Lucas Heinrich Wüthrich: Matthaeus Merian der Ältere. Eine Biographie, Hamburg 2007.

Zedler 1735 – Johann Heinrich Zedler: Großes vollständiges Universallexicon aller Wissenschaften und Künste [...], Band 12, Halle/Leipzig 1735.

Zehetmayer 2007 – Roman Zehetmayer (Hg.): Schicksalsjahr 907. Die Schlacht bei Pressburg und das frühmittelalterliche Niederösterreich, AK Hainburg, St. Pölten 2007.

Zettler 1988 – Alfons Zettler: Neue Aussagen zur frühen Baugeschichte der Kirche St. Georg in Reichenau-Oberzell, Landkreis Konstanz, in: Archäologische Ausgrabungen in Baden-Württemberg 1987, Stuttgart 1988, S. 224–228.

Zettler 1989 – Alfons Zettler: Die spätkarolingische Krypta von St. Georg in Reichenau-Oberzell, in: Denkmalpflege in Baden-Württemberg 18, 1989, S. 97–105.

Zimmermann 1968 – Harald Zimmermann: Papstabsetzungen des Mittelalters, Graz u.a. 1968.

Zucker 1891 – Markus Zucker: Fragment eines Lorscher Sacramentariums in der Erlanger Universitätsbibliothek, in: Repertorium für Kunstwissenschaft 14, 1891, S. 34–42.

ONLINE-FAKSIMILIA

Augsburg, Universitätsbibliothek, Cod. I.2.4° 1: http://bibliotheca-laureshamensis-digital.de/view/uba_cod I2quart1 (10.02.2013)

Erlangen, Universitätsbibliothek Erlangen-Nürnberg, Ms. 2000: http://bibliotheca-laureshamensis-digital.de/view/uben_ms2000 (10.02.2013)

München, Bayerische Staatsbibliothek, Clm 11019: Digitales Faksimile: urn:nbn:de:bvb:12-bsb00047278-9 (10.02.2013)

St. Gallen, Stiftsbibliothek, Cod. 53: http://www.e-codices.unifr.ch/de/list/one/csg/0053 (10.02.2013)

Hatto-Fenster (Detail): Hand Gottes (Dextera Dei) ▶

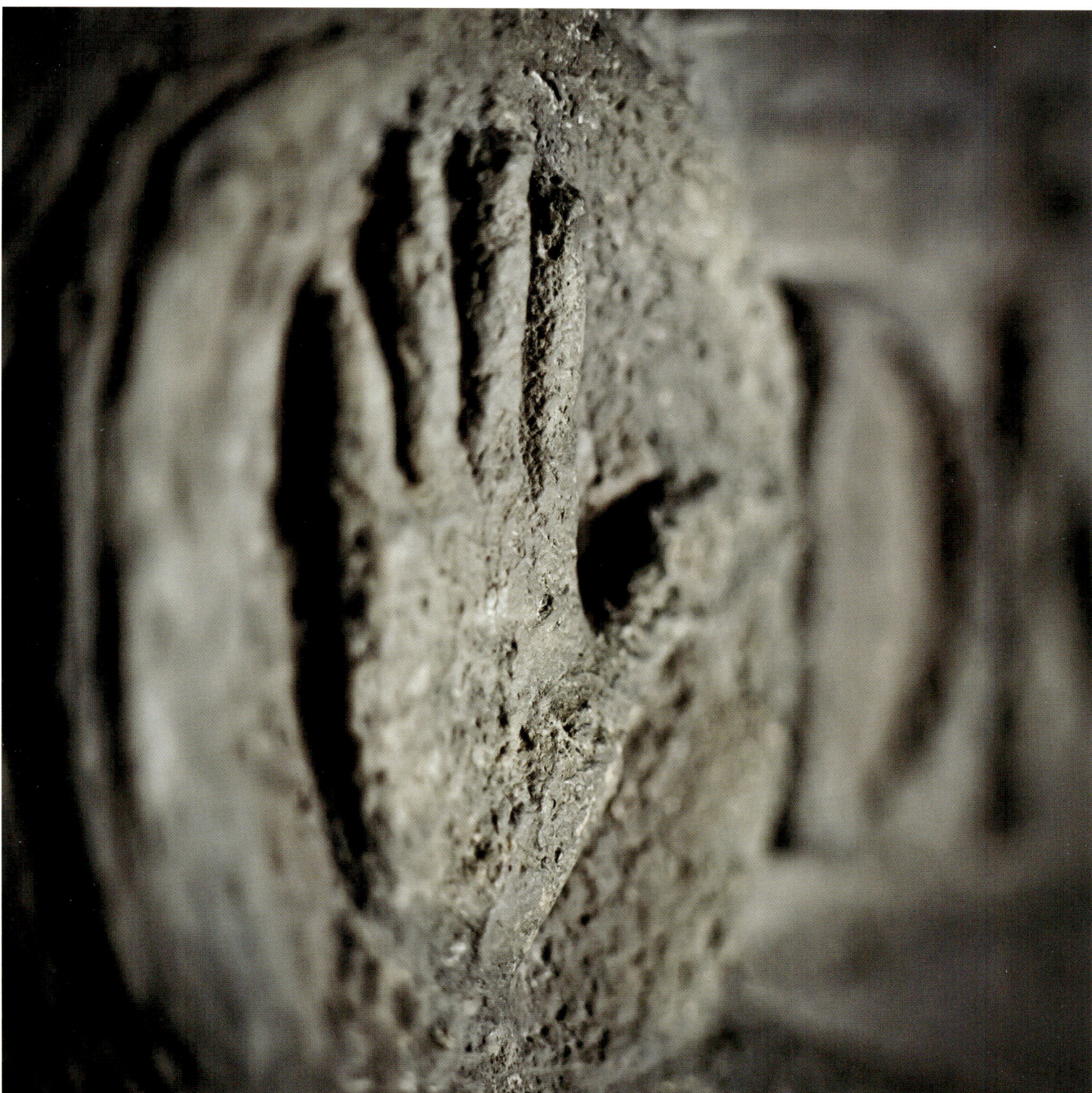

BILDNACHWEIS

München, Bayerische Staatsbibliothek: Abb. 24, 25, 27, 28

München, Bayerisches Nationalmuseum: Abb. 56

München, Staatliche Münzsammlung München: Abb. 62

St. Gallen/CH, Stiftsbibliothek St. Gallen: Abb. 20, 34, 39, 50, 51, 52; Kat.-Nr. 43

St. Gallen/CH, Stiftsarchiv St. Gallen: Abb. 16, 17, 22, 26

Stockholm/S, Kungl. Myntkabinettet Stockholm: Abb. 60

Stuttgart, Landesmedienzentrum Baden-Württemberg: Abb. 44 (Weischer); Kat.-Nr. 33 (Hauswirth)

Stuttgart, Landesmuseum Württemberg: Kat.-Nr. 31

Stuttgart, Regierungspräsidium Stuttgart, Landesamt für Denkmalpflege: Abb. 43 (Helmut F. Reichwald); Abb. 83 (Dörte Jakobs); Abb. 84 (Martin Dendler)

Stuttgart, Württembergische Landesbibliothek: Abb. 40

Tournai/B, Evêché de Tournai, Fabrique d'église cathédrale de Tournai: Abb. 58 (Pierre-Louis Navez)

Trier, Bibliothek des Bischöflichen Priesterseminares: Kat.-Nr. 37

Trier, Hohe Domkirche Trier/Domschatz: Kat.-Nr. 40 (Rita Heyen)

Trier, Museum am Dom Trier: Abb. 53

Trier, Stadtbibliothek Trier: Abb. S. 120 (Anja Runkel)

Weimar, Klassik Stiftung Weimar / Kunstgewerbemuseum: Abb. 57, Kat.-Nr. 35

Wiesbaden, Hessisches Hauptstaatsarchiv: Kat.-Nr. 36

REPROS

Abb. 21: Faksimile Utrecht-Psalter 1984

Abb. 45: Koshi 1998

Abb. 48: Brandt/Effenberger 1998, Abb. 135

Abb. 71: Wamers 1994, Abb. 101

Abb. 72: Schulze-Dörrlamm 2003, Abb. 29,2

Abb. 72: Wamers 1994, Abb. 38 M08

Abb. 72: Wamers 1994, Abb. 73, 210

Abb. 75: Esser 1969a

Abb. 78: Wegner 1988

Abb. 79: Esser 1975b

Abb. 80: Esser 1975b, Abb. 16–17

Abb. 82: Arens 1957, S. 24

Kat.-Nr. 39: Grimaldi 1972